开明教育书系

蔡达峰○主编

U0726645

不安故常

俞子夷教育文选

俞子夷○著

丁道勇○选编

开明出版社

"开明教育书系"丛书编委会

"开明教育书系"
总　序

中国民主促进会（以下简称民进）是以从事教育、文化、出版工作的高、中级知识分子为主的参政党。民进创立以后，在中国共产党的指引和帮助下，积极投身爱国民主运动，在这个过程中，发挥自身优势，举办难民补习培训，创办中学招收群众，参加妇女教育活动，在解放区开展扫盲教育，培养青年教师。

新中国成立以后，民进以推进国家教育事业发展为己任，贯彻党的教育方针，倡导呼吁尊师重教。

一方面，坚持不懈地为教育发展建言献策。从马叙伦先生在任教育部长时向毛泽东主席反映学生健康问题，得到了毛主席关于"健康第一"的重要批示，到建议设立教师节、建立健全《教师法》《职业技术教育法》《民办教育促进法》等法律法规、深化教育改革、促进学前教育发展、义务教育均等化、加强教师队伍建设、中小学教材建设、减轻学生课业负担等等，提出了一系列高质量的意见建议。

另一方面，坚持不懈地开展教育服务。改革开放以来，围绕"四化"建设的需要，持续举办了大量讲座和培训，帮助群众学习，为民工子女、下岗职工、贫困家庭子女、军地两用人才、贫困地区教师等提供教育服务，创办了文化补习学校、业余职业大学、专科学校、业余中学等大批学校，出现了当时全国第一所民办高中、规模最大的民办高校、成人教育学院、民办幼儿教育集团等；不断开展"尊师重教"的慰问、宣传和捐赠等活动，拍摄了电视片《托着太阳升起的人》；举办了一系列教育服务的研讨会和交流会。

在为教育事业长期服务的过程中，民进集聚了越来越多的教育界会员，现有的近 19 万会员中，约 60% 来自教育界，其中大部分是中小学教师。广大会员怀着崇高的使命感和责任感，爱岗敬业、默默奉献、积极作为，在教育事业和党派工作中取得了卓越的成就，涌现出无数感人的事迹，赢得了无数的赞誉，涌现出大量优秀教师、校长和著名教育家、专家学者、教育管理者等，他们共同写就了民进的光荣历史，铸就了民进的宝贵财富，是民进的自豪和骄傲。

系统地收集和整理民进会员的教育论著和教育贡献，是民进会史研究和教育的重要任务，对于民进发扬优良传统、加强自身建设、激励履职尽责具有积极的意义，对于我们深入学习多党合作历史、深入开展我国现当代教育历史研究，也具有重要的理论和现实意义。民进中央对此高度重视，组织编辑"开明教育书系"，朱永新副主席和民进中央研究室的同志们辛勤工作，邀请会内外专家学者共同参与，历时数年完成了编写工作。谨此，向各位作者和编辑同志，向开明出版社，向所有关心和支持本书编撰工作的同志，表示诚挚的感谢。

全国人大常委会副委员长

民进中央主席　蔡达峰

2022 年 12 月

俞子夷的教育实验精神

丁道勇

教育家小传

俞子夷（1886.1.3—1970.7.24），江苏吴县（今苏州吴中区）人。我国著名爱国教育家、教育学者、教育行政专家。他极具教育天分，早在1908年即因此获得"通省之冠"的美誉。他是复式教学法的引进和推广者，是推广和改造设计教学法的第一人，并且开了国人自编教育量表的先河，在小学教育的诸多方面（尤其是在小学算术学科上）有极高建树。在逾半个世纪的教师生涯当中，俞子夷先后主事江苏一师附小、东南大学附小等校，同时在东南大学、浙江大学等高校教育系科任职，且有多次服务于教育行政机关的经历。自清末起，俞子夷先后赴日本、美国、欧洲等地考察教育，懂得日语、英语，晚年自学俄语。对民国教育有影响的众多外国教学法，俞子夷大都曾参与过引进、试验和改造，在其中强调"国化"和"乡村化"的方向。1949年以后，由俞子夷编写的小学《算术》课本，经人民教育出版社改编后发行全国（书末署名俞子夷）。自 1951 年开始，俞子夷任浙江省文教厅副厅长，1954 年改任浙江省教育厅厅长。在行政工作之余，俞子夷仍有大量小学教育方面的研究和撰述。1957 年，俞子夷被划为右派。此后，他仍然坚持写作，在 1970 年离世前，留下了数篇教育回忆录。1979 年 3 月，中国共产党浙江省委员会为俞子夷恢复名誉，并召开了追悼会。俞子夷是浙江民进早期发展中的重要开拓者和领导者，曾任浙江省人民委员会委员、省人大代表、省政协委员，民进浙江省筹委会和民进杭州市委会主委、民进中央委员等职。

郑宗海曾评价俞子夷是"一个不安故常时求进步的教育者"①。这里的"故"可以指各种教育传统，"常"可以指各种已经定型的做法。说俞子夷"不安故常"，是说他在教育上既不因循传统，也不迷信各种时兴的模式。虽然"不安故常"这个评语赠予的是青年俞子夷，但是这种教育实验精神实际上一直贯穿于俞子夷的整个教育生涯。俞子夷的"不安故常"，体现了开放性和独立性的宝贵结合，足以垂范后世。今天，教育改革几乎成为一种常态，各种教育创新一时泥沙俱下。现在来回顾俞子夷的这一教育实验精神，正当其时。

一、俞子夷的教育实验生涯

俞子夷，江苏吴县（今苏州市吴中区）人，又名旨一、迤秉（20 世纪 50 年代，在任浙江省教育厅厅长期间，曾以此为笔名发表大量教

---

① 俞子夷：《一个乡村小学教员的日记》，上海：商务印书馆 1927 年版，第 4 页。

学研究文章）。俞子夷自认"学教育的动机，发源在广明里"①。这里的"广明"，指的是广明学堂。该校于 1907 年并入浦东中学。俞子夷曾在该校附设的青墩小学执教，并由于在此地展露的教育天分，在 1908 年得到了"通省之冠"的美誉。这是俞子夷教育生涯上的一大转折点。他在青墩小学期间的各项教学尝试，也是他教育实验生涯的起点。

后人追述前人事迹，往往过多溢美之词。因为时过境迁，后人记述也很容易偏离传主的生活实际。因此，在研究前人事迹时，传主本人的自述就显得格外珍贵。幸运的是，俞子夷有多份自传性文本行于世。1940 年 3 月 5 日，蔡元培病逝于香港九龙。俞子夷在得知消息以后，撰写了《人生于世》(1942 年) 一书，作为对蔡师的纪念。此后，他在1943—1944 年先后出版了《困学琐记》《客窗梦话》《山村续梦》三本具有回忆录性质的书。基于这些资料，以及《二十年前乡村学校生活里的我》(1927 年)，以及俞子夷在被打为"右派"期间撰写的回忆录《一条迂回曲折的道路——学习研究算术教法五十年》(1962 年)、《现代我国小学教学法演变一斑——一个回忆简录》(1963 年)，可以对俞子夷的教育实验生涯形成一幅相对完整的图象。其中，复式教学法、设计教学法以及算术教学，是俞子夷教育实验工作中影响最大的三项。

1909 年，俞子夷受派赴日本考察单级制学校，回国后担任江苏教育会单级教授练习所教师，事毕还归旧职。这是俞子夷在复式教学一事上的标志性事件。对于复式教学，俞子夷此后一直研究不辍，到 1949 年以后仍陆续有作品问世。1912 年，俞子夷任职江苏第一师范，兼课

---

① 俞子夷：《困学琐记》，南平：天行社总社 1944 年版，第 32 页。实际上，俞子夷的教师生涯开始得更早：1902 年，俞子夷因"墨水瓶事件"从南洋公学退学，加入蔡元培组织的爱国学社，在此期间他就有过短暂的教师经历。此后，俞子夷于1903 年流亡日本，受聘于横滨中华学堂。他的学生生涯正式结束，教师生涯正式开始。

附小。1913 年，他开始担任附小主事，随即受派赴美考察教育，实地见到了设计教学法的应用。这次美国之行，是俞子夷在设计教学法一事上的标志性事件。1914 年，俞子夷返国，回复旧任，开展联络教材等实验。1918 年起，任职南高师，兼附小主任（附小校长由大学校长郭秉文兼任），为期九年。在南高师附小期间，俞子夷进行了包括设计教学法在内的多项教育实验（诸如分团教学法、自学辅导法、联络教材、职业教育、教育测验等）。此外，在上述工作期间，俞子夷一早就在算术教学领域内进行了多项实验性工作①（详情如后）。

如果以青墩小学（1908 年）为起点，以被划为右派的 1957 年 10 月为终点，那么俞子夷的教育生涯就长达半个世纪之久。在此期间，他几乎一直未离开教育前线，也几乎一直未停止教育实验。他在这些工作上表现出来的教育实验精神是统一和一贯的，正契合郑宗海那句"不安故常"的评语。

二、复式教学法

1910 年的一份清廷学部文件写道："查各处小学，每一校多则三四十人，少亦一二十人。其中程度不齐，多至三级，少至两级，每班一级者绝少。授课者合数班为一堂，甲班授课，乙丙班默坐。"② 文件所述，正是当日私塾或者单级制小学的办学状况。私塾并非官办，并无统一体例。不过，当日私塾普遍有办学规模小、入学先后不一、学力程度不一的特点。因此，塾师要给不同生徒指定程度不齐的功课。私塾教学的优

---

① 丁道勇：《教材≠教科书：俞子夷在小学教材思想上的一个创见》，《全球教育展望》2022 年第 1 期。

② 陈学恂主编：《中国近代教育史教学参考资料（上）》，北京：人民教育出版社 1986 年版，第 667 页。

势在于高度个别化，劣势在于时间浪费严重。那么，如何提高此类机构的办学效率？如何避免学生时间的巨大浪费？这类问题是清末引进复式教学法的意图所在。1909 年春，江苏教育总会派出由俞子夷、周维城、杨保恒三人组成的考察团赴日本学习单级教授法。考察团在东京盘桓了三个月左右，回国后举办了单级教授练习所。三人因此被认为"我国复式教学的首创者"①。（周维城、杨保恒先后在 1915 年前后离世。）

复式教学与单式教学相对。单式教学是在一间教室内开展一种教学，复式教学是在一间教室内相继开展多个水平的教学，以适应不同学力水平的学生。如果全校学生人数少，可以集中在同一间教室内授课，这种组织方式就叫单级制；如果把全校学生分为不同的学级，这种组织方式就是多级制。单级制学校，同一间教室内的学生学力程度不一。因此，尽管不划分学级，教师实际上仍需开展复式教学。这就是"单级（复式）教学法"这个名词的由来。俞子夷等人赴日考察单级制学校，正是为了探索学生人数少、程度不一、师资匮乏、校舍有限的小规模学校的运转办法。与私塾那种松懈无序的状况不同，理想的复式教学班可以通过教师的精心组织，确保在直接面对教师的那组学生以外，其余学生也在学习。

"班级"这个词，字面上包含了　个教育难题："班级"先分"级"，再分"班"；这个名词本身，暗示同一班学生的学力水平处在同一级；成立班级，就是要给同一学级的同一班学生，提供同一种教育。可惜的是，"班级"常常只根据学生的生理年龄划分，而生理年龄并不能准确预报学力水平。于是，同一班学生的学力水平，实际上还是有很大差距。这个情况，在 20 世纪 50 年代的"不分年级学校"运动中，得到了

---

① 董远骞：《俞子夷教育思想研究》，沈阳：辽宁教育出版社 1993 年版，第 13-25 页。

众多研究的证实。① 同一班学生的学力水平参差不齐，这给教师的教、学生的学都造成了困扰。一般人会把这种困扰当成班级授课制的痼疾。俞子夷的复式教学实验，则提供了一种有效的解题思路。复式教学法虽然兴起于中国小学教育极端不发达的时期，但其精神实质是要在学情复杂的同一间教室内，仍努力给学生提供匹配其学力程度的个性化教育。这至今也是一个相当先进的教育思想。

俞子夷在复式教学法方面的实验工作，还包括复式教学法与分团教学法的结合。简要来说，分团教学法不以学生的生理年龄等任何指标为唯一分团依据，而会在分团时参考多项指标。举例来说，南高师附小自1924 年开始分团教学实验。全校学生被分为低、中、高三段②。其中，幼儿园和一、二年级是低学年，分四团上课。除不满 6 岁的学生以外，其余学生均依据其读书能力分团。三、四年级是中学年，根据智力、学力、努力、年龄分为四团。高学年包括五、六年级。学生按智力、努力及其读书和常识的水平，分为十二团。每两团组合为一级，共六级。某位学生具体属于哪一团，可以根据实际学习状况随时调整。南高师附小的分团教学实验，目的是确保同一班学生的学力程度尽量一致。分团教学的经验，旋即被俞子夷用到了复式教学上。

在号称日记体乡村教育学的《一个乡村小学教员的日记》中，俞子夷把复式教学法和分团教学法结合了起来。主人公杨萱妹执教的是一个包含四个学级的单级制乡村小学。在开学第一周，杨老师对学生进行了智力、社会、自然、算学、默读、写字、缀法等测试，进而参照学生的实足月龄来分团。书中写道："从前的分班法，大有可疑的地方。若照

---

　① ［美］古德莱德、安德森著，谢东海、吕雪金、袁文辉、翁璇译：《不分级小学》，北京：教育科学出版社 2006 年版，第2–16 页。
　② 中央大学实验小学校：《一个小学十年努力纪》，上海：中华书局 1928 年版，第 4–29 页。

上学期的分法，各组里各有若干学生已经比上一组的好，也有若干学生比下一组的更不如。并且各人各种测验的成绩也不一律。这一种好的，别一种不一定也好；别一种很好的，也许这一种很不好。所以要用各种的平均分数来分班，实在是勉强的办法。……"① 通过分团教学与复式教学的结合，复式教学班的学生分团、分组变得更加科学。这是俞子夷在复式教学法上的一大功绩，也是他的教育测验经验的一种实际应用。

在复式教学法方面，俞子夷的另一项探索与他对"自动学习"的理解有关。"在复式学级里，教师只能对一个年级的儿童施行直接教学。要其余一个或几个年级的儿童同时都有相当的作业，唯一的方法是训练儿童有一种自动学习的能力"。② 无论是学生自动学习，还是教师直接教授，学习的基础都一致。学习总需要学生开动脑筋，教师能做的只是指导和辅助。因此，所谓自动，只是教师当场提供的帮助少一点。实际上，在学生自动学习时，复式教学班的教师仍旧在场，学生的自动学习也仍旧来自教师的指示。③ 在单式教学班，因为所有学生都由教师直接教，反而容易掩盖学生自学能力不足的问题。比如，《怎样实施复式教学与单级教学》一书就写道："在复式学级里，要是对儿童没有自动学习的训练，儿童势必枯坐，枯坐又不惯，会发生扰乱人家的骚动。在这种情景之下，教师不能不运用一下脑筋，而付予儿童以自动学习的机会。这是复式教学优于单式教学的一点。"④

尽管纪律问题严峻，俞子夷却并不欢迎机械、呆板的秩序。他写

<hr />

① 俞子夷：《一个乡村小学教员的日记》，上海：商务印书馆 1927 年版，第 27 页。

② 沈寿金、陈情：《怎样实施复式教学与单级教学》，上海：儿童书局 1937 年版，第 52 页。

③ 俞子夷：《小学教材及教学法（下册）》，南京：正中书局 1936 年版，第 253 页。

④ 沈寿金、陈情：《怎样实施复式教学与单级教学》，上海：儿童书局 1937 年版，第 53 页。

道:"所谓纪律，在分工合作，互相联络，彼此呼应。我们在上课退课时，一定叫小朋友呼了，'一，二，三'口令动作，只不过保持一时的秩序，不好算纪律训练的根本办法。"① 在分工合作中，学生的心智得到了调用，自己知道自己该做什么、不该做什么。基于此建立起来的那种井然有序的局面，才是俞子夷期待的。依靠统一口令或者别的什么机械规则，即使学生看起来整齐划一，实际上也往往缺乏自动的成分。俞子夷说，这是把"园地变成坟地，园丁变成坟丁"②。总之，在俞子夷那里，纪律与儿童本位并不矛盾。真正的纪律，反而只在充分调动了儿童的能动性以后才会出现。进而言之，纪律是教育的成果，不是教育的手段。

"教学的最高使命，在教会儿童学习方法。普通在学校里毕业的儿童，出了校门，只会把学得的知识技能，逐渐遗忘，不会自己去找寻对象，把新的知识技能研求精进，这就犯了不知自动学习的毛病。所以为教师的应当怎样设法使儿童获得自动学习的方法和习惯，是教学上第一件重要的事。"③ 对于复式教学班的这个判断，同样适用于单式教学班。学生能否自动学习，对于单式教学班同样很重要。目前，我国除极少数地方外，已经很难见到复式教学班了。我偶尔见到的复式教学班，其教学组织也相当涣散。看起来，复式教学法似乎已经可以寿终正寝了。尽管如此，如何适应学生个性开展教学，如何培养自主的学习者，始终会是基础教育界值得关注的课题。

① 俞子夷：《园丁野话》，上海：儿童书局1934年版，第67页。
② 俞子夷：《园丁野话》，上海：儿童书局1934年版，第65页。
③ 沈寿金、陈情：《怎样实施复式教学与单级教学》，上海：儿童书局1937年版，第53页。

三、设计教学法

在民国时期引进国内的外国教学法中，设计教学法在理论上最系统，在其实践上对旧中国影响最大。① 早在青墩小学时期（1908年），俞子夷就在常识教学上使用了类似的方法。他带领初小学生研究乡村生活中的种种疑难，比如棉花对于植物本身有什么用？为什么老南瓜更甜？为什么蝗虫先是绿的，在稻草枯黄时又变成了褐色？② 这些问题不拘泥于学科界限，能引起儿童的好奇心，又可以顺藤摸瓜教学很多知识。这段早年经历，展现了俞子夷的教育天分，也预告了他未来在教学上的一大努力方向。

1913年俞子夷受派访美期间，在哥伦比亚大学师范学院的附设小学见到过设计教学法的实地应用，回国后即在江苏一师附小开展相关实验。③ 1918年，俞子夷转任南高师附小主任。1919年秋，南高师附小开始实验设计教学法，到1923年扩展至全校。④ 当时，公开发行的诸如《试》《教师之友》《吴县教育月刊》等杂志，常刊登设计教学法的实验报告。南高师附小的设计教学法实验，迅速成为参观热点："设计教育法在十一年里可以说是狂热。夏季教育演讲，没一处没有这题目；铁路轮船上没一天没参观或演讲设计教学法的人往来。"⑤ 1921年，第七届

---

① 瞿葆奎、丁证霖：《"设计教学法"在中国》，《教育研究与实验》1985年第3期。

② 俞子夷：《二十年前乡村学校生活里的我》，《教育杂志》1927年第12号。

③ 俞子夷：《现代我国小学教学法演变一斑》，董远骞、施毓英编：《俞子夷教育论著选》，北京：人民教育出版社1991年版，第488页。

④ 中央大学实验小学校：《一个小学十年努力纪》，上海：中华书局1928年版，第9-10页。

⑤ 俞子夷：《民国十一年之初等教育》，《新教育》1923年第6卷第2期。

全国教育联合会提出要在全国推行设计教学法，该案即由俞子夷提出。① 克伯屈在 1927 年、1929 年两度访华。不过，随着北伐的完成、党化教育的施行，随着教育界对于外国教学法乃至教学法本身的反省，第一波设计教学法热潮很快就退去了。不过，设计教学法的相关实验，在 20 世纪 30 年代以后也时有报道，直到 1949 年仍有专书问世。② 该方法在当日中国的影响力和生命力，由此可见一斑。

克伯屈（William H. Kilpatrick）在《设计教学法》一文中，把"设计"（project）解读为"有目的的行为（purposeful act）"③，认为这是自由人不同于被奴役者的一个标志。一个人能从事"有目的的行为"，意味着可以支配自身命运，免于被他人操纵。设计教学法的局限同样明显。比如，该方法要求打破学科界限，又要求突破课时长度，因此一早就被业内批评为"无政府""过激"④。克伯屈的同事波特（Boyd H. Bode）批评该方法"太散漫、太凌乱"⑤。在 1963 年完成的回忆录中，俞子夷批评该方法，"纯粹在社会化环境中让儿童自由发展而没有一定的要求"⑥。实际上，俞子夷本人在南高师附小最初的实验就因此而失败："教师看见

①《全国教育联合会纪事——附决议案》，《教育杂志》1922 年第 1 号。该案全文如下："按近今教育先进国对于小学实施设计教学法，教材教法纯取活动的，准儿童心理发达之程序，取社会环境接触之事物，因势利导，以发展其固有之本能，学者既饶兴味，教者亦无扞格，法良意美，无逾于此；现在吾国试用其法者，渐见成绩，宜指定各省区师范学校将设计教学法加以研究，并由师范附属小学及城市规模较大之小学先行实施，作为模范，俾资仿效；庶教学良法，可逐渐推及全国矣。"

② 薛天汉：《小学设计教学法》，北京：中华书局 1949 年版。

③ 克伯屈：《设计法的论理》，康绍言、薛鸿志编译：《设计教学法辑要》，上海：商务印书馆 1923 年版，第 1—26 页。

④ 俞子夷：《初等教育的新趋势》，《中华教育界》1924 年第 2 期。

⑤ 波特著，孟宪承译：《现代教育学说》，上海：商务印书馆 1930 年版，第 96 页。

⑥ 俞子夷：《现代我国小学教学法演变一斑》，董远骞、施毓英编：《俞子夷教育论著选》，北京：人民教育出版社 1991 年版，第 493 页。

儿童能够自由活动，以为已达试验目的，表示逾分的满足。因此，儿童作业，因无确定目的，工作结果，往往今天和明天，前月和后月，常在同一水平线上，没甚进步发展可说。"① 在用设计教学法教学时，学生是在完成"设计"的过程中碰到什么学什么，人们难以判断学习是否充分。有鉴于此，俞子夷在实验该方法时，进行了不少突破和改良。

在设计教学法如日中天的 20 世纪 20 年代，俞子夷就在支持者中间发现了一些常见的偏差。比如，人们热衷于操作，不关心操作背后的原理："大多数的试验不外乎模仿方式和手续；大多数的研究也不外乎'怎样怎样办'。很少有小学校教员提出关于设计教法方面'何以？''为什么？''有什么根据？'等问题。杂志里顶受欢迎的是实施报告，演讲时顶注重的是'怎样办法'，参观人顶要问的是'什么什么'的方法。"② 连带着，应用设计教学法的教师，更关注学生操作，不关注学生的原理学习。可是，"没有正确的理论，实际的作业要变成盲目的动作"③。为此，俞子夷提出，设计教学法不仅要重视学生动手，也要重视学生做计划的部分："没有引导，听凭学生做去，不是设计教学法。硬迫学生去做，指挥学生，命令学生，也不是设计教学法。引导学生向上发展，才是正真的设计教学法。"④ 设计教学法不能只是操作，设计教学法的目的仍在于学生的学习、思考。

设计教学法主张打破教科书边界。这不难理解：完成某项设计，很难说会用到哪个学科、哪个单元。与设计教学法的这种打破学科边界的主张不同，俞子夷实验了"不彻底的"的设计教学法："上课时间改用

---

① 中央大学实验小学校：《一个小学十年努力纪》，上海：中华书局 1928 年版，第 9-10 页。
② 俞子夷：《小学教员该注重理论，还是注重经验？》，《新教育》1922 年第 4 期。
③ 俞子夷：《视察设计教学的标准》，《教育杂志》1922 年第 2 号。
④ 俞子夷：《视察设计教学的标准》，《教育杂志》1922 年第 2 号。

分数制，教材仍预定。……我们仍有大纲，预定一学期、一学年应学的内容，应达到的标准。"[1] 保留大纲、保留教材，是俞子夷对设计教学法的一大改造。1932 年公布的《小学课程标准总纲》，在"教学通则"板块有很多与设计教学法一致的表达[2]，比如："各科教材的选择，必须根据各科目标，以适合社会——本地的现时的——需要及儿童经验为最紧要的原则。"又比如，"教材的组织，应尽量使各科联络，成为一个大单元，以减少割裂、搀杂、重复等弊"。"要儿童'手脑并用'，'身体力行'的'做'去，这是教学唯一的最紧要的原则。"1933 年和 1935 年颁布的《师范学校规程》《修正师范学校规程》规定，师范学校要开设"小学教材和教学法"一科[3]。俞子夷和朱晸旸合著的《新小学教材和教学法》应运而生。这本书多次引用《小学课程标准总纲》(1932 年)，主张在不打破学科边界的情况下应用设计教学法。俞子夷的改造是，一方面要保留设计教学法中的学生参与，另一方面也要避免设计教学法中师生双方信马由缰的弊端。

抗战结束后，俞子夷设想过今后的工作："假若复员后我仍当教员，不论在幼稚园、小学、中学、大学，无论上什么科目，我都不用单纯的读书、讲解、说明或讲故事算是教学。第一步，我当和学生商量，共同或个别做一件事；做一件于自己个人或公众团体有利益的事。第二步，我帮助他们用种种方法做成功这件事。倘若书可以帮助他们，便领导他们读书。倘若讲解、说明、故事或示范等等可以帮助他们，便给他们讲

---

① 俞子夷：《现代我国小学教学法演变一斑》，董远骞、施毓英编：《俞子夷教育论著选》，北京：人民教育出版社 1991 年版，第 490 页。

② 教育部中小学课程标准编订委员会：《幼稚园、小学课程标准》，上海：中华书局 1936 年版，第 36—37 页。

③《师范学校规程》，《教育部公报》1933 年第 15、16 期。《修正师范学校规程》，教育部参事处：《教育法令汇编（第一辑）》，上海：商务印书馆 1936 年版，第 199 页。

解、说明、讲故事或示范。"① 这段话虽然包含设计教学法的思想，可是俞子夷已经不乐意使用设计教学法这个名目了。他之所以介绍、实验、推广设计教学法，是为了寻找一种适合国情的好教育，而不是因为迷信该种教学法本身。

四、算术教学

早在 1916 年，俞子夷就编写出版了《国民学校新体算术教科书》（商务印书馆），此后相继出版了多套算术教科书，包括：《社会化的算术教科书》（商务印书馆，1923 年）、《新中国教科书：高级小学算术》（正中书局，1942 年）、《保国民学校、乡镇中心学校适用国防算术》（正中书局，1942 年）、《新小学文库：算术科算术工作书》（商务印书馆，1947 年）、《初级小学适用临时课本：算术》（大东书局，1949 年）、《高级小学适用临时课本：算术》（大东书局，1949 年）。人民教育出版社 1951 年面向全国发行的小学《初级小学算术课本》《高级小学算术课本》，即以俞子夷在大东书局出版的算术教科书为底本。② 在教学法方面，俞子夷为自己编写的部分教科书撰写了教学用书，同时又出版过算术教学法的系统著述（《小学算术教学法》，商务印书馆，1926 年），以及不依托某套教科书的算术教学法（《小学算术科教学法》，商务印书

---

① 俞子夷：《教育杂文》，杭州：国民出版社 1946 年版，第 36 页。
② 课程教材研究所：《新中国中小学教材建设史（1949—2000）研究丛书：数学卷》，北京：人民教育出版社 2010 年版，第 17 页。

馆，1929 年)。1953 年，苏联人普乔柯的《小学算术教学法》译出①，1956 年秋国内小学算术科开始使用该书的编译本。在算术教学的实用性、社会性之外，系统性、科学性遂开始成为俞子夷的新关注点。比如，俞子夷曾于 1956 年组织杭州市小学骨干教师，隔周集会、集体研讨新教材及其教法。为何在繁忙的庶务之余，俞子夷仍能保持在小学算术教学方面的工作，具体原因很复杂。但是，俞子夷在算术教学上的这段简史至少表明，他对算术教学始终抱有兴趣，也始终没有停止过对新方向的探索。

在 1949 年以前，俞子夷在算术教学方面的工作主要强调实用化、社会化。俞子夷写道："算术教授之要旨，在于磨练解决日常问题之能力，而授以二种解决之利器。独重计算，非算术教授之本旨。"② 在算术教学上，俞子夷的一大实验方向就是对算术教材进行实用化、社会化的改造，主张算术教材要取材于儿童生活，帮助儿童解决生活中的实际问题，发展儿童解决实际问题的能力。这种改造包含算术教材的选材以及算术教科书的删减。今天回顾这些工作，要结合当日极端恶劣的基础教育普及状况来看。另外，重计算、不重应用，至今仍可以说是我国小学数学教育上的一个难题。因此，俞子夷当日在算术教学上的实验工作，仍不乏现实价值。

在谈到教科书问题时，俞子夷写道："往昔算术教材中有沿用至今，而实际社会已不适用者，此种教材自当节减。"③ "凡学算术者，当能解

---

① [苏] 普乔柯著，王悦祖、李沂译：《小学算术教学法（上册）》，北京：人民教育出版社 1953 年版；[苏] 普乔柯著，曹飞羽、熊承涤、王悦祖、常瀛生译：《小学算术教学法（下册）》，北京：人民教育出版社 1953 年版；郝荫圃，许椿生编，陈侠校订：《小学算术教学法（上下）》，北京：人民教育出版社 1954 年版。

② 俞子夷：《实用算术教授法》，《教育研究》1915 年第 19 期。

③ 俞子夷：《算术教授革新之研究》，《教育杂志》1918 年第 1 号。

决教科书以外之实际问题。现今学校儿童往往能计算各种求积复杂题目，而不知凿井开沟时应出泥土若干。对于算术题目，常不知其实际之用途。必也教室内之作业，能应用于教室外之事实，夫然后算术教授之功效乃见。"① 在编译的《最少量的小学算术课程》一文中，俞子夷写道："儿童废了许多很宝贵的时间和精力，若所学习到的，是在生活里没有什么价值，或者价值甚少的材料，那岂不是我们负教育责任的人的罪过吗？"② 结合当时教育普及的状况，可以说俞子夷之所以斤斤计较于某些算术内容的去留，目的正是为了让儿童在极有限的学校教育期内，学到更多有用的东西。在回忆录中，俞子夷写道："解放前，我以为等式不适合初小；高小儿童多数能升初中而入科学之门，故须学等式。革命翻身，科学之门同样应向初小儿童敞开。前之主张不教等式，不仅是忽视科学性的问题，亦包含藐视劳动人民子女之政治性，思想性问题。"③ 现在看来，他在教科书删减工作中的指导思想，体现的恰恰是实事求是的精神。

算术教材的实用化、社会化，贯穿于俞子夷算术教学工作的始终。在 1922 年起草的《小学算术课程纲要》中，俞子夷在表述小学算术的目的和方法时，即强调算术与儿童生活的联系，比如："宜注意从学生生活里使学生发生需要工具的动机" "问题以切合学生生活的为主"④。在 1935 年，俞子夷明确写道："人生生活里日常无重大用途的，小学里不必教。" 比如："立夏称人在某地方是小孩子大家知道，大家很高兴做的。这等教材比用称柴称煤，来得切合他们的生活。旧来的应用问题，往往拿算法做组织的中心。这是反客为主的办法。事实上是生活里需要

① 俞子夷：《算术教授革新之研究》，《教育杂志》1918 年第 1 号。
② 蒋石洲、俞子夷：《最少量的小学算术课程》，《初等教育》1924 年第 4 期。
③ 俞子夷：《五十多年学习研究算术教学法纪要》，董远骞、施毓英编：《俞子夷教育论著选》，北京：人民教育出版社 1991 年版，第 457 页。
④ 俞子夷：《小学算术课程纲要》，《小学教育界》1922 年第 3 号。

算术，不是算法在需要应用问题。"① 在 1951 年重印的《教算一得》中，附有出版者的一段话："著者在这本书里主张小学算术教材应当适合儿童的能力，不必超出社会日常生活应用的范围以外，这个观念基本上是适当的。"② 可以看到，算术内容的实用化、社会化在 1949 年以后仍被认作俞子夷的主张。

参照俞子夷编写的算术教科书，可以进一步丰富有关算术实用化、社会化的信息。以 1924 年出版的《社会化的算术教科书》第三册为例，开篇即借助名叫八重的日本小女孩的故事，把日期、两位数加法、减法、除法等算术问题引了出来。要注意，这种在同一课内出现如此多个算术知识点的情况，是受到所谓随机教学法的指导。现今的小学数学教科书，多强调系统性、科学性，所以不大会出现这样的情况。类似的，在 1947 年出版的新小学文库当中，俞子夷编写的五、六年级算术工作书，也完全采取了情境化的设计。这一点从书的标题设计上就可以看出来，分别是：《远足圆明寺》（整数）、《湖口百货店》（复名数）、《白乐小农场》（面积）、《小毛过生日》（分数）、《庆祝双十节》（整数）、《预备过新年》（复名数）、《喜儿卖老饼》（分数上）、《娃娃伤了风》（分数下）。这几本教科书，每册都包含一条完整的故事线，相关的算术内容寓于其中。

在 1949 年以后，俞子夷在算术教学上补充了一个新角度，在原有的实用化、社会化的基础上开始强调系统性、科学性。在 1951—1952 年，俞子夷分八期刊发了题为《漫谈教学方法》的系列文章。他在文中写道："1913、（19）14 年起，输入了 '心理的胜于论理的' 这一原则，意思是：照着科学的逻辑系统是不好的，必须依照孩子学习心理编

---

① 俞子夷：《小学算术教学之研究》，上海：中华书局 1935 年版，第 24 页。
② 俞子夷：《教算一得》，新华书店 1951 年发行。

排才好。……这种种主张，多是拿儿童兴趣做前提，拿学习心理做教学唯一的根据，都是反科学的。"① 对于系统性，俞子夷在别处有过两条概括：第一，一切现在教的，都应建立在过去已学的基础之上，而且对过去学的起巩固与应用的作用；第二，一切现在教的，又都是日后所学的基础。② 不过，值得强调的是，俞子夷讨论的系统性、科学性，并不只在形式上追求。比如，人民教育出版社 1951 年统一发行的《算术课本》初小第五册，开篇有《致三上算术老师》一文。其中，编者要求教师在教学新内容以前，先了解学生对此前内容的掌握情况。③ 概括来说，俞子夷在谈系统性、科学性时，要求教师从学生学的那一面来判断是否系统、是否科学，而不只是把教材写得科学、系统就算了事。更进一步，如何在实用化、社会化的基础上，进一步满足系统性、科学性的要求，是俞子夷晚年时开始探索的一个课题，背后是儿童本位与学科本位、教材心理化与教材逻辑化的关系问题。如何平衡二者，至今也是小学数学教育上的难题。

五、总结：不安故常办教育

抗战后，俞子夷曾以两个"化"来概括自己思想上的新进展：一是国化（民族化），二是乡村化。④ "不安故常"与这两"化"一致。这两个"化"，首先表示俞子夷在教育上不守旧，乐意吸收外来成果。

---

① 俞子夷：《漫谈教学方法：三、谈系统知识的培养性》，《浙江文教》1951年第 3 期。

② 俞子夷：《小学算术教学讲话》，杭州：浙江人民出版社 1954 年版，第 12页。

③ 俞子夷：《初级小学算术课本（第五册）》，北京：人民教育出版社 1952 年版。

④ 俞子夷：《五十多年学习研究算术教学法纪要》，董远骞、施毓英编：《俞子夷教育论著选》，北京：人民教育出版社 1991 年版，第 452 页。

前文介绍的三组教育实验，分别受惠于日、美、苏三国，俞子夷本人也编译过相应语种的文献。另外，这两个"化"意味着俞子夷不迷信外邦，在接受新鲜事物以前，总要经过一番缜密的检验。俞子夷在教育实验上不守旧、不迷信，既有开阔视野又有保持思想独立的本土努力，至今仍堪称业界表率。

尽管俞子夷担任过大学教授、小学校长、教育厅长，但他同时也是一位善于亲自下场教学生的教师。早在青墩小学时期（时年 22 岁），他就展露出了自己的教育天分。在此后的教育生涯中，他每每有别出心裁的锦囊妙计。中肯地说，俞子夷的《小学教学漫谈》(1931 年)、《园丁野话》(1934 年)、《教算一得》(1944 年)、《小学实际问题》(1948年)、《复式教学法》(1950 年) 等书以及众多教学研究文章，包含了大量高质量的教育实操案例。所以，俞子夷绝不是只能站在岸上指手画脚的人，而是一位懂行政、善教学、爱研究的教育专家。这些实操案例丰富但琐碎，本文囿于篇幅，不得不从略处理。不过，这些内容的确是对"不安故常"的又一个旁证。

俞子夷把《教算一得》中的那段经历，视为一项"重大修补"："欲收教学效果，必先了解儿童，并建立良好之师生关系。"① 这是一位耄耋老人（时年 76 岁）对于自己教育生涯的概括：俞子夷早年痴迷于教材改造，后来补入教学法，进而开始关注师生关系。教师如果只关心教材、教法，注意力就还是放在自己身上；只有当教师意识到师生关系的价值，并且把师生关系当作教育的先决条件时，才真正算是睁开了看学生的眼睛。② 今日教育研究界在谈论"教育再生产"等概念时，更多关

---

① 俞子夷：《五十多年学习研究算术教学法纪要》，董远骞、施毓英编：《俞子夷教育论著选》，北京：人民教育出版社 1991 年版，第 450 页。
② 丁道勇：《把握学习的节奏：俞子夷补习算术的原理》，《中小学管理》2015年第 4 期。

注课程、教科书对于教师的牵制乃至主宰。俞子夷的教育实验经验则表明，教师完全可以超越课程、超越教科书。强调课程与教科书是一回事，重视教师能动性是另一回事。二者相得益彰，并无抵牾。俞子夷教育思想上的这一线索，同样可以支持"不安故常"的评语。

延续前文对俞子夷教育实验精神的讨论，一个进一步的提问是：除了个人天分，还有何种外部条件促成了这种"不安故常"？赵轶尘曾把民国时期实验学校、附属学校的职能概括为四项，分别是：实习（供师范生实习）、模范（作为地方小学的模范）、实验（开展教育实验）以及辅导（辅导本地小学）。① 除了南高师附小和江苏一师附小，民国时期还有大量因为办教育实验而出名的同类型学校，比如复旦大学实验中学、东南大学附中、上海中学实验小学、江苏一师附小等。这些学校的努力方向，不只是办好自家学校，而且立意要表率群伦。接续"不安故常"这个话题，民国时期的实验学校、附属学校制度也颇为可观，会是另一个有价值的研究课题。

---

① 赵轶尘：《实验小学或附属小学应该怎么样》，《教育杂志》1929 年第 5 号。

第一辑

教育理念

余之教育观

余之教育观，根据余之人生观、世界观、宗教观、伦理观、生死观者也。余述余之教育观，其前所谓人生观、世界观、宗教观、伦理观、生死观，吾当一一先述之。

余之人生观

人为生物之一，生物有进化，故人类亦有进化。生物进化有可变者与不可变者之二方面。可变者，适应于环界之变象。不可变者，先天之遗传性。二者相助，生物乃进化矣。是故进化云者，适应于环界之程度日趋于完美之谓也。人类之进化亦若是。惟人与他生物有一不同点，即社会之组织是也。他生物之进化悉任自然，人有社会之组织，其进化也，为自觉的、为意识的。此自觉的、意识的之进化，别名之曰社会之发达。生物之进化悉任自然，故优胜劣败。竞争之惨剧，无一刻或息。人类之进化，为自觉的、意识的，故对于贤智者力赞之，而不稍阻遏之；对于庸弱者辅助之，而不稍戕贼之。皆使发达而不已。此之谓人道。人类社会之文明得发达至今日者，惟赖此人道性之遗传。故曰：人生者有自求进化之本能者也。

余之世界观

宇宙者，进化之一单元也。势力之转移、地壳之变迁、星辰之生灭、气候之循环、有生界之生生死死、无生界之流转消长，适应于环界之变化而已。由星云而成星球，由熔融而凝结，由凝结而化育万物，适应之程度渐完美，进化之谓也。生物，宇宙间之一部分耳。人类，生物界之一种类耳。宇宙之全体常进化，其一部分之生物界，其一部分中之一种类之人类界，悉随之而进化。设宇宙而不进化，其一部分、其一部分之一种类，安能独自进化哉？故曰进化者，宇宙之法则也。

余之宗教观

现象世界，可以科学的方法，推知宇宙进化之法则。实体世界，可以哲学、宗教追求此法则之根原。此法则者，神也？天也？道也？非神也，非天也，非道也，亦非法则也。皆假借之名也，无名可名者也。耶、回、佛、老，宗教也，人信仰之。余之所信仰者，神耳，天耳，道耳，余之所谓宗教耳。然余实非信仰之。余之所信仰者，无名，非无名，非非无名，强名之曰"宇宙进化之法则"而已。或曰神，或曰天，或曰道，无可，亦无不可。

余之伦理观

宇宙无爱力不能成，生物无爱力不能生，人类社会无爱力不能团结。伦理云者，社会中各分子相处之道也，以社会之团结为其基础。故曰：伦理之根本，在于爱也。自由平等组成社会之原则，亦爱之变相耳。对于己曰自治、自励、自进，自爱之谓也；对于人曰公德、曰仁、曰诚，爱他之谓也。舍爱，无伦理。无爱，社会必瓦解。弃爱，人类难进化。故曰：爱，人伦之大道也。

权利与义务，支配社会间之法则也。前代人辛勤之结果，产出今日物质上、精神上之文明。吾人当享受之，必享受之，是权利之最高者也。能享受最高之权利者，能自爱也。拒而不享受，是谓自弃，且害社会之发达。吾人之生，有一大目的，此目的为何？曰：谋次代之进步也。人之所以异于他生物者，即为除自己生存外，有为次代谋进步之责任耳。是义务之最高者也。能尽最高之义务者，能爱人也。人之不尽此义务者，仅营其动物的生活，阻害社会之发达，自堕于兽类，谓为社会之蟊贼，亦无不可。是故吾之于伦理也，以爱为本，以能享此权利、能尽此义务为用。

余之生死观

华盛顿之肉体死久矣，然世界共和国未绝迹，则华盛顿之灵魂未死也。林肯死久矣，然世界人道未寂灭，则林肯之灵魂未死也。载籍所载英雄、学者、发明家，凡为后世人谋进步，而能尽其最高之义务者，灵魂均未死也，且均永永生存而不死也。载籍所不载，口碑所不道，前代千千万万无名之英雄、学者、发明家，其能尽此最高之义务者，灵魂均未死也，均永永不死也。今我能火食，能衣履，能安居于宫室，发明火食、衣履、宫室，若改良火食、衣履、宫室，若尽力于往古现在之火食、衣履、宫室者，千千万万人也。火食、衣履、宫室未灭，则此千千万万之有名者、无名者之灵魂均未死，均永永不死也。即至世界末日，一切均归乌有，而此千千万万恒河沙数、有名无名之尽人生最高义务者之灵魂，仍随宇宙进化之法则而永永不死而生。盖尽此最高义务者之灵魂，虽无现象世界为其依托，而结合于永无生死、永无始终之实体世界如故也。故真人永生而不死，死者，仅营动物的生活之类人耳。张翰宣有言，君子不以形体之有无为生死，而以有志气之消长为生死。余得广其说焉。

余之教育观

上所述，余之教育观所根据者也。人无先天之遗传性，即无本能。无本能，即不可教育之。豆之子，可以生长发育而为豆；瓜之子，可以生长发育而为瓜。然豆自为豆，瓜自为瓜，人之栽培，仅辅助之作用耳。教育亦然。儿童无原始的好奇心，即不能对之讲述故事；无原始的创造心，即不能课恩物、图画、手工；无原始的自愤心，即不能使观察、读书、习算；无原始的感美心，即不能令习美术、唱歌；无本能的感情，即不能为谋道德之进步；无身体活动之本能，即不能课体操、游技等科。质言之，即教育之作用，在于利用人之本能也。

然人无适应环界之可变性，则教育之功能极微。盖本能之作用，极幼稚者也。故以本能为教育之基础，则可以发挥本能，谓即教育则大谬。吾祖先历百千万亿年之辛苦，用自觉的、意识的向上心积成若干经验，至今日而始成此世界。盖无非利用适应环界之可变性也。设吾人但有本能而无此性，则今日之人类，仍如他生物，蠢蠢然任其自然，或蜗角触蛮，自相残斗。仅仅谋一生或一种族肉体之生存耳，必不能进至于今日也。由是言之，吾故以为教育之作用，在于利用人之可变性，而使为自觉的、意识的之进化。

遗传者，只本能，经验不能遗传也。然则将传授之乎？传授者，只财产品物，经验不能传授也，经验须自己经历也。吾祖先虽有精当之经验，吾盖无分焉。故学校教育之材料（即人类经验之精选者），必使儿童自己经验之。自学辅导云云，自力研究云云，自习云云，自治云云，活动云云，勤劳云云，凡所教育之法则，皆使自己经验之谓也。

然则必使之自己经验，则任其自己经验可耳，又何必多此学校之机关为？曰：吾祖先发明此教育之机关，历尽几多心血也。任其自然而令自己经验，则所耗时间精神，往往不偿其所得，此一弊也。为生活境遇所范围，经历者狭而杂，此二弊也。庸弱者无所辅助，则将为野蛮之竞争所戕贼而淘汰，此三弊也。吾敢断言，曰：学校教育之作用，非拘留儿童也，非传授字典、百科全书也。当精选多方可经验之材料，以其善良之本能为基础，使儿童一一自己经验之。其不良之本能，则利导之，使代以有价值之经验。

重演吾祖先精当之经验而使经验之，此为教育之第一步。本此经验而使能为自觉的意识的进化，此为教育终极之目的。总之，吾之于儿童也，身体方面使能营自己之生活外，须有保卫社会、改良种族之实力。智能方面，使能谋自身之衣食住外，须有为后代谋文明进步之实力。道德方面，使能与公众相处安宁外，须有尽人生最高义务而能永生不死之实力。然此数者，非辅助之、使自发则不能。若用讲义、问答、灌输而传授之，吾未见其可也。

余之教育观，约略如是。其能免于偏陋之讥乎？余不敢知也。世之得吾说者，存而研究之，进而益之，或矫而正之，皆吾愿也，余望之矣。

（原载于《小学校》1915 年第 5 号。文中句读为编者所加）

现今学校教育上急应研究之根本问题

一、教育目的之根据如何

当学校之初兴也，其目的在培植洋务人才耳。教育二字，尚未通行于社会，遑论研究其目的耶。迨普及教育之议起，于是国民教育之名词始出现，然亦未有研究教育目的之问题也。清末，教育宗旨之上谕下。民国元年，教育部之教育宗旨令出，小学教育之目的，殆全为该部令文所限定。教育家仅知奉行，未尝细讨论之。近时教育书籍，间有道德主义、实用主义、实利主义等研究主张者。然对于教育全般之大目的，仍无以热烈之态度、为根本上之考究，大都亦如日本教育家之对于天皇教育敕令，为类似之解说而已。培植洋务之人才，固不足以当教育目的也。既曰"国民教育"矣，则必为"平民的、共和的"无疑。"平民的、共和的"云者，不限于富贵社会一部分人之小范围，而全社会平等普及者之谓也。社会由人间所组织，人间各有生活。得营完全之生活者，其人间、其社会得随宇宙之进化而发展。教育者，人间社会为谋其进化发展而特设之一种作用，藉以解决其本社会中之重要问题，即生活问题是已。故教育之目的，一言以蔽之曰：养成能营完全生活之人间，以处理实际之社会问题耳。美人麦克马利博士曰：教育之目的，为使儿童将来统御其自己及世界，而在社会中成一高尚贵重、深虑有力之社员，即此意也。

一般教育书中，以品性陶冶为教育目的。常人意中，似以此说较前说为完全，或且疑前说近于实利而偏一也。虽然，品性之真相何如，不可不知也。盖品性者，非谓其动作之结果，乃谓其有动作之实行力，有合理之判断力，有高尚的感情之反应力，此杜威博士解说品性之要义也。夫所谓"合理之判断力"者，所谓"有高尚的感情之反应力"者，非即统御其自己及世界之谓乎？所谓"有实行力"者，非即谓"有能力之社员"乎？要言之，品性陶冶论与麦克马利氏教育目的说非相背而相一致，则无疑也。麦氏之言，极完全而毫无所偏。仅由字面观之，则"完全生活"似不及"品性陶冶"之冠冕堂皇，且世人每以实际生活与拜金主义相混淆。实则生而为人谁无生活？"生活"云者，兼肉体、精神二方面言，与现实派之主义迥不相同。能处理社会之实际问题者，决不乏良品性。品性仅生活处世之一种。教育目的，当就人生全体生活上着眼；品性陶冶，似嫌偏一。日人稻垣氏曰：伦理学，欲其直接取为教育之目的，实有所不能。况就其他各动因言之，无论若何，要不可不依据于社会学。可知教育目的，当由社会生活而立论。此教育目的之急当于根本上研究者也。

二、划一主义之利弊如何

前不云乎，国民教育者平民的、共和的教育也。故凡为教育者，均得自由发挥其学理。学理之得实行与否，视乎人民对之信仰如何。只须不妨安宁，为政者即无干涉之理。如工业地之民，咸欲其子弟为工，而信仰工业教育之主张。行政者持何理由，必欲以"定章所无"而不令其小学加工业乎？所谓"共和的"者，行政家之政策尚视民意而转移。教育为共和之根本，可得以少数行政者之意见以划一之乎？地方而不兴教育也，或所兴教育而无效果也，行政机关乃以执行民意，督促社会进化之名义，出而干涉之。然教育之效果，岂仅依少数人理想之教则规章为最善之方法，舍此别无良策乎？各地私立学校、北京清华学校，均不在划一制下，将谓其毫无效果乎？否则何以对于多数公立学校，必为此无谓之划一乎？或曰，各地程度不齐，故也。试问，将令已发达之地方暂停其进步，而待他地方之进行乎？抑将令未发达之地方用划一制之力，使一跃而与已发达之地方列于同等之程度乎？吾知其均不能也。然则划一制之实效，将何由收乎？惟其各地方程度之不齐，故更不宜划一。所贵乎教育者，为其能养成自己活动之人间也。教育者受划一制之束缚，已无丝毫自己活动之地步。被教育者之不能自动，可想而知矣。不能自动者，木偶也。国民类木偶，其国亡；民族类木偶，其族灭。呜呼！划一制者，亡国灭族之教育也。夫见小者量狭、自以为万能者，适以显其无能。划一制之规定，实由于见小量狭，以为教育制非划一不可。所定规章为教育上万能之方法，实则划一制之规章，世界之最无能者也。美人潘烈博士曰："同一小学校、同一教室内，有为准备高等教育者，亦有大多数只须求生活必需之知能者。而将来之生活又千种万别，对之用同一教师、同一教材，宜乎？现今教育家，急急于准备儿童将来之成效，而终失败也。"

夫以南北延长七千余里之大国，用同一之课程、定划一之放假期，不知潘烈博士对之，将生何感。总之，教育，重大问题也。提携促进，行政者之责也。法令之规定，宜仅涉纲要，定最低之限制。此外，应恃地方行政官之提携、视地方之程度而为相当之督促。否则，行政者视划一之法令，若信徒之视信条，对于教育事业仅下"不合法令""有背定章"等评语，而不尊重人苦心之研究，亦不用科学的方法以考查其究极之效果，则吏胥的行政，且将为戕贼教育进步发展之机关。划一之制度，为亡国灭族之导线而已。此划一的法令之急应根本上研究者也。

三、学童之地位如何

教育之对象为何？曰：学童也。学校之施设为谁？曰：为学童也。教员之日孳孳者为谁？曰：为学童也。故学校内之问题，无一不与学童直接、间接相关者也。然则学校内学童之地位当若何？曰：当为学校之中心也。为学校中心之学童，为现在之儿童乎？为将来之成人乎？此吾人所急当研究之问题也。

儿童，活物也，具天赋之本能者也，能生长发达者也。现在之儿童，即将来成人之基础也。将来之成人，即现在儿童之生长发达者也。主张教育无能之自然派，以放任儿童自然发达为本旨，其言曰：以教育力干涉儿童者，是戕贼儿童之天禀也。主张教育万能之干涉派，则以儿童可任人陶冶为本旨。其言曰：儿童不经陶冶，不能成理想的人格。前者重视现在之儿童，后者反是，其目光在于将来之成人。实际教育者对此二说之去取，当如何乎？此问题而未经解决也，教育之实施无确定之标的。欲求成效，安可得乎？

此问题解决之先，有一重大之先决问题也。先决问题维何？曰：人生究能自然发达至完全无缺之程度，而无所阻碍乎？抑可任人自由陶冶乎？

人，生物之一也。世之生物，无不受天演之支配，故人亦受天演之支配者也。天演之理曰：生物之本质，得诸先天或遗传，而无可变；生物之发育，则因后天境遇之变化，而有适应之力也。由前之说，则儿童无任人自由陶冶之性；由后之说，则儿童有适应境遇变化之力。天演之理曰：世之生物，自然生灭，常有过、不足之现象，而竞争于是起。竞争之结果，适应力大者得生存，不然者渐归灭亡，此为天演之平均。人类，文明之动物也，有社会生活者也。文明社会之组织，与一般生物界异。各个体自卫求食之具，远不如动物之完备，且文明社会对于过、不足剧烈竞争之恐慌，常共谋事前预防，务使个体各得发展，以维持其平均。故对于未成年人，决不肯听其自然发达，以惹起破坏平均之大恐慌。而未成年人，则因其自卫求食之具之退化，若无社会之协力，亦决不能自然发达而无碍。社会之协力云者，教育其一也。故曰：教育之作用，所以变化儿童之境遇，使儿童练习其适应力且除去阻碍，以使其自然发达也。教育之作用，非可使愚者变为智，不过除去所以使之愚之阻碍，而使之发达其相当程度之智耳。是以教育之对象，为现在之儿童，为将来成人基础之现在儿童，非绝对为将来之成人也。

平民政治之国家，与武断政治之国家，其教育之方针大不同也。在武断政治之国家，其不顾生物学、社会学之原理，强定理想之成人，而以多数人民供少数武断政策之牺牲者。犹可说，盖武断者，本不欲个体之健全发达，否则不能供其指挥，而无从施其武断也。若在平民政治之国家，则以社会各个体健全发达为本旨，断断乎不能蔑视儿童之本能人格，而以自能发达之儿童，为盲从武断政策者所玩弄也。

总之，儿童在学校非被陶冶者、非被指挥者、非盲从者，当为自己发达者。教员之对儿童，非可以干涉其自己发达为专责，当注意其境遇，勿使阻碍其发达，而得磨炼其种种适应力也。

本此理论，以批判今日我国学校教育之实际，则见有绝大之危机存也。危机维何？曰：儿童之地位不明，常为武断政策者所玩弄是也。试申论之。

（一）儿童身体无自由发达之机会也

学校儿童身体发达之机会，其主要者约有二端：体操及退课时之运动是也。前者一周间只三四时，其实效殊薄弱。加以今日学校，体操方在混沌时代，或仅知重整齐之形式，或并此形式而无之。欲求强筋肉、健内脏之实效，难矣。故现在儿童身体发达之机会，存于后者为独多。后者之机会，固能利用乎？实际亦殊寥寥也。现今小学校，大多数无运动场；有运动场者，大多缺运动器械。此因经费之不足，诚无可强求者。然尚有无须多备器械之运动游戏，可提倡实施也。而考之实际，有大反乎是者。某地某校儿童退课时，在廊下场侧静坐休息，校内费无数金钱于长椅之购备，而于运动器具无一件之置备。甚矣哉！阻碍儿童身体之发达也！某校主张退课后令儿童自由运动者也。某日有参观人见而异之，评曰：儿童如此无秩序，将如何管理之乎？呜呼！以儿童自由运动为无秩序、不可管理，然提倡秩序而管理之，势必将儿童身体发达之机会悉行夺去而后已。秩序之义，岂即如木偶之呆坐呆立乎？儿童之运动也，知其方法，无争夺，无喧闹，各出其全力以运动，即最正当之秩序也。学校管理之目的，非代儿童运动也，更非禁儿童运动也，实为使儿童运动也。儿童为最正当之秩序的运动，管理之目的已达。推某参观人之意，岂必欲使儿童悉呆立呆坐如木偶乎？规行矩步之民族，甘受人强暴之民族而已。总之，今日多数教育家，尚未能体得"留意儿童身体发育"一语。对于学校教育之观念，以注入知识为本位。体育方面，儿童之地位未明。故曰：儿童身体之发达，有绝大之危机也。

（二）注入知识，儿童之地位仍误认也

何则？儿童能动者也，有判断推考之力者也，自己刻刻欲求新知识者也。知识，而必待教员之注入者，非儿童也，实无生命之漏斗耳。某高等小学校教授国文，全篇约长二百字。其中，已识者占大部分，然教师犹逐字逐句为之讲解也。年十四五之儿童，尚不知字典之用法。某校观察植物时，如花色黄、花瓣四枚等一目了然者，师必逐一发问，曰：此花何色？此花几瓣？注入者，非是也，似而非之启发。更非是也。前

不云乎：儿童，有判断推考之力，而刻刻欲求新知识者也（由实验之结果，详见耳哈氏著《儿童教授法》），故教授之要点，在乎引起儿童之求知心，则儿童自能判断推考矣。此时，教师只须对于其不足处为之辅导足矣（详拙译《自学辅导教授法》）。某视学评论其参观之教授，曰：某校教授字义，用自习辅导法，任儿童各自盲揣，教者但漫应之，不为剀切讲解。遂以为自习教授之大病。实则某视学未尝实验过真正自学辅导教授法者。盖此种盲揣漫应之教授法，不知儿童地位之教授法也。必为之剀切讲解，而蔑视儿童之判断推考力者，亦未知儿童地位之教授法也。某视学所陈之改良法，由儿童地位方面言之，与盲揣漫应者，五十步百步之讥耳。教授上儿童之地位未明，则诸凡发明创作等能力无由养成，而我民族工战、商战、兵战之利器，悉为他民族所制胜。亡国灭种之危机，存于是焉。我今正告教育家，曰：教授，为儿童也，非以儿童从教授也。教授上儿童之地位究当如何，请就全国小学校，以郑重之态度、科学的方法详细研究之。勿徒凭一己之猜想，为纸片上之空论，戕贼我未来之人民。以一己之猜想，倡亡国灭种之教育方法，我谓之曰武断政策而已。

（三）训练主义之蔑视儿童地位也

何谓训练养成儿童人格之谓也？儿童者，将来社会成人之基础也。社会离个人不能独立，欲求社会之发达，不可不谋社会各个体人格之健全。何谓健全之人格？曰：有高尚之目的，有明决之判断，有强固之意志，临事务求合世界之真理。勿欺弱，勿畏无理之压迫，且时时自求进步发展也。养成此健全人格之基础，自当求之于学校教育。然则今日多数学校，自诩管理得法者之徒，求行必缓、声必曼，事事必由教师代为之谋。而学校生活中，丝毫无儿童判断筹划之机会者，可得养健全之人格乎？命令之发也无理由，仅使儿童服从教师之威严耳。教师之威严为何？真理耳。舍真理而取威严之形式，儿童非信从也，盲从也。在学校惯于盲从，出至社会，必为无理之压迫所束缚。社会各个体而如是，欲求其不为他人所奴隶，得乎？严格主义之本义，岂如此乎？果如是，则破坏社会、制造奴隶之方法而已。尚何训练主义之足云哉？倡此奴隶制造法者，亦尝以放任，批评人之不合也。虽然，放任亦非训练主义也，无训练而已。惟以无训练，比之制造奴隶则犹胜一筹也。何则？彼虽不为儿童造机会，然亦不夺其自然之机会也。制造奴隶法，则并自然之机会而亦悉夺之，且以无理之威严压迫之。奴隶者，武断政策者所欢迎者也。训练上儿童之地位不明，常为武断政策者所玩弄，即此意也。此非我民族生存上绝大之危机乎？教育家，曷起而研究之！

（原载于《教育杂志》1914 年第 6 卷第 12 号、1915 年第 7 卷第 3 号。文中句读为编者所加）

初等教育的新趋势

　　我们初等教育界，近几年来的新趋势，实在是五花八门，热闹得了不得。实在，这现象不是我们初等教育界专有的；全国教育界各方面，都有这同样的现象，所以初等教育界也跟了这潮流在那里激荡。我且把近几年来我国教育界的潮流，约略地说一说。

　　杜威讲学以后，就流传了一种教育上的新学说——什么实验主义。孟禄考察后的报告，使中等教育界非常激昂，初等教育界略微有些自满。改进社又提倡了测验的编造和全国的教务调查，造测验又狂热起来了。科学教育，又是一个受着孟禄考察后的新运动，就有什么理化实验比赛的新事业。拿实验做科学教育的目标，似乎还有研究的余地呢！新学制改行了，什么课程起草会、教材调查会，也跟了起来了。一方面又感受着万国教育会中的刺激，发生了平民教育的大运动。把认识一千个字算教育的目标，根本上还有不少的疑问呢！义务教育运动、乡村教育的研究、农村师范的添设等等，虽或是几省的举动，但是也可以代表推广教育的一种新倾向。这是普及方面的。学校升格，广开大学；在没几年工夫，骤然加了这许多的大学。这种速成的提高教育，我们觉得十分惊异；似乎办大学的人，有一种神妙的秘术，可以在顷刻间运来不少的人才。罗素讲学，一时又盛倡科学的哲学。太戈尔①来了，又要自尊东方文化的可贵了。实用主义、职业教育，提倡推行还没多年，又有什么精神教育、人格教育、"方法之下无教育"，等等的胡闹了。在我们实地从事小学教育的人，听了这种种名论，看了这种种名作，只觉得目迷耳昏、徒资纷纠而已。这是混乱。

再从实际的事实方面看，尤觉使我们失望了。新学制的根本精神，顶好的在上下左右的都可以活动。但是各省实行新学制时，却常常有"县不得设立初中""高小三年改成六年小学""高三毕业不许插入初中二年"等老虎钳式的规定。升级有什么弹性制的好名词，然而小学毕业的分数不能缺少一学期的制度，教育厅和县公署还是严厉地执行着。一方面大吹大擂的平民教育、义务教育、乡村教育，一方面又有某县教育行政会议议决恢复文言文课本、某省长令禁语体文课本。一方面演讲时引证着杜威演讲集程的"经验为本""科学态度"，一方面对于设计的教学法又下了"无政府""过激"等等的批评，并且又说小学课程只要注重"英国算"。一方面提倡测验，用科学的方法研究教育，一方面又在那里说"方法之下无教育"。听了孟禄的批评，办小学的人似乎欣然有些得意的样子，但是有不少的小学教员又想改行而升入初中去做事。闹了几时男女同学，回头来又要办女子初级小学。天天说改良社会，自己和学校受社会恶势力的支配而不敢求解脱。天天说改良农村，而农村教育的研究会却偏偏开在顶热闹的城市里。天天说职业平等、劳工神圣，而又时常奔走于军阀的和资本家门下，仰他们鼻息，求他们大发慈悲地分些余润。天天说推广教育，而又议决那削减经费的教育计划。借维护教育的美名，行摧残教育的实际。这种种现象，叫我们实地从事教育的人看了，只觉得顾此失彼、口是心非。这是矛盾。

---

① 太戈尔即泰戈尔。——编者注

总言之，没有辨明方法和精神；只顾了手续便利，不肯坚定地认清了精神，想出方法来。或者耳食了传来的言论，半生半熟的宣传。实在是笼统成了习惯，没有科学的研究方法是了。归结说，就是"不学"，而专要想用"术"。

这是就大体论的，有极少数真正研究的人不在这里头。请注意。或者我自己也在那混乱和矛盾里，也未可知。

所谓真正的新趋势，绝不是这样混乱和矛盾的。混乱和矛盾，是政客官僚式的教育家做的事，不是真正教育家做的。真正的初等教育的新趋势，大约有下列的五端。

一、平民化

从前的科举教育是做官的准备；凡是不希望做官的人，当然不必受这种教育的。一方面私塾里也有些商人胥吏们的子弟，目的是识了些字，在他们的职业可以方便些。这是一种职业准备的教育。此外农工小贩等等，从来是不需要识字的，所以也不进什么学塾了。到了讲时务、变法维新的时候，停科举，开学堂。学堂是科举的代用品，还是拿了养成洋务新政的人才当教育的目标呢。所以清末有什么学堂奖励章程①，凡是学校出身的都有什么相当的功名。就是改了民国以后，各地方设校，总不外城市镇集。真正的农工小贩苦力家子弟能受到教育利益的，还是少数。直到此时，义务教育，乡村教育，平民教育的声浪高起来，才有些平民化的倾向的萌芽。这是一条很显明的路。大家要认清了。能认得清时，便可以免却不少的耗费。譬如男女同学，我们不必问好不好、妥不妥，因为教育要平民化，我们绝没有分立同数的男女学校。那

①《光绪二十九年十一月二十六日（1904.1.13）各学堂奖励章程》，朱有瓛主编：《中国近代学制史料》（第二辑上册），上海：华东师范大学出版社1987年版。——编者注

末，即使男女同学比较的不好、比较的不妥，我们也只得在办法上使它较好、较妥。要是因噎废食的办去，不是背了平民化的趋势了吗？预备做官时代的教育，可以含着选择的作用。实在应该要有选择的作用，才能拣出顶优秀的人做状元。所以从前的教育，要使人十年窗下用尽苦功，读的是美文古文，做的是八股策论，写的是馆阁正楷。在没有智力、学力测验的当时，除掉用这种种困难的东西，去难倒中才以下的人，还有什么办法！此刻教育的目标在平民、在普及，当然不能再用文言文，写正楷大字的了。叫少数希望功名的人十年窗下用尽苦功，是做得到的事。即使假定现在别的科目都不问，单单国文一门，也要叫全国的小孩，都是十年窗下用尽苦功，我恐怕农民要闹没人种田，工人要闹没有徒弟了。要拿科举时代的眼光来批评平民化的教育，不是逆这趋势的事吗！认定了平民化的趋势，还有什么文言文、语体文的争论！

二、社会化

社会化有两方面，一是学校组织的社会化，一是学校和社会的接触。从来学校的组织，往往只顾办学人的便利，轻视学生的幸福。即使也有顾到学生福利的地方，不过是间接的。此刻教室里的上课，有不拿教师做主体而全级学生互相发生关系，成功一小小社会组织的。训练上有什么级会等拿一级做一小社会的。全校有什么补充课、课外作业、学生自治、周会等拿一校做一社会的。从这种种社会化的组织，可以行一种实践的公民训练。从前的学校是拿办事人做主体的。现在的学校是学生和教员共同组织的。所以我们学校训练，早没有什么严格主义和放任主义的瞎争了。在十年前，大家不明白这社会化的趋势，当时颇有主张严格主义而痛骂放任主义的。实在不是严格和放任的争。所谓严格主义，不过是一种假托的名词，办学者要滥用他自己的威权而不知道社会化的趋势就是了。所谓放任主义，也不过是对于社会化组织的一种谬妄的批评罢了。仔细讲，社会化的组织，学生不过有相当的自由，绝不是绝对放任的。社会化的组织，大家在法治底下，十分严格的。学生自治了，自定的裁制，比了教员定的校规，要严格得多呢。此刻也有一部分落于时代后头的地方或人物不明白这社会化的趋势，在那里倒行逆施。或瞎叫什么人格教育、感化教育。他们何曾知道这社会化的趋势就是有办法的人格教育！再说学校和社会接触方面，我们可以分做几步。学生学习时，用了设计的方法，有许多地方是要在校外做的，要到社会里实地研究的，也有要通信各机关调查的。一方面学生的作业也有许多机会向社会发表的，像学校新闻、展览会、游艺会、运动会、恳亲会、母姊会等。进一步，像地方上的清洁运动，卫生运动等，学生和社会合作，学生做实践的公民作业。还有本地社会，因学校的鼓动而做许多公民应做的事业。这不但学校和社会合作，并且学校做社会的指导了。更进一步，在乡村里，学校竟可以做一社会的中心；什么地方事业，都可以由学校做领袖的。此刻平民化的趋势还没有能把小学校完全推广到村子里去，所以这学校做社会中心的一种趋势，也不过是在萌芽或酝酿的时代，不久就要发展出来的。

以上两端，合起来说，都是受着社会学的影响的。以下三端是从用科学的方法研究教育而产生的。

三、学生的学习心理和学习态度

从前办学的人，认定学校是灌输知识、授予技能的。所以无论教法、训练法，都拿注入做主体。希冀学生的成绩，也不过国语算学的纯熟，至多再责成他背熟若干史、地、自然科的事实。就是图画、手工，也看作是练习技能的科目，唱歌也注重唱熟，体育也注重在锻炼。什么发表欣赏，都是梦想不到的。自从学习心理渐渐明白了，教学是经验的发展，人格的发达等理论也渐渐被承认了。那末，经验和工具的区别大家也都已晓得了。国语、算术等大部分是符号、是工具，不是经验的本身。我们不能把知识灌输给学生，要由学生自己去求得。我们不能把技能授与给学生，要由学生自己去练习。所以学生的活动一天一天地加多。不但收受，也要发表。不但研究，也要欣赏。学校里的作业也一天一天地推广。有校外教学，有补充课，有图书馆，有补助读物，等等。并且游戏、表演和休闲时间的教育也看作重大的事业。更有"由做而学"的办法、设计的教学法等。总之，教学的出发要根据学习的心理；教育的目标要养成学习的态度。这一种的趋势，似乎是很顺利地进行。但是也不十分明了里头线索而自招纷纠的，不过是少数罢了。

四、学生个性的差异

从前办学的人不明白学生个性的差异，天天闹着要学生程度齐一。还想用严厉的甄别和留级的办法，把学生的程度弄得齐一。这种企图终究是做不通。所以后来渐渐地承认个性差异而要想法适应了。适应学生个性差异的办法，可以分作三方面论。在方法方面，有的叫迟钝的学生在课外补习的。有的，教室里备些儿童文学、补助读本。小学生看得懂的周刊杂志，使先做完某种作业的学生自己去看。这样，可以使能力强的学生不至于空闲没事做而在教室闹乱子。还有一个办法，是教员预先准备些和本课有关系的补充作业，给先完的学生做。在课程方面有两个编法。一是把课程分作深浅二种或三种。迟钝的学生只学最浅的一种，就是所谓最低限度的；中等的学生再加深些；最优等的学生更加得深些。一是课程不分深浅而分广狭的。在最低限度以外，再加增补充的。这深浅广狭的区别，实在不过理论上如此。实际编起来，总是双方兼顾的；事实上也不容易绝对严密的分别。以上两方面都是一学级学生依旧共同进行的补救方法。还有第三种编制方面，那就不求全级共同进行了。有什么弹性升级法，有什么能力分团法，还有什么各科各自分班法，到此刻有什么道尔顿的编制法了。我们既已认定个性差异是事实，是人力所不能改变的，那末当然不能强制全级学生共同进行的。所以现在对于班级的观念，已经改变了。这种趋势，不过在城市大规模的学校里推行，乡间复式单级的小学里还没有行到。实在我们对于复式单级学校的年级观念不固执了，也并不是难行的。譬如二学年的复式学级，就能力分成三组；单级小学也不限入学和在学的年期而依能力分成四组或五组，有种科目，只要分两组或三组也是行的。

五、效力

从前办学的人，总不过用考试成绩的好歹定学校的效力，现在却有了测验了，有了系统规划的学务调查了。这当然比旧来笼统的考试要好得多了。前年改进社着手编造了好多种的测验，去年又在全国各大都市举行了大规模的学务调查。这是我们研究教育效力的一种顶新的趋势。那次调查的报告，已经用英文印刷成报告，名叫《英文中国全国小学校概况》，由上海商务印书馆印行了。这是研究教育效力的一方面。又一方面是关于练习的效力的。从来小学校里用的练习方法，往往是盲目的。学生耗费的时间精神很多，而收到的效力很小，近来改进社已经编成了算学四则的练习测验法，不久可由商务印书馆印行了。也有人预备将来再编造习字的练习测验。这是练习方法上研究效力的新趋势。这两方面的新趋势，我们已经很顺利的进行了。这是我们初等教育界里顶可以欣幸的。另有一方面是关于制度方面的效力的。我们讲到效力，要顾到用少数的经济，做出多大的效果来。现在经济十分困难的时候，我们一块钱，顶好要想法当作两块钱用。为了少数女学生独开一级，或独设女子部，不如男女同校了，把这注钱另开一小学校，或另开一学级。所以就效力方面论，男女同校也是一个重要的问题。就是学级编制、升级留级，等等，都和经济有关。呆呆板板地改行新学制，也不如活用新学制弹性的合算。这一方面的效力问题，我们还在混沌的时代。将来大家若能认定方针做去，这趋势很可以解决普及教育上种种的难问题呢。

上述三端是初等教育界受了科学研究产生出来的新趋势。总结说，所谓新趋势不过根源于上述社会学和科学的两大关键。所以我们如能分析清楚，认定目的和方法的区别，向着目标进行，绝不会再有什么混乱和矛盾的现象发生了。就是现在的种种矛盾和混乱，也不难整理出一个头绪来的。

（原载于《中华教育界》1924 年第 14 卷第 2 期）

园丁野话

缘　起

园丁本是野人。野人说野话，算是"献曝"。园地是好地方，垦园地的园丁是最快乐的人。同在园地上垦的园丁，彼此有机会谈谈甘苦，是最快乐的事。野人的野话，不能登大雅之堂，但是或者可以贡献给同道的园丁们。

一、不如

客问为什么署名叫作不如？我说，我做了好多年的教育园丁。在教育园地上垦，结果，我不如园丁。园丁识得花草的本性，而且有应付的本领，我可以算是真正识得小朋友的本性吗？我应付的方法能和园丁一样的有把握，可以收到预期的成绩吗？我不如裁缝。裁缝在如此大冷天可以使小朋友身体温暖，要是小朋友的小脑子觉得寒冷，我能使他们温暖吗？我不如厨司。厨司在早中晚三餐时可以使小朋友大嚼一顿，觉得肚子里饱满，要是小朋友精神觉得饥饿，我在教室里忙了一句钟，可以使他们满足吗？我不如电匠。电灯不亮，用了一个捻凿，一把钳子，找出脱线的地位，设法一接，立即可以重放光明，要是小朋友神经线有了故障，我有什么方法使他立刻修复？我不如医生。测验或考试的分数可以和血压脉搏体温呼吸一样的正确吗？医生可以看了血压脉搏体温呼吸的曲线断定病症，我能看了小朋友的分数想出救济的方法吗？我不如律师。律师有法律条文来处理纷争，我的规章命令有时反要使小朋友发生扰乱。我不如牧师。牧师在教堂里说教，天堂地狱，多少可以使听众里产生出几个信徒，我在教室里的讲经说法，或者反而使小朋友中产生了几个叛徒。我不如，我不如……

二、花卉本位

园丁要种菊花，第一须先识得菊花的性情。所以种菊法是以菊花的性情做本位，不是拿园丁的情性做本位的。花序盛大的"狮子头"，宜多分头。愈多愈好，一盆里弄得四五百个大头，真是壮观！"满天星"也自有它满天星的本性。要不是依它的本性，也摘起头来，结果，稀零零的小黄花，成功了癞痢头。娇嫩的"平湖秋月"，哪里可以和"狮子头"比？一盆三两株，恰合"平湖秋月"的身份。

岂但菊花如此！一切花卉都是如此。识得花卉本性的园丁，种花成功。违反了花卉本性的园丁，种花失败。一部《群芳谱》可以帮助园丁使识得花卉的本性。这里面所说的话，都是老园丁辛苦得来的。辛苦得来，才是经验。经验的种花法，才合花卉的本性。

三、花园本位

园丁们略识花草本性，于是有什么花草本位的园艺论。园主人的见解却不同。主人责骂园丁的理由是：一切园艺，应当拿园做本位。园有结构，有组织，有纪律。什么地方要松，什么地方要竹，什么地方要小树林，什么地方要花台，什么地方要草地，都应当统筹全局，有一个系统的支配。一味任花草本性，漫无限制，园不像园，花草哪有生存余地！然而园丁也自有他们的意思。园丁的意思是：支配组织，可以算是花草的群性。但是个体发育不健全，园的组织，园的纪律又在哪里！有宜荫的乔木，我们怎能支配在阳光过多的地方？有宜水的萍莲，我们怎能移植到假山的石上？所谓花草本性，并不是指园的组织而言。我们要花草生长，绝不可凭我们的好恶而斫丧它的元气，绝不可因园丁技术的粗劣而摧毁它的生命，绝不可因园中一时的需要而缩短它生长的历程。原来花草本性的一句话是对园丁的警告。肥料的种类不可和花草的需要不配，肥料水分的供给不可过多或过少。要全园组织好，凡是园中一花一草都应健全发育才行，所以叫花草本位。这争辩哪一天了结？我们是无从预言的。最好园主人定了全园的组织交给园丁，由园丁去就花草的本性来培养。园主人干涉过多了，世界何必再有园丁？其实，等主人亲手一拿到园艺用具，也自然会得知道花草的本性是没有方法可以勉强的。不然，《群芳谱》一部书，早就没有人要的了。

四、筑室道旁

园丁不好做。出主意的人太多了。公子哥儿们来说，把陈绍酒浇了，牡丹花会变绿颜色的。摩登觅师们来说，把牛乳浇了，兰花会得变白颜色的。肉店里三叔叔来说，猪油可以壅菊花，菊花肥到个个会像酒坛一般大。铁店里阿魁哥来说，把烙铁烧红了烫梅树，姿势可以特别的整齐，而且开出来的花，朵朵一律。南货店里老伯伯来说，糖汤是木犀花最合宜的肥料。酒坊里的长发哥来说，酒糟又是芝兰花最要紧的养料……公说公有理，婆说婆有理。弄得园丁手足无措，不知道听了哪一位的主意好。试验，本来是顶好的办法。不过，试验的假说，也须得有相当的根据。不然，今天浇些绍酒，明天浇些牛乳；猪油，烙铁，糖汤，酒糟……病急乱投药，结果，断送了满园的佳种。只知死守陈法的园丁，当然是不合时代的潮流。但凭酒后茶余想了些新花样来叫园丁去做，恐怕未必能使园地上产生什么美妙的品种出来。园丁自己有经验，园丁应当自己研究科学。把经验与科学合了起来，园丁自己来好好地试验。仙人掌可以使它不生刺，西瓜可以有柠檬香蕉等等特殊的香味。这是园丁的好榜样。那岂是朝三暮四所能成就的！

五、立地成谷

"十年树木""百年树人"，做园丁是性急不得的。园地上的生物，生长有一定的程序。揠苗助长，反而断送了脆弱的幼芽。俗话说的猢狲种树，是园丁们极好的警戒。到了肚子饿时才想种稻，本来已经是临渴掘井的办法。性急的园丁，恨不能立刻点种成秧，点秧成稻，点稻成谷。等得不耐，便异想天开，施速成的肥料，要求稻秆的早长，便想用稻草灰来做肥料；要求稻花的早开，便想用别种花卉的液汁来做肥料；要求谷的早结，便想用果壳奢糠来做肥料。今天试了一新法，明天又试一新法，花样翻新，弄得园地上变成了垃圾堆。结果，还是饿着肚子得不到米吃的。有的更进一步拔去了半长成的稻，说还是种麦来得快。种麦才只几天，看看麦苗长得一样的慢，又把麦苗拔掉，改种了豆。种豆太慢，再改种黍。种黍太慢，又改种芋。拔的拔，种的种，肚子依然是饿。或者始终要饿的了。实太性急。想一想：土壤如何？气候如何？温度如何？燥湿如何？风如何？虫如何？一切环境又如何？放下屠刀可以立地成佛。放下种子，那里会得立地成谷！纷纷扰扰做什么？

六、十字路口

十字路口站一个穿制服的警察，差不多是新式城市中的必需品。警察的职务，或者是维持街路上交通秩序的罢。但是在有的大都市里，却成功了汽车通过时的招手机。远远听到呜呜的叫声，警察便全神贯注地做一种准备的姿势。等到汽车飞来，便右手一招，仿佛是行了一个敬礼。职务便如此告一段落。要是人力拉的车子经过，却似乎不在他职务范围以内。靠左，靠右，慢些，快些，让路，借光，完全是车夫们自治地，不停地叫着。要是乡间才上城的人，走到了十字路口，平时由你东歪西扯地走着，警察们总也不来管你，万一阔人的汽车来到，一声呼叱，吓得你不知如何是好，事后一定被骂的是阿木林。我们做园丁的在教室里，有时不小心，也会学了十字路口警察的动作而不自知的。聪明的，漂亮的，利嘴的小朋友，仿佛是阔人的汽车。我们有时名为和三十或四十个小朋友共同工作，实际却只不过和汽车招手罢了。大多数的，仿佛是人力车。快也好，慢也好，各自各的进行，至多在考试或成绩上批了一个分数。名目没有提起自治，实际上却差不多完全是靠自治。教室里也有乡下老儿一般的能力比较薄弱的儿童，我们有时也要呼叱他们，责备他们。说他们功课赶不上，不好像警察呼叱阿木林阻碍阔人们汽车的飞行一样？其实，最需要我们园丁辛苦努力的，不是聪明的漂亮的利嘴的，而是阿木林。喜欢好的，注意好的，本来是人之常情。做园丁却不能不连不好的一起顾到。这似乎有些不近人情。职务所在，我们也只得特别来努力一下。园丁所以成功专业，需要特殊的训练，这一点也是原因之一。不然，站在十字路口，看见汽车过来招一招手，什么人都会干的。

七、小菜场旁

园丁辛苦了若干时，园地上总有些出品，肩挑上城，送到小菜场里等着，自然有主顾走上来问询。只要你货色还可以，价值不过高，自朝到午，一担东西，总可以销售大半。教育园丁的出品就难说了。辛苦了几年，好容易等到小朋友毕业，这大社会的小菜场里简直没有几位顾客来问询。这是什么道理？教育是为了社会的需要而办的。在没有办教育时，在小学教育还没有推广普及时，仿佛大家都觉得有一种极急切的需要，等着这四年或六年的小学教育来解决一切。这好像是大家向园丁定货，是一种限期的定货。定货单上，还详细开明需要的条件，如训育的目标，各科的课程标准，仿佛是定货合同上的树身要几寸周围，几尺高，树枝要多少，叶要怎样，花要怎样……园丁的努力结果，虽不能悉合标准，但是照毕业会考的分数而论，勉强当能交货。然而交给谁去？谁来验收这一批定货？若说是因为毕业生不合社会的需要，所以社会中没人问询，那末定货单上的条件又怎样开的？开这定货单时，不是心目中都有一个急切的需要而一切条件悉照需要开的吗？说所开条件不合社会急切的需要，那末什么才是恰合需要？定单的条件也改过好多回了。改来改去，总是个只有人定货而没有人验收的怪现象。园丁们辛苦照定单工作了几年，结果，还受人家骂一声出品不合需要，所以没人顾问，真冤枉极了！我想这或者是组织上有些缺点罢。在定货时，仿佛是一个国营的托辣斯①。到了出货期，却又变成了完全自由卖买，连小规模的合作社也没有了。要是销售出品有了个国营的托辣斯，那末园丁们只要按照标准工作，如期出货，自有人来验收去的。要是出品是靠自由卖买的话，那末园丁们绝不能依照将来没人验收的定单去摸黑；只得自己去想新花样，迎合顾主们的需要。

八、不景气

不景气是全世界的共通现象罢。商店想利用宣传，广告"特别大减价，外加赠品"，以为总可以把存货销售了，哪知柜台上依然冷清清的没人上来顾问！这原因，要请经济学专家来说明。我们教室里，也常常在不景气的状态中呢！一批一批的教材搬进了教室，很少有小朋友自愿

---

① 托辣斯即托拉斯。——编者注

上来购买的。我们有时也用宣传或广告的方法。不过名称是不同的，叫做引起动机或提起兴趣。偶然，小朋友也被这等宣传广告鼓动了来顾问一下，但是不久，又不睬我们，各自想各自的玩意儿去了。我们到了不得已时，也要用派销的方法来挽回这不景气的惨状。前清变法维新时，不是一道圣旨叫各省各县都要派销《时务报》的吗？有人告诉我，某县的库房里，堆积了好几尺高的《时务报》，后来被衙役们拿去卖给小杂货店里包铜圆去的。我们派销的教材，小朋友不肯带了走的。每逢大考过后，总是连字纸破鞋等一起留在了校门里的。即使办毕业会考时，勉强带进了考场，往往在交卷时一并交给主考或收卷人的。小朋友在放假或毕业时，抛弃这等派销的教材以后，心理有一种"如释重负"的快感！他们如此不愿接受，难怪我们始终是在不景气的状态中了。

九、说书场

我们教室里是不景气。若是到娱乐游戏场中去走走那就大大不相同了。大家很情愿地化了钱进去。进去了不想出来。说书的，一个人在那里讲些长篇的故事，有时也夹些弹唱。听说书的人却全神注意着静听，丝毫没有声息。说书场和教室比，我们不如他们。我们上课是分心的。一方面讲故事，一方面还要留心管理学生，勉强他们注意。可不是吗？"看哪一位小朋友坐得最好？""小朋友都坐好了，我再讲"是低年级优良教师惯用的方法。有时，竟在黑板上，写上"1234"，说"看哪一排守秩序？"这许多方法，在说书场里是始终不用的。要是也用了，包管听客们一哄而散。教室里是强制的，说书场里是自由的。因为是自由的，所以说书者要磨炼自己的功夫，要迎合听客的心理。强制的，所以教师们只有维持秩序的问题，没有儿童心理的问题。儿童心理学是师范生在书本上念的，不是在教小朋友时用的。即使有志的教师要想实地试试，因为终日要注意秩序，哪里还来得及顾到儿童心理？要是我们的教室也自由了，那末学生们肯留下来听的，一定是很少的了。到了这种情形之下，我们失去了强制的靠山，用不着维持秩序，问题便转移到儿童心理上去了。有人说，用说书场来比教室，未免有些不伦。我说，论到对于人心的影响，恐怕说书场比教室要大得多呢。我们全社会的行为，很显明地表现出书场中故事的教训。"做了官一定是有钱的""吃尽苦中苦，方为人上人"等等，都是例子。教室所给学生的影响是什么？毕业后的学生，往往同我说，到了社会里才明白在学时的理想，完全是错误的。客气些说，算是他们的理想。老实些说，便是我们的教训。自由的说书场所教的是不合我们的宗旨，但是效果却很确实。教室里的宗旨是很好的，可惜效果往往和预期的相反。这不是园丁们应当努力研究谋一个解决的严重问题吗？不然，我们终年辛苦，干些什么！

一○、笨

相传刘大白先生曾经说过，教育家是低能儿做的。后来他做了教育部次长，有人提起他这话，他无可辩论，说："我或许也变了低能。"低能，俗话就叫作"笨。"我说大白先生太聪明了，所以他看我们当教员的都是笨人。我是笨中之笨的人，所以常常说做教员的太聪明了，譬如教算学，三加五是八，五加三也是八，三乘五是十五，五乘三也是十五，在教师看来这是多少简明的事，只须三言两语，应当立即明白。为什么小朋友还是一个个弄不清楚？我的意思却不如此。我常觉得教员自己对于教材，明白得太透彻了，教师自己对于各种技能太纯熟了，所以常常觉得学生笨，学生慢，学生不用心，学生不努力，学生程度太不齐整。仿佛只有少数人能了解他，能认识他，大多数小朋友总是笨到不可教诲。要是拿了小朋友做了出发点，三加五和五加三，三乘五和五乘三，实在不是三言两语可以说得明白的。以为三言两语可以说得明白的，实在是太聪明了的缘故。又譬如学历史"汉高祖与何人约法三章?"在聪明的教师看来，实在是最简便没有的问题。然而学生却会得答"与李鸿章约法三章"呢。聪明和笨，本来是相对的名词。从教师本位说，学生太笨了。若从学生本位说，不是教师太聪明了吗？大白先生是聪明过人的人，他还嫌教师笨，所以他要做教师的教师了。

一一、做

这是我自己学习的经验。幼时恰逢百日维新，我也注意当时所谓"洋务"。傅兰雅译的《格致须知》是当时学习科学者常用的入门书。我当然不在例外，买了全套，拿来当《四书》《五经》一样的读。读到一本《化学须知》，风火水土，讲来真有滋味。可惜"磷"是什么东西，是我那时最困难的问题。查字典，不得要领。试问教我《四书》《五经》习字作文的老先生，他只告诉我是鬼火。在书本上学化学，至今还留下这一个深刻的遗憾。后来觅到机会了。第一次自己做，在木炭上放了氧化水银，把吹火管吹出还原焰来，看见粒粒水银从红色粉中析出，多少快活！磷，毒药，炸药……什么什么，自己亲手做过，学来非常满意。《化学须知》上从前念熟的书句，早已忘记的了。做过的要我再做，却还不怕。

化学是注重实验的，当然要做。学算学，通例是没有实验的。开始教我算学的，是狄考文的高足弟子。大部分，勉强可以了解那先生的说明，惟有学到开方，我始终不明白算法的所以然。后来在睡梦中觉悟了，原来是一个四方，两旁二条长方，再有一个小方在角上，是个分割的方法。早上起来用铅笔画了出来，再用纸剪了出来，然后才明白，才满足。不是做，哪里会得明白？

学公式，想来可以不必做的了。我在民国纪元前一年时，曾经熟读过百几十条物理学的公式。恐怕单单眼看，容易忘记，所以每天把公式抄写一遍。半年后，不必再看原文，会得从头默出，毫无错误。哪知过了半年竟忘了十之八九。近三四年来，空时弄无线电，这是做的。做时先要计划，要算，所以要用公式。现在这几个做熟了的公式，还没有忘记，希望它永远不再忘记。因此，我觉得不经过做而读书，不能算是真正的学习，对吗？

一二、教学，学教

摇了铃，排了队，走进课堂，行个礼，坐下来，拿书，"一！二！三！"打开书本，开口说，小朋友，今天教第几课……这样，是平常所谓教学。一切学问，仿佛完全在教科书里；仿佛只有读教科书，才是学。而且仿佛一定要在课堂里大家一起读教科书，才好算是学。

二十二年的八月二十一日的正午是日蚀，恰巧来了几个朋友。朋友也带了孩子来，大大小小约计七八人，有初小程度的，有高小程度的，有高中程度的，有小学教师，有中学教师，各人想方法看日蚀。有的，照了报纸上说的方法，在眼镜上涂墨。有的，照民间流传的方法，在地上放一个水盆，从水盆里看日影。天井里有凉棚，所以，有的想从凉棚的小孔中去看。忽然有一个叫起来，说，地上凉棚孔的放大圆影，个个缺了一角。这是新发现。于是有的人拿了厚纸，穿一小孔，太阳光的小圆形，也同样的缺了一角。有的拿笔管来试，有的拿手握拳，中间作一小圆孔来试。各人想各人的方法，这个方法和别个方法比较。拿白纸放在下面，把小孔里射来的日蚀影子，用铅笔画出来。说的说，做的做，同时个个人在看，在想，足足有一时半多，谁也没有留心到这是教，这是学。各人觉得很快活，很满足，各人都觉得有新的获得。我想，这一定是一种教学。做学生的，由做而学。做教师的，可以说是由学而做。经过这一次日蚀的学，以后教起来，方法上可以多出些新花样。日常教小朋友，绝不能死用一定的顺序去做。实在我们做时，还是自己在那里学。我们教学生学，自己却学如何教。所以我说教学同时学教。

一三、死于非命

从前在报纸上看见一则新闻，说德国有一个十九岁的女子，曾经做过七十三时连续游泳的记录。后来想再创一百时的世界纪录。纪录是造成的了，到一百时知觉全失，不久便气绝了。据说当她游到二十时后，气候忽然转冷，她想停止，她的经理员和母亲贪财，所以不许她。到七十九时，她又要停止，仍不许她。她入水时涂了厚脂，用来防寒，到出水时脂都冻结，片片剥落。报纸上的标题，有"金钱作祟""死于非命"等语。我读了，深深地反省。呀！我们小朋友的心灵，日日在国语，常识，算术，劳作，美术，音乐，体育，卫生等等教材中游泳。我们仿佛是他们经理员或母亲。我们虽不贪财，但是我们或者为了虚荣风尚……使小朋友的心灵死于非命！他们在这种种教材中游泳，或者不满二十时已经觉得不耐而想逃出来，我们或者不许他们。他们时时刻刻要从这等不适宜的冷水中逃出来，我们或者时时刻刻地不许。他们起先的兴味，仿佛是厚脂，等到六年或四年毕业，他们出水时，心灵的知觉全失，兴味完全冻结，片片剥落。我们教育的记录——考试的分数，虽告成功，小朋友的心灵却已挽救无效了。

一四、登高自卑

种田的会得种稻种麦种豆种棉，会得耕耘，会得用肥料，会得车水，但是不识得稻字麦字豆字棉字，不懂得肥料土壤的化学作用。做工的会得打铁，会得锯木，会得焊接，会得织布，会得砌墙，但是不识得铁木布瓦凿锯锤机梭笛等文字，不懂得烧铁的热度，焊药的功用等等。念书人熟读了许多文字，然而不辨菽麦；背熟了土壤肥料的化学，农具工具的力学，然而不会耕种，不会做工。要农工识字，不是难事。已经熟习的事物，学几个符号罢了。要农工明白所谓学理，也很容易。只需把他们经验整理出一个系统出来，比较比较，分析分析，他们自然会得恍然大悟，说原来如此！用教科书教文字，教所谓学理，却要难得多。向小朋友说，"耕字就是耕田的耕""棉字就是棉花的棉"或者说"凿是一种尖劈""水车就是一种轮轴"，他们对于这等事物，很少接触，叫他们怎样弄得清楚？即使用严厉考试的方法督责他们，唯一妙法，只有把书本读熟。我们要提高程度，不是严厉考试或者是叫学生用高深的书本能成功。登高自卑，行远自迩。高深的学问，要建筑在日常极通俗极浅近的经验上。先叫小朋友接触事事物物，教科书放在后面。开始就打开书来教，是永远教不好的。充其量教成功，两脚书橱罢了。

一五、因地制宜

因材施教是言教法。就教材言，似乎要因地制宜。人的经验，往往受自己所处环境的影响。编教科书的人往往要推己及人，凡是自己熟悉的，以为是人人应当熟习的。一位朋友，曾经有过好久的教育经验，而且也写过好几种教科书，自从他到过福建以后，他对于教科书的议论与前大不相同。据他说，上海出版的教科书，到了福建的乡村，仿佛在那里学外国教材。他主张教科书绝没有可以通行全国的。要是想编一种通行全国的教科书，即使容纳了各地方的情形，结果，全国没有一处可用。

一六、祭文

幼时听到一则有趣的故事：乡村的地主，请了一位塾师。东翁的亲家母死了，要学些假斯文送一篇祭文，所以嘱托塾师起稿。塾师的文才本来极其平常，自己做不出，在古文上抄了一篇祭节文塞责。丧家也有读过书的人，看见了说是亲家翁的祭文做错了。东翁知道了，去责问塾师。塾师说，祭文何尝做错，恐怕他们人死错了。叫死人来迁就祭文，大家都知道是笑话。叫小朋友来迁就教科书，大家都以为是教育。这种教育和那笑话中的塾师，有什么两样？那末，教科书仿佛成了祭文！天真的小朋友，一天一天地把祭文念着，他们活泼的心便一天一天地死去！

一七、肥料土壤与作物

农艺家告诉我说，作物总带几分地方性的。我们要改良某种作物，专靠移植是很危险的。某地方拿了外国的棉种，照了外国的种法，结果，生长得十分肥大，完全只见枝叶，不开花，也不结实。乡下老农夫笑了。改良种棉的人慌了。要是改用接种的方法，那末不合土性的外国美种，和适合土性的本地劣种，交配以后，可以得到适合土性的优良品种。这便是农艺家的本领。我们做教育园丁者，实在惭愧得很。我们不会得接种，我们也不会得移种，我们只会叫生物去迁就死物——叫棉去迁就土壤肥料，就是叫小朋友去迁就教材。豆是不能加淡气①肥料的，这是人人知道的。我们教的小朋友或许是有豆在里面，然而我们的教材，却千篇一律的是淡气肥料。因为肥料一律了，所以豆不会开花结实！小朋友和豆一般只是把枝叶长大得肥胖不堪。我们不责自己用错了教材，反而责备小朋友笨，不用心；罚他们补习，叫他们重考，重学。惭愧惭愧！谁说教育是高尚的职业？我们的本领，远不如种豆的老农？老农知道某种东西宜用某种肥料，宜种在某种土壤。我们既不识得某小朋友是某种性情，我们更不会拣适合某种性情的教材供某小朋友用。有一位朋友看见我写这文，他说："你错怪大家了！只许用一定的肥料土壤，是法令的规定。明知道豆不宜用淡气肥料，但是到相当时期，法令规定要严密地检查。你若不用，你犯了罪呢。"

---

① 淡气即氮气。——编者注

一八、粪土

　　教材是什么？有人说，这是人类文化的结晶，我们祖宗传下来的遗产。我说，老实说一句，教材不过是粪土之类罢了。遗产是名贵的，仿佛是珍珠宝石，珍珠宝石，不过是装饰品罢了。冷天穿不得，饿时吃不得，我们生长发展中最重要的，还是食物衣服等类。食物可以使人生长，衣服可以帮助人抵抗。不要小看了粪土之类的东西，这实在是生物最重要的，不可一日缺的。粪土是植物顶主要的食料，植物又是动物的食料，植物和动物，又是人类的食料。小朋友身体的生长，直接拿动物植物做养料，间接，还归根到大家厌弃的粪土。教育不是帮助小朋友心理生长的吗？心理生长所需的养料便是教材。教材不是名贵的珍珠宝石，不过是白米黄豆青菜萝卜等等食品罢了，不过是粪土罢了。人吃了白米黄豆青菜萝卜，植物吃了粪土，会得消化，会得变成自己的细胞，因此便生长发展起来。若是人吃了珍珠宝石，或者拿植物种在珍珠宝石里，都要死的。我们拿珍珠宝石般的名贵教材给小朋友当点心去吃，宜乎他们始终是食而不化。何尝吞下肚去！不过勉强含在嘴里，等考试一过，便吐了一个精光。小朋友不敢吞下去，实在是一种自卫，他们怕被珍珠宝石害了自己的生命！

一九、教材

　　拿粪土比教材，拿珍珠宝石比教材，毕竟是个比喻终究是比拟不伦。教材是教材，决不是什么别的。有一位小朋友，在自然科里学过向日葵，把教科书中的文字读得烂熟，直到同他走过西泠桥堍，看见了湖边种的向日葵，他才记起了书中字句，一一和实物对照。课室里的书本，不是教材。湖旁的几株向日葵，不是教材。我们虽没有正式的行什么郊外教学，但是一番观察，一番谈论，已经有确确切切的教学作用。

这教学作用所用的教材，就是向日葵。

还有一次，在假期里，打开一本科学把戏之类的书来，拿出玻璃茶杯、面盆、水、纸片、纸吹、火柴等来，杯底中粘上纸片；点起火来，倒合在盛水的面盆中，看火熄，看水升高。三个人，你也玩一次，我也玩一次。经过六七次后，发现盆中水的升高有一定的比例。一个是中学生，他说："忘记了！原来化学教科书上也有这等类似的试验方法。"问他教员试验过给大家看了没有。他说："这位大学出身的理学士向他们说，在初中时先把书中一切牢牢记熟。将来到高中时再做试验。"书不是教材；杯、纸、火、水、盆，都不是教材，做把戏也不是教材。发现了水升高有一定的比例时，才完成了一次教学作用。但是我们没有摇铃，没有排队，没有点名，没有用黑板，没有演讲，没有教生字，也没有抄笔记。我们用的教材，就是这一套把戏。所以我说，凡是可以用来真正教学的，才是教材。

二〇、因材施教

"因材施教""循循善诱"，是古代人的教育格言。若用新名词来解释，或与适应个性，辅导，启发等意思仿佛。实在，仍不出"儿童本位"的范围。材有高低，量有大小；高者使高上青天，低者使就地成材，大者使丰富，小者使专一。仿佛牡丹的伟大，木犀的细密，各有本性，各自发挥各的特长。要是园丁种花，拿自己做了本位，规定出一个绝对的标准，凡是花一定要什么颜色，什么香味，多少大的直径，叶多少长，多少阔，干多少高；凡是不及格的，一律不得称为花卉树木或竟从园地上驱逐出境，那末园地上还成什么景象！照荷花定了标准，陆地上的花卉只得一一淹死。照牡丹定了标准，木犀只得锯断。若用牡丹的花，木犀的干，荷花的叶，以及……集众花的长作为标准，那末无论哪一种都不及格，园地上一片荒凉，园丁只好坐叹花卉树木的程度不齐。

教育园丁的考试方法，是不是因材施教？还是削足适履？毕业会考的时候可以划一标准，提高程度。不及格的将如何处置？留在园地上罢，或始终难以及格。驱逐出境罢，是否别有荒岛在那里收容？不然，学生可以退学，人民却不可以从社会国家中退去。何况愈是不容易及格的人，愈需要较长期的指导，使学得些做人的方法！

二一、验而不收

园丁是野人，野话毕竟欠斯文。有位朋友读了第七段野话，只有定货，没人验收的议论来反驳，说道毕业会考，不是一种验收？照课程标准出会考题目，及格的准许毕业，不及格的令补习或者留级，这不是一种很严密的验收方法？园丁听了，唯唯否否。这可以算是验收吗？这和变相厘卡的检验有什么两样？验收验收，是要验而收的。会考只是算是验，验了以后，谁把毕业生收用？即使按照标准、严密检验，在检验时有及格不及格的分别，等到验过以后，不仍旧是一个自由交易？及格的未必有可靠的雇主，不及格的何尝一定不得脱手？社会的需要和检验的考试完全是两条路。验而不收，毕业生依然没有出路。多加一重会考，就多加一重弊害。可不是吗？课程标准里的教法要点，完全没有人睬理。睬理的，不过是志在研究教育的呆子罢了。校长教员命令学生买课程标准，买会考答案，把体育音乐劳作美术等不必会考的科目完全停了，预备化半年工夫，从速预备。这样，教育完全做了会考的奴隶。我们复古，办科举好了，何必再弄什么教育！破坏教育研究的罪恶，会考是逃不了的。

二二、提督蝶

毕业会考，实在是做不通的事，勉强做去，弊病百出。小之县里，小学教育家，除教育局以外，完全在小学里工作。请他们参加会考罢，怕关防不密，发生问题。不请他们参加罢，只有教育局里的几位来包办。请没有直接办小学教育的人参加，怕又不合实际情形。在较大的城市中，可以邀请中学教育或者另外的教育专家。大材小用，请他们屈尊，或者是一个暂时的办法。但是事实却给我们一个反证。某处的会考题目中有"提督蝶"一个新名词，弄得自然科教员直跳起来。我也好奇心动，化了好多时间，在英文字典中去找"提督""将军"一类文字，看附近有没有蝶类的名称。结果，找到一个凤蝶的汉注。还有一处城市里的小学毕业会考，教育局只有权办事务，请了懂小学教育的人出了一份题目，送到上级官厅去审核，结果，改了好多。改得好，当然是小朋友的福气。改得不好，又怎样？我不信上级官厅里的先生一定比教员们熟悉小学里的实际情形。老老实实说，官厅要会考，便是不信任我们的表示。我们希望官厅中走出些真正的教育家来，日常指导我们。我们反对用会考的方法来侮辱我们！

二三、变相科举

园丁幸运得很，认识了几位朋友，曾经担任过毕业会考出题目的工作。市县里各小学用的教科书不是完全一致的，凡是曾经审定的课本，当然各小学有自由采用的余地。会考出题目，当然要集合全市县内各小学所用的全般，在其中拣各种课本都有的材料，作为问题，因为官厅里要采用较新式的考题，所以题目仿照测验的形式，每次有好几十条。像社会、自然等科目，大约照上述方式出题目，经过三次或四次时，题目可以出到无可再出的地步。这是出题目人亲自说出来的苦衷。园丁说会考做不通，这也是一个重大的证据。有一位派到出题目的朋友，在事前化了好多功夫，细细地把教科书念了一二遍，再参照前次会考题目，用尽心思，依照局中规定，编成一套测验式的常识题目。他以为这是一件很郑重很细心的供献，哪料局中呈送上级官厅审核时，被他们大刀阔斧，把他原编的改了好多。结果，和他原定的出题原则，出入很多。提起了这事，他心上还愤愤不平。在这种情形之下，难怪每逢会考，总有一大批的小朋友受到不及格的冤枉！还讲什么儿童本位的教育！简直是考试本位的变相科举罢了。

二四、会考本位

把会考题目印刷发行，的确是有益的事。出版以后教员学生，人手一编，洛阳纸贵，不亚于前清乡试后的闱墨。从此教育就是会考，会考就是教育。儿童本位的教育是理论，会考本位的教育却是事实。会考题目公布以后，惹起了教员先生们的纷纷议论。甲说："选择法的测验形式，在同一科目何以忽而三中选一忽而七中选一？计算分数，错的究竟扣几分之几？"乙说："若是照是非法，选择法做错了要扣分的话，及格分数不能拿六十分做标准。譬如是非法一百个题目，做正六十个的，只有二十分呢。"丙说："印行的会考题目，有出错了的，譬如某科的选择法中有完全没有一个是对的，也有四项中对了二项的。"丁说："出题目的是各科的专家。专家只精熟了自己的一门，要他做别专家出的题目，恐怕还不如小学生。若请办理会考的诸位来做这一本题目的全部，要平均分数及格，恐怕是极少数罢了。"戊说："教别人只要有一技之长，受别人教都要万能。现在的专家，试问他们青年时所受前辈各专家所教的，何以多抛荒了？这不是责己薄而责人厚吗？"己说："用各专家的会考题目，可以选拔万能的人才。但是小学是拿普及做目标的，会考不是和普及教育矛盾了吗？"会考本位的教育一日存在，普及教育不过是梦话罢了。

二五、会考丛书

朋友们见了上面的话，批评我太过火了。这不是我造谣言，事实确是如此。报纸上的广告，用大号字登载着什么会考丛书，特别用大一号的字夹着小字的说明中，写着"各校多采作准备会考之标准读物并有停止修选各学科而改授本丛书以资演习者……"这么一段话，这不是证据吗？停止各学科的修选，就是停用平常的教科书。我们迂腐地谈教育者，平日批评教科书本位的教育是不对的，现在却连教科书都停授了，只有会考丛书是教育中无上的读物。即使我们要勉强说不是会考本位的教育，事实也有所不许。可不是吗？会考书中国文题目有叫学生解释成语的一项，于是国文教员，叫学生尽量地搜集成语。题目中有问学生某篇古文是见于哪一部古书的，于是国文先生叫学生各买《四书》《五经》《古文观止》，强记古书中的篇名。从此会考丛书可以代教科书，部颁的课程标准总纲和各科的目标教法要点等都成功了具文。

二六、死的准备

往欧洲考察教育者归来说，欧洲人正在准备未来的生存和生活，所以把生产国防和普通教育联合在一起。类似我们乡下孩子的爬树跳浜、算是军事训练的准备。做工是生产的，同时又是国防的。我们也有国防生产教育的提创，但是事实却敌不过科举式的会考的压迫。读死书，死记死答案，是应付毕业会考最好的方法，校长如此，教员如此，学生也如此。即使有一二热心者，叫小学生做起工来，但是为了会考的关系，不得不延长半年，硬把死书叫学生死念。当事者曾经老老实实告诉我说，现在的毕业会考是绝对和生产教育相矛盾的。毕竟教育界中不事生产的读死者占优势，所以口讲生产教育虽十分热闹，结果，仍用死记死书的会考来作唯一的考成方法。人家在那里准备生存生活，我们在这里准备死。有一位校长善体此意，他说废除白话文，因为太容易了。教科书一律改用文言文，学生来不及预备会考，学潮便无从发生了。这样的死准备，十年以后，我不忍说了。

二七、恍然大悟

朋友看到园丁前次关于毕业会考的野话，说："你太认真了！你想，现在的达官贵人，哪一位不是埋头勤读，经小考，大考，毕业考，由小学而中学，而大学，而出洋，最后再经过都看透的考试，然后才能归国来荣宗耀祖的做一代大官？自己深得考试的好处，所以也要下一代的小国民同样得到这考试的利益，这是君子们推己及人的一种恕道。你奈何拘执着教育原理，拿小人之腹，度君子之心呢！要知道书本上的教育原理，本来是叫人熟读了应考试用的。你一定要照了原理去办小学，怕这小学始终是不能实现的一种理想中的明日之学校罢了。"又一位朋友说："凡是要看一种生物逐渐的生长发展而在旁保证矫正，是极麻烦的工作。指导教员办小学的发展，仿佛是保护矫正生物的生长一样。我们的衙门里，向来是只办被动的公事，从没有做过这等指导发展的梦。一劳永逸，平日由你干，只需来一次毕业会考，岂不省事！前清的儒学书院，到后来完全没有平日的教育，只剩了考试，将来的学校，或许也会走到这条路上去呢。这恰合了人是贪懒的一条原则。"园丁听了，恍然大悟！

二八、救国教育

在报上看见一个有趣的消息，题目中的大字，是"指示救国教育方针"，内容里有"学识之养成，尤须注重社会实际生活，以衣食住行为人生教育之中心，使多一受教育之人，即社会多一生产之健全分子"的一段话。照这方针施教，照这方针考核施教的成绩，我们今后的毕业会考，绝不是做文，绝不是读文，绝不是问什么文出于《孟子》，什么文出于《论语》，绝不是叫学生填地图，绝不是考学生记得什么人名年代……因为这等会考题目，这等会考方法，不是社会实际生活，不是以衣食住行为中心。今后的会考题目，绝不是问萝卜是什么根，绝不可以叫学生在纸上空谈，应该看学生会不会种萝卜，会不会拔萝卜，会不会挑萝卜，会不会煮萝卜。今后的会考，不应当考学生读熟了多少书，应当考学生对于社会实际生活有多少经验，应当考学生在衣食住行各方面有多少能力，应当考学生有多少生产的本领。从前的会考，独不考劳作，今后的会考，或者将单单考劳作，或者一切拿劳作做中心。要是拿从前会考的题目与会考的方式来和这方针衡量，可以说是完全不合。那末从前的会考，竟成功了非救国的教育。非救国，不就是亡国？！亡国的会考是过去了，今后的会考，应依照救国教育的方针来实施。要是不然，主持会考者，不就是大逆不道？

二九、皇恩大赦

"皇恩大赦！""圣旨下！"园丁们，小朋友们，快来三跪九叩首接旨。旨曰："小学毕业会考暂停。"园丁们！小朋友们！"皇恩大赦！"快三跪九叩首，谢恩！好了！从此园丁们可以参考着课程标准，专心一意地做教育工作了，可以真正教育天真活泼的小朋友了。从此小朋友在园地上可以发展生长，将来做一个社会国家有用的人了。从此喜欢研究小学教育的教育家，也有了研究的对象，理论和实施可以一致了。这是何等的快慰！

或曰，今日既要暂停，从前何必要严厉执行？我说，这是一种试验。可不是吗？现代的教育要科学化。科学首重试验。拿全国小学生来做一次二次毕业会考的试验，正是一种科学化的方法。这不是教育行政的科学化？

园丁在从前，太杞忧了。屡次说了好几篇关于会考的野话。现在回想，恰恰是表示乡下人的性急。急不择言。罪过罪过！此刻会考暂停，从前的野话，仿佛完全变成了废话。

三〇、美的环境

布置教室使学生常常在一个美的环境中生活，这的确是近来学生的新进步。从前有一位朋友说，教室中不宜多加装饰品，恐怕小朋友在上课时，分心到装饰品上去，不专用心做功课。照他的意思，教室是不应该装饰的；应该愈单调，愈枯寂，愈宜用功。这是大家不赞成的。有美丽装饰的小学，学生未必不专用心。在美丽的环境中，我们觉得生活安适，用起功来格外相宜。不过装饰是一方面，清洁又是一方面。即使有好的装饰品，要是灰尘蛛网满布在墙壁、顶板、屋角，结果，仍不能使环境美丽，反而觉得杂乱纷纭。不但清洁，就是日用品的布置，也有极大关系。有的地方黑板不能装在墙上；挂黑板用绳索，当然是不得已的办法。绳索上不必装什么五色花纸，然而复杂纷纭的绳索，却应当放在较隐蔽的地方。兼作寄宿生夜里自修用的教室，上面免不掉要挂些灯，或装几盏电灯。灯绳或电线，当然不必特别加什么花色，但是电灯"线临"的地位，却应该依照学生坐位，采光的情形而定。不然，东也一条绳子，西也一条绳子，把花线拉拉扯扯，弄得像火车站里交叉的轨道一样。空中满绷了如许绳索，即使四周墙壁，颜色油漆得十分考究；墙上装饰品，布置得十分美丽，我们身入其中，仍觉得零乱混杂。美的环境，不独在装饰品；清洁，整齐，都有重大的关系。

三一、两真合一假

冬季里摆供的花卉太少了。某次，看见菜馆里桌上供了几枝山茶。山茶花是真的，枝叶是冬青，是真的冬青，用细铁丝把花缚牢在枝上，大家都说这一枝山茶是假的。花是真的，枝叶也是真的，两个真的，用细铁丝缚在一处，便变了假的。冬天里买盆景的金柑，佛手，也往往有这种两真合一假的事情，大家要骂卖花者欺人。我们做园丁的有时为了摆供（不，用专门名词，是叫什么竞赛，比赛，展览，表演的。供大众欣赏，仿佛有些摆供的意味），也会得有两真合一假的妙事发生出来。譬如演讲的小朋友，千真万确是我们的小朋友。演讲的稿子，却是教师热心的创作，丝毫没有抄袭。两个都是真的，合在一处，仿佛成了那冬青枝上装的山茶，难免不被人说一声"假的"了。开展览会时的出品，也常常受到观众的怀疑和批评。接木是一种树艺的妙法，两个真的接好以后，会得产生更美的花，会得结更肥的果，大家赞赏，没有人说是假的，是因为它上半和下半的生活已经合一，能生长发育了。我们园丁的工作，还是注重接木的好，细铁丝缚缚，只不过是一时的罢了。

三二、强将之下无弱兵

强将之下无弱兵，这是一句大家都承认的话，然而能干的教者之下，却独多饭桶的学生，这是什么道理？我们自己太能干了，小朋友的动作，没有一件看得上眼。的确，有好多教者，处处替孩子做；孩子脱了衣纽，教者替他扣，孩子流了鼻涕，教者替他揩，孩子要出去远足，教者替他们定地点。一切准备，教者思虑周详，丝毫没有缺漏。临行，怕孩子们太吃力，还要多派校工，路上照料。孩子们一举一动，教者都先有准备，所以临事绝不会有缺陷，更不觉有什么困难。孩子们要什么，总有什么；有求必应，如此远足，多少享福。家长称赞学校道地，行政者批评校长教员办事认真，然而学者却变成了机器人了。教者愈能干，学生愈可以享现成福。一到毕业，这等福分享完，无论到家庭中或入职业界，情境一变，都弄得手足无措。店家工厂里的人，常要批评学生自大，不肯努力，试想叫享惯现成福的小朋友，骤然到职业界去，他们自己已经觉得万分痛苦，处处碰壁，哪里再肯服侍人家！要是我们要强将下没有弱兵，我们这等婆婆气的办法，非根本改革不可。善用兵的人不是替兵代做的，不是叫兵呆做的，能用兵的聪明，使他们自己去做，才可以练出强兵来。我们自己愈能干，愈应当引导学生，使他们学了我们一样地能干起来。教者只管自己卖能，学者即使有能，也苦于无用武之地了。

三三、坟丁

铁是铁。铁要热度高，才能烧得红。烧得红，才能打成器。铁匠的工具是风箱，炉子，锤子；铁匠的工作是烧，打。石是石，不是铁。用高热度烧，石要酥松；用大力量打，石要粉碎。石匠的工具是锤子，凿子；石匠的工作是耐性的凿。花木是花木，不是铁，也不是石。花木受了烧要枯焦；花木受了打凿要死烂。园丁的工作是培养。孩子是孩子；教育是教育。用铁匠打铁的方法，石匠凿石的方法来办教育，说，这是训练纪律，这是划一程度，把民族未来的命脉，摧残一个干净，不是铁匠，不是石匠，简直是个棺材匠。园地变成坟地，园丁变成坟丁，岂不悲哉！

三四、纪律

有了国耻，才想雪耻。雪耻的最后一着，总逃不了武力，于是"纪律""严格""训练"等，在教育家嘴里，成功了惯用的名词。但是纪律的解释有两种：第一种可以拿旧式的兵操来作例子，动作是整齐的，划一的；一切要依照司令者的口令。第二种可以拿足球篮球等作例子，动作是各人不同的，但是彼此间互相策应，进退联合，虽没有人喊口令，然而阵线却一致。在上海知道"一·二八"、十九路军抗日详情者说，我们的武器是不及日本，但是我们的战术却比日本高明。日本兵的进退如老式的兵操，动作一致，全凭口令；十九路军似踢球，人自为战，然而全线有呼应有联络。据当时观战的外人说，我们只要大炮或飞机二者中，有了一种，便可以把日本兵打得片甲不留。这不但是军事。

教育中的训练也大可取法。人是生活在社会中的，社会是有组织有秩序的，一盘散沙是不行的，动作要靠口令。大家一致，也是做不通的。所谓纪律，在分工合作，互相联络，彼此呼应。我们在上课退课时，一定叫小朋友呼了"一，二，三"口令动作，只不过保持一时的秩序，不好算纪律训练的根本办法。将来的战术，或者要完全采用踢球的方式，那末我们长期抵抗的准备中，纪律的训练切不可以再如旧来的兵操，用呆板划一的口令。

三五、严格

有人说，"拿儿童做了教育的本位未免放任儿童。我国人太自由，是从来的大病，今后的教育应当严格才行。"我说，凡是科学，没有不严格的；放任，是不合科学的。教育要科学化，当然要严格，不过，我们的先决问题是在"格从哪里来？"试看科学中的公式，不是很严密的格吗？这许多公式，从哪里来的？是科学家自己独断创造的吗？全凭自己的主观，绝不能创立什么公式。公式是许多客观现象抽象的结果。事实是事实。主观不能使它们变易；从事实中找出关系来，便成严格的公式。生物学中也有这等客观的格，心理学中也可以有这等客观的格，这等格愈多愈好。要是小朋友的行为，我们也找到了严密的公式，那末教育科学化的工作大告成功，我们可以按照公式去应付，这是何等快慰的事！这等严密的格，我们正在努力地找寻。从小朋友的生活行为中去找出路来，是今后研究教育者应当特别努力的。找出来的格，是我们大家竭诚欢迎的。不过毫没根据的，由一二人，一时的好恶，主观地定出格来，硬要小朋友屈伏在格里，那是非科学的，我们不能接受。因为这等格是专断的，非科学的，只会摧残我们民族未来命脉罢了。从儿童生活行为中找出来的格，就是儿童本位，所以儿童本位，实在是极严格的。

三六、意外的收获

园丁努力工作，心目中早预期着一个收获。要是收获和预期不同了，园丁一定要大吃一惊！教育园丁也如此。我们教育的目标有好多，增广小朋友的见识，也是其中之一。增广见识，仿佛是使他们眼光放得远大些。只图眼前快乐，是小朋友的通性，受过相当教育以后，应当能忍耐目前的困苦，图将来比较永久的快乐。所以就这一点论，教育是养成学生远视。精神上，态度上，我们或者养成了小朋友的远视，但是身体上却使他们的眼睛，往往变了近视。受教育年期愈久的人，戴眼镜的愈多，这不是意外的收获！同样，扩张经验，是我们常用的名词，意思是把只知道家庭生活的学生，使他们也经验，社会生活，推而广之，更使他们由想象中知道世界上人类的全般生活，以及生物界，大自然界的一切生活。精神上的经验是无限地在那里扩充，但是身体中人生生活很重要的肺却往往在那里收缩。经过相当年期教育后的中学生，患肺病的很多，这又是一个意外的收获！这等意外收获，单单大吃一惊或者是不济事的，我们有什么方法防止？这是园丁们的重大问题。

三七、如何是好

我们幼时，《红楼梦》是禁书，但是同学中偷看《红楼梦》是常事。当时的《清议报》《国民报》《新民丛报》，也都是禁看的，然后学生间的销路却特别的好，差不多人手一编。胆小的，退了课才看，胆大些的，竟在上课时偷看。那时的行政者办学者，也知道这样偷看禁书后，青年思想将影响到清朝的江山，所以有的学堂拿《东华录》等做必修的课本。但是学生桌子上尽放着钦定的课本，抽屉半开着，里面仍是一本《国民报》。教师在那里讲某祖的开国奇功，学生心里想的却是推翻清朝，创设共和。有人说，人的心理有一种古怪情形，你叫他做的，他未必一定肯依了做；你不许他做的，他偏偏要尝试尝试。我看到一位小朋友学了一种中国老式的游戏，就是用三十二枚牙牌，分作五条，一条一条的搭配五子，不同，分相，马军等组，这游戏名叫"过五关"。初学者搭配起来当然是很慢的，有时也要看错。成人在旁，常常要提醒他，他却始终不许旁人开口，说："不要说，我会的！"我想，我们在上课时，要是小朋友的心理也入了这等状态中，我们的讲解详明，在他们看来，不是变成了絮絮叨叨的多事？我们命令指导，我们告诫，他们的眼睛虽没有在那里偷看禁书，心里或者在那里偷想禁的思想，那末如何是好？

三八、体罚

新式的小学校，不许对学生施行体罚，这是尊重小朋友的人格。据说，禁止体罚的命令，终究不过是一道命令罢了，不要说在乡僻地方，就是在数一数二的优美都市里，行政者尽管三令五申地禁止，实际小朋友常常在那里吃生活。这其中有一个原因的，我们的教育太机械化了，教材是一定的，钟点是一定的，呆板无变化，所以使得教师们对于研究教育的兴趣减到零度。笔记，日记，作文簿……每天一大堆；小考，大考……从开学到放学，从早上到夜里十时，十一时，或竟十二时，老是做这些机械的苦工。成年做去，早已成功了神经衰弱。人在病时，在忙时，最容易发脾气，动火，不识相的小朋友，偏偏闹些事情。这仿佛在炸药上点火，教师的怒气，便爆发出来了。只有骂或打，才能出火，才能泄气。小朋友碰到气眼里，便吃着一顿生活。所以在理，体罚是违法的，并且是不合教育原理的。然而在情，却是从工作呆板上产生出来的。这叫作"法无可恕，情有可原"。要根本取消体罚，应当先取消教师神经衰弱致病之源。

三九、器

古书上说，君子不器。我说现在的小学教师比机器还要苦。有试验精神的，要自出心裁的，简直英雄无用武之地。教科书是一课一课地排着，只许你挨了次序教去，而且不管上智下愚，到学期结束，不多不少，一定要教一个完结。这样，才是好教师，这样，才能使学生会考及格。要是真的要施行什么人的教育，万一教科书少读了一课半课，免不了要得到一个误人子弟的大罪名。会考不及格，便是教师的过失。校誉攸关，校长顾不得友谊，下学年只好请另谋高就！我们在师范里痴人说梦般想指导师范生出去时如何研究教育科学的门径。他们毕业后告诉我说，这都是无用的。罪过罪过！我们教师范生时想教人，哪里知道小学里需要的教师却是器！

四〇、书箱中的学识

久做了园丁，常常要被人家批评："经验有余而学识不足。"于是有人想出方法来，叫我们做园丁的要进修。进修的方法，通行是读名家的著作。名家著作，是学识。读学识的园丁往往要批评："这等空泛的理论，于我们实际工作何补！"岂但是进修时期中读名家著作，有这等议论，就是离训练机关没有多久的新进园丁，也常说受训练时所读的书本，到了实际做工时，完全无用。名贵的学识，受到如此的批评，不是冤枉！学识是什么？或者是实际经验中归纳出来的通则，或者是先知先觉的理想。照前一说，学识就是经验，理论产生于实际。照后一说，理想的来源，总有实际做背景，理想的好不好，要看能不能施诸实际为断。始终不合实际的理想，幻想而已，哪会成功学识！从书本里得来的学识，在课堂里讲的学识，代代相传，终究只能在书本上，课堂里读读讲讲的，不是学识，是学识的木乃伊罢了。有经验的人，才配谈学识，才会得产生真正的学识。日夕拿学识自居的，终生读死书，哪里有什么学识？某处请一名人讲一种什么教育，看了手里的底稿，念了一大批关于什么教育的外国人名和书名，临了，说："关于某某教育的实际，因为有好多参考书没有带来，所以不讲了。"散会后，听讲的园丁们都说："主席介绍说他有学识，原来他的学识藏在书箱中呢。"

四一、为谁辛苦为谁忙

有一位家长向我说："小学里比赛早起，究竟于小孩子的身体有益还是有害？我们的孩子因为要得到早到学校的奖励，早晨吃东西来不及细细咀嚼，囫囵吞下，有时竟含在嘴里，两脚飞奔而去，如此提倡早起，不是在那里制造孩子的胃病？"又有一位家长说："我的孩子，年才九岁，照例应睡十一时，早上七时起身，夜里八时睡觉，睡前半时，宜令休息，至迟，六时半要吃夜饭。下午四时学校里才放学，带归好多宿题，非做二时不得完成。夜饭后没有时间，只有在傍晚四时到六时半的一段中做。这时日光接灯光，最不宜于眼睛。学校功课，虽如此认真，到将来毕业会考时虽能列入甲等，然而孩子的眼睛，却非配眼镜不可。这不是牺牲了身体的健康，去换什么书本上的学问吗？这等代价，值得不值得，的确是很严重的疑问。"前一位家长托我找家庭教师，想叫子女退学；后一位家长想打听将来入中学时是否必定要会考及格，言下，仿佛也想叫子女不进小学。我们做教师的，终日勤劳，弄得神经衰弱，我们的小朋友，弄得早上来不及吃东西，下午没工夫休息游戏，一到家中，仍要做什么宿题，使得爱子女的父母在那里担心。这真是俗话所说，"顶了石臼唱戏，又吃力又不讨好！"事倍功半，已经是可怜的白努力，何况事倍而功零！照这几位家长的说法，我们事倍，反而有三倍四倍的罪过！教师学生，大家牺牲了精神身体，终日纷纷，究竟是为谁辛苦为谁忙？

四二、强迫教育

大考，毕业考，会考，才过去没有多少日子，暑假完时，又要忙入学考，升学考了。初中以上，说是人才教育，入学用考试，算是一种选拔人才的方法，这理论是否合理，暂搁不谈。小学六年，明明是一个系统，有的小学，只到四年为止，名叫初级，这本来是暂时的变通办法。因此五六年的所谓高级，不能收容修毕初级四年而有志继续修习者的全体，于是小学里也发生了激烈的入学竞争考试。有名的小学里，投考五年级的新生，要比收容的额数超出一二十倍。就是初级第一年新生，也因为志愿入学者比教室内能容的坐位超过而要行考试，这和普及教育的提创恰恰相反。有人在识字运动周里发牢骚，说："还要运动什么识字！我们子女要识字，苦于没有小学收容！"的确是事实，做父母的为了子女入小学，要多方奔走，请托，能设法收容了一位幼稚生，真是功德无量！纳税的市民很希望政府推广小学，政府却因为没有钱不能添级。从前的强迫教育，仿佛是政府强迫人民送子女受教育。不久的将来，怕有子女的纳税市民要强迫行政者推广教育。料不到强迫教育这一句话，弄到这般地步！

四三、人为淘汰的利器

农村衰落，是大家知道的。救济农村，是大家正在努力从事的。金融界建议设农民银行，行信用放款，使将近或者已经破产的农民，借了资本，重整旗鼓。当然，这不是救济农村的唯一妙法；但是这的确是好多方法中很重要的一种。

乡村小学，私立小学，有的衰落到仿佛入于破产的状态，正待救济。然而公的教育经费，往往城市小学支配得多，乡村小学支配得少。原因是城市发达，乡村衰落。私立小学要办得发达了才能得到公款的补助。得了补助，愈加发达。衰落的，得不到补助。得不到补助，更加衰落。所以有人说现行的补助方法，很不公平。补助费带些奖励的意思，或者只配对发达者用。我想奖金以外，何不模仿救济农村的方法，设立一种信用放款制，使衰落的乡村小学或私立小学，得到些物质上的接助，给它们一个重整旗鼓的机会？

有人说，"教育不是生产事业，放款拿什么归还？"我说，"那末补助的标准，应当拿办学最努力而物质最缺乏的做第一等。"他说，"这太麻烦了。督学先生顶容易判断的，还是物质的设施。"要是这样，衰落者只好听天由命。补助费便成功了一种人为淘汰的利器。

四四、未来岳飞

几年前到岳坟参观小学，完后，乘便到岳庙里去游览。从屋小人多的小学里，走到伟大而空旷的岳庙里，忽然发生了一个奇想：要是拿岳庙改建了小学，多少舒适！近来，岳庙又在那里大兴土木，路过看见，旧时的奇想，又涌现起来。幼稚的人只知道现在，不知道过去与未来。崇拜古人，是注重过去的表示，兴办教育，是着眼未来的工作。我们对于过去，有时要比未来看得更重。所以小学校舍，有的依旧墙坍壁倒，而寺院庙宇，却常常有人发起修葺。要是我们能把观念略为改变，要是我们的眼光能在未来上略为放得远些，或者自动发起修葺小学校舍的人也和发起修葺岳庙一样的多；小学校舍也可以和岳庙一样的伟大空旷。已往的岳飞不过一个；未来的岳飞不知有多少。我们希望未来的岳飞愈多愈好。在国难期中，尤其感到如此。那末，培养未来岳飞的场所，怎可以听它墙坍壁倒！

四五、孔子的叛徒

我们谈到了未来岳飞，仿佛要叫过去的岳飞，不要独自住了特别道地的房屋，占了特别空旷的土地，希望让些出来，给未来岳飞也分润一些。要是岳飞仍旧存在的话，或许他也想到后生可畏的意义，慨然答应。我们因此又想到万世师表的孔老夫子，是一位摩登的圣人（圣之"时"者也。用时的名，"时"便是摩登）。他若生在今日，一定也迎合着时代潮流，高唱普及教育，生产教育，国防教育。他看见我们培养师资的机关，搬到他的地方去，一定万分地欢迎，道："我道不孤，必有高邻！"从前的儒学永远和这位摩登圣人的住处联络一起，立意或者就是为此。儒学废，学校兴，用孔庙来办师范，可以说是天经地义，什么人都无可非议。借崇孔的美名来阻挠的，实在是孔子的叛徒。孔老夫子有知，一定说："非我之徒也，鸣鼓而攻之。"

四六、过年

国难方殷，恕不贺年！一年一度，年年有新年，年年要过新年。民国以来，更有新的新年，旧的新年，纠缠一个不清。人说阴历已经明令废除，如何可以再提？我说废除的确已经废除，事实上大多数的老百姓却依然只记得那旧的新年，这完全是大家都知道的事实。推行新的新年，大部分的责任还在园丁们的努力。

提起过年，使我追想到怪有趣的往事来了。民元时的改用新历，真是出于意料外的神速。消息传来，大家都来不及准备。记得在上海，草草的一次提灯会，便算是第一次过新的新年的表示。第二次过新的新年时，大家有相当的准备。而且热心志士，用全力提倡。到了旧的新年到时，虽一般民众牢不可破的墨守旧历，而好多地方的学校，居然在邻居锣鼓喧天声中照常地上课。要是年年如此努力维持，或者到现在已有相当的成效。可惜，一度奋兴，又渐渐被旧势力占了上风。所以前年又来了一次大大的决心。新的新年真正热闹。因为要移风易俗，所以大规模的春联门对也有公家挨户张贴。学历改订，到了旧的新年时，当然绝对不准放假。我还记得,冒着大雪去上课。课后在雪中走了好几里路,很快活地去办公。当时回想十多年前的情景,心上也有一种说不出的快乐与难过。以为从此以后,或者可以一帆风顺用长期的努力来推行新历。初不料才行一年,学历因不合民情,又经改订。旧的新年虽说是已经废除,但是恰巧归纳在寒假期中。调和折衷,可以说是双方兼顾。于是新的新年成为法定的,而旧的新年却依旧是个事实。过了二十几次新年,这小小一点改革,仿佛只留了二度可以纪念的印象,实际上未见有多少进步。谁也怪不得谁,园丁们还是自己责备自己的好。持之以恒,或能有些成就。岂但改历!一切园丁们应做的工作,缺少了恒心是难以成功的,所以我就拿这一句话来和同道们互相勉励一下。

四七、卖粉人儿的

儿童节是一种重视儿童的表示。我们办儿童教育的园丁们,应当藉此做一个反省。人类虽已进化到现在地步,但是原始的利己心至今还剩留着,没有消灭干净。我们很懂得因势利导,我们很懂得循循善诱,然而百忙中往往一时疏忽,利己心又战胜了儿童本位的理论。风和日暖的儿童节,可以使我们反省一年来的设施,做今后一年中的改良。谈起反省,我又追想到自己的儿童时代。幼时最使我感到兴味的,莫过于路旁的卖粉人的。小小木箱,上面插满了"张飞卖肉""赵子龙""和尚""孩儿""猪八戒"等塑像。箱后坐了卖粉人的,只见他东摘一些红的粉,西摘一些白的粉,放在手心里几弄,捏成一个人头。再用竹签子挑挑剔剔,鼻子耳朵,一一在人头上出现。再摘了些黑的粉,红的粉,捻了捻,拉了拉,人头上头发,眉毛,眼睛,嘴唇,又一一出现了。等一回,帽子来了;等一回,衣服来了;手,脚,……大约十分钟光景,一个人像又做成了。美丽的色彩,柔软的质地,真是可爱。时在新年,身边随带的是压岁钱,等我心目中认为最合意的一个做出来,摸出钱来买了，兴忽忽地回去。供着看，不久便看厌了，我也来做一个卖粉人的罢。把粉人的帽子除掉了；衣服脱掉了；手，脚，头分开了。柔软的粉，在手里弄，比了单单供着看要有趣得多。弄了一支竹签的代用品，开始工作，粉红色的脸上，夹了些黄的黑的，红嘴唇上，忽染了青色的斑点。真不容易，头形不是太尖，便是太扁，有时手大得像蚕豆，有时脚长得像花生，弄到日落西山，粉人儿变成了一个妖魔。最奇怪的，橙光里，忽然粉的颜色变了。太阳光中，紫和青明明是很显明的区别，到了夜里变成一色。夜饭后不敢再弄，到明天，紫和青又分别清楚了。这是什么道理？家里人没有能回答我，好不气闷！一夜工夫，柔软的粉变得硬硬的了。有几处还生了些裂痕，这是使我顶伤心的。几十年前的故事，今天回想出来作为反省的资料，我得到不少的教训。教训是什么？不要因为自己手术的拙劣把美貌的小朋友，弄成一个妖魔。

（各篇目于 1932 年 12 月 8 日开始，在浙江大学《教育园地》周刊连载，后结集出版为《园丁野话》，儿童书局 1934 年版）

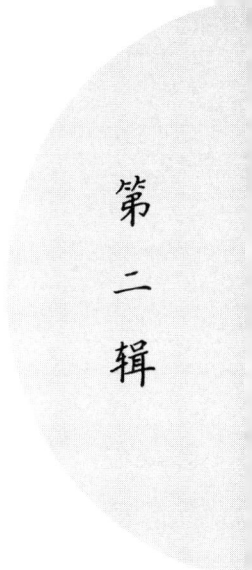

第二辑

教材思想

小学教材通论

一、教材的意义

教材是什么？教者用来施教的，学者用来学习的资料，就是教材。有人说，凡是民族的思想、情感、知识、习惯、技能等等一切经验，经过挑选，经过整理，使适合教学的需要者，名叫教材。换句话说，教材就是人类文化的精华，也就是我们祖宗传下来的一宗极名贵的遗产。

就事物方面说，教材的确是很名贵的宝物。要是前人丝毫没有什么遗留，一切要我们自己来创造，世界哪里有今日？恐怕我们的生活，还和原始时代，树居或穴居时一样。但是从教学方面说，教材并不像我们的古董、饰物，却好比是我们的粗茶淡饭。

何以说是粗茶淡饭？教学的意义不是可以当作生长讲的吗？生长，不是需要养料的吗？珍珠宝石不能当我们的养料。山珍海味，未必和粗茶淡饭有同样的滋养价值。我们生理上的生长，需要开水、白饭、豆腐、青菜，未必一定需要燕窝、海参、鱼翅、银耳。开水、白饭、豆腐、青菜，不妨当作滋养的精华讲。

要是拿生物的滋养问题，寻根究底地分析一下，那末，动物的滋养靠植物或别的动物，而植物的滋养却靠土壤中的肥料、水分，以及空气中人所厌弃的炭养气①。教材，实在是我们心理生长所需的肥料、水分、炭养气罢了。就功用方面说，这解释是很对的。

上面是拿生物的生理生长和我们的心理生长作比拟的。比拟，有时很容易招致误会。要是严密地说，教材就是教材，既不是珍珠宝石，也不是山珍海味，更不是粗茶淡饭，又不是肥料、水分、炭养气。譬如在秋季里和小学生研究向日葵，不留心的教员，只拿了教科书中的课文，向学生空讲，学生即使能把课文读得烂熟，也不过鹦鹉学话，实际没有学到什么。学生心理上关于向日葵方面没有多少生长，那末这一课的课文，当然不好算是教材。园地上有好多向日葵生长着，我们同学生到园地去，实地研究，学生的经验中，比了未学以前，当然扩充了好多。这时候，我们可以说学生已经在学习。那么园地上的向日葵，仿佛是教材了。不过学生没有去研究时，这几株向日葵，绝不能算是教材。我们同学生研究过以后，离开园地时，向日葵虽仍生长着，仍不能说它是教材。只有在教学时，用了可以使学生经验改变的，才是教材。

又譬如我们在放假的日子，同自己家里的孩子，拿了一本科学把戏的小册子来游戏消遣。单单读书，未必能使孩子的心理有相当的生长。这小册子，不是教材。要是拿了通草，捻成一个小小的球，用丝线挂在一支笔杆上，另外寻个木梳出来，在衣服上擦了几擦，放近通草球处，小球会得一推一拒。这样，你玩一回，我也玩一回，玩了几次，再看了几遍小册子中的文章。孩子们的经验，从此经过一次的改变，对于电有了一个初步的认识。我们虽在游戏消遣，实际是一种教学。既是教学，那末，小册子、通草球、木梳，都成功了有益的教材。

有人说，木梳、通草球，只好算是教具。对了！连小册子，以及上

---

① 炭养气即碳氧气，也就是二氧化碳。——编者注

一例中的教科书，园地上的向日葵都可以算是教具。教具是死的，拿教具活动起来，那才是教材。总结一句说，就是在人类文化中去挑选些精华出来，用作激发儿童学习的刺激，供给儿童心理生长的滋料，就是教材。要是写在书里，不发生上述功用，依旧不是教材。

二、教材与教法的关系

看了上述的例子和讨论，我们可以明白教材和教法的关系。所谓教法，其实就是学法。从教师的立场说，是教法；从学生的立场说，便是学法。合起来，想一个双方通用的名称，可以叫作"教学法"。其实，也可以名叫"做法"。教师做的，叫作教；学生做的，叫作学。

教的时候，学的时候，师生共同相互在做的时候，总要有一件相当的事情。消遣时做科学游戏，研究向日葵，都是一件事情。这事情，可以名叫教材。大家在研究向日葵，所以向日葵是教材。大家在研究带电的木梳对通草球推拒，所以这带电现象便是教材。

教学法，是指师生的动作说的。做一件事情，总有一种合宜的做法。照了合宜的方法做，做起来容易成功；不照了合宜的方法做，做起来徒劳无益。用什么做法最合宜？是研究方法时的问题；同学生做些什么事情？是研究教材时的问题。

方法不合，固然要徒劳无益；教材不合，即使做来成功，也有什么用？用一个浅近的比喻，教材仿佛剧本，教学法仿佛演剧；学生算是演员，教师好比导演。有了好剧本，没有好的演法，固然不行；即使会了好的演法或导演法，没有好的剧本，也演不出什么来。方法是动作；动作和材料有一种密切的关系，绝对不能分离。我们为研究便利计，所以有时候分了开来讨论。

《课程标准总纲》① 第三"教学通则"第八、第九、第十、第十一条，很明确地指示教材与教法的关系。第八条所说的练习，第九条所说的思考，第十条所说的欣赏，第十一条所说的发表，都是一种学法，也就是一种教法。练习用的教材要与练习的方法适合。思考的、欣赏的、发表的教材也宜各各与相当的方法适合。要是合于欣赏的教材，像建筑物的美的形式，拿来用了练习的方法，白白耗费了时间精神，结果等于零。

三、教材与教育目标的关系

教材与教法的关系，如上述。但是教材、教法，都不能离开教育目标而独立。离开目标，教育的工作，便没有意义。目标是根据民族历史、现状和将来社会的改进建设而决定的。这是民族今后生存发展的标准。

《课程标准总纲》，第一就是小学教育的总目标。第一条是培育儿童健康的体格。要达到这目标，我们消极方面，应有除去阻碍健康的教材，例如扑灭蚊蝇、预防肺痨等；积极方面，应有增进民族健康的教材，例如运动游戏等。

第二条是陶冶儿童良好的品性。要达到这目标，我们消极方面，应有革除不良习惯的教材，如不说诳、守秩序等；积极方面，应有建设良好品性的教材，如勇敢、坚忍等。

第三条是发展儿童审美的兴趣。要达到这目标，我们应有增进美感的教材，如欣赏人造物品、自然美、音乐等等。

第四条是增进儿童生活的知能。要达到这目标，我们应有增进生活知识技能的教材。生活的范围很广，所须的知识技能很多。小到街巷的名称，大到世界大势，都与人生有相当关系。

第五条是训练儿童劳动的习惯。要达到这目标，我们应有练习勤劳

---

① 这里谈到的《课程标准总纲》，由中华民国教育部于 1932 年 10 月颁行。具体可参看：《幼稚园、小学课程标准》，上海：中华书局 1932 年版。——编者注

的教材, 如扫除教室、修理书本、种植、畜养、做工等等。

第六条是启发儿童科学的思想。要达到这目标, 我们应有供给学生思考的教材, 如为什么触了电人会得死? 为什么汽机会得自己动作? 为什么江海里有潮水? 矿里的煤是怎样成功的? 等等。科学思想, 是人类文化最大的关键。为今后我国发展建设计, 这等教材尤其应当特别注意。

第七条是培养儿童互助团结的精神。要达到这目标, 应有训练此等精神的教材, 如级会、自治会、周会等等。

第八条是养成儿童爱国爱群的观念。要达到这目标, 应有养成此等观念的教材, 如国旗、国歌、国联、国际法等等。

以上只略举例子, 说明教材与教育目标的关系罢了。详细的讨论, 在第二章以下。

四、教材与儿童环境的关系

从目标方面讨论教材的关系, 是注重在将来的结果。从儿童环境方面讨论教材, 是注重在现在的出发点。环境是人人不同的。在各别不同的环境中, 我们可以用各别不同的方法达到同一的目标。所以, 教材可以随环境而不同。例如目标第五条是训练劳动的习惯, 在乡村的环境里, 劳动莫善于耕种或是牧畜。同是农村, 有的环境中盛行蚕桑, 那末劳动的教材, 便侧重些种桑、养蚕。如在作物盛行的环境中, 劳动教材, 便可以取戽水、种稻、耘田。在种麦的环境中, 劳动便宜多用麦做教材; 工业环境中, 宜注重工; 商业环境中宜注重商。

又如爱国是一个目标。各种人各有职业, 各有不同的环境, 用各种不同的方法, 可以达到同一的目标。商人环境中, 只要绝对不卖买外货, 竭力推销国产, 便是一种最切实最有效的爱国方法。教商人环境中的儿童, 应多用这等教材。工人的爱国方法却不同了; 宜创造新国货, 宜仿制外货。这样, 教工人环境中的儿童, 教材的侧重便在此方面。

环境与教材的关系，多半是一个选择问题。这里约略说明了此等关系的重要，详细，见第六节教材的选择与排列。

五、教材的范围与来源

教材的意义，第一节里已经详细说过。教材的来源，大多是从人类经验中去采取。但是教材的范围，却并不限于成人的已往经验，就是儿童生活中现在的经验，也可以用作教材。因为教育是一种生长；教材是生长所须的滋养料。我们不必问教材的种类，我们最紧要的，是问教材能不能滋养儿童的正当生长。有利于正当生长的，都是好教材。成人已往的经验也好，社会中现在的问题也好，儿童生活中的经验也好，在书本上记载的也好，书本上没有而流行在社会中的也好。

有好多已往的成人经验，经过了相当的整理，记载在书本中，保存着。这里面当然有好多价值很大的教材。但是自古到今所保存的，也许有若干已经不适合现代的社会，那末取用时，非审慎选择不可。这是个选择问题，下节再详细讨论。这里，我们只定下一个教材范围方面的原则，就是古来的成人经验，记载在书本中的，只有一部分是适宜用作小学教材的，绝不是全部都可以盲目地采用，更不是只有古书中的，才是好的教材。

有好多成人经验，因为教育不普及的缘故，所以向来没有人用文字记载。有一部分，因为某种关系，已经失传，就是记在书中的，也有好多只剩文字，大家已经不知道正确的事物。这等与小学教材，关系极浅，这里不必细论。书上未曾记载而社会中尚流传的，有好多是极合宜的小学教材，例如各地方人的生活情形、风俗习惯、民间流行的歌谣谚语，还有各地方农作的方法、工艺的制法等等。我们对于这种教材，一面要多方采访，审慎选用，同时还要负一种记载保存的责任。这种大多是地方性的，就是我们叫作"乡土教材"的。

有人误会，以为乡土教材，只须在本县的县志中去搜寻便得。县志、府志、省志，原来是保存地方经验的良好书物。但是古来记载的，也仍有好多因为地方上不须应用而渐归消灭。这等材料，当然不必采用。社会是变动进化的。各地方的志书，决不能把所有地方上的经验，包罗无遗。所以乡土教材有一部分可以采自方志，还有好多，仍旧要实地去搜罗。

已往与现在是有密切连锁的。日日发生的时事，不论是一地方的，或关系全国的，或竟关于世界的，只要选择得宜，都可以用作极好的教材。有时，像历史地理方面的问题，若丢了时事不顾，反而觉得无从研究。换一句话说，就是过去的经验，与现在的问题，极难分立。时事并不一定要报上记载的才是。地方上发生的问题，即使不见报章，只要有教育价值，也应一律采用。

学校里也有时事，通例名叫偶发事项。一级里也有偶发事项，各个学生的生活中都有偶发事项。这种种，就是上面所说的儿童经验，有好多是极好的教材。当然，并不是全体都可以用。"偶发"一语，有些不妥，仿佛有些"不是正轨""临时的"或"偶然的"等意思。其实日常生活中也有极好的教材。例如我们天天在吃饭，研究吃饭问题，不是一个很有价值的教材？

总之，经验是有连锁性的。从古到今，从家庭到世界，从个人到全人类，都相关联。一定要拿远的古的算是教材，固然错误，只拿近的现在的算是教材，也是一样的错误。经验是扩张的，由近及远，由今推古，才合教材范围扩张的原则。这和教材的排列组织问题有关，详下节及第七节。

其实，教材的来源，都是由于问题。从前人遗留下来的经验，都是解决问题的结果。在当时，解决的办法，或者不止一个。大家认为最好的，便保存了流传下来。拿结果当教材，是一个看法；另一看法，也可以拿问题来当教材。问题是跟了社会进化的，是连续不断的，所以现在的问题，并不是从现在始，远因还在从前。既然是连续的问题，不论已往现在以及将来，只要于教育有益，都可以用作教材。极端地说，就是社会中矛盾的现象，也是一个问题，也可以用作教材。例如，报纸上常常看见有相反的记载，一面在说科学万能，用人工战胜天灾。一面又载着什么天上发现奇星，人间发生怪事。前者是极端的科学化，后者却尚在原始的神权时代。这等问题，极有教育价值，极应和学生讨论研究。相反的、矛盾的问题，最合宜激发我们的思想。只要适合学生程度，拿当前的问题，供给学生思想、研究，效果或者比了传授古来解决问题的结果，要胜过多多！小孩子解决他们自己的问题，一样地可以思想。上面说儿童经验用作教材，实际就是指儿童的问题说的。

教材的范围，当然不限定在思想方面。《课程标准总纲》第三"教学通则"第九条是指上述思考的问题说的。此外，还有"教学通则"第十条所说的欣赏教材，第十一条所说的发表教材，更有第八条所说的练习教材。除练习教材外，欣赏的，发表的，都是问题，都要用相当的思想。这思想的意义，略微广些。若要严守狭义地讲，欣赏或者可以除外，至于发表，无论如何也是思考，不过方面与研究不同罢了。

科目，不好算是教材的范围，不过是习惯上的一种分类罢了。从前有什么基本科目、主要科目的名称，大多是指国语算术等说的。这等名称极容易招致误会。与基本相对的，一定有一个非基本。与主要相对的，一定有一个次要。莫怪一部分的教员，只拿基本或主要科目，作为考试、升降级、毕业的唯一标准，把美术体育等，看作次要！

有的，把美术劳作体育音乐等，叫作技能科。与技能相对的，另立一个知识科的名目。技能不限这四科，算术的计算方法，国语的写字，都是一种技能——不但是技能，应当是一种习惯。美术劳作中，何尝绝对没有知识！并且技能、知识以外，还有发表的、欣赏的种种。

　　有人主张，把国语算术等叫作符号科，或工具科。这也未免过火。文字、算式当然是一种符号，是一种帮助我们思考的工具；但是它们所代表的却绝对不是符号，不是工具。文字的形式笔画，的确是符号；文字的意义，是一个思想。我们用作教材的，是它的思想，形式符号不过是附带的。用了符号科工具科等名目，反而好像把教材的注重点，转移到形式上面去了。

　　《课程标准》中公民训练以外，各科的次序如下：

　　　　卫生　体育　国语　社会　自然　算术　劳作　美术　音乐

　　从来列在后面的体育移前来了；国语算术向来列在前面的，分别移后去了。这是一个特点。分类，实在不必。不过这一个次序，比了向例要有意思得多；身体方面的居首，是很可注意的。《课程标准》"作业范围"，"科目及每周教学时间总表"的说明第二条说，社会自然卫生三者，在四年以下可以合成常识科；一二年的劳作美术可以合成工作科。劳作可以单设农事或工艺。这是一种变通的办法。由此可知科目的分别，不是呆定的。

六、教材的选择与排列

　　《课程标准总纲》，第三"教学通则"第二条说，各科教材的选择，应根据各科目标，以适合社会——本地的、现时的——需要及儿童经验为最紧要的原则。详细分析，可得：（一）各科的目标，（二）本地社会的需要，（三）现时社会的需要，（四）儿童的经验四个原则。

　　就第一个原则论，各科有各科的特殊目标，教材选择，首先要顾到目标。例如卫生科有养成儿童卫生习惯的目标，所以教材中列入十八条主要的卫生习惯。又如体育科有使儿童全体适当发育的目标，所以教材中列入姿势训练、准备操等教材。又如国语科有养成正确听国语、用国语发表的目标，所以教材中列入各种说话练习，像耳听、口说、演说、辩论、报告、讲述故事等教材。这不过是极少数的例子，详细宜看《课程标准》各科目标与作业类别。第二章以下各科分论，再一一细说。

就第二个原则论，各科教材，宜尽先选用本地社会需要的。社会需要，有各地方共通的，也有各地方特殊的。例如北方的食物需要，主要的是麦；南方的食物需要，主要的便是米。北方的衣服需要，重在皮裘棉；南方的衣服需要，重在纱麻绸。北方的住居需要，冬季重在取暖与通气；南方的住居需要，夏季重在阳光的遮隔。山地的需要多属森林矿产；海岸的需要多属渔盐。需要不同，教材也应当跟了有别。我国面积广大，各地方气候物产，千差万别，人情风俗习惯也有很大的不同。《课程标准》各科"作业要项"所列，不过是一个大纲，一个范围罢了。实际选择，大半要因地制宜。前节所说地方性教材，乡土教材便是。

特殊的需要，当然各地不一，无可强同；若要强同，一定有几处不合。但是我们共同生存在一个国家里，一定也有好多共同的需要，例如熟习若干全国通用的文字，作为吸收文化，传达思想的用；又如熟练若干计算方法，处理日常生活中的数量问题。某种文字，像地名、姓氏、特别物产的名词，也还有几分地方性，不能一律。然而大多数文字，却全国通用。算术亦然。问题的内容，各地不一；计算的方法，有的竟全世界一律。

儿童经验，因发育及教育而渐渐扩张。地方性的乡土教材，在低年级尤其应该多用。年龄渐长，经验范围，由实践的可以推及想象的。例如地理教材，先是乡土，次及本国，后来也尽可以学全世界。这是一个排列的原则，名叫"由近及远"。原则宜活用，一、二年级也不妨插些别地方的儿童生活与本地的比较；到了五、六年级也尽可以详细研究本地的生活、职业、自治等等。这样，第二循环的乡土地理又可以排在世界地理之后。

有一种教材，各地各别，于全国统一有阻碍的，我们特别要努力来设法统一，例如国语。拿方言与国语比，我们应当竭力使全国的语言统一，并且设法使方言标准化。有某种卫生习惯，某种公民习惯，我国特别缺乏而急切需要的，应当不分南、北、山、海，一律地努力养成。这等，都是有公共性的教材；实施起来，不必拿地方性的、乡土的排在前面。例如国语，尽可以从一年级起。又如清洁、整齐、纪律等习惯，也应当从一年级就开始。

就第三个选择原则论，各科教材，宜尽先选用现时社会需要的。例如古代有告朔的需要，那时还要用什么饩羊。现在我们绝对没有这种需要，连那具文的饩羊，也用不着。现时的需要，不在朔不朔，而在严守时刻。守时刻的先决问题在标准钟。钟表的快慢，现在社会是很重要的。但是中学教员中，还有不识得摆下锤的地位与快慢有密切关系。某中学事务主任化了好多日子校验正确的钟摆，被教员随意玩弄，竟使他重行校验，又化了不少日子。这等教材，在古时或者是不必要的。

古代的教材，并不是绝对不要。我们所要的古代教材，是与现时有密切关系的。例如文字，我们现在既有通行的楷书、行草、印刷体在使用，古代的隶书篆书，当然没有重学的必要。要是和学生研究文字的进化，那末，不妨酌量采取极少数的古体字来做例子。又如算术中的计算方法，我们现在有一种很便的笔算乘法，还有一种很通行的珠算乘法，那末筹算或划地经，便可以不必采用。小学里用不着研究算学的进化，这是大家承认的。但是有好多问题，我们对于单单知道现时的需要还嫌不够，那么探究来历，便涉及古代历史上当时的需要了。这种材料，以古比今，用古来帮助今，是极有价值的。

以古比今，用古来帮助今，今是主体，古是参考。问题的动机，解决的目标，是为今，不是为古。古已过去，用不着我们再来代劳。若不是为了今，便用不着研究古。所以"由今及古"，便成功了教材排列的第二个原则。有人误会，以为由今及古，变了倒读历史。历史未尝不可倒读，这里不必细说。不过这原则所谓"由今及古"，实在是因了今而研究古的意思。例如我们研究了现时的衣服问题，推想到衣服如何进化，便是合于由今及古的原则。在研究衣服的进化时，尽不妨由穿树叶、兽皮，一直下来，不必把历史倒退了学。

幼年先学现时的，稍进再研究古今的比较与古今的关系，这是通则。有时候，也可以有些例外，像一、二年级社会科的原始人生活，五、六年级的现代制度。

我国旧来科举时代的教材，不重实际，舍近图远，舍今取古。这等恶习，难免没有若干流传到现在的小学里来。所以选择教材要特别注意：第一步按照各科目标，尽量选用本地特殊的，现时需要的。然后考虑怎样扩充推广，再加远地与本地有关系的，古时与现时有关系的。这样办法，绝不会再犯从前舍近图远、舍今取古的大弊。要是选择的手续，不按上述步骤，那末这也舍不得，那也舍不得，势必任意乱选，弄得纠杂无系。例如国语，第一步选定现时的国音、语体文，应有尽有。第二步再按学生能力程度，教学时间，酌选古时与现时有密切关系的。要是时间不够，当然不再选用文言文。这样，绝用不着再有什么"几分之几语体文，几分之几浅近文言"等不澈底的调和折衷办法。

第四个选择原则，就是要适合儿童的经验。儿童经验，无日不在进展，所以选用教材也应当跟了进展。那末这一个原则，一方面是选择，一方面又是排列。合并了说，这是一个选择与排列共通的原则。儿童身体的发育，各各不同；儿童智力的发达，也各各不同；儿童所处的环境也各各不同；因此他们的经验千差万别。教材要合儿童经验，要顾到儿童个性的不同。有一个浅近的比喻，儿童与教材的关系，仿佛肥料、土壤与作物的关系。某地方试种外国棉种，因为土性不适，弄得只生枝叶，不开花，不结实。就是极平常的豆，我们大家都知道不宜施用淡气①肥料。

————————

① 淡气，即氮气。——编者注。

教材一律，硬叫个性不同的儿童来迁就，实在是一种倒行逆施的办法。

譬如某科有一种教材，用来教学一群学生，在一定时间学习以后，要是全体明了，完全无误，那末这教材失诸太易，优良的学生没有努力，等于把光阴虚耗。反过来，要是全体不能及格，那末这教材又失诸太难。最好的教材是可以很明显地表现各学生各各不同的成绩。例如一个合宜的作文题目，可以使优良的学生充分发挥；能力次等的，经过相当努力也能作成若干有意义的文章。

《课程标准总纲》第三"教学通则"第八条说，练习的教材，（1）宜取儿童已经了解意义的，（4）达到了预定的标准，方算成功。换句话说，就是取材宜注意相当的标准。第九条说思考的教材，（3）应切实指导儿童如何去动作，如何搜集材料和整理材料。就是说材料不要由教者代儿童搜集，代儿童整理。又说，（4）养成儿童尊重客观事实而不固执己见的态度和习惯。所以教材宜慎选客观的事实，避去历来的成见。第十条说，（1）欣赏的材料，最好让儿童自己选择。第十一条说发表的教材，（1）要预计儿童能否做得成功，（2）要取易得结果易达目的的题材，（3）要有所欲达到的和周详的计划。就是说计划也是教材。这各条里选择教材的原则，都是属于学生需要方面的。详细，在第二章以下各科教材中再论。

教材排列的原则，前面已经说过两条最重要的，一是由近及远，一是由今及古。此外还有由已知及未知、由旧及新、由具体而抽象、由心理的而论理的、由现实的而想象的、由主要的而较次要的等等细列条件，可以有好多。这实在不是种类的不同，不过同一事实，从各方面观察罢了。总结一句，就是从儿童的需要入手的。已知的儿童容易感到需要；旧的，就是已知的。新与旧是指时间，已知与未知是指学习。学习过的，当然要比未学习过的旧些。儿童年幼识浅，当然容易明白具体的。所谓心理的，就是合儿童心理的意思。现实的较具体，想象的近乎抽象。主要的，就是生活中常常需要而实用。因为与组织有关系，所以详细在下节教材的组织中再说。

有一点是须特别注意的。排列的意义，广一些，指全部教材，自始至终言；狭一些，指每一单元自开始到结束言。上述原则，都可以适用，从一年到六年，某科教材全体的排列，宜按照上述原则。某一单元，虽不过用十分钟或二十分三十分钟学完的，也可以照这等原则排列。并且一单元的教材，不能完全是已知的、旧的，一定要合些未知的、新的。即使一单元教材，大多数是具体的、现实的，也不妨在结束时带些抽象的、想象的。这样，才可以使学生生长发展。就是复习用的教材，也不必一定照旧排列，尽可以换一换新的方式。要是组织合法，一个单元的教材，开始完全适合儿童需要，结束也可以完成一个初步的论理形式。详细办法及实例，见下节。

七、教材的组织

教材的排列，只顾到前后的关系；教材的组织，却兼顾前后与左右的关系。排列，仿佛是纵的关系；组织，是纵横交互的关系。在组织中当然要有排列，不过排列以外，还要有联络。所以我们可以说，排列与联络合起来，便是组织。《课程标准总纲》第三"教学通则"第六条说，教材的组织，应尽量使各科联络，成为一个大单元，以减少割裂、搀杂、重复等弊。这是指全课程组织说的。在某一科目以内的组织，有下列的四个原则。

第一个原则，是直进法与圆周法的活用。什么叫直进法？就是把所有教材，分成若干门类或单元，一个一个地按照次序进行；从开始到结束，各学一遍。这种组织法有一大缺点，就是在前的因为学生程度较低，只学得一个概略；在后的，因为学生能力渐强，往往学得较详。而且只学一遍，缺少复习机会。圆周法，是每一门类，同性质的分作深浅不同的几个单元，作几个循环学习。现在通行的方法，总是两者交互活用的。例如算术，通行的组织是分为二十以内、百以内、千以内等几个阶段。每一阶段内有相当的加法、减法、乘法、除法。在某一阶段中，先加法，后减法，先乘法，后除法，这仿佛是直进的。先学二十以内，再扩充到百以内，再扩充到千以内……各阶段，各成一个循环，便是圆周法。大多数教材均可如此组织。有的循环多些，有的循环少些，看各科教材的性质而定，不能拘泥。

第二个原则，是从心理的组织到论理的组织。心理的，是指适合儿童学习时的心理状态言。论理的，是指学习所得结果的系统言。譬如自然科的鸟类，照论理的组织，应当先列鸟类的特征，次列鸟类的通性，然后再列鸟类的分类，各类的特点……这是前人研究鸟类后，把经验整理后的系统。我们学习研究时，没有明了个别的鸟，哪里会凭空产生什么鸟类的特征？要是误把这等论理的组织，囫囵吞枣地教儿童学习，只有用演绎的方法，结果，变成强记。心理的组织，便利用归纳的方法，先从个别的鸟，分别研究。到相当时期，再比较总括，那末分类与特征，很自然地可以得到。

假使研究个别的鸟，如燕子，若是先讨论燕子的形态，次讨论燕子的习性，后讨论燕子与人生的关系，那末又用了论理的组织入手。春来秋去，哺小燕子，做窠，是儿童皆知的。从这上面出发，由做窠而产卵哺小燕子，由哺小燕子而食物，由食物而飞翔，由飞翔而翼，由飞时捕虫而嘴，由捕虫而于人有益……这是因自然的需要而一步一步的研究。合于心理上自然的需要，便是心理的组织。学习时宜用心理的组织。到结束，只要学生能力所及，尽不妨把燕子的形态、习性与人生关系等，做成一个论理的系统。

论理的组织，不是坏的，是极有价值的。世界一切科学，统统归结到论理的系统，有的竟做成公式。不过一切科学的来历，绝对不是凭空从论理的系统或公式开始。教材是供给儿童学习的。学习要顾到儿童心理，当然要用心理的组织。学到相当结束，我们应当把所学得的整理。整理结果，当然可以有一个论理的系统。这实在也是心理上很自然的要求。所以说，从心理的到论理的。

第三个原则，是从实在经验到文字符号，原理原则。例如种田人会得种麦种豆，做工人会得打铁锯木。他们虽是不识得麦字豆字铁字木字，但是他们确切认识麦豆铁木，而且熟悉这等东西的性质用途。要农人、工人识字并非难事，只须三言两语，略加说明，他们便可以恍然大悟。就是要和他们讲些种麦种豆打铁锯木的原理，只要他们没有成见，虚心接受，也极容易领悟。从文字开始的学习，便不同了。麦字和豆字，识得烂熟，能背诵，能默写，但是见了麦豆或将分辨不出。从原理原则开始的学习，即使把学理或公式记熟，实际仍不会得应用。譬如书本上尽管学熟了铁的熔点是多少温度，要是实际要熔铁时，连生火和拉风箱都不会得做，这熔点有什么用？当然，只会得生火熔铁的，不如兼懂得熔点关系的来得有益。从生火熔铁到熔点关系再到文字，是良好的组织。不然，仿佛成了倒行逆施。一个单元的教材，宜如此。各个单元的组织也如此。在低年级注重实地经验，中年以上，才加些文字符号，原理原则。有人主张一年级不设正式算术而多做游戏，也是这个道理。

第四个原则，是组织要适于个别的学习。儿童个性不同是大家公认的事实。班级教学，又是现在不可绝对避免的通行方法。教学方法方面，学级编制方面，有好多适应个性的办法。教材组织方面也有相当的补救。其中最有效的一种适用于练习性质的教材者，就是"测验、练习、测验"法。把练习材料细分步骤，每隔相当段落，编成测验，测验与练习组织在一个系统中。书法、算术的一部分，都可以用这种组织。在开始时，用测验调查各学生的程度与所须练习的情形。各人分别进行；练习若干时期后，用测验考验成绩。各人按步进行，彼此毫无牵掔，自动学习，有显明的成效可见。

以上，都是一科目里教材的组织。今再论全课程的大组织。在本节的开始，我们也提到组织宜兼顾联络。最简易的联络方法，各科的界限，并不打破，不过看有相当机会，把性质有关系的教材，编在接近的时间教学。例如，按照时令关系，在十月内自然科研究菊花。就在这一星期内，美术科也用关于菊花的教材，像菊花颜色的研究，菊的写生画，或用菊作图案单位等。国语科如有相当教材，像关于菊的诗或散文，亦在这一星期中学习。联络的科目不限定多少，时期大体拿一个星期做标准。这种联络方法，轻而易举，但是极容易疏忽遗忘；如有某科目系别位教员担任，事前非经接洽，往往失去联络机会。有时故意要谋联络，也往往发生不自然的情形。例如上述菊花的教材，如勉强要编一则菊花的游戏，或者国语科写字时写"菊"字，似乎有些牵强。最好的联络，要有一种分工合作的精神。例如自然科是研究蚕，劳作科做些养蚕时用的工具，社会科研究我国蚕丝业的今昔比较；三科目各有一个方面，合起来成一全体，彼此不重复，也不可分离。如此联络，才有意义。又如自然科研究蚕丝时，国语科读几篇关于蚕丝的文章，美术科画些蚕，表面上虽似有若干关系，但实际，并不密切。因为文章读与不读，美术科画与不画，于自然科所学蚕丝，很少影响。此等联络，当然没有什么弊害，然而也未见得有什么多大益处。

进一步的联络，便是打破科目的界限，把相关的教材，组织在一起。有的，只拣平常关系很多的科目联合，例如社会、自然、劳作三科合并组织，别的仍旧，或另外再把关系密切的联合组织。这样，原来《课程标准》中的各科目，仿佛合成功若干新的、范围较大的科目。有人把这等范围较大的若干科目联合成功的，名叫"系"。例如，好多小学里低年级，常分"研究""故事""游戏""工作"等系。还有一种，名叫中心组织，通例用社会自然做中心，把别科目完全组织在一个中心问题中。这样，一切科目的界限完全打破，不再存在。关于这等组织，有好多名称，像设计的组织，协动的组织，整个教学的组织，做学的组织，生活的组织——就是外国的德可乐利组织法，以及广州中山大学试验的民族中心组织法，都是属于这一种的。在这种组织下，科目的名称是没有的了，但是原来分散在各科里的教材，却并没有取消。照科目组织的，着眼在教材性质的分类，类似的，并在一科目中，各科自成一个组织。照中心组织的，着眼在中心问题，凡是与某问题有关系的，不问性质如何，一起组织在一个单元中。这是一个根本的不同点。

中心问题，可大可小。小的，一二天可以学完；大的，可连续几星期，或竟几个月。民族中心的组织法，小学四个学年，每年分春夏秋冬四季，每季十个问题，平均一个问题，延续约一星期光景。德可乐利的组织法，在低年级的一个月或两个月研究一个中心问题，例如九月份的中心是儿童，十月、十一月的中心是果子，十二月的中心是节日及玩具，一月、二月的中心是衣服，三月、四月的中心是火，五月的中心是花，六月的中心是手与足，七月的中心是太阳。在果子的中心问题，要观察果子、野果，比较计算数目，形状、大小、厚薄、轻重、味道、买卖，果子的来源运输，果子的寿命贮藏，名称用的文字，用模型、图画、工作等发表，并且研究吃果子的卫生等等。在较高年级，一个中心，延续到一年那么久。

《课程标准》分科列举，原来是供给普通用惯各科独立组织的小学使用。如要改作中心组织，并不是一定要另起炉灶。第一步，应顾到社会需要，儿童经验，决定若干中心问题。此等问题，大多在我们的环境里，不是社会方面，便是自然界中。所以在决定中心问题时，仍可拿社会、自然两科的"作业要项"作为参考。例如民族中心组织中的"我们的学校"和社会科的"学校生活的研究"；民族中心组织中的"我们的乡土"和社会科的"邻里生活的研究"；民族中心组织中的"本地的春天"和自然科的"四季变化的研究",完全是一件事情,不过字句不同罢了。中心问题决定以后,再查各科"作业要项"相关的教材,分别提出,合组在一起便得。如有缺漏,再设法补充。

中心组织,也要顾到儿童个性的不同。教材组织,看来完全是共同的、一律的,但是实施时尽可把不同的工作,按照难易,分别支配给能力不同的儿童学习。分工合作,是一种很重要的办法。要是一定强迫全体儿童,一律工作,那末中心组织法也未见得有什么多大利益。有人反对中心组织法,以为教材缺少系统。系统是论理的,学习的结果。中心组织的问题,如能切合生活需要,却最合儿童心理,可以说是一种极好的心理的组织法。要是每一问题结束时,有一番整理功夫,把所学做成一个系统,那末系统问题,也能解决。所以这个反对的理由,可说是很不充足。

八、教材分量的支配

各科教材分量的支配,《课程标准总纲》第二"作业范围"中有一张详细的表,规定各科每周教学时间的分数。下面说明第三条说,总时间是适中数,得依各地方情形,每周增多或减少九十分钟。例如,表内规定第二学年每星期共一千二百六十分,可以加多九十分,为一千三百五十分,或减少九十分为一千一百七十分。但是有一点要注意,每周总时数,宜跟学生年龄学力而渐渐增加。例如二年级或与一年级相同,或比一年级多九十分,绝不可以反比一年级少了九十分。在单式编制的学级里,一年级宜比二年级少,三年级也可以比四年级少。若在复式学级,一、二年级可以相同,三、四年级也可以相同。总时数相同了,编配上课时间表时,较为便利。四学年的单级,一、二年相等,三、四年相等。

说明第四条说,时间支配,以三十分钟一节为基本,视科目教材的性质,分别延长到四十五分或六十分。例如劳作科,在高年级,三十分钟往往嫌得过短，那末一百五十分钟，可以分作三次，一次六十分，两次各四十五分；或者把时间数增加三十分，使成一百八十分；分三次，每次六十分。高级自然科，常有需时较久的实验，也可以与劳作同样方法，把一百五十分，分作一次六十分，两次四十五分。又如卫生科，全体只有六十分，如分作二次，每次三十分，嫌得分配过于集中，可分作四次，一次三十分，三次十分，或均分作三次，每次二十分，或均分作四次，每次十五分；或均分作六次，每次十分。

分配方式，不外两种，一种比较集中，一种比较分散。集中式，每次时间可以较久；分散式，每星期中学习机会较多。两个方式的利弊，恰恰相反。集中式的利，就是分散式的弊；分散式的利，就是集中式的弊。实施时应调和折衷，不偏极端。例如算术科中，一部分的练习，与国语科的书法练习，宜用分散式，每天只须十分或十五分，而天天宜有，不可间断。高级的劳作、自然等科，如上述，宜用集中式。但是除校外教学外，至久，也不宜超过六十分。作文，就是在高级，也不应超过六十分。中级、低级的劳作、自然，恐怕四十五分已经很够。

低年级各科工作轻便，学生容易厌倦，集中式不如分散式相宜。高年级学生的努力，较易耐久，稍偏集中式，也无大妨碍。在复式单级里，或者比单式学级稍偏集中式。理由是因为分组较多，每次时间过短了，来不及分配。在单式学级里，十分钟、十五分钟一次，于低年级极相宜。若在复式单级，至短要有二十分钟才够。这是通例。如教员技术高明，每次时间短些，当然很好。

每次时间过久，往往容易使学生工作疏懈，养成迟缓的恶习。集中注意，努力，迅速出之，短时间内也可以成就相当的工作。不过教员的技术不很纯熟者，往往嫌得时间过短。要在十分钟内收到效果，一切动作，都宜敏捷。教者自己动作迟钝，当然要嫌时间不够。但敏捷与勿忙不同，仍须按部就班，丝毫不容慌张。这不是一朝一夕可期成功，须经相当练习，方可达到。

以上都是指按照《课程标准》所定的分量，实施时的活动用方法。试看"作业范围"所列总表，各科目间分量支配的情形也很平衡。例如卫生科时间最少，这并不是轻视卫生科，实在因为卫生不在乎教室里多讲，宜随时随处实地去做，这六十分钟，不过是供给讨论、考核、检查罢了。美术音乐，时间也似较少，实在并非轻视这等欣赏休闲有关的科目，因为工作轻便，所以无须多化时间。试拿美术与劳作比，美术科有了三十分钟，很可以做出一二件成绩。劳作科工具材料的收发，先要化去好多时间，三十分钟能画的，改了工作，恐非四十五分不可。一、二年劳作科三十分钟内能做成的，如叫他们画画贴贴，大约十五分（钟）、二十分钟够了。国语科看来独多，但是内中有说话、读书、作文、写字四门。

教材组织，仍保持科目制度的，当然要遵照《标准》中的规定时间而斟酌活用，如上述。要是组织用中心方法，那末科目的界限已经取消，时间的支配，当然不能呆照《标准》。最好，在进行中做一记录，经过相当时期，约一个月或两个月，把教学经过，按照科目，比较比较。如各方面都能顾到，并无某一方面特别偏重的情形，那末照常进行，可无问题。如经过一学期三四次的比较，常能各方平衡，以后便可放心。如发现某方面缺漏，以后宜留心纠正。在初试时，宜如此郑重比较。一俟教者技能纯熟以后，偏轻偏重的弊病，平时自能调节。

总之，分量支配的原则：（一）难学的要多些；易学的不妨少些。（二）重要的，当然要多些；次要的，可以少些。（三）有价值的，宜多些；价值较少的，宜少些。不但是时间的多少宜照此原则，就是学习时的详略，也应当用此原则。重要的，难学的，有价值的，不厌求详，而且常常供给复习的机会。次要的，易学的，价值较少的，不妨用简易较便的方法处理。例如重要的参考教材，宜化相当时间精读，仅供消遣的故事，不妨略读。精读的，一二百字，或须化二十多分；略读的，五六百字，用十五分钟也许够了。

九、教科书的选择与使用

教科书的选择，应当分内容与形式两方面研究。内容方面的好坏，就是各科教材选择组织的是否合宜。各科目各有特殊情形，应当拿第二章以下各科所论作为标准。有一个共通的问题，便是材料的分量，要是我们的目标，拿教科书叫学生呆读强记，那末课文愈简短愈好。若是我们拿教科书作为学生学习的工具，参考材料的源泉，那末，不但材料要十分丰富，而且还应有引导学习的方便，像辅导学习的计划——作业的指示、问题——以及补充材料、参考书、纲要、索引等等。

形式方面，各科有一个共同的标准。列举起来，可以分作：

（一）封面美丽悦目，使人一见即生爱读的情；坚固耐用，久用也不易破损。科名、册数等显明醒目，一检即得。

（二）插图有相当数量，简单明白，把中心思想确切表示。

（三）字形宜清楚悦目，大小随年级程度高低而别，最小用四号字；行间宜有相当距离，不可过密。

（四）纸张宜坚实，少反光。墨色宜浓黑。图不必一定用彩色，单色亦可。但宜用文静的色调。

选用方法，先按照上述共同标准，作一表式。依照表中项目，拿预备选用的教科书，一一比较。比较时，可分五等，甲乙丙丁戊，各等给一相当分数。丙是中等及格，给五分。勉强可用的，作丁等，给三分。不堪使用的，作戊等，给一分。比中等优良的，作乙等，给七分。十分满意，有特别精彩的，作甲等，给九分。逐项批完后，把分数总结，看哪一种分数最多。再比较定价，若不是最贵的而学生家庭财力可以负担者，便决定采用。当然，预备选用的教科书，一定是审定的，而且是内容方面，适合各该科教材选择组织原则的。在决定各科内容时，也可以就第二章以下所论各点，各科分别各做一表，如上述方法，逐项批定。

教科书的使用方法，实在是一个教学方法方面的问题，各科目不能一律。例如阅读用的教材，教科书当然开始便可以用。若在自然、社会科，用教科书作为参考的，那末要在研究问题决定以后。就是同一科目，也要跟所学教材性质的不同而把教科书随机活用。例如，国语教科书上有新字难字参考材料的，当然随读随翻阅；没有的，可以一面阅读，一面翻查字典。又如国语科写字的字帖，平常总是随写随看；若逢批订讨论，字帖便在写完后用作欣赏比较。同是读书，略读的或许先阅课文，一遍完后，再查字典；精读的，宜乎随读随查。

教科书贵活用。教材用中心组织法的，研究一个问题，同时需要好几种教科书翻读参考。就是教材仍照各科分立的，教科书仍不宜呆用。第一步的活用，每一学期所用教材全体，不必完全限定在一本教科书内。每一科目，每一学期，宜预编一个进程的大纲。编时宜参酌第二章以下所编，以及教科书中所有教材，加以选择、组织。书中有而不合用的，可以删去；书中缺的，应补充。前后次序，宜按照本地本校情形编配。进程大纲不必与教科书完全一致。

第二步是进程大纲的活用，临机应变，不可执一。第三步是上课时的活用，大略已如上述。总之，教科书是工具，供学生教员的使役。若是呆照了教科书学，一定要把教科书全本学完，不多也不少，那末教科书变了主人，学生教员被它使役了。教科书不可以当作教材的全权代表；真正良好的教材，常常在实际生活中，教科书以外。从实际生活到教科书，才是正当的用法。从教科书到实际生活，已经有些倒行逆施，何况终年只在教科书中做功夫！

教科书是学习指南，学者使用学习指南，犹之旅行者使用旅行指南。终年手执旅行指南，读得烂熟，说是足迹遍天下，不是笑话？旅行指南的功用，要实地旅行时才见。教科书的功用，同样，要真实在人生中去学习才见。教员拿教科书做了教材的全权代表，学生便拿教科书当作学问，那末强记背诵，成了唯一的学习方法。这种教育愈普遍，世上有用的人愈少。要是这种教育普及以后，全国民不将尽变成书呆子！

十、教具

广义地说，教科书也是教具的一种。拿演剧做比喻，学生教员是演员，教材是脚本，教具便是行头。没有教具，教学的工作，只能单靠口说。口说最不亲切，所以现今的教学，差不多常常需要教具。卫生科需要挂图、清洁用具；体育科需要游戏体操用具；国语科需要练习文字用的教具；社会科需要地图、挂图；自然科需要仪器、标本、模型、挂图；算术科需要练习游戏用具；劳作科需要工具农具；美术科需要模型；音乐科需要乐器。工欲善其事，必先利其器。要希望学生学习便易、有效，教具是不可缺少的。

各科需要的教具，各各不同。仪器、标本、模型、地图等，差不多已经有统一的标准。别种教具，形式大小，千差万别，优劣不一。这里先论几条普遍的原则。至于各科应用的种类，第二章以下再分别详说。

教具有公共用的，也有个人用的。所谓公共用的，就是教员用来演示，学生同时观察的。这种的形状宜大，要使全体学生都能观察清楚。个人用的，形状宜小，要平常学生桌子上放起来便利。例如地图，挂在黑板上公共用的，地方山川的符号，要最后一排学生也能看得清楚。学生个人用的，尺寸不能比教科书更大。最不妥的，便是尺寸不大不小，个人用时，放在桌上，嫌得过大，公共用时，只有前面二三排学生看得清楚。

教具是常常用的，所以制作要十分坚固。坚固与轻巧，往往不能两全；与其轻巧而常常损坏，还不如坚固而略为笨重。例如日常使用的某种算术游戏用具，用厚纸做，是轻便的，但是不如用锌铁皮做的耐用。

若用木板的，那末，又嫌过重。不过精密是一定要注重的。例如表示一平方尺的平面形，一定要很正确的，是一个每边一尺的正方形。又如表示一立方寸的木块，必定要很正确的，是一个每边一寸长的正方体。

教具各科都有，数量一定很多。数量多了，购买的价值一定很贵。学校经费有限，一时往往不易全备，继续添置，也是一个救济办法。但是有好多教具，不必一定要向店家购买，自己尽可制作。例如理化仪器中的铜烛扦、不倒翁、重心板，一一购买，所费金钱不少；如用粗铁丝自制烛扦，蛋壳自制不倒翁，饼干箱上薄铁片自剪重心板，差不多不要化多少金钱，一样的可以得到良好的教具。贝壳可以做计数的教具，墨水瓶可以改造做火酒灯，晒衣用木夹可以改造做电键，要是教员精心利用，十之六七，可以用废物自制。引导学生在劳作科自制，更其有益。不过自制要注意坚牢耐用，若化了好多劳作科的时间，做成以后，一触即坏，那末，时间材料，不是又浪费了？

教具是教学时的工具，不是教室里的装饰摆供；美术欣赏用的教具当然也包含装饰摆供在内。此外的教具，要拣使用最繁的或买或制；一学期使用一次的或是竟有几年才用到一次的，或者可以临时设法借用。若拿好多金钱买了这等教具，或化了好多功夫制成这等教具，用过一次以后，常常放在柜子里受灰尘，个如改头常常用到的好多学生要用的，来得合算。大多数小学，经济困难，这一原则，宜特别注意。

有的教具，不必买，也不必做，尽可以向学生家里去借，例如尺、称等。有的可以拿别的东西代用，例如面盆代水槽，药水瓶代量杯，磁油盏代蒸发皿等等。

（选自朱戢旸、俞子夷著《新小学教材研究》，儿童书局1935年版，第1—47页。原文为该书第一章，共包含十节。各节标题改为序号编目，篇章标题为编者所加）

关于小学教科书的几点小小意见

　　教科书和非教科书有什么区别？这是一个不容易回答的问题。通俗些说，凡是供学校里学生在上课时用的，可以叫作教科书；不是专为学生编的，便不是教科书。这样区别，也有好多不妥当的地方。譬如学生用的地图、字典，我们至今依旧叫作地图、字典，并不再附加教科书的名称而作"……地图教科书""……字典教科书"。

　　我还记得，在我们幼时，起初读中国老法书时，完全没有教科书这个名称的。《大学》《中庸》《论语》《孟子》等等，不必说，这等本来不是为学生编的，当然不会有教科书字样。就是当时通行的训蒙用书，像《三字经》《千字文》《诗品》《幼学》一类的东西，也完全没有教科书的名称。

　　到了变法维新时代，首先有教科书形式的，大约是《蒙学课本》《笔算数学》《代数备旨》《格致启蒙》等外国教科书的译本。但是当时书名中仍旧没有教科书的字样标出，也没有什么学年学期等注明。就是到了清末，上海各大书局竞编教科书的时代，书名也还有《……读本》《……课本》，并不完全像现在的一样。所以现在的教科书，可以说是二十多年中的产物。

要是我的记忆还算可靠的话，我觉得学生用书，由内容较多的，渐渐变为内容少的，由程度不一定的，渐渐变为程度有一定的。譬如拿蒙学课本来和现在的国语教科书比，蒙学课本究竟从什么程度用起？每一课用多少时间？到什么程度为止？都没有明确的规定。所以三本蒙学课本，用三年也好，用年半也好，即使在一年里读完也没有人说你不好，或者还要说这位教员特别的认真努力。现在的国语教科书却只有这薄薄的几张，一定只有多少课，每课的字数也有相当的限度。这是不是因为书局里印刷成本的缘故，还是因为顾全学生学习能力的缘故，我却无从揣测。

我曾经看见过某小学一年级的教员，很热心很努力地教，到了五月上旬，已经把第二册国语教科书教完，并且学生个个读得烂熟，我还看见他们全班学生，把一本教科书，从头到末，一起读，讲，背，完全没有错误，二十分钟已经了结。我那时很为这教员担忧，到七月上旬放暑假，还有两个月的工夫，不知用什么材料来应付！

更有喜欢研究教学方法的教员，他们事前预计，每一课书，一定要化一百五十分钟或一百八十分钟的时间；经过动机目的大意生字欣赏练习深究段落应用等等手续。在大意时也不过讲讲，到欣赏时还不过讲讲，深究时仍旧不过讲讲，讲来讲去，讲得较聪明些的学生，至少有三分之一的时间，等于空坐了旁听。

在文言文的时代，说话和文章差得很远，一课书要弄得彻底明白，的确要经过三反四覆地研究，较长时期的练习。所以当时道地的小学里，每星期至多能教三课。文言文须慢不可。如此慢，还不过是中等生以上才能明白。能力差些的学生，还要在课外特别的补习。

自从改了白话文，教科书的内容没有加多，教学的方法没有改变，仍旧把从前处置艰深的文言文的方法来处理极容易的白话文，不免把学生的光阴空费了呢。有人告诉我外国的小学生，每学期读十多本儿童文学书的，算是慢的。那末，为什么我们一定要限止我们的小朋友，在他们能力所及的范围里，不许他们向前呢？

在文言文时代，教科书完全受了文字文章的阻碍，小学生苦于来不及。在白话文时代，教科书死守了成规，小学生苦于要前进而不得。过犹不及，一样的错误了。有人说内容加多了，成本要增加，学生的负担也因此加多。在穷得没有办法的父母，的确，常常不能使子女吃饱，是事实。把小孩子饿得面黄肌瘦，饿出病来，慈善家不是要发一发慈悲心的吗？小朋友挨着精神上的饿，我们如何救济他们？

我说这也不难。编书人和印刷所合作起来，大家牺牲些，或者可以得到一个办法。书局里的编辑先生是很清苦的生活，决不可以再揩他们的油。小学教师中有空闲并且有兴味的，作为业余的工作，有空时才编，不限时期，随编随试，不售稿，和书局订租版权的方法，那末书局的成本，至少可以减轻稿费。版税不要过多，那末书局的定价也可以较低。这样，或者可以得到一种比现在内容加倍的教科书而书价不过加半。若是销路广，版税再减少，请印刷家再发些慈悲，各股东少分一些红利，或者可以做到内容加倍而书价不必加多的地步，也难说。

有人说，现在教科书的内容虽然不很丰富，教科书以外还有好多儿童参考的丛书和读物，尽可以作为补充。我说，很对很对！我还有一个比例：譬如吃饭的时候不使孩子吃饱，另外再常常用小吃点心来补充，恐怕总不如吃饭时使孩子吃饱的来得好罢。所谓补充读物，原来是在某一个过渡时代里的临时急救方法。现在我觉得补充读物的内容要比教科书好得多。教科书尽可不用，补充读物却不可不看。既经到了这等情形，何勿干脆些，取消了教科书和补充读物的界限！

严密些说，教科书并不是真正内容贫乏，实在是内容太紧缩了。无论哪一科目的教科书，总要得到一个具体而微的格局，才可以免去挂一漏万的顾虑。所以小学教科书便成功了中学教科书的缩本。譬如小学自然研究教科书，一定要把中学里关于动物的，植物的，矿物的，生理的，化学的，物理的，一起缩在薄薄的八本或十二本小册子中。缩到无可缩时，只剩了几句科学上的术语和解释罢了。所以有人说，教科书是没有皮肉的骸骨，教科书是缩本小字典。

小孩子的经验浅，所以教小孩子要从具体的经验入手。那末小学教科书，应当注重在具体经验方面了。现行教科书恰巧和这意思相反。记具体经验要文字多，文章长，因此课文增加，书本变厚了。拿皮肉来比具体经验，那末现行教科书只是除去皮肉的骸骨，哪里还有具体经验！若是写了具体经验，现在一学期用的一薄本，不过能写一二件事实而已。

不多空谈罢。请看："从此其他各国，都纷纷要求通商；并援例取得各种特权。"这一句，试问是不是可以写三五十面的一小本中国外交失败史！再请看："产米的地方，以长江流域为中心，产额占世界第一位。"这一句，至少要用二三千字的具体事实来作证明。请再看："俄国本是极端的君主专制政体，日俄战后，虽然改做君主立宪，不过徒有其名。"若要得这一句话的具体事实，恐怕也非一二千字能写得完的。

还有呢！"我们中华民族，有四五千年的历史，向来是统一的国家。"这一句若不是放在小学生学完全部中国史之后，怎样可以使他们明白！现在却放在三年级里。除鹦鹉般不求甚解的强记外，还有什么别的方法！又如"花的颜色，红黄紫白都有；形状，管，瓣，针，丝皆备"。又是一个笼统的写法，要补足具体经验起来，又可以写好多行。教科书的囫囵吞枣，差不多成功了一定的方式。囫囵吞枣，所以孩子们食而不化了。

在教学方法上稍肯用心研究的教员，常常感到现今教科书的不适用，因此有人主张不用教科书而代以各种相当的儿童丛书或补充读物。这的确是一个进步的好倾向。不过在死用教科书的大多数小学里，却始终不想用记载具体经验的书本，还是在那里囫囵吞枣地教。我于是想到：愈是只会死用教科书的，教科书愈应编得好，编得适合小孩子的用。所以我有一个极浅近的谬见，希望教科书的内容很丰富，多具体经验的记载。就是说把现在各种儿童丛书或补充读物中的材料也编入教科书中去。

严密划分程度，一一标明在书面上，看来似乎是一件很精确的办法。事实却未必尽然。即以读本而论，同在一班里，学生能力程度各各不一。并且无论如何万难使之划一。万一在三年级里有若干能力较差的孩子，只适宜读和平常二年下学期程度仿佛的书，明明有可以给他们读的东西，也因为封面上标明了二年级下学期等字样而不便应用。这是好多教员常常感到的困难。

在个性差别没有被人注意的时代，先产生班级教学的制度，跟着便产生了班级教学中应用的同一的教科书。近年来班级教学的缺点，因个性差别的发现而显露了。改革的方案如分团制，导尔登制，文纳特卡制等等，也渐渐地盛行了。然而班级教学用的教科书却依然存在，封面的学年学期却依然印着。要是个性差别是我们承认的事实，那末封面上的学年学期，非立即取消不可。采分学年学期，是和个性差别不能并立的。

现在通行的，只有小学教科书是分课的；中学以上便分章节。段落分明，可以使用书者阅读起来便利，这是很要紧的。小学教科书的分课，实在不及分章节来得更加段落分明。这是就大体说的。若要为学习时谋便利，根本上分科编辑便有问题。科目的分别，在研究高等学术时是需要的。若在小学里，分了科往往把一件有关系的事实分载在不同的教科书里，儿童学习时深感不便。某次参观高年级生学习地理，教科书中有二三句话是涉及朱仙镇的。教员问学生历史科中有无学到岳飞。学生都说学才到周朝咧。可见分科的教科书，很难收彼此联络的利益。近人有主张教科书不必分科，也不应杂货店式的包罗一切，宜切切实实拿一件重大的事物做一个单位。譬如欧洲大战编一册，鸦片战争编一册，电灯编一册，照相编一册……如此一来，仿佛就是现行的儿童丛书之类，采作正式教科书了。相关的事统体编在一起，当然不再有联络与不联络等问题发生了。

联络的问题，可以用上述小本式的方法来解决，但是衔接问题却又要发生困难。恐怕顶注重前后衔接的，要推算术。我想凡是类于算术而重在练习的，宜按照练习的难易，细分步骤，编成练习材料。这是一类。前后关系并没有重大关系的，像社会方面自然方面等，仍可如前节所述方法编成一件重要事物一本的小册。这又是一类。阅读材料，也有重在练习的，可依照算术练习一类编。也有重在欣赏的，宜如成人阅读的文学小说等，每本自成一个单位，就是以一则故事编成一本。这一类的补充读物现在已经出版了不少。只须把补充等被人视若不关重要的名称删去，采作正式读本便可以了。

以上几点是很浅近的，希望有志研究教科书的同好细细讨论！

（原载于《中华教育界》1931 年第 19 卷第 4 期）

算术科课程纲要

一、主旨

练习处理数和量的问题，以运用处理问题的必要工具。要点如下：
（一）在日常的游戏和作业里，得到数量方面的经验。（二）能解决自己生活状况里的问题。（三）能自己寻求问题的解决法。（四）有计算正确而且敏速的习惯。

二、限度（最低标准）

初级
（一）计算整数四则、小数四则（除法法数不用小数）、诸等（重量、距离、面积）四则，正确而且敏速。
（二）解决生活方面用四则计算的简易问题，正确而且敏速。

高级
（一）计算整数四则、小数四则、分数四则（分母不必含十三以上的质数，并且不用叠分形式），正确而且敏速。
（二）能解决整数四则二层以下的问题、含诸等或分数关系的问题、用小数解答的问题、含比例系百分数系等问题，正确而且敏速。
（三）能使用通常的家用簿记。

[附注] 根据主旨第一项和第二项说来，数量问题，各地不同，各时不同，各校不同，各级不同，所以不能定出具体的限度，请各地各校参看最合用的教科书，参酌学生生活状况而自由变化。上所定的，不过是工具方面的最低标准。如用正当的标准测验，正确和敏速要能达所定的最低限度。

三、程序

第一学年	(1) 随机或用游戏法解决数量问题——不必用计算的形式。 (2) 随机教学共多少、剩大小、长短、方圆等的数量用语。 (3) 随机读写数目符号。
第二学年	(1) 十以下的加减九九、几十上加几和凑合成十的补法加法、用二为法数和加倍折半的乘除法、两位数的加减法(不进位不退位的)。 (2) 单数、双数、多少、长度（如尺寸）、量数（如升斗石）、方、立方……的数观念和用语。 (3) 二位三位数的写法、读法，以及加法、减法、乘法、简除法的形式。
第三学年	(1) 同第二年，加加减九九（全）、二三四的乘除九九、有进位退位的加减法、几十乘几十有进位的乘法、有余数的除法。 (2) 度量方立方$\frac{1}{2}$ $\frac{1}{3}$ $\frac{1}{4}$ ……的数量观念和用语。 (3) 四位五数的读法、写法，罗马数字的认识。
第四学年	(1) 同第三年，加乘除九九（全）、两位法数的乘法、退位的除法、长除法。

（续表）

第四学年	（2）小数、度、量、衡、方、立方、时间、货币、法票 $\frac{1}{5}$ $\frac{1}{6}$ $\frac{1}{7}$ $\frac{1}{8}$ $\frac{1}{9}$ 的数量概念和用语。 （3）小数和诸等的读法写法。
第五学年	（1）同第四年，加四则练习、诸等、小数、分数、百分初步的教学。 （2）明了分数化法、分数和小数的关系、分数小数和百分的关系。
第六学年	（1）同第五年，加简利法、简比例、求圆积等。 （2）明了百分的应用……

四、方法

（一）宜注意从学生生活里使学生发生需要工具的动机。——第一年不正式学算，可随机利用上课时或休息时，家里或学校里，学生碰到的数量问题，帮他解决；并且乘机培养他的数量的基本观念。或特设算术游戏时间，使学生在游戏的生活里，觉得数量的需要，因此学习工具。第二年注重表演（买卖表演、家事表演……）游戏；并从此在游戏生活以外，利用学生的想象环境，教学一切。

（二）计算宜注重练习，以便养成正确迅速的习惯。——练习的材料，要把互有关系的组合在一起；并且要用竞算法等明白表示学生的进步，以维持练习的兴味。

（三）问题以切合学生生活的为主体；成人的事务，若是学生不能想象的，虽似实用，也所不宜。

（四）方法、原理宜用归纳的建造，不宜用演绎的推展。

（原载于《教育杂志》1923 年第 15 卷第 4 号）

第三辑

教学研究

教学法的科学观和艺术观

教学法是艺术。教员是和学生共同活动的，是领导学生生长发展的，所以教员的活动比戏剧家、文学家、美术家等等什么都困难，都复杂。戏剧家的艺术，是把剧本的内容用言语姿势尽情地表现；文学家的艺术，是把自己的感想用文字尽情地表现；美术家的艺术，是把自然的美或自己理想的美用色彩或别的东西尽情地表现。他们虽是也要顾到听戏的、看文艺的、赏鉴美术品的人众，但是他们的表现却重在自己的主观上。教员却不能这样。他一方面要尽情表现，他一方面又不能不把学生当中心。听戏，看文艺，赏鉴美术，是随意的。听得懂就听，听不懂不妨走；看得懂就看，看不懂不妨换一种；以为好就赏鉴，以为不好就不管他。教员却不能。学生听不懂，要改到学生一定听得懂，并且愿听；学生看不懂，一定要设法使他懂，并且愿看。所以教员的艺术，是一种介绍、传达、引导的，比文学家、美术家稍不同，比戏剧家似乎相像而更困难。

教学法又是科学。教员的活动，比工程师、医生、矿师等等什么都困难，都复杂。工程师、矿师、医生，只要懂得物的科学或生理的科学便可以措置裕如的了。教员更当懂心的科学。心的科学比物的或生理的科学更复杂、更困难，而比较的发达又较迟。但是关系却同样的重要。

我们教学生，若没有科学的根据，好比盲人骑瞎马，实在危险。但是只知道科学的根据而没有艺术的手腕处理一切，却又不能对付千态万状、千变万化的学生。所以教学法一方面要把科学做基础，一方面又不能不用艺术做方术。教学法是一种学，也是一种术。为讨论便利计，且把这两方面的大概说一说。

请先论教学法的科学方面。

国文、算术不是顶老的科目吗？我们教国文、算术时用的教材和方法，都能有科学的根据，能免盲人骑瞎马的危险吗？

请先论国文，先论国文里的识字。请问我们社会上常用的字究竟有多少，究竟是哪几个？这问题谁能回答？我们绝不能把中国新新旧旧所有的字一起教学生识。既不能一起教，那末一定要有个选择。用什么标准去选择，却是一个重大的问题。听编教科书的人去选择罢。我不是不信任编书人，我们怕编书人主观的选择，不一定适合社会上普遍的需要。小孩子在学不过六年或四年，他们的光阴何等可贵。并且现在学校的课程又不比私塾，不能终日在文字上用死功夫。所以究竟社会上普遍用的是什么几个字的问题，变成我们教国文第一个关键了。这关键没有通得过，一切国文教学总免不了盲人骑瞎马的危险。东南大学陈鹤琴教授曾经有过这方面的研究，将来我们教识字，或者就可以用这研究的结果做基础。

教国文第二个科学问题，就是字的横直行、字的大小、行的长短、行间距离的多少。像汉字的形式是不是合于学习的经济？改革汉字后是不是宜用注音字母或用罗马字母？哪一种字母的形式最合于学习的经济？太远大的问题，我们且不论；我们姑且承认用汉字做基础，而想到横直行、字形大小、行长、行间距等问题，已经觉得麻烦。实在改革汉字后，这许多问题也依旧存在的。主张汉字横写的人近来很多，但是用横行文字的人也有说英文字直行了较为便利。这不是江南望见江北好吗？但凭嘴说，不经科学的试验，我们怎样断定。还有字形大小，好像有人试过，三号字较为合用。这不过一级高年级学生的试验，是不是普遍的，还难断定。还有字行的长要多少，才可以免眼力的疲劳；行间距至少要多少，才可以免学生看错。这一类的问题，没有科学的解决，我们教科书也无从印刷，油印讲义更不能用了。那末，我们现在的国文书和油印品可以说完全是盲人骑瞎马呢。

我们读书的目的是要了解书中的意思。究竟了解意思，只要阅看就能达到目的，还是要用嘴诵出声音来才能明白？我们日常在社会上做事的人，读信札要多少快，才能算效力顶好？朗朗成诵，是我们向来教读书的目的，成诵后是否能了解意义？由成诵了解意义，比直接阅看了解意义，那一个方法来得经济？惯于诵读的人，要不要阻碍他阅看的速度？这又是一大批的重要问题。这许多问题没有解决，我们怎能教学生用顶少的努力，顶少的时间，收得顶大的结果！我们现在教国文时所用的齐读、轮读、指名读、意读、美读等方法，都和这许多问题有密切的关系。我们没有把许多问题得到科学的解决，可以说现在的教学不过盲人骑瞎马而已。

随便想一想，教读书已经有这许多难问题，非得科学地解决不可；倘使再细细分析，次要的问题还不知有多少。我们这些重大的例，或者也够证明读书教学法的科学观罢。

国文科的写字，我们通行的是先学正书，次学行书；先习大字，次习小字。大字是否能做小字的预备？正书是否能做行书的根基？大字和小字的运动是否相同，怎样转移？正书和行书的运动是否相同，怎样转移？社会上普遍通行的是哪几种行书？顶有效的，一分钟要写多少字？社会上普通的字好到什么程度？至少要到什么程度的字才可以使人看得清楚，看了不讨厌？我们以前教的，是要进科场去换得功名的，所以字要好；要好得平常人所不及，才可以被选入科举。我们现在教的，是全体的国民，是将来在社会上办事有效的国民。拿被选在科举里的标准，做教全国民的目标，谁也知道是不合理的。那末，我们的新标准是什么？没有科学的研究，这新标准从什么地方来？现在我们教写字，不又是盲人骑瞎马吗？又如笔顺究有多少价值？要估定笔顺的价值，至少要拿二点做标准：一、学了笔顺，对于学生写字的速度有多少帮助？二、学了笔顺，对于学生写字的正确或字形的整齐，有多少帮助？要是没有多大的帮助，那末，何必费许多时间精力去学！又如练习写字的方法，也要用科学的研究来决定。旧日私塾里科目少，每天不妨早上、午后各写一点钟或半点钟的字！现在势所不能了。那末，还是每天用十分钟好呢，还是一星期二次或三次，每次四十五分钟好呢？时间减少了，有什么经济的方法可以得到较好的效果？这许多又是习字方法方面的问题，要等科学研究来解决的。此刻我们用的方法，实在是盲人骑瞎马的办法罢了。我们识的字数和写的字数是不同的，识的字多，写的字少。我们社会上个个人不能不会写的是什么几个字，这一层没有明白，我们的写字不过是养成一个字匠，没有帮助学生作文时的用字。这是写字教学的科学问题的又一个。

再论作文，科举时代是要做八股或策论，这也是和写字一样，供少数人专门预备被选而得到功名的。现在的小学教员目的却不同了。那末，标准也要换了。我们社会里个个人不能不会作的是哪一种文？现在社会里字纸篓的文，除学校以外，究竟是什么程度？我们要全国民都像以前一般预备被选科场，固然是做不到的事；我们教的全国民，都弄得拆字先生般似文非文，似白非白，叫看的人要仔细端详的，也是不合。那末，我们一定要用科学的方法，求出一个适合社会需要的作文标准来。文言白话，是不必争的；只要用科学的方法来，决定哪一种写得快，读得快，意思懂得的人多，就是哪一种合用。

呀！不好了！我们教学国文，无论读书、写字、作文，都缺少科学的根据。那末，我们现在的教学，不是盲人骑瞎马吗？教员虽有艺术的天才，怕也不济事罢！

现在再论算学。珠算、笔算，不知哪一种便利？要是珠算好，何必要先学笔算，到高年级略为学些半生不熟的珠算？要是笔算好，何必把不好的珠算还保留着？要是两样都好，那末只要拣定一样，学个彻底，何必再要学两种？这是未决的问题。怎样解决，不是凭空议论可以成功，恐怕也要用科学的方法比较试验才行罢！

现在算学教科书里的问题，是从什么地方来的？一大半是好多年前外国书里译出来的；有一部分是编书人坐了空想出来的；还有一部分也许是实在上课的教员们从实际教授的经验上得来的。但是他们出问题，大多是把教材的纲目方法做主，所出问题是凑了纲目方法造的。然而我们实际处世的问题却不然，是先有了实际境遇里的问题，然后用方法来解答的。所以我们要算学问题合宜，非先用科学的方法，调查社会上实际境遇里的问题不可。这还不够，我们还要明白学生的能力程度，然后可以明白哪一种实际的问题是什么程度的学生能做的。这又要用科学方法研究，才能有正确的结论。

算学的技能，是要充分练习，才能纯熟的。关于练习的科学根据，我们虽已知道些普通的大概，但是算学技能的习惯是很复杂的，各各特殊不同的。所以仅仅懂得些普通的练习心理，还不能解决算学里各种特殊的困难。美国柯的斯费了许多年功夫，用科学方法试验，乃成一种练习测验。去年麦柯来中国造测验时，已由朱韵秋女士和著者，把柯氏练习法改良编成一种中国适用的练习测验，由商务印书馆印行。这一部分事业，就固有的改良适应，已经要一年多工夫呢！这还不过四年以上用的，二三年的练习方法，还等着我们去创案！

国文、算学等顶老的科目，会教的人顶多的科目，比较的又容易用科学方法研究的科目，尚且这般情形，何况别的科目！

历史、地理、自然，不是我们从前所称为智识科目的吗？这种所谓智识科目的智识内容究竟怎样？单单就教材的选择一端论，我们就觉得材料非常之多，去取没有合乎科学的标准。史地自然等科教材选择的标准，我们也时常看见的，并且有时自己也规定的。试问这选材标准，真正有标准的资格吗？我敢说"没有！没有！"凡是真正可以当得标准的，要使用标准的人虽不同，而所得结果一定要同的——虽不能绝对完全符合，但所差也不过若干分之一罢了。譬如用尺量布，尺是标准。无论多少人用同一尺量同一布，所得结果虽不能丝毫没有出入，然而至多也不过差了一寸半寸。我们用了史地自然的选材标准，去选择史地自然的教材，各各不同的人，所得结果相差是很大的。所以我们所谓选材标准，也不过是几条教学法里的空泛的条项罢了，何尝是什么标准！那末，我们先要造个选材的标准，才可以下手。

标准可以随意造的吗？随意造的标准，已如上述，是不能用的。标准要用科学的方法精密地造的。所以我说史地自然等科，我们第一步要用科学方法造选材的标准；造好标准以后，才可以着手选择那所谓智识科里智识的内容。

若要讲到材料的排列，又是一个科学的问题。我们从前所谓心理的排列，论理的排列，也不过是一种空泛的抽象条件，和选材标准同一无用。试问自然科的心理排列，究竟什么年龄的学生顶爱研究猫？研究猫时，什么是学生第一注意的？无论史地自然里各项教材，我们若没有方法解答上述一类具体的排列问题，那种"心理的排列""论理的排列"等空话有什么用！要解答上述一类具体的排列问题，可以空凭意见和主张吗？可以不用科学的方法吗？

实在，史地自然不仅是智识科呢！学生学习史地自然，不仅是堆积许多许多的智识，他还要用他思考解决问题，并且因此还学会研究解决问题的方法。思考的心理不是空泛的哲学的说明，也是科学试验的结果。自习法亦然。我们成人平常以为顶便利的学习法，小孩子们或者以为是顶难的。学生用的学习方法，也许有我们想象不到的。我们不用科学方法，平心静气的研究，怎么免去我们主观的成见！我们没有明白小孩学习的方法，我们何从指导他们，帮助他们？关于这一方面，我们的责任更重大。在盛行用科学方法研究教育问题的美国，关于学习方法的研究，还是偏于哲学的居多。——近年来零星的报告也不少，要关于学习解决问题的方法有一个系统的结论，恐怕是要费许多人的努力呢！要是这一问题没有科学的解决，在学校时学生以"盲人骑瞎马"的态度方法求学问，将来在社会上做事时，他不是也以"盲人骑瞎马"的态度方法来解答社会问题、政治问题、经济问题等吗？我们不要怪现在人的成见太深，世界不容易改良进步；虽经大战争的刺激，而国际间的纷扰比战前更厉害。我们不能使人研究问题的方法破除成见，合乎科学，我们绝不能希望世界上人对于社会问题、经济问题、政治问题等有合理的解决法，我们绝不能希望世界上不发生接二连三凶恶的大战！这是教育中的生命呢！

美术、工艺、音乐、体育等科更不必说了！这方面科学的研究，从全世界看起来，不过有些萌芽。四科中体育一科的进步稍为好些。我们中国，改进社里也有一种体育的标准测验。

有人说美术、音乐是欣赏的、情的，绝不能用科学方法来研究，恐怕这种科目的教学和科学是没有关系的。这话也不差。这些科目偏于艺术方面的多，但是也不能说完全不需要科学研究的。这些偏于艺术的科目，或者不是个个学生都要学的、都能学的。因为艺术是和先天的才能关系更密切些，所以缺乏这才能的学生要他们学习，不过空费精神和努力罢了。我们要诊断学生们这种艺术方面的才能怎样，我们非用科学方法不可。

我们有了智力测验，可以明白学生的能力；有了学力测验，可以明白学生各科的学习的结果；更有了体育测验，可以明白学生身体上、生理上的情形。这三方面的测验，是我们教学方法的出发点。这是教学法科学观的又一方面。

教学法的科学方面，大概如上。这不过是个导言，是问题的概略的概略；若要细细分析，恐怕大小问题要待科学方法解决的有好几百呢！著者这一段论文，不过要引起读者对于教学法科学方面的兴味，开一个端罢了。若就把问题来做个纲目，恐怕也可以编成一本和本杂志仿佛大的书呢！

篇幅太长了。要谈谈教学法的艺术方面了。科学方面往往偏于枯燥，艺术方面或者生动些。读者看了我文上半，或者觉得厌倦了罢。我想换一个较近艺术的方法，来叙述我教学法上的艺术观，读者或者可以兴味好些！

* * * * *

这是一级第一年的学生。他们初开学时游戏居多，没有什么正式的功课。游戏里包括社会故事的谈话和表演，动作和音乐的游戏，用器具的建设游戏，制作或发表的游戏等等，还有每天一次的国语游戏。在各种谈话表演或别的活动里，随时把动作的字或物品名称的字写在黑板上；并不是叫学生练习的，是于不知不识间，给学生看的。有时也用这种动作的字来替代教师的说话。这一级的作业大略如上。下面再约略举些教读书的方法。我们看了这方法，可以知道些教学法艺术方面的实例。

开学已经有一星期多了。教师在谈话时问起国语游戏里学的说话。这是一种动作的表演。句子如下：

举起左手。举起右手。左手放在脑袋上。右手放在脑袋上。

起初时候，学生大家嘴里说，手照了说的话做。教师说："我们要不要把这几句话在黑板上写出来。大家看了黑板上的话做。这样，不是一种新的游戏吗？"学生大家说："好！"教师问："第一句什么？"学生说："举起左手。"教员在黑板上写一句。再问，再答，再写。写完，教师指一句，学生念一句，用手照了做。这样做了几遍，教师说："我们要不要换别的事玩罢。这几句写在黑板上，明天再来玩罢。"学生说："好！"教师说："等刻校工要来揩掉，那末，怎么好？"学生说："告诉他不要揩去。"教师说："我们在旁边添上几个字'不要揩去'，那末，他自然一看就知道了。"学生说："好！"教师在角上写"不要揩去"，学生看了很满意。以后就换别的作业了。

第二天又要做读句子的游戏了。教师把黑板上昨天写的，叫学生做一二回，再提醒学生，旁边写的"不要揩去"四字。教师说："我今天还有一个新法子。我们以后不要写在黑板上了。我们以后不怕校工来揩去的了。"教师拿出一张洋纸来，上面有很大的字，就是昨天的四句话。教师把纸钉在黑板上，先叫学生共同念，照了念的句子做。再叫学生挨次起来做领袖，领袖指了纸上的句子念，大家跟了领袖念，并且用手做。有时单单是念，有时单单是做，方法是变化的。这方法可以使学生有个人练习的机会。

第三天，教师拿出两张纸来，纸上写的句子是一样的，还是那四句动作的话。教师说："我们今天有了两张纸，看是不是一样的。"共同念一张，再共同念那一张。教师说："两张是完全一样的。我们今天还有一个新的游戏呢。我来把一张剪开了，剪成四句。我们来看，谁能一句一句地配起来，配得不错。"教师把一张剪成四条，每条一句，随意抽一条，叫学生认是什么句子，可以在完全的一张上去比。先共同做，教师领袖。后来由学生做领袖，再后来个人做，大家看他错不错。

第四天又是一个新游戏。叫学生闭了眼睛，教师在剪开的四条里随便抽去一条，然后叫他张开眼睛，看抽去的是哪一条。这游戏也可以共同做，也可以个人做。这天除新的游戏以外，当然也要复习旧游戏的。小学生往往爱了一种游戏，天天要求反复地做。

第五天又加上一种新游戏。教师把四条分别送给四个学生。他念一句话，要拿到那一句的学生站出来，叫大家看错不错。有迟疑的或错的，叫他在没有剪开的一张上去比。不错了，挂起来。四条都挂齐了，再大家对比一遍——实在就是共同念一遍。

这样差不多一星期过去了。学生念的不过四句。天天练习一回，天天有新的游戏。反复练习，时时有变化，学生没有觉得厌倦。他们学这四句，似乎稍微有些成就了。

第六天又介绍一只新歌。这歌的句子是学生会唱的，介绍的不过是新的字句罢了。歌如下：

萤火虫。夜夜红。飞到西来飞到东。

用的游戏法是和前同的，不过再加上一种新的。把各条混合了，随便一条一条地抽出来，叫学生决定是哪一句，然后再叫学生排好成功完全的一首。此外复习旧的，是当然有的。

第三首是：虎来了。狼来了。老和尚背着鼓来了。

第四首是：这个宝宝。他顶爱跑。东也跑。西也跑。跑够了。不要妈妈抱。

第五首是：风奶奶。送风来。俺家孩子好凉快。

第六首是：摇摇摇。摇到外婆桥。外婆叫我好宝宝。糖一包。果一包。还有饼儿还有糕。

这六首差不多学了一个多月，方法和以前的仿佛，大多是游戏为主。前记的方法，也可以有多少的变化。变化是小学生顶要紧的。除此以外，平常随意写的字还是有的。并且还有自由阅书的时间，学生可以自由看有画的书。

这是没有正式用书时教学读法的一例。这里头艺术方法居多。这种艺术的原理大略有下列的四件：

（一）养成一种读书的正当态度，从印刷或写的文章里，得到有意义、有兴味的经验。

（二）所用材料，像动作的字歌谣等，宜拣学生的注意会得集中在内容的意义上的。

（三）用学生爱好的歌谣或故事，养成他们愿读书的正当态度。

（四）读时由内容的全体经验入手，然后再分成语句，更由语句分成单字。

从黑板上或大张洋纸上的读书，转移到书本上去；只要洋纸上末了几次的材料，就是书本上开端的材料，那末移转就十分顺利的了。不过普通出版的书本，开头的材料往往太简略，没有兴味浓厚的材料。那一级里就不用这种书本，用自己编的图说或歌谣等。

第一天用书时，教师告诉学生，从今天起，大家除自由阅读外，要有一个共同的读书会。学生听了十分活跃。教师就把一种新印成的图说介绍给学生。学生的兴趣格外好了。教师就把书发给学生，学生拿到了书，喜欢随意翻看。教师听他们翻看。学生翻看时，各人随意说话，有的说这圈是什么，有的说那个字是什么，一时纷纷议论，教师巡视，约略地指点他们。

这样过了几分钟，教师叫学生注意第一篇是什么。学生大家看了，知道就是上星期洋纸上读过的。教师发给学生各人一个书签，叫他们用这书签保持读书时候的地位。教师慢慢地读一句，巡视，看学生书签的地位合不合。教师照样一句一句地念，巡视，看学生书签的地位。有迟钝的学生，就帮助他。

第二篇也是洋纸上读过的。教时先叫学生看了图，把图里的故事自由口述出来。口述后再用书签逐句移下，叫学生默读。每读一句，叫读好的人举手。指举手的人说出来。

第三篇以下是从前没有用洋纸读过的，所以未读以前，先把故事照了字句讲给学生听。讲时用手势等表演文里的意思。教师再用自己的言语讲这故事，把文里难的字句写出来。再把新字句略为练习。练习时注意和故事的内容联络，譬如说："这是哪狗追的'球'呢！"并不是呆板板地练习单字。

学生再看图，把故事自由口述发表，然后用了书签逐句默读。"今日好好地读，我想一定比昨天读得又多又好。先读第一行，不要出声。然后再请一个人读给大家听……"这样进行是学习一种迅速默读。这种艺术的原理，大略有下列的七件：

（一）要连续、不断、迅速而有意义地默读。

（二）第一二篇和洋纸上的读书联络，以免初用书的困难。

（三）内容要继续而多新奇的转变，引得学生喜欢连续地读。

（四）拣内容连续而文句多反复的，使学生连续读时，减少新字难字的困难。

（五）起先几篇先要讲述，或先认新字难字，再叫学生看了图复述，使学生读时容易流畅些。

（六）用许多书，迅速读许多的故事。

（七）叫学生用书签，以免目力的疲劳；帮助他们保持句子的地位。

上面不过是一个一年级初学读书的例，教学的方法大部分偏重艺术方面。但是从全体教学法的艺术方面看起来，真不过是一小部分罢了。教学读书还有二年以上各种的程度，当然要用不同的方术；小学里教学的还有别的科目，当然也要用不同的方术。若要各科目，各年级程度一一举例说明，恐怕不是短篇论文篇幅所能容纳，或者可以编成专书，所以我也不再多说了。总结说，艺术方面大约有：

（一）学生兴味的利用。空谈兴味不是难事，实际在教学时要使学生肯注意努力，却是顶难的事。同是一级的学生，同是一种的问题或教材，教师技术的好歹，大可以影响到学生的努力。

（二）教师和学生问答的方法。问答法也有若干原理，但是实地施用时，字句的组织，声音的高低、轻重、缓急，笑容姿势等，都有很重大的影响。

（三）讲述故事的方法。像怎样形容，怎样补充，怎样插问，怎样接笋，怎样布置等等，都是一种技术。我们虽然把大概情形做成几条条件，但是实地运用，也靠教师的天才和修炼。

（四）社会化的上课。上课要有条不紊，秩序井然；不能放任学生乱动，也不能完全由教师指挥命令。有人以为这是教室管理上的问题。实在教师技术高明的，能很顺利地教学，无须特别注意教室管理，而自然可以有合宜的秩序。

以上四端，说了如同未说。实在这种艺术方面的问题，无论你怎样多说，实际不过如是。一半要靠教师的天才，一半也要靠教师平时的修炼。修炼方法，看书里说的原理条件，固然是重要的；但是顶好要有具体实例的记载来补充。一方面更从事参观，把书里的记载来证验证验；一方面自己再精密的预备，实地教学。这样经验渐多，技术自会神而明之。我并不是说这种技术是一种神秘的，我是说要从经验才能渐渐体会得来。我又不是鄙薄书本里的记述，我是说要在实地证验书本里的记述，才可以真正有价值。

（原载于《教育杂志》1924 年第 16 卷第 1 号）

教学法上所根据的几个重要原则

什么是教学方法的重要原则？

例一：教师走上讲台，先扫视全级儿童一下，说："大家把自然书拿出来。"级长跟着喊："一！二！三！"教师等抬板的声音安静下来，再说："把书翻到十二课！"在翻书声中，教师急急转过身来，把十二课的题目"蜘蛛"写在黑板上，然后提高声音说："今天我们研究'蜘蛛'！"于是依着课文："蜘蛛属蜘蛛类。全体像暗黑色的袋。头部，胸部，合在一起没有触角和翅……"读，讲。再拿出挂图，指着给学生看。可是儿童们瞪着眼木偶般地坐着听，看，面上没有表情，好像想什么似的；坐在后面几排的儿童有的在轻轻谈着自己用蜘蛛丝做的捉"知了"的网已经坏了。有的在传字条，约同去捉蟋蟀……而"为什么还不打下课钟？"这差不多是全班儿童藏在心底里的一句怨恨话。

例二：在上海某校三年级儿童因牛乳而研究"牛"。教师正滔滔不绝地讲："……牛有角，角中空虚，表方有轮纹。有一个轮纹的是二岁半，二个轮纹的是三岁半，三个轮纹的是四岁半……"某儿童忽然站起来问："牛有多少大？我们吃一碗牛乳怕要好几个牛吧？"同时在乡村某校里读到一课"电灯和煤油灯哪一种好"。先生在黑板上画图，手指口讲。但儿童们不绝地问："灯亮的时候烧什么呢？""要熄的时候要用嘴吹呢，还是用扇？""电灯上可不可以炖茶？""那末电线为什么不会烧起来呢？"……

例三：教室里虽然坐得满满的儿童，可是寂静无声，眼睛都望着入口的室门。教师还没有踏上讲台，好多只小手已举起来了。这是教师在昨天国语课下课时和他们预约的，今天来做几个游戏。教师把几个新字写在卡片上。把卡片用图钉钉在黑板上儿童手指碰得到的部位，开口说："我们请谁先来试试？"许多小手都放了下去，不约而同地望着某一位同学，教师很机灵地说："好吧！我们先请乃芬来试一下！"乃芬轻轻走出门去，随手带上了门。教师立刻指请一位举手最合法的儿童，到台上用粉笔在某一个字片背后黑板上画一个小圈。随即走下台，把室门轻轻打开说："请进来！"乃芬进来走到黑板前，指着一个字片说："'猴'字吗？"全班的小手摇着，表示错了。乃芬再指另一字片问："骆驼吗？"全体仍旧摇着小手。乃芬指着中间的字说："'蛇'字吗？"于是轻轻的一声"嘘！"接上一阵拍掌声，这不要说知道给猜对了。这样继续玩几次。教师又把玩的方法变化了几次。退课钟声摇了，儿童们要求："再来一次，否则明天再玩这个……"

例四：教师踏进教室时，儿童的算盘，铅笔，练习簿，算术书……一切都预备好了。教师一手按着反面出好珠算练习题的小黑板，预备翻过来；一手拿着表望着，忽然一声"起！"

小黑板翻了过来，同时全室各处的算盘响了起来。到了 5 分钟，教师又喊"停"！刚巧最快的小朋友，正做完末了一个珠算题。接下去把答数揭示出来，除极少数的指明交换对答数外，其余各自对照，由各组领袖收全对的卷子交给先生。于是教师问"今天该算学上第几练习？"大家都很敏捷地继续笔算练习。中间几个算得最快的继续再算小黑板上最后揭示的补充题。全课 30 分钟，始终在极紧张的空气中全体练习着计算的技能。

这里有几个问题：

1. 小孩们自己需要知道的事情，自己需要解决的问题，自己需要做的工作，自己高兴干的玩意，对于他们的学习最有益也最容易。像例一，根本他们不曾需要知道蜘蛛的形态。如果从他们用蜘蛛丝做的捕"知了"网来研究，再带研究蜘蛛。这虽然是材料的组织问题，但捕知了的网，也许小孩们需要讨论得多。这就是教学方法上第一个重要原则——自发活动主义。（参看《课程标准》"教学通则"第七条）

2. 小孩们的学习，该从他们已知的到未知的。所谓"由近及远"，"由具体到抽象"，也可以说，就是从他们见过，听过，做过的旧经验里，生长出新经验新技能来。像例二，上海的某一部分小孩，根本有生以来，没有见过牛。同时某乡村的小孩，根本不知道有电灯一类的事物。这种学习就非但困难，而且很容易走入歧途。我们就该把新学习建设在旧经验上，这就是教学方法上第二个重要原则——统觉主义。也叫类化原则。（参看《课程标准》"教学通则"第二条）

3. 小孩有了学习的需要，这需要有人讲作反应；也有人讲作动机。反应是受了刺激，动机可以引起。可是有了反应，引起了动机以后，就是儿童感到需要以后，我们须得注意儿童们的过去的经验，作为根据。

同时还要留意儿童们现在的环境和心理背景。像例三的前一课的预约，这是集中注意提高兴味的好方法之一种。注意和行为是心理的表现。我们要儿童们兴味好，注意集中，先要把他们的心理背景整理好，使适应现在的学习。这是教学方法上的第三个原则——准备主义。也就是学习律中的准备率。（参看《课程标准》"教学通则"第七条）

4. 例三，是国语课读书方面的新字练习，利用儿童们游戏，竞赛的方法，并且变化着使他们在不知不觉中反复练习。例四，珠算练习，好在时间极短，因此自始至终，全神贯注地练习。（参看《课程标准》"教学通则"第八条）其他书法，和算数的技能练习。也应采用后者的方法，低年级的算术应用练习，高级的算术分数练习等也应采用前者的方法，这是使新学习成功习惯。是学习方面的重要原则，也就是教学方法上三个原则外，应郑重注意的——练习律。

5. 例四，珠算的题数，使最快的刚巧做完。笔算另用补充题调剂做得快的儿童。使一班计算技能快慢不同的儿童，同样努力地学习。这也可以说适应个性的方法。珠算是拿题的多少来调剂。笔算除题的多少以外还可以在补充题内包含着繁简、难易来调剂。但是个性的不同，不止是学习方面的能量，还有情感方面的差异。就是儿童们对于自己需要的结果有的稍有成就，即已满足。有的却嫌不够。当然适应个性的方法，不止是求调剂得大家有工作做。团体作业中的分工，个别学习，弹性编制……都是班级教学中适应个性的好方法。这是教学方法上三个重要原则以外，也应郑重注意的——适应个性。

6. 例三，例四，游戏、练习的进行，当然有过一次计划。这计划的讨论，教师应在参加者或扶助者的地位。鼓励计划的实行，集中注意，提高兴味，这是极重要的。但在计划的开始，和在讨论进行的中间，教师应认为教学方法上最重要的过程。不仅三、四两例的练习作业如此。其他任何学习，都应有讨论计划的过程。这是教学方法上三个原则以外，又一应郑重注意的条件——设计的。

总之：儿童的学习，应先有自动的需要。然后教师一方面根据儿童过去的旧经验，一方面整理现在的心理背景，使学习经济，有效。计划，讨论，是旧经验的表现；兴味，注意是心理的表现。最后把新学习增强，感应使成习惯。因为各个的造就不同，所以在进程中要注意个性的差异。

儿童提出了问题或要求，我们知道他们需要了。如果他们有问题有要求而没有提出，我们要想法捉机会，万一他们竟没有问题或要求时我们该怎样？那末我们要设法引起。引起的方法很多，最普通的由教师发问。不过发问以后，不是要儿童回答，是要儿童从教师的问题里，产生自己的问题。譬如："屋上有霜的早晨，比没有霜的早晨冷还是暖？"儿童的思路，或者是产生"冷了有霜呢，有了霜才冷？"或者是"霜是什么变成的？""怎会变成的？""为什么见了太阳没有了？"要是教师发问的结果，仅是要儿童回答，那末它的作用，不过是引起注意罢了。

引起他们的需要最自然的方法是应用环境或造环境。譬如领儿童到野外去走一次，自然会发生许多问题。植树节研究植树的好处。下雪天玩雪，唱雪仗歌，研究雪。实在儿童们的问题，有时不能扼要，教师听了以为无价值的。例如，某儿童的邻居死了，人也许会问："人为什么死？"我们稍不留意，往往对他们说："人当然都要死的。或病死，跌死，烧死，毒死……"如果我们说："先来研究人怎样才能生。"一定有许多答案："衣食住。""日光，空气，劳动。""要有钱。""要有职业。"……所以只要学生有要求，有问题，我们除了了解他们的命意所在外，也可把所谓无其价值的问题，引导他们学习必须的知识和技能。

造环境，在低级的教室内布置新事物，很容易产生儿童的自发活动。譬如：新挂了一张雷雨挂图，他们就需要研究"雷响是什么？""雨哪里来的？"到几本新书大家争着要看。到了一种新玩具，大家就急急要知道怎样玩法。所以教室布置要常常换。其实整个的学校布置，也该常常变换。有时教师讲故事："黄牛踏死一只小青蛙，其余的小青蛙逃回去告诉老青蛙。老青蛙说：'那我一定要报仇！' 到明天老青蛙召集了小青蛙说：'我的法子想好了。先来试试看。你们看这法子报得了报不了……'" 到此教师不讲了。说明这个法子确是很好，都在书里。这是造成看书的环境。普通以为学校里多买书，学生就会喜欢看书；社会上多设图书馆，就可以养成全社会为好学者，这是不可能的。

小学生排队，教师常常说"甲队快，乙队更快"，或是"今天比昨天快，希望明天比今天更快"。如果我们换一种说法，"昨天从打钟的第一声起到末了一个人排好队止共费去一分二十五秒，今天一分二十一秒。"这是造成生活科学化的环境之一。以上是说儿童的自发活动，第一，要重视儿童的发问和要求。第二，要充分应用环境和造环境。至少限度，教师希望儿童们研究某事物时，也应获得儿童们的同意。如例一，如果教师从蜘蛛丝做的捕知了网，说到蜘蛛丝为甚黏住知了及苍蝇等飞虫，蜘蛛怎样造它的丝，我们先来研究蜘蛛的形态好吗等问句，来征得儿童的同意。并且从观察试验入手。儿童们的兴味一定要好得多。也许在打下课钟时，儿童们会感到时间过得太快呢。

像例二儿童们因牛乳而自发活动要研究牛。从开始就该调查他们有没有见过牛。如果从未见过牛的儿童，就是这些儿童是缺乏对于牛的实在经验。那么前面说过："新教学应该建设在旧经验上"呀。现在既缺乏旧经验，怎样建设起呢？但是研究牛，确是儿童的自发活动。他们确乎需要知道。我们不妨先来把他们所缺乏的旧经验补充一下。或者先由看见过牛的儿童，报告一下。必要时还得领他们到牛乳公司里去参观。牛吃些什么？怎样榨取牛乳？问问小牛的年岁……

在各地手电筒比电灯要普遍得多。即使书上要讲电灯，我们也不妨从手电筒讨论起。如果附近有电灯的城镇时，可以预约作为远足的目的地。不但是参观电灯，还得参观电灯厂。回来再研究电灯，进行一定便利得多。但在教师一方面也许要感到两种怀疑：

1. 费了许多时间，许多力量，而调查儿童参观所得的结果，内容并不丰富。甚至儿童对于参观所得并不感到兴味。

2. 万一偶得空中飞过一只飞机，因而儿童要研究时，无从补充他们的旧经验。或是因为看见了寒暑表旁边的晴雨计，因而要知道里面放些什么，教师无从参考调查。在前者是教材的内容问题，可以参看前章各节。后者是教师的技能和态度问题。

倒是最困难的，是教师不容易发现儿童的旧经验有所缺乏。很小的孩子会告诉人几岁，还会伸出几个手指头。较大的小孩会数数目七、八……十九、二十，可是未必明了数的关系。像四比三哪一个多。数数的快慢不和拍球的速度同样进行等。在低年级里常常有分不清厚薄、轻重、长短、大小等的儿童；把球摔得很远，问人家："我摔得高吗？"这一半是前章各节的教材问题。一半全靠教师去发现。以上是说新教学建设在旧经验上，教师须得留意考察儿童的旧经验有没有，够不够。没有或有而不够时须补充，供给他们的新经验。

准备心理背景的方法：凡是继续研究未完的事物时，把已研究的部分先略述一遍。研究电灯时先从电筒入手；或从菜油灯、煤油灯、汽油灯；或是从已研究过的雷电入手。研究钻木取火时我们从现时洋火、打火石入手。编剧本时常常提到全剧的分幕。儿童在做一件需要长时间的工作时，像造一所洋娃娃过年时的家，教师常常说现在已经做完了多少。这是用复习相关的事物和提醒现在学习的进程来准备儿童学习时的心理背景。

像例三用游戏的方法来练习认识新字，并且常常变换方式。像前面说研究蜘蛛从捕知了的网入手。其他利用他们的好奇心、冒险、浪漫等兴味来增强他们学习时的注意。这是利用兴味来准备儿童学习时的心理背景。不过他们的兴趣发生了，能否注意到现正学习的事物上；或是活动的结果是否符合学习的目的？像本是研究蜘蛛，因为从捕知了网入手，因此注意移到知了上去了。例三的游戏，虽然儿童只注意在游戏上面，但结果却能把新字认识清楚了。以上是说怎样准备儿童学习时的心理背景的方法。

（原载于《教与学》1935 年第 1 卷第 3 期）

新教学法

今日之所谓新教学法，实已失去新的性质，成为一种老生常谈矣。在座诸君，或且听过，好戏不宜连唱，恐此次一席谈，徒使诸君乏味而已。社会各种事物之选择，不外二种，即"新"与"旧"是也。商店则尚旧，及所谓老牌是也。凡开张之年代愈久远者，则愈易得顾客信仰，如杭州之张小泉剪刀店，牌子愈老愈贵。如教学法与商店同一途径，则不当讲新教育法，而当讲旧教育法。然群众之好尚不一，于某事某物喜其老且旧，于某事某物，则又喜其新且时；上海士女，于衣服则竞尚时装。而报端商店之广告，则多以时与新为标榜。教育亦与时装相同，人喜其新。且莫论教学法；以教科书言之，其内容不论何若，而其取名则必以新字为号召，如《最新共和国教科书》《新主义教科书》。从其内容十之八九，悉照旧书，而书之名称，则不能不加一新字。故在教育上言，一般人士讲新而厌老，教育正如时装，愈新愈贵。从未闻书坊有揭出《光绪年间之老牌教科书》之名，以资标榜而广招徕者也。人之赞成老牌，乃因老牌之物品，精良可靠，究吾人之习性，未有不喜新厌旧也。吾常与电话局之接线生担忧；吾幸服务教育界，使不幸而充任接线生，则镇日的"喂！哪里！等一等！"，机械动作，一成不变，一有更换，则对于其工作上发生错误，而遭用户之诘责矣。此种机械工作，可用机器执役，不当用人操作，自动电话之发明，所谓实获我心也。人之能力，高过万物，其唯一特征，即由人类思想及行动，好变改花样，在变动中求进步，在研究教育方面，演进变换，于是有层出不穷之新教学法的产生。

教学法之变更，事实极多，今试自中国创办新教育时说起。我国初办学堂之时，教师则上堂教，学生则坐堂学，教师各出心裁，用其不同之方法教授，未尝有教学法之讨论，办学渐渐改进，于是教学法渐为人重视，余前服务于江苏省立第一师范时，已有所谓教授法之一名称。当时所谓教授法涵义极单纯，即以教师之所知者，传授之于学生而已，譬如教算术，教师即本其自身所有之算术知识，依序传授学生，故第一天第一时，教算术时无非个十百千万，先教位数，令学生将位数弄清楚，第一课之责任便算终了。余初授算术亦用此法，当时无所谓小学中学，凡学校多称为某某公学，或某某中西学堂等，而回想余当时所教者，当系小学，盖其学童年龄，大都在八岁与十四五岁之间。而学级则共分甲乙丙三级，余教甲班算学，最初亦用此种方式，然而教者费尽气力，学者不易领会，因此常碰钉子。余所教之甲班生不过十一二人，然虽尽力教授，而各生之成绩，无一如愿。于是第二、第三天上课，不得不再教几遍。不过当时所用之教的方式，真可以一个授字代表之，将我所知者整个传授之于学生而已。教师则尽其力而授，使此十数学生而不能接受，则教师之技穷矣，故此种教授式称为注入式之教授法，为我国教学法之鼻祖，可称之为开创三十余年之顶顶老牌教学法。施行此种方法者约十多年。

此种老牌教学法行至十余年之久，后留日速成师范科之学生，纷纷回国，在国内设有南通师范、龙门师范，此时受师范教育之教师，渐行众多。每所师范学校，都有附属小学，为师范生实习教学之场所。南通师范第一班毕业之师范生，若辈所采之教学法，全系瞎摸，日本教师在教室中讲，学生则听翻译者之言语誊录。有时则忙于作教案。教案之工作，比作任何文章都难，平常作文时，一稿凡修饰二次，已觉楚楚可观，此项教案编竣时，绞尽脑汁，然而缴与日本教师，终被驳斥得体无完肤，发下重做，最后修改完结，差能缴卷。然而实际教授时，所发问题，又须当心，譬如持一杯茶以问学生，不当问以："杯中茶冷热如何？"而当说："杯中茶温度几度？"一面口讲，一面手执教鞭指点。教学生编教案之成绩，虽称不差，而实习时，一经日本教师批评，则无往而不可指摘。当时南通师范之教师为日本人木村氏，余在民国元年与一友人同办小学，此友即在南通师范毕业而曾亲炙于木村氏者，余今暂作一部分之报告，可见当时之所谓教法，如斯而已。然较以前已觉进步，即教师于教授时，能注意于教授之方法是也。在昔则教学不易收效而常碰钉子时，沉脸作色，此为乞丐讨铜板之教授式，盖乞丐索钱不遂，悻悻然现色于面也。自木村教授来华主教之后，师范生教学时之态度，渐成和悦色。在上课时改去严厉态度，和颜悦色，使学生望之蔼然而不惧。然此种方式，今人根据教育原理，又加以驳斥，以为此种方法，不过利用间接兴趣；兴趣有间接与直接之别，直接兴趣，对于所学习之事物或所做之工作，有直接之兴味。譬如教儿童学习，遇愚钝儿童时，其兴趣甚佳，盖愚钝儿童，余能设法教之使有相当成绩，此实足使心中异常快慰也。为欲设法教好愚笨儿童，于是看书籍，下功夫研究，殊觉兴趣盎然，于是乎乐为教员，此为做教员之直接兴趣。如当教师为金钱，为谋得金钱而充任教师，其直接之兴趣为钱，教师不过为其间接兴趣之所托。故今日月薪有四十元，则对三十元之位置，殊少兴趣，若有四十五元之位置，则其兴趣更高。上海有一时期，交易所之开设，盛极一时，故上海附近之小学教师，如无锡苏州嘉兴等处，一时小学教师之兴趣，大都转于交易所中，于是抛弃其本来职业，而相率服务于交易所中，此乃中国小学教育之事实，所以发生如此现象，乃由小学教师对于小学无直接兴趣之故。木村先生之教中国学生之方法，即有此种流弊，盖木村之法，使学生对和颜悦色之教师，发生兴味。因对教师有兴趣，于是亦能稍稍注意于此先生所教之功课，故伊对于功课，并非有直接之兴趣也。譬如给儿童以药品，外敷以糖，儿童之愿吃药，其兴趣存于糖，糖消，则兴趣失矣。故教课，最好使学生对于此种学科，发生直接兴趣，如教算学，使学生对算学之本身发生兴趣，教师在前，固专心从事练习，教师去后，仍孜孜不休，教师之去留，不能移易其学算学之兴趣，教学而得此种效果，斯得之矣。木村氏之教法，在民国元年，已现病状。宣统末年及民国元年，各乡镇设立小学，大都为单级或复式，此种教法，用之于单级及复式，便觉窒碍不可通。乡村小学教师，教书时，每来不及上糖，方教一年级时，一年级有和颜悦色之教师可接触，兴趣不难维系，而二、三年级，则因无教师直接教学，所做学科上之工作不能维系其兴趣，便觉无味，结果使二、三年生抛弃其工作而呆坐教室，看教师教学一年级。此即由于学生对功课无直接兴味之故。此时之教学法，虽有未妥，而教师教授之时，抛去注入式而用启发式，实较前进步矣。

中国小学有单级及复式之后，而木村先生所指示中国师范生之教学法，已露病状，迨后教育界至日本参观教育，余亦躬逢其盛，追随其间，得参观日本之小学教育，觉日本小学教师，教学时，虽和颜悦色，用一种涂糖法，然在单级之中，教师直接教授之一级，固有兴趣，而他级学生，对于其所应做之工作孜孜兀兀，颇有直接兴味。余于此方知木村先生譬如拳教师，其来华所传授者，不过普通拳术，而另有一套看家拳头，未尝教我国人也。余所参观之教师大都亦为木村弟子，此辈弟子，大都能得木村拳法之三味者也。故自参观归来，教授法又变更，以前唯有教授法，此时则又多一单级教授法，而此种单级教授法，不仅可行之于单级，若非单级行之，教师甚觉舒服，能使学生对于学科，发生直接兴味，不必教师引诱，不必教师督促，自能勤恳不息，不更完美乎！当时此种教学法，亦另有一种名称号为自习主义，今虽觉其不十分可通，而当时则目为最好之教学法矣。自此不但教师在教室中设法使学生自习，且指示学生在课外亦须自习，如教国文，则先令学生在课外查生字，习算学则教学生先在课外看例题，学校课程表中，竟列入自习时间，如明日上午有国文，则今日下午三时后有自习，任何功课，多有自习，唯体操则不能自习。此种方法，实更见进步，如今所谓新教学法，便在个中开其端。老牌教学法，不论学生之消化与否，表面敷上一层糖，即教学生吞下，自习法之出现，在心理学发端之时，盖心理学无发明，教学法亦常呆板不进步。然当时无根据，唯觉此种方法较前为善美耳。

近今教育上有自由发展之主张，则更较自习主义为善，在教育心理，教育原理，以及教育名家杜威先生之学说，都可援根引据，创此种主义者来振振有词。但在唱自习主义时，只能教人如何教学，而不能指示人为什么要如此做？因当时之心理学，教育哲学，未能回答此种问题也。自习主义风行之后，有人又觉其含义呆板，于是改为自学主义，盖习者，习指定范围之呆板功课，而学之为义，可以研究各科学，可以推求历史上之因果，其范围广泛，兴趣生动，实更善于自习。当是时，美国芝加哥大学之试验，日有成绩，而杜威之全部教育哲学，又告成熟，小学中风行一时之教学法，不采教员主动之教授法，而在使学生自学，教师则在学生自学时间，从旁辅助之，指导之，此种方法，称之为自学辅导主义。此种名称及意义，确较前更为进步，美国不但行之于小学，且设有辅导的自学的初级中学。在日本之小学教育家，著关于此种教学法之书，约有四五百种，于各科之教学，都有详细之指示方法，商务出有各科教学法一书，即全根据自学辅导之方式，譬如国语科，低年级如何教，教后如何自学？如何辅导。此种方法风靡一时；然循环不息的自学，辅导，究竟可以教至何种程度乎？教法固甚完美，然欲使教学收效，于教材有否关系？是否讨论教法可以不论教材？故在教育界热烈提倡从事自学辅导之教学法时，而另一部分人，则从教材方面研究。此种人有时对上课教学，发生怀疑。以为小学中所开设之各科，究竟于小学生有何种需要？各科教材，究以各个分裂为善，抑或相联络为善？中国在袁世凯称帝时，有人在小学中，做各种新式试验，觉各种教学法，实以自学辅导为最完美。但有种小学教育家，当其招待外来参观者时，必悾悾然告参观者曰："敝校的教法，则采自学辅导主义，而教材，则采取联络教材办法。"此种方法与设计教学法相仿。图画、手工各科之教材互相联络譬如图画菊花，手工便做菊花，唱歌唱菊花歌，国语，自然，既菊花，连体操亦得而菊花之。惟因其联络教材，有一中心活动之结果，将一个整个活动，必依照科目，划分为国语常识，图画手工，等等，似近牵强。故有人对于课程是否要有界限，发生疑问。或称小学现行之科目，都受上级学校之影响，中学设何种科目，小学中亦设某种科目，小学设科之意义，盖希望作为投考中学之预备。如小学教育为生活之预备，则小学中之算术，教授百分数五分之三除以四分之二等类，有何效用，小学之所以加入此类教材，无非为升入中学时之考试用耳。或说教历史，全在推求人类社会活动之因果的关系，然而小学中之记年代，记事迹，全不重因果之推求，无非牢记史迹作为升入中学之办法已耳。此项办法，全不以儿童生活为根据。实则各科教材，须根据儿童之旧有经验，儿童自出母胎后以至入学读书时，在此时期中，获得多少经验和智识，于是吾人根据此种知识经验去选择切合其生活之教材，方算允当。但如今学校之课程，不以此为根据。各科教材之分配，自上而下，世界有惹大一堆学问，某段则用为大学教材，某段则用作中学教材，某段则归入小学，某段再送入幼稚园，幼稚园而不注意者势必再送至母亲，母亲于此种责任，实无法接受也。

此种办法，实不可通。吾人规定教材，当反其道而行，自下达上；当说：儿童离开家庭而入学校，此时他有多少旧有经验知识，应当加授何项材料。在幼稚园中加添终了，于是将此批儿童送入小学，小学再根据幼稚园所加添者，继续再加添若干，依此方式，中学大学，每段添加上去，斯得之矣。若自上而下，将社会整个学问，若者宜归入大学，若者宜归入小学，全凭一二人主观之意见，此乃未免受科举时之遗毒也。

以前订课程标准者，先以主观之见地，订定标准，然后各校教师，不论学生之能力，不问是否合乎学生之需要，唯努力达到其所定之标准。以此标准不根据学生，而以学生凑标准。新学制之小学课程标准，仍未免有此种弊病也。余以为定课程之标准，不能凭少数编订者，脑中之计划，须统计各校学生，实在之程度，然后订定最高最低之限度，将所订定之标准，交各校施行之，如师生共同努力，其所表现之成绩，超过最高限度，则教育行政机关，可再将标准提高。如标准已定，合全国师生之努力，未有一个能达到此种标准者，则稍将标准减低。各校课程，固不能不定有标准，以为师生努力之目标，然所谓标准当根据事实之统计，不当凭编订者少数人之主观见解。

继自学辅导而起者有陶行知先生之改革，陶先生首先倡议，将教授法改称"教学法"，取消"自学辅导"四字，以"教"字代"辅导"，以"学"字代"自学"。在此时期中，中国之教育研究，异常努力，江苏教育厅，召集全省各县县视学，开一讲习会，陶行知氏，亲自出马，编订教学法之讲义，实在中国教学法上，开一新纪元，其书立论，根据心理及教育原理，名家学说，理论充畅。以前所讲之教学法，只知其然而不知其所以然，陶先生则引援各种教育学说，心理根据，于是其所以然亦为人所了解。今之设计教学法，有一"欣赏"过程，此欣赏二字，即经当时陶行知先生提出之，当时各县县视学，多老士宿儒，嚼文咬字，颇好引经据典，而陶先生揭橥二字之时，且号于众曰："欣赏二字，非个人之杜撰，亦非新创之方法，中国早已有之。古人有句云，'奇文共欣赏'。足见欣赏二字，古人读书，亦必经此过程云。"陶先生当时在会主讲，余亦曾躬聆一点钟，知其发挥理论，都有根据，当时与会者，多为江苏人，而广东福建，惜未获聆高论，同集一堂共同讨论。并且都市之教育家，互集一室，共同商酌最新之教学方法，然而四处之乡村小学，实际上尚在施行余前所言之老牌教授法，都市教育家乾健不息的翻花样换名词，乡村小学，墨守成法，抑且笑话百出。余记有次，参观乡村小学，教室之中学生用教科书，教师用教授书，教学开始时，先生持粉笔于黑板上大书"引起动机"四字，并对学生说："现在是引起动机"。其次如"整理大意"等等，各种教授书上所规定之过程，教师不但一一书在黑板，且口头必讲述一过，教学时发问句，照教授书上直钞，丝毫不漏，并不若卖拳者之有一套拳法秘藏不露，此真所谓最老牌之教学法矣。

旧教学法，渐嬗化为新教学法，其变化之关键，即由一"授"字，改为一"学"字。从前称教授法，今则更称为教学法。今教学法之根据，可分多方而详细叙述之，兹不遑赘说，教授法三字，教育界在初亦以为有改换之必要，但自陶行知氏一为倡导，而大家多赞美斯举。当江苏省开办县视学讲习会时，个中人曾常发一种闲谈；以为有种学问家，只知理论及学说，而本人从未踏进教室一步，虽听其平常议论，将来头头是道，然请他实地工作，则其成绩较任何小学教师为差，总而言之，教小学生之教学法，不当参照学说理论，还靠自己躬行实践。故对来回主讲之讲师，常施以批评曰："某也有经验兼有学识，某也无经验，单有学识。"若辈心目中，月旦人物，大都着重经验，即吾人日常品题人物亦曰："某人经验丰富。"故经验实极为重要，专家非单有学问；且须有经验，此乃大家所承认者。小学教师，若只有学问而未尝多多与小朋友接触，不成其为良教师。故小学教师系专家职业，成一专家，必具有相当经验，及相当学识。教师之本身。既须经验学识并重，因此影响及教学法上，亦渐注意学生经验之获得，于是新教学法，更得进展一层。

旧教学法，教师与学生，单是学问之授受，如教授算学，便将算学上之知识，授予学生。教地理则在传授地理知识，文学则在传授文学知识。只有学问之传授，绝不重视经验。新教学法则注意学生之经验，教算术时，使学童获得算术之经验，教文学地理历史，亦从获得经验出发。或者以为经验是人所以躬体力行者，至为浅近，学问则积前人之精英，较为深邃，因此新教学法重经验，实较旧教学法为浅薄。然经验与学问，实系一事，重经验而抛弃学问，重学问而轻视经验，均失之偏。盖学问与经验，互为因果。如以几何为例，几何中之三角形三角之和并成二直角此乃学问，然而此种学问何由产生，得此定律者为尤口特氏。尤氏此定律之成立，亦无非凭其经验，证以事实而成，故经验为学问之种子，学问为经验之结晶。各种学问，系经验值分门别类而成。如将我个人之经验加以整理，便成为我之人生观，成为人生哲学中之一段学问，故学问乃经验之整理与归纳而成者，非凭空发生也。小学教师，教得好，行得好，将其经验分类整理，便成很精深之"教学法""小学行政"的一段学问。杂志上零篇断章之文字，大都叙述经验，至后分门别类著成一书，则为学问。因此小学教学法，亦渐注意根据学生经验，并使小学生从经验中获得学问。譬如教几何，学生对于二直角等于三角，不能了解其所以然，纵先生详为解释，仍无效益也。不如教师随意教学生画一三角形，将三角相拼合而量之，则为一百八十度，于是由经验上了解其意义。而三角形之教学，在一年级中，游戏时位置立三点角，抛球时作三角形之投接，及其对于三角形渐备知识，于是三角形三角之和等于二直角之意义不言而了然矣。教地理时，须教学生看地图，在小学生打开地图阅览时，只见▣□◎○诸符号，莫能了解其意义，教师虽谕之曰，某也大埠，某也省会，某也村镇，而听者终莫知其究竟，何为以此种符号代表之也。余在坊间，得一旧教本，为伍光建译，称作《格致读本》，实系一种常识课本，其中关于地理科即用经验之教法，第一课，教学生画画，以茶杯为型，覆杯之口于素纸上，以铅笔在纸上缘口作一图形。然后令学生站高处，作教室平面图成为几个方形如□，后乃使学生绘全校校舍平面图，则教室及各处缩为一方形格，渐使学生绘校舍附近房屋及街道图，此时校舍又缩成一个简单之图形，画地图之范围日大，而图中之形日小，由此而城市乡镇，最后可以□及○代表之，编制此书者，虽不知今时之新教学法，然实际上则相吻合。今之设计教学法之方法，亦不过与此相类之方式耳。教地理用此种方法，观察地形，及屋宇位置，此为经验，及根据此经验，绘制地图上之符号，则成学问，经验变成学问，其嬗化之迹，可于此中窥见之。在此时经验学问之争，为新教学法之焦点，有人以为重学生之经验，如上述之地理教学，其学习进度，不过嫌迟钝乎。小学各科如地理物理等，尚可用此种方法，若历史等则又何如？且书本为前人经验之结晶。袭取前人之经验甚易，事事而必身躬力行，则如何来得及乎？然所谓新教学法，不过从自己经验出发。各人无论其阅历短浅至如何程度，终有些许基本经验，教之学者，须就其原有经验上，把其他之经验学问加累上去，此种教学，不致使受教育者昏昏昧昧，不易领会。这便所谓新教学法。譬如请一俄人来此讲演吾人当然不能了解，于是请一翻译员从旁翻译之。设此翻译员将俄人讲演逐字逐句照实译出，吾人诚难了解，何以故？盖中国人之经验与俄人不同相。其措词及意义，遂亦异样。以不同经验之讲者，欲以其词义使不同经验之听者融会贯通，则非由翻译者任沟通之责不可。然则翻译者若之何其施以沟通乎？则不外将讲者之真意义潘成合于听讲者经验中之词句耳。故吾人如请一俄教育家来此讲小学教育，则任翻译之责者，不是一般普通译员所可胜任，必也请一对于小学教育有经验而兼通俄国语言者。何则？盖翻译员，除翻译讲者之言语外，又须负沟通讲者和听讲者不同经验之责也。故吾人而欲教小学生以"虎"，在未教虎之前，必使小学生对于猫有直接经验，若连猫之直接经验而无之，对他讲虎，则甚难领会。如教师对儿童说，虎有如狗，则使儿童直视狗为虎，岂非糟糕乎？如前先谓儿童曰猫形如虎，继又谓之曰：唯虎比猫大，虎大约有课桌之高及长。夫然，则小孩对虎虽未有直接经验，不难由自己固有之猫的直接经验扩展而得之，虽不中不远矣。故教儿童之教材，其上乘则须由儿童对该事物有直接经验。或为环境所限，事实所拘，不得已而求其次，则许多教材，亦须与儿童之旧有经验可以连接。否则此路不通，徒使儿童所知所识走入歧途耳。如教儿童以日本人之衣着，教师虽不能请一日人来示儿童，又不能引导儿童入岛国观察，无法使儿童对之获得直接经验，然日人衣着与中国寺院中之和尚衣相仿，儿童对于和尚则大都有直接经验者也。又日人衣着与演中国古剧者之衣着相似，儿童对于戏台上之古装则有直接经验者也。如谓儿童曰，日人衣服，与中国之和尚衣相像，戏台上所着之古装有时亦相类，如此不难使儿童了然矣。至于教儿童以日人所着之木屐，则对儿童颇难说明，然杭州广东店，有广东式之木屐，可用广东木屐之直接经验，而将日人木屐建设于此种直接经验上，如此而尚不可通，则非教师自制一双日本式之木屐以示儿童不可。故一种教材，苟不能引用儿童直接经验，则势必自做。小学中以教历史为最困难，盖儿童生千百年之后，而欲使之体会千百年前之古代生活，终不易真切了解。盖教师不能使儿童回至古代以获得直接经验也。然聪明之教师，自亦有相当替代之法，其法惟何？即使学生化装表演古代之事迹是也。如此不啻使儿童回处千百年前之社会中也。此种方法现在已通行于一般小学间矣。近来小学之历史教学，常使儿童表演，由表演而看图，由看图而读史。设法使儿童得些直接经验，则读史时不致凭儿童虚幻之想象，以讹传讹耳。

所谓直接经验，是儿童获得其余广博知能的起点，有此基础，然后可与之讨论一切，根据其直接经验再看标本图画而扩大之。将儿童之识见，逐渐扩大，其后积许多零星纷乱之知识，而成一杂货店，则亦非是，故教师必将其所有经验，善为整理，别其轻重，考其因果，相同者归类，殊异者别科。经验而经过此番整理，乃成为学问矣。所谓学问，并非高深之物，意义亦至浅近。凡某一部知识而有条例者，即为学问，如以数学为言，数学中有一条原则曰，凡加减法其数必用相同单位，单位不同则不行。此条原则，系许多加减法实地演算时，归纳而得之，此即学问也。即将来最高深之教学，亦须根据此条原则。如言二元五角十五个铜元三个数，命小学生相加，小学生必申言不可加，因其单位不同也。而拍球之数，则第一次拍球八十下第二次拍九十下，命小学生相加，小学生则遵命加算矣。因在第一题其单位不同不能混加，第二题则单位相同也。由此知分数中之 $\frac{1}{6}$ 与 $\frac{1}{4}$ 不可加。须先通分，通分即求其单位之相同也。由此而知诸等数之不同单位，凡其加减时，亦须个别分开。此时则已由许多经验所归纳成学问，再将学问施诸应用矣。

常人都重视经验，譬如电灯不明，欲加以修理，必请工人而非电厂之总经理，因电厂经理，对于电学之知识虽富，而其经验则不工人若也。故经验实甚重要。然以余观之学问亦属重要。吾人有经验，只能就其经验范围内之事工作，他则不能过问，如作电话工人，则对于自动电话，不能一措其手，就吾人经验所及之事范围至狭，有学问者，能解决新困难，XY 是否同单位，他能发生疑问，普通藉经验工作之人，则于此不措意也。余尚忆有一算学问题，使小学生计算。题为"有一书，使四人抄，十五天完成，三人抄须几天"。而小学生以为此一本书，为甚不在计算之中，其题引用加减乘除诸法，独一本书之"1"字，算式中渺不可见也，此因小学生历次习应用题时，题中之数目，均须列入算式中计算，儿童有算之经验，而算之原则则缺少，因此不能应付新环境。故在工作之际，如工作之进行过程中忽生阻碍，此时经验不足以应付，须藉学问以指导之。小学生之疑问算题为甚不算书，则由其缺少算之学识，不知算题即全系此一本书，其对象为此书，其结果亦即此书，问题即生于书中，固不须将书加入题中一同计算也。此种疑问在年长之学童，能领会算题之意义者，不复发生也。

平时吾人乘坐火车以赴常往工作之地，在常态之时，余按照余此项交通经验往返，无所阻碍。使火车因故而停车，于是对交通知识丰富者，知尚有其他路径可循，而余凭往日之经验行事，则窒碍生矣。故人当不能照常办事时须用学问。常人每看轻小学教师，以为小学课本，夫人而能教，似乎以任何人而任小学教师，均觉游刃有余也。固也小学校之教书固不甚难，然在上课时而一班儿童之中，忽有哭泣者，此种反常事情之发生，师范生则解决之道胸有成竹，非师范生则手忙足乱，无从措施矣。纵能处置，亦无非将哭泣者，加以责罚，或逐出教室之外而已。师范生遇之，则思及训育上应用何法来处置其哭，此儿之哭泣其原因何在，详加考察乃知儿童早膳后，因急于上学，中途奔跑，至上课时肚子发痛，于是饮以相当药品，使其痛消除。而此儿之哭泣原因生于好学，不当责罚。此师范生有学问者之处置方法也。常人则不究原委滥施责罚，无以除儿之病痛，或许更使之加剧，此则罪孽深矣。故学问有时重于经验。但是经验亦很重要。所谓新教学法，其所教者必有教材，在新教学中所取之教材，必须与学生旧经验有所接联。若使无直接经验，则可用余以前所述之画地图法行之，抓着此点根基然后可使其经验扩展。

具体言之，设计教学法之设计，亦无非根据此项原则。教学法有二种方式，一为教师主动，一为学生主动。教师主动之教学法，比较进步者是启发式的教学。启发式之教学，系由教师发号施令，教师对于唤起旧经验等等，固有相当方法，然学生在教师支配中进行工作而未尝知也。故教地理时，教师教学生先依瓶口绘一图形，实使学生莫名奥妙。其次则为学生主动之设计教学法，所谓设计，便事事自行计划，而不依赖他人，此并不须教师启发之而学生能自启自发。设计法之长处，即在能培养学生自启自发之能力。儿童在学校之中既养成一种自行计划之能力，然后将来脱离学校，服务社会亦能自行设计矣。此设计教学法优异于其他教学法之处。学校施行设计教学法，必令儿童自行规定工作时间，此即可养成其支配时间之习惯，中国社会上一般成人，每不能守时，即因在幼小时候，未曾养成其习惯故也。训练儿童有一种自行计划，好谋而成的能力，此实比传授一些普通知能好过万倍。余常见一般儿童，在学校中之各项工作，尚强人意，惟出校后，则做事殊无头绪。譬如出门则携取衣包而忘记带伞。在外稍遇阻碍问题，则不能应付。如使之在校接受有设计之训练，则于其出门时各种计划，成竹在胸，所带用具，可以预先开列一单，临时按单部署，不致遗漏矣。又如在战争之时，战区居民，必欲学习防御毒气之法。其唯一方法即在检阅有关毒气之各项书籍，然在不能设计之人，则东翻西查茫无头绪。其能设计者，先必考虑当查何类书籍，如何找法？有否该类之书目索引。既搜获该类书籍，则如何看法，其时间须多少，当用何物抄摘？凡此种种，必预为之计划而筹措之，故事前设计，对于人们工作之效率影响甚大。近代社会之事务极复杂，人生之工作亦繁重，在复杂之社会，膺繁剧之工作。故欲免凌乱无绪，当注重事前之设计。人或称设计太费时，盖在工作之前，与其耗费许多时间精力于讨论计划，不如将该项时间，直接从事于工作之为经济也。固然，完成一种工作之设计，确须旷费许多时间。然事不设计，不预为计谋，谬然进行，在工作之历程，必感觉临时周章之许多阻碍，此种阻碍所耗废之时间，更较设计所耗费之时间为多。为时间经济起见，所以须用设计教学法。或谓设计教学法，由儿童自行计划，终不若教师直接教学之为经济。然余谓设计，足以养成儿童自行计划之能力，其功有不可磨灭者在也。余有次参观某小学之教学，当时主教之教师，想于事前未能计划教学之步骤，以致临时张皇，结果误抓粉笔匣当粉笔书写。设此教师，在幼年受有设计教学法之训练，则养成事前计划之习惯，不致在上课之际，临时匆忙至此矣。

或称学习须从做入手，所谓做学教是也。然吾以为从做上学有其弊病。盖吾人未知究竟，埋头乱做，则必经尝试错误之历程。从尝试错误中，固可找出好方法。然使儿童盲行瞎撞，时间精力殊不经济。教学上之最显著之错误有二，一种即教师所欲教学生者，各种代为布置妥当，按其重要与否传授于学生，教师则空讲，学生则空学。此乃偏重于学之弊也。一种则教学生做，使学生自己去碰撞，即所谓使学生由盲做的行施错误中去学习也。此实不经济。譬如画菊。在前一教法中则教师空讲学生空学，识菊之文字，能诵读及了解，即已完成其使命。在后一方式中，教童盲栽菊，盲画菊。使儿童由行施错误中获得其要点。此则不但费时，而且费材料。如教儿童作画。教师悬一范画于黑板，令儿童照范临写，其成绩非不好，时间非不快，惟儿童的学习由于被动，被动之流弊，前既言之。然而不示以范，不授以法，使学生盲干，则过犹不及，均非上乘。指导学生学习，譬如行路。教师选择一条不错之路，领率儿童行去，将来儿童失去教师之凭藉而独自行走，则势必易入歧途。然在走路之始，教师一任儿童之自由行走，儿童在试行错误中向其目的地进行，则其精力之丧失，效果之难期，又乖教育之目的。唯有在未走之前，先行设计，先教学生决定所趋目的地之方向，及其他误入歧途之应注意点。故用设计，既能免去盲从之非，又可改除尝试错误之病。可使儿童自己参加计划及工作，而可使其盲目的动作减少，养成其自己想法之习惯。养成其事前计谋之习惯，非特在教学之本身方面有其价值，且于儿童的训练上，有其相当的功效。故吾乃不惮烦而反复申叙之。

设计法运用范围之广狭，各有不同，有人则只用之于教室中功课之设计，而有人则于体育及训育上多用此法行之，凡体育训育上之兴革事宜，必先使学生参加，考虑办法，然后再进行工作。有人以为设计之范围至狭，如作文图画手工等等有创造意味者，方有设计价值，读一篇现成文章，唱一阕现成歌曲，又何须用到设计。故学校中应用设计之处范围至狭。然有人则于设计法，用广义的来解释。盖一人无论读书看报，在事前亦必考虑与计划。同一看报，然而有人则喜看专电，有人则喜看自由谈，有人则关心地方新闻，故在看报之前，未尝无目的无计划，即看一杂志，常人一卷在手，并非逐页看去，必先翻目录，先自酌定看何篇，然后按页索之，此亦即看杂志之设计也。无论何人，他工作必先设计，唱歌亦然，一册唱歌集到手，并非第一页唱起，必找一可耳之曲。又如一堆留声机片，开唱时，如好听须生，则必选谭鑫培、言菊朋之片。在我人读书阅报，未曾开始之前，必不盲动，须先经考虑，此即设计也。故日常工作，无事不设计。此设计法之广义解释也。近日所称之设计法，即此广义之设计法。

设计法中有所谓大单元设计者。大单元设计教学法之讨论，中国似有一译本①。所谓大单元之设计教学法，即一方面注意到方法，他方面又注重于教材。在从前，则各课自分单元，其教材之范围，只限于各本科。大单元之设计，则其材料且采及其他各科。如教电灯本为理化方面之学科，今可与历史联络，述电灯发明者爱迪生之历史等，又可与工艺联络，制电灯纸质之罩，或电灯罩上的装饰等。又如爱迪生之生长地，及世界最大电厂之在所地等等的地理知识。又如大城用交流电，小城之电力则又不同，火车之电压为六四，小村镇住家用之电压为三二，将各种功课，包在一单元之中。如讨论火车，即从火车之历史，火车之各

① 马克马利著，杨谦译：《设计教学法》，上海：商务印书馆1923年版。——编者注

部，多方地研究。用一种综合之学习，实比零碎者高明。将各科教材互相联络，而以一事为中心，其他则如线贯珠，各个相联，近人不单称之为设计教学法，而于设计之上，加有中心二字，称之曰中心设计。实即大单元之义也。宇宙之事物，最难者为题名称，盖一事物，至为复杂，欲以二三字之名词，概括其全意义，此实不易之事也。故吾人所题之名词，大都有所偏。以人之名字为言，女子之名，号娥号娟者多矣，而其人实非丽姝也。人或名仁而其行近勇，人或名良，而其行殊恶。此固名不符实，然欲以少数字，概括事业或人物之全意义，实非易事。人称事前有计划之工作曰设计。然设计者，事前之图谋也，图谋计划后之工作，顾名思义，实不包括在内。教学上单设计而不做可乎？曰必不可，设计之后，必须继之以做。譬如造屋，图样已打就，而无钱可兴工，则仍不能做，不做即不成，其图样无非画饼而已矣。使学生设计之后，即无下文，此实不可。然徒尚设计，仍不妥善，故须重做，徒做又近乎乱做，也不妥善。故既须设计，又须做，合二者为一，乃称曰设计做教学法。而设计中，又有以一学科为设计之单位者，有以几学科合组一设计者，在前为小单元，在后为大单元，两者相较，则后者优于前者。故又改称曰大单元之设计做教学法。继而又改为中心的大单元的设计做教学法。此名词，似颇概括一切矣。经后人之研究，以为尚不妥善。以为吾人作事，不当有所偏，吾人须重各部之训练，各部之活动。人之身体，手主做，脑主考虑与设计。故手脑须协动连合动作。且在各种活动之间，亦须互相协助。如有正经之活动，有娱乐之活动。如学习物理数学化学之后，必听之留音机，看看小说。偏于一种活动，实非所宜。各项活动，当平均动作。有时营愉乐活动，有时营正经活动，两者必须互相调和，必须协动，故又有协动主义之发现①，因此教学法上，必设计，

①　张九如：《协动教学法的尝试》，上海：商务印书馆 1925 年版。——编者注

且须用大单元的中心之设计。必须做，又须协动做。因此，教学法上之名义，欲求其概括当称曰中心的大单元的设计做的协动教学法。冗长至此，庶各字义都可加入矣。

更进一步，则反删繁就简的称曰教学法。其解释协动则曰，人生各项活动，虽可分开，然均系整个的而非零碎的。小朋友醒时之活动与睡觉，同为一个整天之活动。各课为便利教学起见，故分为零碎，然各课之间，莫不相关。今分而裂，称为各种活动，各活动之间，似不相关，实非原来之意义也。故教育系整个的，不当零碎划分。有眼会看，有手会做，做时必用其眼，看后或动其手，看为一活动，做为一活动，活动不同，而人则实一个也。故各个活动，乃一个人之各种活动，非各种感官之协动才成一人也。故本来系一个人之整个活动，无所谓协动，教育以整个人为对象，而不以一个人之一部分活动，或几种活动之协动为对象。故教学法而称曰设计教学法，称曰做，称曰协动，此乃教学法中之一个部分。其实所谓设计所谓做，均包括在教学法之内。教学法亦只整个之教学法而已矣，又何多立名目为？此教学法之又一说也。

以一人而论，动作自以互相调协为佳。然尚未臻上乘。盖各种活动均能协调平均发展矣，然发展者个人而已，团体勿与焉。此种个人主义，已是落伍。故另有异军特起，号曰社会化之教学法。是比协动更进一步，盖协动只顾及个人之各个动作。而社会化则兼顾及社会各个分子间之协动，前者为个体协动，后者为团体协动。然有人评骘美国之社会化教学，其上课成为开会化。上课时，教师则在旁指导，学生中，择一充任主席，各项举动，均由公众讨论。此法固善，然惟教党义中之民权初步时，可如此做法，其他各课，则未免行不通也。然则所谓社会化之教学法，当止是上课时作开会之形式，即已了事乎？实则不止于此。今之社会间之各分子，关系更趋密切，凡学校儿童之举动，其能影响于他人，且与社会有关系者，即可称之为社会化。美国小学之引用社会化的教学法，起于欧战，亦系美当时美国参战设计之一。欧战时美国初不参加，以德之强横，不顾公理，毁及美国商轮，于是美乃参加战团，借粮秣，集兵器，全国人民，都须尽其参战之职，小学生于国家之参战，似无所效劳矣，然而小学教学，亦能善为指导，使为国用。使小学生日常节省糖果与面包，平日须用糖二匙者，改用一匙，或不用糖而改用蜜。非特使小学生身体力行，且使儿童归家劝其母亲，及他人。此即美国社会化教学之肇端也。又如乡村小学之一种种麦比赛，谁种得多，谁种得少，互相竞争，结果则生产加增而有利社会，此社会化设计也。总之学生在学校中之讨论，不但利在个人，且顾及利于大众。此即教学含有社会化之性质矣。故社会化之教学法，最粗浅者为上课之开会式，第二则以一级利害为出发点之设计，再进一步，则作有利社会之活动。如欧战时，美国学校有少年红十字会之组织。此即学校活动，对社会有关系之显著处也。中国学校中之卫生运动，虽不称为社会化之设计，实确有社会化之意味。如扑蚊灭蝇，影响波及社会家庭，学校儿童之从事于抗日救国。此即社会化教学之最好的中心教材。然此种材料，须以设计行之，如如何宣传，如何讲演。凡有关于抗日救国应做之工作，事前必须有相当计划，如无计划而使学生出外演讲宣传，则学生手执小旗一方，镇日在马路上行尝试错误矣。在未出发前，预先计划，在何地讲？讲何题？如何讲？考虑一番，则其宣传又经济，又易得效果。所以社会化，不能不顾及设计。同时设计须做，须用大单元。故吾人近今所视为较新之教学法，当称曰大单元中心设计做社会化而整个社会化的教学法[1]。

然则如上所云，即已届教学法之最妥善乎？曰犹未也。单设计而社会化，尚有不足，所作工作，尚须含有创造意味，盖设计可抄他人成法。做亦可以模仿他人。如其前模后效，陈陈相因。则设计与做，徒拾

---

[1] 俞子夷：《社会化的算术教科书》（共 8 册），上海：商务印书馆 1924 年版。——编者注

他人牙惠，有甚意味？故设计与做之中，必含有创造性质方可，社会化之意义，使个体之眼光放大，各事物须扩展至全社会，其广度则诚大矣，然无创造性，则使广大之社会，老是不能进步，又有何意味乎？创造是希望发明，希望明日胜过今日，后人胜过前人。此实人类进化之要义。在另一方面说，因为人类自私自利之心尚未消除，个人独得之密，纵他人切意模仿，亦无从模仿，譬如照相用之软片，造制者秘不示人，无从效学。人造丝本发明于法国，日人欲模仿之，而苦不知其秘。于是派大学教授，扮作工人，入人造丝厂工作。技师视之，以为不过普通工人耳。而此等作工之教授，又复挥霍金钱，结交技师，常沽酒饮其工程师，工程师醉乃偷入试验室，逐部观察，尽窥奥妙。归设厂制造。此其法尚非自创自造，充其量，亦不过与人同样耳，最好乃使人有创造能力。训练指导，使小学生淘裹，多出几个爱迪生。

事以现在为限，必不满意，愿及将来，其意义则甚伟大，如只将现有事物传授小学生，尚未足够，必使小学生有创造能力，兼足应付将来。创造系由儿童自出心裁来工作，而训练儿童之创造能力，当于无形中行之，并非教师入教室对儿童说：我们今天来创造罢！譬如在春天，众议制一洋囡囡之帽，工作之前用设计法，规划进行步骤，而制作之帽式，则凭儿童自己创造，教师不能以一种式样限制之。余有一次参观一幼稚园，教师教儿童制帽，在工作之前，先在课桌上陈列现成之纸帽若干顶，然好懒为人之特性，儿童见有现成式样，则亦于中挑选其一，模仿制造而已。有模仿则丧失其创造性。惟其中有一小学生，与众不同，不愿与人同样，于是独取一纸，圈一圆形而黏之，惟纸硬，圈成圆形时，浆糊不易黏牢，屡黏屡散，终之纸已软烂而帽尚未成，教师问之曰，能作否，该儿对曰能，其后他儿均已成就，此儿则仍不就。然专心一志仍在埋其头而孜孜工作。工作之时间已过，其余儿童多进点心，此儿则又另易一纸黏糊，不及二十分钟居能以一条薄纸黏以浆糊，使之牢固，儿乃大乐，持以示教师，以示同学及参观者。儿童之发现有其他方法，可以助黏，此即发明也，一有发明，其乐无穷。或曰，如此发明，不亦嫌费时间乎？然吾人儿童得创造之兴趣，岂在计及时间乎？或称如爱迪生牛顿辈乃称创造，区区一纸帽之黏成，岂足称之为创造？然以教育之立场言，小孩子能力浅薄，本岂轻易谈创造，惟今日如此明日而有所增进，有所改良，即可称之为创造矣。以创造之狭义言之，则一事物之突破全世界记录者，称曰创造。以创造之广义言之，则就个人之身，加一新本领，得一新经验，亦足称为创造。前者以全世界为范围，后者以个人为范围。由此观之，则小孩之能走路即为创造，故某部身体之筋肉，本不会运用，而今忽能运用，其运用于世界固无贡献，而于生命史上，却辟一新纪元。因此能开始说话为创造，能自书姓名亦为创造。但如此说去，似嫌过分，所谓创造，必有一点与众不同。譬如算术，教师命题曰五十六之七分之一是多少。教员通用命分计算，儿童中间能不用命分，用七除而得其得数者，此亦蹊径独辟，含有创造之意味者也。创造是不遵循大众所行之公路而能另找途径，故贵乎个人设计，设照公共行动，必不能发明，前举做纸帽之小学，不按常人之方法而另创一格，此实足称之曰发明。使爱迪生不凭个人意志去创造而欲藉大众意见去发明，则不克有电灯等物品之创造也。因公共之所见到者大都系平凡之事也。设计教学使儿童设计，其为公众所通过之设计方案，大都甚平庸，无甚创见。如有一儿童发其独见而不为公众所通过时，教师可指定试为之。此不以公众之故而害个人之创造，亦设计法中，应当注意之事项也。

（选自杭州师范学校推广教育处编《师范教育学术讲座讲演集》，浙江省立杭州师范学校 1932 年版，第 1—28 页）

小学教学漫谈

一、得心应手

得心应手，这是一句成语。成语是大家都知道的，何必我来解释！但是我偏偏要解释，而且要拿来做这一章的题目。

得心，或许可以作心里想定的意思。应手，可以当作办法合宜的意思。连起来讲，就是心里想定了目的，有合宜的办法去达到这目的。经验丰富，办事老练的人，能运用巧妙的方法，贯彻所定的目的，所以处处能得心应手。

办教育也有目的，也有方法。方法而能适应目的也可以收得心应手的效验。然而现在的教育却处处是左右为难，很少见有得心应手的妙。就譬如教国语，在前清科举时代，目的是淘汰，是选择；要全国中淘汰选择出一个状元来，所以读的是文言文，做的是八股诗词。因为八股诗词专重着腔调，所以读书的目标在乎朗诵。在科举时代的教学方法和淘汰选择出全国一个状元来的目的是适合的。所以沿用好久的方法，常常能得心应手地产生出状元来。流传好久，从来没有人怀疑过；也从来没有发生过什么障碍。

到了变法维新的时代，忽然产生了好多"时务""洋务""中西"学堂。当时废八股，改策论；后来科举停了，学堂便变成造就"洋务""维新"人材的总厂。当时"洋务""维新"人材实在不过是"新式的官"罢了。目的是造就新式的官，方法的确也造成了好多只想升官发财的高等游民。这一个时期虽不久，但是论成效，的确还能够得心应手的。当时那种学堂，的确能达到当时的目的，所以很少有人怀疑。

民元以来，忽然大盛行其"普及教育""义务教育""平民教育"……教育的目标，从少数人方面，移向全民身上去了。但是以普及为目的的小学教育行了十五六年，依然有白话文言之争，而且教室里的工作，依然是朗朗的诵念；做的文章依然是策论的变相；写的字依然要用方格子。把从前十年窗下用苦功的方法施行在要用最短时期内结束的全民教育上去，难怪民众要攻击学校，咒骂学校！十年窗下的苦功，每天总有八九时的工作，所学的不过读作写而已。若照现在每星期八九小时国语的支配算，至少要化五六十年功夫才可以敌得过从来十年的成就。六岁上学要五十六岁才可以学完。这不是笑话了吗？

笑话当然是个笑话。目的大大地的改变过了，方法依旧是顶老的，怎能求得心应手的希望！我所以不嫌词废来说些漫谈。

二、误人子弟的读书法

目标与方法不能相称了，便要手足无所措。目标与方法相应了，便能得心应手。这是上面已经谈过的了。我们现在再来谈谈国语教育的读法问题，以全民为目标的教育里，国语读法的方针究竟应该怎样？要定这个方针，只须问一问老百姓所需要的读书方面的训练是什么。

这问题不要往图书馆里去找，只要在老百姓顶多的街路上，茶坊里去看。老百姓第一不可不会读的，便是他的朋友亲戚以及在他职业方面有关系要和他交涉的人，给他的便条及书信。试问读便条书信时，还是默默的读好？还是高声朗读的好？要是我们收到了一封信，——高声朗诵着："子夷仁兄先生……"我们家里人在旁边听得了，或者要以为我发痴呢。

老百姓第二件要读的是一切的广告，布告……贴在路边墙上的，或者别人送到他们手里来的传单宣言等等。这也是做老百姓不能不看的。布告等是做市民国民的人当然必看的。不会看了，要吃好多的亏。广告、宣言、传单等，是不容你不看的。看这一类东西时，也是高声朗诵的吗？庄家人初上城，假装在行看告示，便是高声朗诵着："中华民国国民政府……"这不是要引动同看的旁人注目，大家笑他"曲死"了吗？

老百姓第三件不可不知道的是世界本国的大势。现在的老百姓没有受过多大的教育，所以一物不知，动辄轻信谣言，受人煽惑。受过小学教育的将来的老百姓，决决不能再如此蠢到和牛马一样的了。所以老百姓受过教育，当然要会得看看杂志日报，而且要肯常常看看杂志日报。看书看报，也是默看的。要是茶坊里、图书馆里看报者大家高声朗诵着："天津专电……"岂不是又被人家讥笑他是乡下土老儿呢？

做老百姓第四件要会读的，便是关于自己职业方面的参考书。这是将来老百姓必须要做到的。要是做不到，我们的教育就大大的失败，我们的国家便有些危险了。现在我们读书是读书，职业是职业。有了职业便丢开了书；书和职业不生关系。这是大病。要老农夫遇到田里生了蝗虫，不去找刘猛将军而去农事试验场讨"治蝗浅说"看，中国的农业才能真正会有进步。工人、商人、政界、学界……一切都该如此。这一种的读参考书法，要是也高声朗诵，益加要使人好笑了。

就是空来消遣，老百姓们看看正当的小说，何尝一定要"却说，刘备败退荆州……"的高声朗诵呢？只有消遣用的诗词歌赋，那末才有朗诵的价值。读书目的有上述五种。五种里只有末一种的一部分用韵文消遣才要朗诵。然而现今学校里国语读法，总是练习朗诵而不练习默读的。在做八股时代，读书目的在乎熟读八股的句调以便自己做文起来好像填词般地可以得心应手地填出来。到了策论代八股时代，已经不必多用朗读。但是积习相沿，并令小学校里还抱语体文的口语，二字二字的切断了仿佛和尚道士念经一样的在那里把大好光阴慢慢地消磨，这不是误人子弟的读书法吗？

三、怎样使学生练习默读

我们现在约略举几个默读的具体方法来。这大多是别人家实行过的，不是空空洞洞的理想。

默读的习惯，要从小就想法养成。现今小学里，第一天开始读书，就教学生一字一字地朗诵。这方法顶足以阻碍默读能力的发展。我们最早教学生读书时，切切不要用教鞭或叫学生用手指了一个字一个字地读。在黑板上时，宜用教鞭先指一全句，然后把全句念出来。学生看书时，可以用半寸宽，三四寸长的书签，叫他们把签放在所读句的左面或右面，看完了一句，然后再读。在朗读练习时，不许学生看一字，念一字；要他们先看一句，然后全句一起念出来。

在初学读书时，有一个用图练习默读的好方法。图可以从旧报、旧杂志里去剪。剪了下来，大的贴在大张的白纸上，下面留些空白。小的分给各学生，各人贴在白本子上，下面也要留些空白。大的用来共同讨论图里的事实。依照学生所述的言语，写成句子，用墨笔写在图下空白纸上。如此，便成功了一种图说。把图说挂在教室里相当地位。学生看了图，再各人自由默读图下的句子。各人白本子上贴的，也可以用同法，和各人讨论了写成句子。句子写在空白上。这种本子可以做学生补充读本，也可以做课外读物。各生可以相互交换了读。或者集合起来，组织成功一个小小的图书库。

上述方法，或是学生要出声朗诵，也不必过事压制。不过要竭力鼓励大家，先看完了一完全句子，然后再念出来。进一步，可以鼓励学生，叫他们看了一张图下的说明，用自己的言语把大意告诉大家；不是念熟了书句背出来。这样，便可以渐渐引导学生默读。

在学生入学二三个月以后，一切要读的东西，总是先叫学生先默看一遍。要默看过后，再行问答讨论或者朗读。

在二、三年级时，除了一本课本以外，顶好要有图书室或图书库的设备。学校里化几元或十元左右的经费可以买好几十种书。二、三年级学生读的书，内容要有趣，文字要浅近，故事不宜过长。程度顶好要比课本浅一些。

就是课本，上课时也应当默读在先，朗读在后；默读为主，朗读不过是一种辅助。若是学生在朗读时发生困难绝不可令一字一字地念。宜叫学生停止出声音，细细地默看了一句再一起念出来。

默读练习，可以用下列的几个方法：

1. 黑板上写示问句，叫学生默读问句，各自笔答。有不会写的字，在课本里去默读了找出来。平常教员板示问句后一定要念一遍，这恰恰可以阻碍学生练习默读。在读书时可以如此练习，在别科里，都可以如此练习。

2. 黑板上写示问句，叫学生默读问句，口答。口答不出时可以许他们在课本里去默读了找出来。这方法和第一法同。不过口答起来，可以省去笔写。但是口答不能好多人同时发言。这却不如第一法来得普遍。

3. 黑板上写命令，叫学生默读命令，照做。这法可以做成一种"哑战"的游戏。有人试过，学生的兴味很好。并且大家总是不开口，游戏时秩序也可以很好，绝不会再有叫喊喧哗的事发生。单级复式常常怕两组同时发声，声音冲突。一、三两法既可以练习默读，又可以避免声音的冲突，这真是一举两得。

4. 把问句写好在纸条上或纸片上，提出来，叫学生默读问句。读后口答或笔答。这方法和一、二两法仿佛。可以省却教员当场写黑板的劳力和时间，在单级复式里很可以用。

5. 教新故事或新书时，先口述问句，或黑板上写示问句，叫学生默读课文，再口答或笔答。凡新课开始时，都可以用这方法从默读入手。只要先叫学生默看一遍，问问生字难字。在生字难字问过以后，这方法行起来是有效的。

6. 黑板上写示一段应用文，叫学生默读了，照样做出来。这法和第三法仿佛，在一课课文将完结时及复习时很可以用。比了呆呆板板一课一课地念，要有趣得多。

在四年级以上，大体的方法可以不必变动。上述第六法应用文的默读，可以省些。

7. 黑板上写示表演的方法，叫学生默读了，照做。这是要读较长的全文，不是像以前读片断的了。

8. 读参考书，补充读本，课外读物……读完以后做内容的摘要，或者各人口述报告。这种读书，往往各人不同的，所以默读的动机很好。

9. 为某种目的，各自搜集有趣的资料，各自默读。默读以后，把有趣的朗读给大家听，讲给大家听，或者报告大意以备编辑剧本等用。

10. 默读日报杂志，做时事研究的预备。

方法是说不完的。有了几个例子，各人可以自己去变化出来。上面讲的，全是关于默读的。但是同一默读，也还有略读和精读的不同，详下一章。

四、怎样分别略读与精读

前章说的是练习默读的方法。学生默读的习惯，不是三言两语可以教得会的，也不是一朝一夕可以学得成的。要从小起，经过长久的练习才可以成功。练习不是容易的事；要努力，要经久的努力。前章说的各种方法，都可以供学生练习时用。我们总结起来说：

（一）要学生肯练习，练习起来有成效，第一先要使学生觉得需要，感到兴味。"书中自有颜如玉""书中自有黄金屋"，这虽是旧来不可为训的话，然而却可以证明读书时，所读的书里，本身原来是有兴味的。但是反过来说，图书馆里，几万几千的书本，本本都是极有兴味的，然而爱看书的人，毕竟还是少数。有种做教员的人，简直除上课预备以外，终年不看一本别的书呢。成人尚且如此，何况孩子！所以四年级以下，学生读书经验未深，教员处处要在方法上用功夫。引起一些兴味，还不算什么困难。一时兴味起了，不久便即丢开，这是小孩子的常态。所以教员顶重大的工作，便在想方法来维持学生爱读书的兴味，使延长到相当的长久而练习到有些成效。在一、二年级时代，常用游戏的态度，比赛的精神。此外，学生本来富有冒险的兴味，解问题的兴味，和别人交换的兴味，自己做的兴味，身体动作的兴味，收集的兴味，模仿的兴味，表演的兴味，竞争的兴味，等等。这都可以说是本能的兴味。或者读的材料，含着冒险的色彩；或者读的前头先叫学生解答问题猜谜，学生在书里去找答案；或者读别人寄来的信和报告……详细已经在前一章里说过。

（二）要叫学生爱读书，一定先要使学生有相当的基本经验。读书的目的，固然是要在没有读过的文章里，找出新经验来。但是要明白文章里的新经验，一定要有相当的旧经验才行。不然，即使字音或者可以读得出，意义却不容易明白。所以小学里只有国语算术等科目是决决不够的；至少要有常识一科使学生的经验渐渐扩张。

（三）要叫学生爱读书，默读起来没有阻碍，对于生字难字应当有个妥善的方法。我们平常读书用的字，大约少到三四千字，多到六七千字。能认得如许文字，默读起来，一定很自由，很流畅而没有什么阻碍。但是小学里教国语，生字是跟了默读同时进行的；决不能叫他们先用字典来熟读了多少文字，然后再学读书的。旧日识方字的制度，早已被实验心理打倒。因为识单字，更容易招厌倦。所以现在读书和识字是同时开始的。要使学生在有趣的文章里学习新字。要读书必先识字。要识字又非把新字组织在有趣的文章里不可。不好了！二者相冲突了。不要怕！我们早有两全的方法。就是现今通行的办法，在有趣的文章里，不过包含少数，极少数的新字。句子多反复。生字不多，那便不生问题了。

（四）要充分的练习。而且练习起来，还应当分别练习的目标。

第一是略读。这略字有些不妥，大概是流畅的，通体读下去，目的在乎知道大意，不必注重细节的。譬如看小说，目的不过是要知大概的情形。这种读书，不是逐字逐句全体都要牢记，也不是一览便忘。顶主要的本领是要会得摘出要点来。有种受过专门以上教育的人，他们看起专门书、专门杂志、传记、游记等来，也是如此略读的。在他们仿佛是用来消遣的。训练这种读法，宜用故事、传记、游记、日报等。顶好学级里有相当的图书库。这种读法的要点是：要读得快，会得迅速地认字，把重要的记好，不重要的略去。

第二便是详读。也叫精读。其实，就是细细研究的读。譬如读算学题目、各科参考书、文告、契约等都是。这种读书应当会分析。分析的方法，是：

1. 分别已知的与未知的。

2. 对于新字难字等有勇于求知的心。到了高年级时，可以教学生自己用字典查新字难字。或者再由上下文，文法推想新字难字的大概，在字典里拣定顶适当的意义。

3. 忍耐研究各字，字间的关系等。若是算学题目，应把做法的次序列出。

精读又要会记要点而组织。记要点，先应当会选择。

1. 选择和组织。

（1）一路读下去找要点。找到的要点，可以用笔在自己书上画出，或用另纸摘出。

（2）复看本文。

（3）静想各要点。

（4）做纲要。做纲要也要渐渐学成的。起先由模仿入手。教员可以示范。后来板示纲目，学生一路读书，一路填成纲要表。进一步，并同做纲要。更进一步，各人各做，教员个别指导。再进一步，出了问题，学生预习，各自在课外做纲要。最后，可以叫学生自己做问句。

（5）和别人谈论一回。

2. 把要点牢记。

3. 批评所读的价值。历史中往往有相反的记载，日报里更多矛盾的消息，要能细细批评，并且查著者的来历。

（1）回想相关事理，评定所读者是否的确。

（2）把文理可驳的地方比较。

（3）比较别文里的记载。

此外，学生也应当会：

1. 用目录索引的方法。

2. 收集相关的书报。

3. 用图书目录找所要的参考书。

谈到这里，又引起一个解决问题的方法来了。解决问题和默读有重大的关系，详下一章。

五、怎样教学生会解决问题

有疑才有问。问题问题，其发源总是个不合常规，违反习惯。凡是有了纠纷，生了异乎寻常的奇怪现象，或者变成猜不出的哑谜等等，我们都叫作"成了问题"。平常所谓"没有问题""不成问题"，都是指可以用常例来衡，可以用习惯来处理说的。此外还有一种计划，设计等，其实也是一个问题。譬如建设者设计一座桥梁，他的问题是要救济这阻碍交通的河道而来克胜这阻碍。又譬如小学教员预备功课，编制教案也是一个设计。其实，他的问题是要想法处置明天的新教材怎样教学生去学，才能收到顶大的效果。设计也是解决问题。不必解决问题时，何用设计？

人的心是爱动的。在小孩子时代，身体没一时一刻停，小头脑里也没一时一刻停。成人，在身体方面，有时或者能静寂不动。但是心的方面，仍旧是没一刻肯定的。只有睡觉，心才肯休息。要小孩子身体和心不动，小孩子觉得是顶痛苦的。要成人不用心，也和小孩子不得活动一样的苦痛。平常说人家不用心，实在不是不用心，是用心用在不是我们所要他用的地方去了。我们成人，小孩子，到了没事要用心的时候，我们便要想法来猜猜谜。猜谜也是解决问题。那末，我们没有问题时，自己常要去找谜的问题来解决呢。

问题是很多的。小至"尊姓？""雅号？"，大至世界裁兵，国家统一，都是问题。天冷了，有衣服上的问题。害病了，有生命上的问题。孩子大了，有教育问题。没钱过年，有避债问题。劝人善的牧师，有传教问题。要人钱的盗贼，有绑票、抢劫、偷窥问题。人生日日在问题中；解决了一个，又来一个。一部人类的历史，实在是问题和解决的联串罢了。人类克胜自然，算是科学的大发明。究其底细，仍旧是问题和解决的联串罢了。家常日用，固然，时时，处处，都是问题。社会、民族、世界，也时时处处都是问题。建设，有多少的问题。交通，有多少的问题。交际，有多少的问题。发表、艺术、数量、道德、宗教……各各有多少的问题。人生各方面各有问题。便是说，小学各科目里，没一科不有问题；没一科不好用来教学生学习问题的解决法。尤其是学习文学，公民，常识，社会，历史，地理，自然，卫生，算学等科目，需要解决问题的地方来得多。

问题也有程度。有好多浅近而显明的问题，在孩子和常人，以为是重大的问题，但从专家看来，便不成问题。也有好多高深而隐微的问题，在孩子常人看来以为没有什么问题，然而由专家看来，都是个重大的问题。譬如走路，在小孩子才学步时，是一个多少困难的问题！成人已经走成功了习惯，走路还有什么问题！但是要我们穿惯鞋子的人，赤了脚走路，我们便觉得是个重大的问题了。在乡村里或做苦力的人，赤了脚走路，本来没有什么问题。但是在鼠疫流行的地方，由专门医生的眼光看来，却又是一个重大的问题了。有没有问题，成不成问题，要跟各人经验和能力定的。顶不行的小学教员，天天依样画葫芦地教着，在他以为毫无问题。来了一位教学法有经验的人，一看便知道这位没有问题的教员，正是一个顶重大的问题。我们教学生学问题的解决法，第一步要明白学生的经验。知道他们的经验，才可以晓得什么是他们程度的问题。第二步便是使他们觉得这是问题。就是使学生碰到，或感觉到有纠纷，异乎寻常，谜，设计，等情形。这叫作使学生的境遇发生问题。

其次，应当要使问题明确。同是问题，或含糊不清，或范围广泛，有时问题太大，还要分作若干细小的问题。问题有口述的，有笔写的。口述的，用语有深浅。笔写的，文字有难易，要当心适合学生的经验程度。

在解答问题中，常常要使学生顾到问题，勿入歧途。无论共同讨论或个人工作，人的心，往往要转移的。有时竟会走到不知什么地方去了。这是教员教学生解答问题时应当时刻留意的。凡看见学生工作或讨论要越出问题以外去时，应当使学生回顾工作和讨论是否与问题符合，然后再决定取舍。

吾帮助学生把问题、事实，及一切参考资料分析。这一事已经在前一章精读法里谈过的了。还要帮助学生追想。新的问题，有好多解决的资料，在学生的旧经验里。若学生一时追想不到，教员宜提醒。提醒和代学生追想或告诉学生是不同的。更要帮助学生立假定。这也是帮助，决不是代替学生立好了叫他们抄抄。

要帮助学生对于自己的分析，追想，所立假定，能批评。要使学生有了疑存到结末，不必早早以为假定是可靠的。要使学生会得对于自己的假定反复驳难，再看结果。要使学生会得用已知的事来把假定证验，或者想方法限制了环境，用试验的方法把假定证验。

讨论或自习都要有组织。先把问题里分出的纲要写示在黑板上或笔记本上，使得学习时不失要点，先后有个系统，不至紊乱。常常用图解图表等帮助。学习所得的要和已知的组织在一个更完整的系统里。最后把所得结果，用口述或文字发表。

好了！大概如此。还有几个小节，也应当注意。一是问题不一定能个个得到圆满的解决。这层应使学生明白。世界上至今有好多不过是个假定罢了。不过在程度低浅的学生，当使他们解决容易而结果圆满的。到了高年级，才可以提到上面所说。否则，早年学习，就不能得到完美结果时，容易使学生灰心。

二是问题有宜共同讨论的，也有宜个人研究的。有时问题的范围较大，可以分成若干小问题，组成小组，分别研究。结末，各组轮流报告，共同讨论。那末，开始和结束是共同的，中间是分小组或个人研究的。在低年级里学生能力弱，研究方法运用不纯熟，宜多用共同讨论法。

三是问题的解决法，不一定要用文字、公式、符号等抽象的方法，有时也可以用建设等具体的方法。幼稚园学生自己搭积木，也是解决一个问题。不过教者宜引导学生渐渐使用文字公式符号。因为文字公式符号等是人类发明的顶经济的思考方法。大概在具体实在经验充足以后，可以用文字公式符号。小孩子用积木搭桥是一个问题。工程师设计桥梁，却全凭公式和图样了。

六、朗读该完全打倒吗？

从来小学里太重朗读了，差不多一说读书，便是朗读。好像只有朗读才是读书。我们一提倡了默读，也许有人误会，以为只有默读才是读书。或者便有人以为朗读是该打倒的，默读是应拥护的。实在，朗读默读各有各的功用。只有二者练习时分量多寡的研究，方法的研究，没有什么打倒不打倒的办法。从来只管朗读是大错特错；若反过来又走极端变成只有默读，那又是一个大错特错。要看材料；该默读的便默读，该朗读的便朗读。同一材料，有时在默读之中，间些朗读；有时朗读之中，也许间一次二次的默读。这是方法中应有的变化。

在我们江浙一带的小学里，朗读还有一个特殊的功用，我们的语言和国语差得很远，就是南京话、杭州官话，音和腔也与国语有很大的差别。所以我们要练习朗读。朗读时可以学习国音和国语的腔调。朗读时可以订正土音和方言。这是一个新的特殊的使命。

有好多美文，像诗词歌曲之类，有音调节奏的，无论是古体今体，死话今话，有韵无韵，总是宜乎唱的。这一类的材料也宜朗读。这种材料的好处，有一大部分要靠了唱才可以表现出来。若是只许默读，那末音调节奏方面的美完全被埋没了。

除了上面二种理由以外，朗读还有一个功用，便是转达。世界上有好多事是靠人转达的。能转达的人，可转达得十分美满。不能转达的人，没有相当转达本领的人，往往要把好好的事，以讹传讹地弄得不知所云。转达的技术，也是人人应有的一种。所以练习转达的技术，也可以列作小学教育目标中的一个。

转达的方式有好多。约略分起来，有转述和转读两种。转述是传述人的意思，用耳朵去听了来，完全用口语转达的。转读是传述著作人文章里的意思，用眼睛看了来，用口转达的。这种转达还可以分二类。一是用自己的言语述文章里著作人的意思。平常叫作讲，像叙述说明之类便是。一是照了著作人所用的言语转达的，这就是朗读。

无论因哪一种目的而朗读，总是默读在前，朗读在后。从前一入手便拉着喉咙唱，简直是和尚道士等的念经念佛，还可以算什么读书！譬如因第一个目的而练习朗读，第一步先要明白课文里的意思。有了意思，才有言语。有了言语，才可以按照国音和国语的腔调朗读出来。在没有朗读以前，先要明白课文的意思。如何可以明白？只有先行默读。

因了第二个目的而学习朗读，也应当先明白文的意思，然后才可以用腔调节奏把这意思唱出来。或者自己吟咏，自己欣赏；或者供别人欣赏。明白意思，当然先从默读入手。而且要默读得有了相当纯熟的程度，才可以开始朗读。不然，意思不明，腔调格格不妥，好像口吃人的谈话，还有什么美可以吟咏，可以供人欣赏！

因了第三个目的而朗读，尤其要默读在前，朗读在后。没有把文章看得明白而贸然向人家转达，时时错误，不怕叫听的人厌倦的吗？不但应当先默读了详细知道内容的意思，并且还应当自己先轻声试读，要有了相当的把握才可以向人转达。

无论因哪一个目的而朗读，读的音总该用国音；使的腔，总该用国语的腔。咏吟欣赏，转达，都用了国音国语，可以使学习国语的时间和机会，无形中增加了二倍。不然，有的时候用国音国语，有的时候用了方言土音，时时冲突，正负相消。少许时间的国语，总敌不了好多时间的土音方言。若能凡逢朗读总用国语，并且在问答讨论时也渐渐改用国音国语，那么说的，读的，听的，完全是一致的国语，成效自然容易见了。

学生在朗读时，如有错误发生，不宜立即叫学生停止了订正，应当等学生读完或读到一个小小段落时，然后才可以提出订正。这是大家知道的，不必多说。不过订正的方法有的太注重机械。譬如学生读得太低了，订正时只说"要响些!"学生读得太快了，订正时只说"要慢些!"如此，漫无标准，叫学生何从改良! 对太低的学生可以说："后面的同学可以听得到吗?"对太响的学生，可以说："喊破了喉咙，要不要使路上的人也听到我们读书吗?"对太快的学生可以说："大家的耳朵追不上你的嘴了!"对太慢的学生可以说："大家的耳朵久等你的嘴了!"应快活的，可以说："读点笑声出来!"应恐吓的，可以说："我听了一些也不怕!"评判的话，如上述。一面再可以由教员做些模范出来。这样，以功用来订正，收效要比机械的订正好得多。

因第二、第三个目的而练习朗读，学生尽可以用不同的材料。叫学生拣各自得意的美文韵文，提供给大家欣赏。叫学生拣各自喜阅的故事小说，转达给大家听。这样，朗读的人有个绝好的动机; 就是听的人也能很注意地听。订正起来，也有了一个很好的机能。因为听的人没有和读的人同样的经验，所以读的人一有错误，听的人马上要不明白或是不满意的。等到告一段落时提出询问，便是一种很自然的订正。在读的人也自知错误的关系重大，对于批评订正觉得有深切的意义。

若是常用了同一的材料轮流练习，只有用大家捉错的动机可以鼓动一时的兴味。不过专门以捉错做了朗读的目的，弊害是十分大的。在读的人，仿佛是上法庭去受公判，心中不是恐慌，便是厌恶。有时批评订正的人稍稍不留心，彼此发生争执，弄得口角起来，也是常常看见的事。并且同一材料，反复听过了三五遍以后，谁也不愿再听。听众的注意既经散漫了，读的人也觉得兴味索然了。材料不同了，上述一切弊害都可以免去。而且彼此有一种互助协作的精神; 比了争执相骂，感情上大不同呢。在读的人先事预备时，又是一个绝妙的动机使他默读。如此，默读和朗读又生了密切的联络。

七、缀法的革命

缀法是一种发表的科目。发表不限于作文；有的用文字发表，有的也要用言语口头发表。除了文字言语的发表以外，还可以用戏剧，动作、手势、图画、工艺作品等发表。我们只限定用文字缀文来发表，界限未免太狭窄了。文字言语以外的发表，大多是属于表演或艺术功课的，且不归入缀法范围以内。我们单就文字语言的范围里，把人生要使用言语文字的一切活动，来做一个大体的分析，再就分析结果，以定缀法范围内的工作。如此，似乎稍稍近乎科学的研究方法。不然，在深深沾染过科举恶习的头脑里，不谈缀法便罢，一谈到缀法，总要和科场里的作文发生联念。一生了这联念，小学缀法便腐化了。

人生日常需用言语文字的机会，大体如下：

甲、交通方面

（一）交谈。1. 为自己职业找地方，和人合作事。2. 和顾客交谈，或做某机关代表，和别人交谈。3. 用口问法调查。4. 口头报告。5. 口头指导。6. 和同伴会谈。

（二）谈话。1. 和客人谈天。2. 在集会中和人谈话。3. 用电话谈话。

（三）公众讲话。1. 集会时的讨论。2. 演说演讲。3. 做主席。

（四）笔写。1. 自己用的札记，日记，记录，记账，等等。2. 便条。3. 报告书。4. 指导别人的指导书。5. 公事信，问书信，定货信，收到信，谢信，请求信，收账信，等等。6. 广告和布告。

乙、解释方面

（一）读的。1. 读日报，知大势。2. 用专书，报告，杂志，收集解决某问题的资料。3. 读文件，规程，契约，等等。4. 读自己职业有关的书报，以求上进。5. 读通俗书报，以求消遣。6. 读文学书，欣赏。

（二）听的。1. 听演说，演讲，戏剧等分析判断。2. 听关于职务的交谈，开会时的言论，以便报告。

上面的甲是发表的，乙是收得的。收得的方面通例称是读书的任务，发表方面却属于缀法。甲类中四项，前三者都是口头的发表，只有第四项才是用文字做的。项目的多少或者不能即刻决定用途的繁简。那末，我们试用这分析的表，来把日常的动作做个统计看。就我自己一个人的经验论，一天里除去睡觉以外，总有十二个钟点是醒的。这十二个钟点里，除了我的日记及职务上的工作要用笔写的，约四五时以外，大约有过半数是用嘴说话的。我现在的职务是弄文的，所以写文的时间如此多。做教员时，每天纯粹写的工作，不过一二时罢了。要是不做教员的，不知道一天里有多少时间要作文！但是交谈，说话是二人以上在一处时，总是要用的。我们为什么丢了时刻要用的交谈，说话不教不学，而偏偏教学生去学那常人不必天天需要的科举的遗孽作文！

有人说我们说话的机会很多，何必再特别当作正课来教学，练习？说话的学习，在年幼的时候，当然是要很自然的，当然是要利用日常的机会练习。然而这绝不是完全放任不教的意思，也不是不必练习的解释。言语的教不教和学生发表的能力影响很大。口才似乎近于天才。天才的孩子当然不必多学，不必多练习，他们能利用自己的聪明自己去无形中求发展。但是中等才能的学生，若是不教，不练习，往往有了意思不会把合式的言语达出来；听了别人的议论，没有本领把他转述。人生到此，自己也太闷苦，别人也觉得这种人的缺点。若能好好教学，有相当的练习，那末，虽不必要希望到个个人是利嘴，然而也可以避免词不达意的困苦。言语的用处，既比文章大。词不达意时又是很困苦的一件事。我们再不教言语无论如何是理由不充足的了。

又有人说言语练习宜归入读法内。好的！或者在读缀以外，特设言语一小门也无不可。不过要问了：言语发表是否宜独立？独立了以后有什么好处？有什么害处？我以为独立成一小门而练习言语，往往取材要发生困难，并分得门类愈多，联络的机会愈少。所以小学里能联络合并的，还是合并的好。若是假定不独立的了，那么要问和读法合，还是和缀法合？这要看合了以后哪一种便利而定。就便利而论，与其和读法并，不如和缀法并。读书的目的，在乎收得，在乎欣赏。缀法的目的，在乎发表。用文字作文是发表，用言语传达也是发表。同是发表，何不联络在一起教，一起学。有时，同一题材，可以先用言语发表，再用文字缀成文章。

因袭了科举时代专事应试的作文是要根本革命的了。革命以后的建设，第一，就是应当要注重用言语的口述发表。口述发表的学习，我们可以分交谈、报告、讨论、演讲等。除了平时师生同学间的交谈以及上课时的问答讨论以外，顶好从小就叫学生练习表演。这种练习，事前要调查选择材料。着手以前，要报告所选材料的大意。在编演中又要用到好多的讨论。编演的结果，往往又是交谈。言语发表练习，同时得有三种的机会。所以这是一种顶合宜的方法。并且又可以和缀法联络了，用文字把所编的剧本记述出来。就是读书方面，在收集材料时，天然有好多默读的机会。

在低年级里，现在小学里常有谈话时间设在每天的早晨。这时间的目的本来不在练习言语发表，但是也很可以利用这机会来练习。低年级生文字识得不多的时候，一切缀法都应该从言语入手。有的只要用言语发表而止。识字无多，大可不必叫学生使用文字。就是到了将要使用文字的过渡时代，大部分的缀法仍旧当先从言语入手。

此外演讲和讲故事的练习，小学里大多利用课外时间举行。也有特设若干时间专供这种练习用的。就人生日用而论，这一种的用途，要比前面说的三种来得少些。

缀法革命后第二件要建设的，便是学习民众日常需用的缀法。出了题目做一篇文，是科场里应试的遗毒。民众需要用文字记载的，见上面甲类的第四项。我们叫学生学习的也宜就这范围为度。

除了人生日用的以外，如有学生爱欣赏而自己写些孩子的诗歌，也是一件发表感情的绝好机会。不过应当由他们天真烂漫地写去，切不可再仄仄平平的用格调来缚他们。有韵也好，没韵也好。他们要用韵时才用韵。能和音乐联络了学，当然更有趣了。

八、初学缀文时的教法

要用文字缀文发表，不是容易的事。第一要有意思，有了意思，才可以把意思发表。有了意思，还要有纯熟的文字，才可以发表流畅。若是文字不纯熟，便变成了词不达意。

意思是跟经验来的。所谓到什么地步说什么话。小孩子有小孩子的意思可以发表的。只要不加摧残，这一层可以无虑。顶难的，便是小孩子文字不纯熟，有了好好的意思，一时想不出恰当的文字来发表。有时候竟为了一二个字写不出，源源而来的好意思，转瞬便不见了。

分开来说，顶好文字练习纯熟了以后，然后再来学笔述的缀法。但是试问，学校里什么时候练习文字？用什么方法练习文字，才有很好的学习动机？用笔述缀法来练习文字使纯熟，又有目的，又有生气，可以说再好没有的了。所以毕竟还是合在一处。我们要想法使意思有共同点，并且意思要捉得住，不会一瞬间逃走的。能如此，便可以从容练习文字了。万一有了文字上的阻碍，也不至于使意思脱逃了。下列是方法：

（一）用学生共同的经验，像听得的故事，学校里偶发事项等，先引起了动机，然后决定目的。其次，便是口头陈述。陈述时由教员写在黑板上。短的，陈述完结了一起写示；长的，一句一句地一面陈述，一面写示。或者陈述到有一小段落再写示。其次是共同订正。结末可以各自抄写。这是从口头缀法引渡到笔述缀法的第一步办法。学生做得进步了些，可以指名优等生代教员在黑板上写。到后来，可以指名二三人在黑板上写，同时各人自己写。更进一步，可以不必有人板书，口头陈述后各人各自写出。此时教员如以为有难写的字，不等学生问，便写示出来。更进一步，可以把教员写示难字的一段省略；不会写的字由学生问了，教员回答。

（二）简短的布告，条子等，有关于学级的公共问题，可以共同口头起草，写成句子。写法视学生程度而定。先由教员写了大家抄，逐渐进步。教员的写示，由学生一步一步地自做，可以参用上述第一法的各步。

（三）教员做一动作，学生各人写一句。起先指名一二优等生在黑板上写，恐怕大家有不会写的字，如此可以抄抄。后来不必黑板上有人写示，只不过由各人写在纸上。动作也可以加得复杂些。起先做一句，写一句的，后来可以连续做到一小段落，然后再写出来。动作也可以由二人以上的学生来做。那末，情形更加复杂了。更进一步可以插些问答，言语在动作里。这样，仿佛把表演记录了。每行一新花式，起先总由教员做写示文句的工作，学生抄。后来少数人在黑板上写，大家同时写。再后来大家同时写，教员写示难字。结末，各自写而不把难字写示，要有人问了才个别指示。

（四）不用动作，用图揭示，叫学生看了图，想象图里的故事。写的方法，也有深浅各式，和上述各法仿佛。

（五）更进了一步时，可以叫学生把故事先由口头报告。这样，报告的故事，各人不同，兴味一定很好。可惜时间不够，便引渡到作了文再各人分别互换了看。这样，便可以引导到正式的作文上去了。作成的文又可以做练习默读的材料。

学生做日记极容易流于呆板，千篇一律的，早上起来，中上吃饭，夜里睡觉，大大的失却日记的功用。日记的功用是要记一天里有价值的事呢。在没有学各人自记日记以前，宜每天共同记载。大约每天有十五分到三十分钟已够。时间最好在第一课或末一课。叫学生共同把一天里或昨天里的事拣出重要有价值的来，共同口述，教员或一二人在黑板上写示。每月油印出来，可以供练习默读的用。经过若干时间的训练以后，学生有了拣选重要题材的习惯，以后便可以每天共同拣定题目，各自记载。再进一步，只要各人约略报告昨天所记的题目，大家审择是否有记载价值便够了。

九、民众化的写字教法（略）

十、怎样教算学

小学里的算术是新的科目。新的科目绝不会再有从科举时的遗毒流传下来了，可以彻底地适合小学教育的目的了。事实却又不然。我们本国的科举里，当然没有什么算学。算学是外来的，是跟同外国的小学制度一起抄袭来的。抄来得法，抄来合用，抄抄也未尝不可。可惜我们又抄错了。

我们学校里算学教科书的老祖宗，可以推狄考文的《笔算数学》了罢，在当时的美国，这书或者是很风行的一种。译成中国文来作教科书，在当时也可以说是一种不得已办法。后来几度变迁，此刻的小学算术教科书已经面目完全改变过的了。但是拿来和中国现在的小学教育的目标，细细核对一下，仍旧有好多材料受那《笔算数学》的影响，不免有不适合的地方。

中国人是喜欢十进的，日常制度，只有斤两、里丈等少数是不十进的，其他总是十进的。就是斤两，也因为不十进的讨厌，所以有什么一退六二五，二一二五……所谓斤两法的口诀。这斤两法就是把不十进的斤两关系化作十进的小数计算罢了。但是现在的教科书却小数轻而分数重。这是什么道理？

原来我们抄的教材是美国的老祖宗。英美人日常制度除了美国的币制以外，完全不是十进的。所以他们非用分数不可。并且西方数学，先有分数，后来才发明小数。所以老式的教科书，往往分数多，分数在前；小数少，小数在后。这是他们的苦处。来中国帮我造测验的麦柯尔曾经和我说过，全世界的分数，实在没有存在的必要，只要英美能把日常制度一改，从此可以把分数驱出数学界了。他很羡慕我们日常制度的十进，所以在算学练习测验里只有整数小数四则，而绝对没有分数。

我们小学生的学习分数，只不过为了升入中学的考试。中学生的学习分数，只不过为了做教科书里的题目。一旦毕业，分数可以终其生不一用。就是学理科的学生，分数的形式只不过在公式里写写，一切计算，用的还是小数。对数表不是用小数的吗？若用米达制计算而不用英美的度量衡制，就是工程师也极少要用分数的。这一个大当，我们上得真正不小！

还有好多诸等关系，因为狄考文当时没有弄明白中国实在情形，所以将错就错地流传下来，弄得我们本来很好的十进制度，反而变成不是十进。石斗升合，已成定例，他忽替我们加了一个斛。亩分厘毫也是定例，他又替我们加了些方丈方步。我们本来很清楚的，被他弄混了，至今还没有纠正。这又上了一个大当呢！

论到教的方法，也有好多不可思议的地方。计算要纯熟，要成习惯，这是谁都知道的。但是我们教学生时，把大多数的功夫要他们化在抄题目，列公式，注文字，再写答数，等等。一个不满半分钟能做出基数来的题目，却要化二三分钟的工夫来做不相干的工作。书里练习题又少，新算法又多。基本四则，不能纯熟，却又闹什么诸等、分数、比例等把戏。试问，只懂了如何如何算法，而算起来又是慢又是错的，要他何用？我们学算学究竟是要会算，会算得正确，会算得迅速，不是能夸耀学过什么方法便算成功的。行易知难。小学里的算术，行都不成什么样子？何况真正的知！

应用题的奇妙，更难说了。"某人卖去他田的七分之二，他剩田十亩，他原有田多少？"这等差不多是很普通的题目。试问自己有田多少，尚且不知，如何可以出卖？如何可以知道卖去了七分之二？这种先有了答数，再造问题的题目，只有学校里用，一到社会上，决决不会碰到。日日如此的练习，难怪学生毕业后逢到日常题目，要瞠目不知了。譬如教孩子在床铺上学游泳，等他到水里去时，哪有不被水淹死的！他如龟兔共笼，几头几脚等题目，更不必说了。学非所用，怎能讲什么效力！

十一、怎样使学生算得快

从来小学里的算学没注意到速度。教员也从从容容地一题一题写在黑板上，学生也从从容容地抄一题算一题。一节课四五十分钟，做四题也好，做十题也好。这样的做算学，绝不合于今后的社会。物质文明一天一天的发达，人生社会中做事，不但要做得好，而且也要做得快，才能收充分的成效。小学不是以前养成规行矩步，考秀才中状元的文人制造场了。现在的小学，是养成服务将来社会有效的国民的。随便举一个例，做了国民，总要上店铺去买东西的吧。在热闹的店铺里，柜台外面的顾客决不能从从容容的化五分钟十分钟计算自己所买的价值。做顾客的，应当一面看伙计在那里把东西包扎，一面迅速地计算价值。包扎了结，照付价值，同时也应该迅速地计算应找的数目是否符合。这样，便应当拿了东西让后来的顾客。若照现在平常小学生的计算速度，恐怕到店铺里买三五种东西，计算价值和出入的款项，要化好多的时间。只得听凭伙计去赶，绝没有时间细细地复核了。不会复核的顾客，我们可以说他是有效的吗？

近来有极少数的小学也注意到学生的速算问题。这是一种极好的趋势。但是也有行来不很得法，一味用催促的方法，向学生"快！快！快！"的催迫。学生也只顾了要做得快，一切计算，都犯了草率、错误的大病。计算快是好的。快了算错依然要重算过，不是和不快一样。若是重算时，一时性急，错了再错，那么统计所化时间，反而比慢慢地算，一次算正的更慢了。这种病像，的确也是不可掩的事实。所以有的人便引用"欲速不达"的成语来反对速算了。

欲速，的确要不达的。一味注重了速，的确容易犯上述的弊病。所以有人说："先正确，后迅速。"意思便是要等学生能计算正确了，然后再使他们计算加快。这不是普通所谓调和折衷的办法，这的确是合理的应当走的步骤。要知道计算是一种技术。技术愈练愈熟。熟了自然会得快的。在没有熟的时候，愈要快愈是弄错。等到纯熟以后，所谓熟能生巧，得心应手，要不快也不得了。从前学生算得慢，在乎不熟。我们今后要研究速算，不必在速的方面用功夫，只需在如何使学生熟的一个问题上努力就是了。

熟不是空口说说，可以成功的。要熟一定要练。练得多，自然会得熟。所以速算问题，实在是个熟算问题；熟算问题，就是一个练算问题。譬如初学加法的学生逢到" $\frac{3}{2}$ "的题目，一定要"3，4，5"地数下去。这是当然的。除了数以外，叫学生何从空想！但是" $\frac{3}{2}$ "的题目，若是练习充分，学生每次数，数到后来自己觉得麻烦了，而且熟了，不必再数，一见" $\frac{3}{2}$ "便知是"5"了。要数的时候，当然不能快。不必数了，一见便知了，当然也不会慢。熟了，自然会得快的。

同样的反复，顶容易使学生厌倦，所以练习的方法宜多变化。譬如学了"$\frac{3}{2}{5}$"等八九个九九时，可以做一套片子。先由教员抽片子，学生共同口答，再导名口答。练过二三次后，把片子抽出来，叫学生口答，同时排在黑板下面的边上。排好以后可以用教鞭随意指了片子叫学生共同口答或指名口答。练过三四次后，可以把片子一一收好。收的时候又可以叫学生口答。再把片子抽出来，指名口答，答正的把片子送给他。片子送完以后，教员说出片子上的数目，叫大家算了，由拿这片子的人送回。如此，又可以练习二三次。一套片子可以变化出四五个方法来，前后一共，这八九个九九的片字可以练习十次光景。所花的时间，大约不过是十二三分钟。如再变换一个方法，大约二十分钟内，不难使个个学生得到二十次以上的练习机会。照此练习，一两星期以后，共积有一二百次的练习，大约可以纯熟，不必再依赖数手指的了。

我们的目的要计算熟，所以应当在计算上加练习的功夫，凡是计算以外别的不相干的事愈少愈好。譬如：

1. 无为的抄写应当减少。用的题目预先印好，或预先写好在小黑板上；省得到了上课时间再由教员写在黑板上。学生用练习测验，用印好题目的练习簿。就是做小黑板上或教科书上的题目，也只要写"1，2，3"等题目的次序，决决不必把题目全抄。有时练习用单张的纸，把纸放在书上题目下做，做好一排把纸折去一排再做。这样，连抄式子的时间都可以省却。平常一个"$\frac{3}{2}$"的加法，既要横式，又要竖式，末了还要写"答五"的几个字。这样的办法，用于记算的时间一，用于抄写的时间即要六七倍。

2. 学生在演算时的写法也应当和平常日用的仿佛，不必走许多迂远的路。譬如题目是买五元的东西三件，十二元的东西四件，共须多少钱。"$\frac{12}{\frac{4}{48}}{15}{63}$" 的写式尽够的了。不必："5 元×3+12 元×4 = 15 元+48 元 = 63

元 $\frac{5元}{\frac{3}{15元}}$ $\frac{12元}{\frac{4}{48元}}$ $\frac{48元}{\frac{15元}{63元}}$ 答两共六十三元"——那般费事的。周周折折

地多写，毫不能帮助学生的思考，反而足以浪费学生多做习题的时间。

3. 不许学生打点子或记别的暗号。

4. 计算时，叫学生不要多花时间在诵念上面。例如 "$\frac{\frac{25}{13}{16}{20}{38}}{}$" 的加

法，应当念："8，14，22，2；4，5，6，8，11；一百十二。"不应当

念："5 加 3 是 8，8 加 6 是 14……等等。"

5. 不要使学生常用手指。在初学时可以用的。练习一天一天地进

步，用手指应当一天一天地减少。到后来完全不用手指。还有一法，在

学生练习到半途中时，在黑板上，或在大的纸上，把 "$\frac{\frac{3}{2}}{5}$" "$\frac{\frac{4}{3}}{7}$" 等九

九式子和答数写了揭示出来。学生计算时若见了 "$\frac{\frac{4}{3}}{}$"，不记得答数

时，不必用手指数，可以在揭示的式子里去抄。反复练习得久了，抄也

抄熟了。那时 "$\frac{\frac{4}{3}}{7}$" 变成了整个的观念了，那末，不必抄了，只看见

"$\frac{\frac{4}{3}}{}$" 时，下面的 "7" 自然会算出来了。

十二、年幼初学算学的学生可以用手指记算吗

小学生做算学的时候，常常要拿出手指来数。这是我们大家常常遇

到的。究竟要不要允许他们用手指数，却是一个有趣而重大的问题。有人是赞成允许的。赞成的理由是，一双手是人类天然的计数器，天然的算盘。人类关于数目的制度，殆全用一双手——十进做根据的。我们要用计数器，我们要用算盘，何以这天然的计数器，天然的算盘，反而不许用呢？有人主张是不许用的。反对用手指的理由是，计算贵纯熟，宜迅速；基本九九应当练习成功习惯。所谓练习成功习惯，是要学生一见

"$\dfrac{5}{3}$"，便知是 8，若是学生不能练习到不假思索的地步，以后各种计算都是没有良好的基础，势必成绩低劣。要是许学生从小用惯了手指，他依赖成性，动辄用手指来计算，于练习成功习惯，便生了极大的不良影响。而且练习纯熟了，可以达到相当的速度。若用惯手指，一定耗无谓的时间在数手指上，因而使计算的速度也大大的低减。不错，许用手指的，有相当的理由。不许用手指的，也有相当的理由。空坐了谈理论，反来复去的循环式的辩论，有趣是很有趣的，可惜不能解决我们做小学教员实际的困难。我们的问题是，究竟许不许学生用手指计算？简捷一句话，我说许的。但是下面要有一个继续的办法，便是许了以后，要设法使学生练习的机会加多，到后来数得回数过多了，自己觉得已经纯熟不必数手指也能把答数说出来了。所以我的意思，实在是：许学生用手指到他自己不愿再用为止。若用买来的教科书，新教材似跑马般的急速进行，基本九九既没充分的时间练熟，又少变化有趣的方法；一切都是半生不熟的，那末，用了手指也是算得很慢；不用了手指，结果更多错误。在如此状况下不许学生用手指，仿佛俗语说的"石镤子里去逼出油来"。叫学生想，我不知道他将从何想起！除乱猜猜以外，不还是偷数手指！初教时，用实在的经验。练习时免去无谓的手续。有兴味，有迅

速进行的方法。起初 "$\dfrac{3}{5}$" 等九九——许学生数。各九九练习到十次，

二十次，三十次，五十次，以至一百次二百次，每次数手指不太麻烦了吗？学生练到纯熟以后，自己觉得麻烦，即使你勉强他们用手指也不要用了。所以，顶要紧的是练习要充足。现行的教科书，恰恰一个相反。大约现行教科书中太深太偏的教材，至少可以淘汰三分之一。初年级基本的练习材料至少要比现在加出十倍。一方面还要有良好的练习方法。

十三、速算练习的教材（略）

十四、速算练习用的教具（略）

十五、算术应用问题的故事化

算术应用问题的语句和学生的解答很有重大的影响。语句不得法，可以阻碍学生的思想。平常小学生往往要求教员把应用问题的语句讲解，就是为了这个缘故。在文言文时代，讲解应用问题，或者还可以说是因为言文不能一致；文言改了白话，除了不识的新词新字以外，不必再行讲解的了。有了新词新字，或者问题里的事实出乎学生经验范围以外时，当然要先行补充的。但是平常小学里的讲解问题，竟不是补充而是说明如何加，如何减，如何乘，如何除，如何加乘，如何加减等的计算程序。这样的学应用问题，有什么用？问题的解答，重在思想，重在自己求出关系来。思想由教员代劳了，关系由教员说明了，学生只不过依样葫芦地算算罢了。这不是成功两脚的活算盘了吗！

我们要学生自己能思想，自己会思想，自己肯求问题里的关系，除掉少用新词新字，学生经验范围外的事实，并且拣用学生有兴味的题目以外，还要注意问题语句的组织。在美国，曾经有人做过一次实验。他们用同一的事实，仿佛的数目，分别造成下列甲乙两题。

甲. 一个女孩子的一百三十五粒的珠串断了线，手里握持了三十五粒再找到了其余的一半。她还有几粒？

乙．爸爸送明明一串珠串。这一串一共有一百粒珠子。明明和哥哥妹妹摸瞎儿，正在追来追去，珠串的线断了。不好了！珠子四面的掉了。明明两手握持，只握了四十八粒。哥哥妹妹帮着他找，其余的只找到了一半。再用线穿起来时，他的珠串还有……粒了呢？

甲题中的文字语句少而短，但是并没有比乙题更深更难的关系。把这两题，再混合了别的问题十个去考验五百十三个五年级到八年级（约当初中二年程度）的学生。结果，做正甲题的只二百六十三人；做正乙题的有三百八十四人。做正甲题的只占百分之五十一；做正乙题的有百分之七十五。

这其间的理由是：因为乙题长，叙述事实仿佛成功了一则故事，因此学生的兴味好，他们容易想象；他们觉得这问题接近实在的境遇；把学生的心引到他的经验里去了。学生对于这种问题，不必想应否加，应否减，应否乘，应否除；只须照了想象到的境遇求解决就是了。

我们试看三四五六岁的孩子弄玩具的时候，关于数或量的事，他们绝不会用错方法的。谁看见过小孩子玩的时候，对于应加的事做了减法；对于应减的事做了加法？小孩子没有学习正式算学以前，自己并没有知道什么加减乘除，但是在他日常生活和游戏中，都能处理加减乘除。他不知道要加而自然加了；不知道要减而自然减了。他明白了境遇里的需要，他自然地思想了去求解答。

甲题是仿佛一种考题。平常我们遇到数量的境遇时，绝没有人来问"还有……多少？"的。我们的思想是和乙题一样的想下去。到……的地方自然觉得这数目没有知道。那末，自然而然地求出关系来了。

总结地说，我们对于应用问题的语句不要怕长。长的要比短的好。要成功故事，使学生想象得出实在的境遇。文句要合思想的自然的进程，不要多用考题的形式，结末问："……多少？"

下面有几个应用问题的例子，读者肯把它们改成上述乙题仿佛的故事吗?

1. 肉店卖出脂油 87 斤,每斤五角半。又卖出肉 368 斤,每斤四角二分。开发票,再结算。

2. 每只 16 元的羊 986 只,共几元?

3. 某教师有美术画片 2 460 张,分给 205 个学生,问每个学生可得几张?

4. 大树小树各一棵,小树高 1.25 丈,大树高 3.47 丈,问大树比小树高多少?

5. 买每条重十四两半的黄鱼三条,共重几斤几两几钱?

6. 有一部书,共计八册,每册 36 页,今欲改装 32 页一册,应分几册?

7. 一匣葡萄干,好的坏的共有 965 颗;把好的分给八个小孩子,恰好每人 86 颗;坏的是几颗?

8. 弟弟六岁,爸爸年纪,是他的五倍,爸爸是几岁?

来!我们来努力把一切应用问题故事化!

十六、数量方面的常识

从前我们以为算学是教学生计算方法的科目,所以只知道练习。练习不得法,呆记公式、算法,也是无用。后来我们又知道要教学生思考,做应用问题,这是已经进了一步。不过仔细想来,小学的算学里,还有好多关于数量方面的常识,也是应教的。这种常识没有教得好时,学生的基本经验太缺乏,很足以阻碍他们思考,因而应用问题的解答,发生困难。

有时,我们假想学生已经知道平分的事,所以在初学除法的时候,便拿平分来做例子。在低些的年级里,学生是否对于平分有确切的观念,却还是一个问题。所以在没有教除法以前,应当先调查学生是否个个人都明白平分的意义。要是不很明白的，应当用故事、表演等方法，先学平分。可以实在拿了东西，叫学生分，务使各人分得的一样多少。我曾遇到一个笑话。已经教到有余的除法，像三除十等了。教员问："各人分得三个后，余下来的一个怎样办？"一个学生说："叫三个人拈阄，谁拈得的，谁拿四个。"还有一个说："不好，还是留给妈妈自己吃。"原题仿佛是妈妈把十个可吃的东西平分给三个孩子。小学生所提的两个办法，也是平常情理中常有的事。他们没有深切明白平分的严密的数学里的意思，所以闹出这个笑话来了。

加减法一定要同单位才能做，这也是一个极容易忽略的根本经验。初学时教员急于要进行加法，往往把这根本经验忘了没有细教。到了后来做起应用问题来时，学生便纠缠不清的，把不能加的不同单位合并了做起加法来了。于是诸等的不十进的，加减法中要用别的数目化聚，又和十进的进位退位，发生纠纷了。小数点没有上下对齐，也冒冒失失地加了起来了。分数不找公分母，任意乱加乱减了。后来一切纠纷，都不过是最早时性急了一些，没有把同单位才能加减的根本经验弄得明白。铜元是铜元，银角是银角，银角和铜元合并，仍旧是银角和铜元。若要加减，除非把银角也兑了铜元，如能早用实在事情学，不难彻底明白的。等到发生了纠纷后，再来用抽象名词叫学生呆记"同单位的才可以做加减"已经来不及了。

教诸等的先生也往往要忽略常识而专重在关系化聚上用功夫。结果，学生只会呆背诸等关系表，"十斗是一石""十六两是一斤"，而看见了斗，不知是什么东西，拿了秤不会权东西的轻重。所以教尺寸时，应当用尺来教。先不必求什么十寸是一尺的关系，只应教学生会得用尺来量。先量满尺的东西，几尺的东西，这是学尺。再量不满尺的东西，一尺以上不满二尺的东西。这是学寸。多方地量，不期然地，可以量出一尺就是十寸的关系来。这样，由根本经验上学来的关系，是确切的，学生深切明白不会糊涂的，有人糊涂了，拿出尺来再学量。升斗，斤两，也应如此。可以总结一句说，凡是诸等关系，都应这样。

几何形体，小学里没有另立的几何，也包含在算学以内。几何形体的学习，切不可重计算。应当先从根本经验上培养常识。角和三角形是不容易区别的。用几何学的定义来讲，是学生听不明白的。或者，反而愈讲愈使学生糊涂。用黑板上图形来说明，也不如实地经验来得切实。图形，比了事实要抽象得多。各人拿一双筷子，可以在桌上排成并行线、角。也可以排直角、锐角、钝角。三只筷子，排的是三角形。角和三角形，至少有一只筷子的多少出入。教室里有好多东西，可以一一叫学生指示出来，譬如在黑板上指出直线、并行线、角等；在钟上指出圆、径、角……实物在前，图形在后。实物宜变化多方，然后再归纳到几个图形。圆周率的三又一四一六，也可以从常识入手，不必用命令式的强记。拿三种的圆形东西，像圆砚、钟表面、井口、水桶、水壶、茶壶、茶杯、水盂、摇铃……叫学生用线或绳沿了周量，再量直径，一一报告，列记在黑板上。然后共同观察，自然可以发见周比径常常在三倍左右。各各量的，当然不能正确。再讲确切的是三又一四一六，学生自然可以深切明白了。

百分法的应用，折扣，利息，等等，大多是成人工商社会里的事情，小学生平日很少接触，所以经验更加缺乏。教折扣不应从算法教起，可以先叫学生表演开店，或拍卖旧货，先学折扣的意义，然后再学算法。教利息应学开银行。教保险可作游戏。教百分法绝不宜从子数、母数、成数等抽象名词入手，应当用实在事物使学生明白百分的意义。一百个学生，十二人请假，请假者是百分之十二。二百个学生请假者十二人，那只是百分之六。先把百分的意义弄明白了，然后再进行别的计算。利息折扣等也宜同样的，由意义入手。

此外，一切应用问题，切不可只顾算法，忘了常识。学过加减法的学生，叫他们做买书，付款，找钱，看来是容易的事。但是，若学生不明白买卖付款找钱的常识，势必纷纷询问，何数宜加，何数应减了。说明怕不切实，可叫学生表演。一经表演，自然会得知道书价是应合并的，所以要做加法；找钱是求付款和书价的差额，所以要做减法。教数量方面的常识，是算学教员的责任。常识教好了，应用题的难关可去了一半。

（选自俞子夷著《小学教学漫谈》，中华书局 1931 年版）

漫谈教学方法

一、先谈目标

经常有不少小学教师们要问，在新民主主义教育方针下，过去的教学方法是不是再可以用？有哪些可以再用？不再用的，有什么新的方法代替？也有人怀疑，旧的注入式当然是要不得的，哪些不可以再用？为什么新的小组讨论也不能在小学里用呢？更有人这样想，系统的讲授和注入式的演讲有什么两样呢？问题和疑问，多得很。一个个分别讨论，恐怕太烦琐，反而会不得要领，倘若先从根本上把基本原则搞清楚，那么枝叶细节问题，就可能迎刃而解了。

先从大道理谈起。什么大道理？就是目标问题。

我还记得，大约在六十年前，我们的年龄达到了六岁，有些人家照例要把小孩子（只限男孩子）送到私塾里去读书。官僚地主或少数发过洋财的人家，却可以邀请一个塾师到家里来设"馆"。塾师，大多是科举中爬不上的"文人"。小孩子初上学的几年中，不论是"士绅"家里，或是"开门受徒"（大多在塾师自己家里），所学的都是同样的一套，就是从方字开始而三字经、千字文等韵文再到四书。前者叫作"小书"，后者叫作"大书"。过了启蒙阶段，做父亲的，（母亲是无权顾问的）就要按照自己的经济力量和社会地位，考虑到孩子的前途。通常只有两条路：一是作对句，开笔做八股向着考科举的路走，又一是读些幼学之类的酬世文，学些尺牍，向商店里走。刚刚在父亲必须考虑我读书向哪一方向进行的时候，恰逢"百日维新"，于是又增多了一条走洋务的新路。照我的家庭情况，够不上走官路，只配走商路；但是因为新开了洋路，累得我父亲花上好多脑筋，和朋友亲戚多方商谈，最后"新思想"战胜了旧脑筋，才决然把我送进了本乡的"中西学堂"。

倘若用教育的语词来说明这一事例，我们可这样说：在过去封建时代，读书的目标是做官。官是什么？照我幼时看见的情况说，官是一方面替皇帝收钱粮，一方面替地主包收地租，另外还经常要审官司，凡是做过官的人必定是很阔气的，经常受人恭维；而且也是很有钱的，有高大的房屋、花园，有很多人靠着这一家吃饭。在租界大商埠以外，读书进商店，多数是没法爬上去的；有的是为着力量不够，有的是为着门第差些。到了半殖民地时代，走洋路的目标也很明确，个个人知道，将来是考邮政、考电报、考海关（那时的邮电、海关都在外国人手里），或者进洋行当"跑街""写字"，再升做"康白度"（买办）。

自从废科举，兴新学，教育的本质虽仍只是为统治阶级服务的工具，但是像"教育救国""栽培人材"等迷惑人的言辞，针对着是"毕业就是失业""教育要是普及，人人都成无业"等等事实，往往叫人茫然，教师天天在教育一群孩子，始终不知道为了什么教他们，把他们教成功什么样的人，教师心里不知道小孩子的前途，仿佛船老大不知道把船开到哪里。目标不明确，工作无方向，怎能再谈什么工作的成败或效率？成败效率是要用标准去衡量的；衡量的标准是要按照目标来决定的。像是失了舵在海洋中漂流着的船，有什么办法谈效率呢？到解放时止，虽然亦有人在文字上扯扯宗旨、目标，但一般教师之对教育，多是这样。

现在，我们的目标很明确了。我们自己脑筋中可以想象着一幅美丽的远景，工业发展到怎样，农业发展到怎样，交通发展到怎样，国防发展到怎样，文化发展到怎样，人民的生活发展到怎样……要做到怎样怎样必须要有很多很多的人，齐心合力去做，那么这远景就会渐渐地接近过来。这很多很多的人，不是生下来就知道要这样去做，也不懂得怎样去做。所以我们必须教育；就是使大家知道有这一幅美丽的远景；这远景不是空想幻想而是必定可以实现的，只要我们大家来动手向着这方向做去，更应当教会大家怎样做的本领。前者是教大家有信心，后者是教大家有办法。有了信心，还有了办法，大家一条心，动起手来，现在叫作远景或前途的，便一一兑现了。这就叫作地面上出现了天堂。这不是《封神榜》和《西游记》，苏联的榜样摆好在面前，而且我们有毛主席和中国共产党的领导，这是必然可以保证的。

这目标多么明确，多么具体！这是全体人民共同努力的目标，不是个人主义的，是集体主义的，这目标是爱国主义的；不仅爱好过去无量数劳动人民伟大的成就，不仅爱好现在我们在世界和平民主阵营中的巨大力量，而且更爱好将来能发挥更伟大的效果，使中国更好，使全世界人民更好。所以这一目标，同时又是国际主义的。要达到这目标，我们有很多的工作要做。光就小学教师的任务来说，也是很艰巨的，然而是很光荣的。我搞教育工作四十八年了，过去像在迷雾中，只是为着爱好孩子，所以高兴搞而不肯放手。实在，可以说是完全没有明确的目标的。解放以来，在这两年中摸索又摸索，受到很多人的帮助，从迷雾中望见了毛主席的灯塔，而且灯光照出了这一幅美丽的远景来了。所以我们很高兴地说："那么，做教育工作有道理了。"这就是我要说的大道理。

有人怀疑，目标尽管明确，是不是个个孩子都可以培养成材呢？有些孩子容易教，一教就懂，一教就会。有些孩子不容易教，老师讲得唇枯舌烂，他们还是莫明其妙。为着各个孩子有着这种学习上的参差不齐，所以有人主张废除班级；有的说，按照孩子的能力，分做小组，也有的说，各个孩子应当按照他的能力和速度学习，不必有两个孩子用同一步调进行。更有人以为教学应当依照儿童的需要，儿童的兴趣，不应当给学生些少的勉强。表面上看，这种种说法，都好像很有道理，但是仔细想想，这些论调只是个人自由主义在各个不同方面的表现罢了。

各个孩子有着不同的个性，这是事实。但是我们因此就武断说，在由个性不同的人组织起来的集体中，绝对不可能学习相同的东西或者做相同的工作，那是完全不正确的。关键却在教师。例如对能力好些的，多鼓励他们独立地学习，对能力差些的，多给他们些帮助，这样，就可能使他们学习的进度趋向一致了。这只是个最简单的例子，此外还有别种具体办法，这里暂不多噜苏，保留到以后谈教学方法时再谈。所谓个性的差别，只是指儿童将来发展的可能性有差别说的，并不是说正在发展中的儿童已经有着不同的定型。发展是要靠培养的，不是听天由命的；培养的作用，是靠教育来发挥的。所以教育虽不可能使盲子会得看，这是医疗者的工作，然而教育可能使胆小的孩子勇敢起来，只是教师对他，比了对胆大的孩子，要多花些力气而且还要多用些脑筋想些办法出来。智能天定的说法，个性不可改变的说法，只是教育者卸责的遁词罢了。在没落的帝国主义国家中确有这种反动的学说，过去曾流传到中国来过，我们必须仔细研究，彻底肃清它们。

儿童兴趣中心说，也是这样。不论儿童或成人，对于完全不知道的事，多不容易发生兴趣，至多只是一窝蜂凑热闹罢了。这种一窝蜂凑热闹的兴趣是很浮面的，很脆弱的，很容易转变不定的。拿这种转变不定的兴趣做学习的根据，像是在沙漠上建高楼，经不起一击，就要全盘垮下来的。反过来，兴趣是可以培养的，而且我们的教育，应当不断地培养学生的兴趣。跟着学生身心的发展，我们必须使他们的兴趣也跟着提高起来。所以教算学的老师倘若把学生教到看见数目就要头痛，这位老师应当负责。无论哪一种，我们教的人，必须教到学生懂得、会得，而且还爱好这一科，这样，我们才算完成了教学的任务。拿兴趣做教学的出发点或当作是教学的前提，是犯了严重的错误的。

所谓"一切教学要依据儿童的需要"这种说法，同样是很不正确的。所谓需要，实在就是上面所说兴趣的同义语罢了。我们还没有教给他们，孩子怎会知道要不要呢？儿童自发的需要是无系统的，不一定和教育的目标相符合的，所以教学依靠了儿童的需要，就容易变成盲目性的，同时，教师也失去了主导的作用。譬如教算术，我们应当把学习算术的目标，按照学生可能理解的程度，给他们说个明白。使他们想象新社会的远景怎样美好，要得到这样美好的社会，必须怎样建议，在工业建议中要用到算术，在农业生产中要用到算术，在物资交流中要用到算术，提明目标，就是使学生认清学习算术的重要性，因而自己觉得学习算术的需要。这需要是教师教给他们的，所以这需要和教学的要求是一致的。这样，教师的启发和儿童的自觉就统一起来了。倘若呆呆地等待，学生自发地需要算术，恐怕他们的年龄已经长大，到那时要赶速教他们，时间上已经来不及了。

也有人会这样想，那么这种启发学生自觉需要，不就是过去的所谓引起动机吗？表面上看，是有些相似的。仔细研究起来，却有明显的区别。过去的引起动机，只是拿小孩子现有的兴趣做根据的。因为小孩子只知道游戏，所以学习算术时，就拿游戏做动机。在个人自由主义下，教师看不到远景，教和学都没有正确而远大的目标，所以教师提不出明确的要求，只能让学生自流。所谓"引起"动机，仍旧逃不出"儿童中心""兴趣中心"和"自发的需要"或"自发的活动"这一套。教师并没有引导学生，只是迁就了学生。也有的，只是形式上说："小朋友，现在上国语好不好？"学生盲目地附和着"好！"教师不说明学这一课国语的目标，不提出要求，学生随声附和一声"好！"怎样保证大家用全副精神来学这一课书呢？所以，学生才喊出"好"字，就不顾教师的讲解、发问而各自搞自己爱好的玩意儿去了。这样的引起动机，结果仍旧是让学生自流。

总之，目标问题是根本的大问题。教师认清了目标，领导学生学习时，就有了明确的方向，对学生就提得出具体的要求来。学生认清了目标，就明白了为什么要学，学了以后有什么用，因此就有可能自觉地，主动地，积极地学习。教师的领导，不是鞭笞或责骂，学生的自觉，不是任意的、盲目的、胡乱的自流。领导与自觉是一致的，师生都为着同一个目标，为着美好的将来。过去，因为目标不明确，所以谈教学方法的人，不肯谈目标，以为这只是师范学校教室里上课的空话或者理论家的迂腐相罢了。现在，我们不能不谈目标；目标倘若搞不清楚，思想上很容易继续做美帝国主义教育理论的俘虏而不得解放，所以我先从大道理谈起。

二、谈教学的培养性

科举时代，学塾里读的是四书五经，考场里考的是八股策论。老师教的，学生学的，都是修身、齐家、治国、平天下的大道理。从这样教学中培养出来的，选拔出来的，却是无官不贪，无吏不污。乡村中地主上城打官司，在县官手下的书吏家里，和差役讲价钱，讨价还价，拿一个制钱代十块大洋作单位，三个半或四个钱是平常的价格。当时大米价，每石一百四十斤老秤，不过三块多大洋。三十五块大洋可以换大米十石。这是我幼时经常看到听到的事实。

塾师也教学生勤俭。用现在的看法来解释，那时的所谓勤俭，对剥削者说，就是等于加紧剥削，再加上吝啬的总和；对被剥削者说，只是叫他们甘心拿出自己的血汗来供别人享受；对中间者说，是鼓励他们一面尽量剥削，一面努力奉承攀附从帮凶爬上做独立的剥削者。老太爷吃油条大饼起家，卖上几千亩田地，儿子捐官上任……这也是我幼时家乡父老经常传述的"美谈"，而父老们又经常用这些"美谈"来勉励自己的儿孙。

学塾里教的只有一套所谓"圣经贤传"，另外没有别的。新式学堂里有各种科目，而用作培养道德品性的，只有一科，初期是读经，后来叫作修身，再后来改称公民。通过这一科目的教学而培养的结果，和从前没有什么差别。倒是由于外国资本主义侵略中国，多了一条"发洋财"的捷径。有的在租界上洋行里直接和洋人勾结，或者再暗地里做做小货。有的在庙堂上经手借外债，出卖路矿，从中取利。方式虽不同，结果是一致的，就是一切一切为个人发财享受。自从美国生活方式盛行以后，所谓超政治的清高的教育家，也竞相买地造洋房。钱从哪里来呢？编书卖稿子，积少成多，也可能一偿宿愿！其他贪污舞弊，勾结官僚政客者，更不足道了。

有位旧学生曾经和我批评学校里的校长，说："他从前欺骗我们！他教修身科，讲得天花乱坠，全是大道理，当时我们听得都很开心，以为他真是个好人，好教师。到了毕业以后，去上海工作，第一件事就碰了个钉子。他修身科里讲的大道理全是空话，假话……"岂但是空话假话，到最后，公民科完全变做了反动宣传的工具。

这些事实，说明了：教育是跟着政治、经济走的。在封建社会里只可能有封建的教育；在半封建半殖民地社会里，只可能有半封建半殖民地的教育。教育不可能超然在政治以外，要想用教育来改革政治、经济，更是梦想。当然，我们也不能否定我们教育工作者的主观能动性，可是，"在革命发动之前，我们的文化教育工作就应该是，而且也只应该是为革命作思想的准备"。只有经过新民主主义的革命，政治、经济上翻了身，我们的教育才可能改革；而改革后的新教育，却可能使我们的新社会加速前进。改革的第一步，必须先把封建的，买办的，法西斯主义的残余思想彻底肃清。

可不是吗？"大义灭亲"这教训，从来都认为是千载难逢，空前绝后的，但是在解放才二年的新区里，学习了镇压反革命以后，小学里的小朋友，也能够以正义战胜了私情，把做特务的亲戚检举出来。在抗美援朝运动中，在其他爱国主义的学习中，小孩子、少年、青年有很多很多的表现，都是旧社会中成人所不容易做得到的。我们现在可以相信，通过教学以培养品德是可能的，但必须有个前提的条件，就是良好的社会基础。

道德是有阶级性的。忠于专制君王，就不利于被压迫的人民；为被剥削的农民伸张正义，对于地主阶级就变做大逆不道。中立性的抽象的道德，正如那位旧学生说的，只是修身科教师在课堂上拿来欺骗学生的。我想，现在，就是小学里的小朋友，也不容易骗得过了。旧社会的道德标准都是拿私人、个人的利益做根据的，不但阶级对立，利害相矛盾，就在同阶级中，彼此间也经常钩心斗角地相竞争。"同行嫉妒""文人相轻"，这两句话就可以作为证明。甚至小小一个家庭里，男的、女的、老的，分裂做三四条阵线，朝夕在明争暗斗。所以旧社会中的所谓修身齐家之道，都只是空话废话罢了。治国平天下，大好道理，更不必说了。

自从百日维新起，很多的教育救国论者多相信"教育是万能的"，贫而弱的"老大帝国"，只要办新教育，就可能立即变成富而强，像东邻的日本一样。辛亥以后，这思想依然未变，所变的只是：因为国体已经改作民主（实在，连民主的空形式也没有改得像），所以教育要效法"民主"的美国。事实恰恰相反，很无情地暴露出政治一天比一天混乱，经济一天比一天恶化。这样，好多人对于教育的信心，便起了极大的动摇，有些人竟认为"教育是无能的"，连同教学方法也认为是不必要的。另外有些人却想重新抬出"万世师表"这偶像来挽救这一个危机，所以恢复读经科又闹得甚嚣尘上。法西斯主义的统治者，就利用了这一机会，假借"民族复兴"的美名，把公民科改作公民训练，实施武断媚外的奴化教育。

我们相信教育不是无能的，也不是万能的。倘若没有良好的社会基础和适当的条件，而光靠若干人的空理想，是收不到效果的，而且经常会得到与空理想相反的结果。但是，我们不能就据以断定为教育是无能的。倘若有了良好的社会基础和适当的条件，教育可以发挥很大的作用。试看农村里的情况，本省 1950 年短短一个冬季的冬学运动，就产生了一千几百所民办小学。这光是在土地改革这基础上建立起来的教育运动，才只是一个发展小学教育的开始，若要教育普及，还必须在经济建设做到了相当程度以后。

自从兴办新式的学校教育以来，各门科举知识的教学和品德的培养是彼此分立的。前者叫作智育，后者叫作德育，由读经修身或公民等科负责。大家认为这两者是不相关的。不少教育理想家很注重德育，就是在小学校里，也特别设置了训育主任，有些小学校里还实行过导师制，据说成效要比级任制好。曾经有几位教育家为了这一个问题，就是导师制和级任制孰优的问题，打过几场笔墨官司。到后来反动统治者看准了这一点，就想把公民训练、生活指导、训育主任连同童子军都收来做钳制全校进步思想，监视全校正义行动的特务机构；有不少学校竟就这样的被收买了。但是一般学生对于这一套所谓德育的设施，却只觉得麻烦、讨厌，甚至痛恨。学生最认真学习的，只是几门主要功课的知识；而学习的方法又只是呆读强记，既不问所学的有什么用，更不想知识和"做人之道"有什么关系。所以过去的教学是学与用脱节的，教学是不起积极的培养作用的。

在理论方面，曾经盛行过一种"陶冶"说，以为学校里教学各门科学，主要是在陶冶人的各方面品德。例如他们主张：教学数学不是为了数学有什么用，只是为了数学可以陶冶人思想精密。像鸡兔同笼等难题，实用价值极少，就因为它们有陶冶作用，所以学生必须多多学习。在教育仅仅供有闲阶段消遣、点缀、装饰之用的封建时代，这种理论是很适合的。到了资本主义发展时代，科学的实用价值受到了大家的注意，这种"陶冶"说就被"实用"论所代替了。实用论是注重科学的实用价值的。但是实用的意义是很狭隘的，只讲功利而已。例如他们认为工人子弟的算学，只须学会算算工账和家常卖买已够，分数比例等对他们是无用的。这一理论推到极端，就成为"孩子要什么就教什么"的设计法和其他种种名称的所谓"新教学法"或"进步的教学法"等。他们里面也有人主张所谓"同时学习"的原则，而提出什么"附学习""主学习"等等。这种名称似是而实非。无论是陶冶说或者"附学习"等理论，都不是科学的，都不应当与我们所谈的教学的培养性混作一谈，必须给它们严格地区别开来。

我们所谈的教学的培养性是这样的：

为着建设新的社会而培养下一代的儿童少年和青年，我们必须有计划地给他们正规的系统的教育。这是最经济、最有效的培养方法。除此以外，也还有别的方法可以培养人的，例如在实际工作中也可以培养。但是实际工作另有它的目的和要求，绝不能因为要培养人而有所改变，所以在工作中培养，总不及专用教育去培养来得经济，有效。

正规的、系统的教育，可以用多种多样的方式方法以发挥培养的作用，但是最主要的是有计划的有系统的教学。别种教育设施像课外活动、社会活动，以及少年儿童队或青年团的组织活动等都应当围绕着系统的教学这一中心。为什么要拿系统的教学做中心呢？因为通过教学，可以用系统的知识把学生的头脑武装起来，就是说，使他们实事求是地，从各门科学中，学到宇宙的真理。从正确的认识，引起热烈的情感，进而发生坚强的信心和意志。没有深切的认识，光靠一时冲动的热情，信心是不会坚强的。反过来，热情和信心，又帮助了知识的学习和钻研，教学的培养作用，就是这样。

既然各门科学的教学有着这样的培养作用，那么为什么学校里还要设政治课程呢？这可以说是临时的办法，绝不能与过去的修身、公民同样看待的。要发挥教学的培养作用，不是容易的事，必须运用优良的教学方法。在我们自己的政治认识思想方法以及教学方法还没有提高到相当水平以前，设立政治课程仍是必要的。等到一般教师的水平达到可能运用教学方法来发挥培养作用时，政治课程当然不再有此需要了。教学方法的重要性就在此。我们研究教学方法，不应当丢开了目标，孤立地单纯搞些技巧，必须结合着思想政治。所谓各科教学中贯彻思想政治教育，就是教学要发挥培养作用的意思。我们所要培养的，总括说，就是在提高发展学生的政治认识和思想方法。

三、谈系统知识的培养性

在初期的新法学堂里，教材的系统问题，很少有人提到，好像大家公认，某一门科学的第一章必然是讲这问题，第二章必然是讲那问题……因此，低一阶段用的课本，章节目次和高一阶段用的课本出入不多，只是详略不同；教科用书也只是科学书的缩本罢了。

一九二三，一四起，输入了"心理的胜于论理的"这一原则，意思是：照着科学的逻辑系统是不好的，必须依照孩子学习心理编排才好。这也意味着心理的与论理的是对立的。例如教学地理，按照地势、物产、交通等次序是论理的，不合学习心理的，应当改作旅行记，孩子们学起来才有兴趣。由此，教学方法中就产生了"儿童化""心理化"等等新花样。历史必须倒读，理化变做把戏，也就是这样"化"出来的。再推演出去，就有什么"随机教育""中心单元""活动课程""设计教学""活教育""生活教育"等等，不仅某一科不用逻辑系统，连同科目的界限也打混了或竟取消了。也有人提出另一主张说：心理的与论理的不是对立的而是连贯的，应当改作"从心理的到论理的"。仍用地理作例，先旅行是对的，是合乎孩子心理的，进一步，应当教他们把旅行记中的材料做出有系统的表来，那就达到了论理的系统了。

这种种主张，多是拿儿童兴趣做前提，拿学习心理做教学唯一的根据，都是反科学的。儿童兴趣中心说的错误，第一次已经谈过，这里不再重复。拿心理做教学唯一的根据是客观主义的机械论。试问：所谓心理做根据，是拿谁的心理，哪一阶级的心理做根据呢？资本主义者的心理，以为工人的子弟是笨的，这是绝对不正确的，只须读了上海《解放日报》7月20至23日胡风写的那篇《从民族屈辱和反动统治解放出来的创造力量》，就可以得到有力的证明。还有，逻辑和心理都是研究思维的科学，把心理的与论理的对立起来，固然不通；改作从心理的到论理的而把它们连串起来，也不妥当。我们认为教学必须照顾心理，教学更应当符合逻辑的系统。

系统是按照事物本质内在的关系决定的，和光靠外表的分类有着区别。例如整数是大于一的，分数和小数都是小于一的，所以分数与小数形式虽不同，本质是一致的。分数的分母可以用任何数，小数的分母限定用十、百、千、万等等，因而省却了分母，改用小数点作标记。光看形式，小数和整数近似；若讲本质，小书与分数是属于同一类的。鲸为什么不是鱼类？蝙蝠为什么不是飞虫或鸟类？因为从它们内部的构造可以断定它们和其他哺乳动物的关系近而和别种动物的关系远。倘若只看外表，那么，我们绝不会认马铃薯是茄的近亲，槐也绝不会与豆类列在同一科了。

系统是事物本身具有的，不是人给它们布置起来的。人只能认识事物的系统，不能创造一套事物本身不具备的系统。人的认识，程度有深浅，有时也会发生错误。例如一种硫化铁矿，古代人会当作是"自然铜"或者竟以为是黄金，就因为那时的人还没有深入研究到这矿物的本质而被它的外表迷惑了的缘故。所以学习科学，就在提高人的认识，认识世界上事物的真理。事物是实在的，不依靠人而存在。事物本身有内在的关系，不依靠人而具有一定的系统。我们必须认识事物的实在性和系统性，进而认识事物变化、发展的规律。这些规律是事物固有的，不是人给它们搞出来的，我们把这种种真理，一步一步教给学生，就是在武装他们，培养他们。

明白了真理，就能辨别是非；知道什么是对的，什么是不对的。例如人是一种猿类进化成功的，人和猿的区别，主要在人会劳动，所以劳动是创造世界的根本动力。我们明白了这一真理，就可以重视劳动，珍视劳动的人民，而且爱护劳动的果实，尤其是公共的财物。同时，我们对于不劳而获，拿别人的血汗来供自己享乐的剥削阶级，自会发生一种深切的憎恨。再进一步，对于想来破坏我们劳动建设新中国的美帝国主义者，更加痛恨，因而发生热烈的爱国情绪，并且具有坚决的信心来保卫我们的祖国与世界的和平……一切一切，都为了真理。不学系统知识，而仅知道一鳞半爪，东拼西凑，怎能认识真理呢？怎样培养积极的品德呢？

明白了事物的关系和变化、发展的规律，我们可以有远大的预见，可以有计划地把我们的劳动用在正确的工作上。为什么气象台能做天气预测？就因为他们懂得了气象变化的规律。为什么探矿队能找到矿藏？就因为他们懂得地层中矿物分布的规律。为什么毛主席能指示我们随着经济建设的高潮，必然会有文化建设高潮的来到？就因为他懂得我们新民主主义中国发展的规律。他指示我们欢乐的明天，我们跟了他劳动，绝不会落空。倘若不学系统知识，对于事物未来的发展、变化，就摸不着道路，要预定计划而不可得，那么只得去求教神佛了。但是占卜、扶乩、签诀以及相面算命等等迷信的勾当，都是若干人凭空杜撰出来欺骗人的，不是从系统知识中找出来的真理，照着它们做，是要上当的。觉悟的人民已经知道了唯有毛主席才是我们的活菩萨。我们遵照毛主席的指示，学着毛主席的方法，用系统知识培养下一代，那么，我们欢乐的明天就——可以实现了。系统知识的培养性就是这样。

系统知识的意义，不可误解为就等于科举的系统。普通中小学所教的，确是各种科学的系统知识，但是为着各阶段教育的要求，各阶段学生的年龄与接受能力，材料是经过精选过的，系统也经过调整过的。当然，这调整仍根据各科内在的逻辑关系而不是凭着某些人的主观，任意安排的。例如关于植物的科学，有形态学、解剖学、生理学、生态学、分类学……而中学里却只有一门综合性的植物学。现代科学发展得很专而精，一般中学所学，不必要也不可能这样专精，所以选用各方面最基本的原理，给学生有系统地学习。这可以叫作科学的原理，也可以叫作科学的精华。年级程度愈低，分科往往愈粗，就是说综合的范围愈广。例如苏联小学四年级的自然，在水、空气，矿物和土壤四个大题目下，包含着物理、化学、地质、矿物、土壤、气象等各科的最基本的知识。

过去，也有人企图把小学的历史和地理两科合并成为所谓"社会"或"社会研究"，这办法是行不通的。历史是有时间性的，地理是有空间性的。要把时间性的系统和空间性的系统并作一个系统是不可能的。倘若拿了时间性的系统做了主干，那么地理材料就多变成支离灭裂的碎片了。倘若拿了空间性的系统做了中心，那么历史教材就多变成片断的故事了。倘若两方的系统都不用，那么，势必陷入"大单元""活动课程""设计法"等无系统的窠臼里去了。所以说，综合是有条件的。曾经有人想把美国的"混合数学""混合科学"等输入到初中里来，结果没有成功。实在，混合其名，拼凑其实。一章算术，一章代数，一章几何，拼凑起来，就叫作混合数学，只是一种欺骗人的把戏！他们只讲实用，不重培养，只要学些零碎片断的知识，不在乎使学生认识宇宙的真理，所以无须系统知识。我们初小里的常识，是把历史、地理、自然、卫生等合并在一起的，内容复杂，花样很多，最容易失掉系统，搞成功杂货摊子。今后在研究课程和编写课本时，应当特别注意到系统问题。要是合并了不容易安排，那么，还是分开了比较妥当。假定小学改五年制，从四年级起分设历史、地理、自然三科，而三年级以下的史、地、自然与语文结合了教学，这办法比较妥当。

结合语文或配合语文，这说法，不可与过去所谓"随机教学"和"国语常识混合编配"混同。随机教学是属于"大单元""设计法""活动课程"那一类型的，无目的，无计划，更谈不上系统，碰到机会，随便拉扯一阵，就算完事。拿苏联为例，历史是从四年级开始分列一科教学的，在一、二、三年级，是配合在语文科里教学的。但这三个年级所教的是这样一些史实（见《人民教育》二卷四期《苏联的初等教育》）："……首先介绍苏联在革命前的历史情况，例如人民的生活，国家财产由哪些阶级的人所掌握，人民如何受压迫，如何穷苦。其次讲授革命的历史，扼要地说明革命斗争的几个时期，列宁、斯大林在革命斗争中所起的作用，劳动英雄及其对建设社会主义的贡献，苏维埃政权成立后如何受到帝国主义的干涉和压迫，以及在最近第二次世界大战中，如何打倒德、日法西斯国家和目前如何建设共产主义。"这些史实，仍旧有着历史的系统，不是随机乱拉，像今天来一个太平天国的故事，过几时又来一个岳飞的故事般的不同时代先后的。过去的"国常混合课本"里，关于史、地、自然的教材，也是杂乱无章，找不出系统来的。

不光是每一科要有系统，全盘课程也应当要有系统。各门科学不是各各孤立的，是彼此有密切关系的。必须使学生明白了非生物科学的系统、规律，生物科学的系统、规律，社会科学的系统、规律，语文科学的系统、规律……才能使他认识到整个宇宙的真理，从而培养完整的世界观，因而确立正确的人生观。必须做到这样，才能完成教育的任务。拿东北区普通中学生物科课程纲要（草案）作例，初中一年级植物学，初中二年级植物学、动物学，初中三年级动物学，高中一年级人体解剖生理学，高中二年级达尔文主义基础。按照进化，从植物而动物，而人，再拿达尔文主义基础作总结，并且提高到理论，这系统是很科学的，而且也能配合学生年龄与接受能力的。过去，初中开始学动植物，中途间断了二年，到高中开始再学生物学，前后不贯，看不出什么系统。而且初中博物、化学、物理；高中生物、化学、物理；两个循环，重复而不经济。倘若连同小学一起计算，不少理化教材，初小常识科里就有了，高小自然科里再学一遍，再加初中高中，前后共计，反复有四次之多。

东北区的物理化学是并进的；物理从初中二年级起到高中三年级止，化学从初中三年级起到高中三年级止。长期教学，容易收巩固的效果，倘若集中在一年里教学，排在前一年的，水平只能低些。过去，为了先教物理还是先教化学这一问题，曾经发生过争论。不久以前修改的课程，初中高中都是物理与化学并进的，从二年级起，各二年。有些教师反对这办法，理由是：学生要分心学二科，太忙；每科时间少，不够做实验。这些理由，都有问题，假定同时学二科要分心，要嫌得太忙，那么，学校分科的制度，根本就不能成立，必须改作一年级单学国语，二年级单学算术……而后可。同时学的科目有好多，为什么只看到物理和化学二科呢？不看全盘，孤立起来光谈物理与化学，是不全面的。时间够不够，只是个技术问题，我们应当按照具体情况努力解决。初中部分，东北区已有具体数目注明在课程纲要（草案）中，我们可以拿来参考。

四、谈教育的科学性与共产主义的思想性

这是斯卡特金论苏维埃学校中教育原则之一，译载《哈尔滨教学研究》第三卷第六期以下各期。为什么我们要谈这一个教育原则呢？因为新民主主义的教育和苏维埃教育是属于同一范畴的。苏维埃教育，拿社

会主义社会做基础，拿共产主义做目标；我们的教育，拿新民主主义社会做基础，拿社会主义做目标。二者只是发展的阶段有前后，但是立场、观点、方法都是一致的，体系是统一的。所以苏维埃学校里的教学方法，我们应当学习，苏维埃学校里的教育原则，我们更应当学习。当然，学习不等于照抄套用，取貌遗神是无益有害的。

斯卡特金说："苏维埃学校的教育的总目的，如列宁所指出，是以共产主义教育青年。共产主义的理论基础是辩证唯物主义。苏维埃学校的使命是形成学生的辩证唯物主义世界观的基础。"

"只有在掌握了现代科学知识的总和之后，这种知识的结果是共产主义自身，才能够掌握辩证唯物主义世界观的基础。这就是为什么在苏维埃学校中教育的头等重要的原则是科学性的原则的缘故。这一个原则要求学生在学校教育的过程中这样的认识现实：就是现实在实际上是怎样便怎样的认识，不增添任何另外的东西。由于教育的结果在学生的意识中应创造出一幅正确的客观世界的图画来。"

他又说："科学性的原则可以用一系列对于教育的内容与方法的要求的形式揭示出来。"他提出了八项要求：

第一项要求，教育的内容，必须是真实的；世界是怎样便怎样，不容许把真理歪曲。这一要求，就是一切教学必须实事求是。过去，反动统治时期的教育恰恰相反。例如有一个县里召集了小学教师训练时，主持训练的县长在开训典礼上拿着一锭墨给大家看，问是什么颜色，大家回答是黑的。他说"不对，我说是白的，你们也应当说是白的"。同样，他拿着一支粉笔问，大家答是白的。他又说"不对，我说是黑的，你们也应当说是黑的"。他又说"我们的训练是要大家服从上级"。从这例子看来，国民党统治下的教育是黑白颠倒，不讲是非的。美帝国主义的教育也是这样。明明全世界人民都在要求和平，他们的教育偏要制造战争歇斯底里，拿原子弹来恐吓学生。

　　为着贯彻这一要求，我们做教师的，对于教材，必须仔细研究，深切理解。旧社会遗留下来的东西，有好多是被歪曲了的，"武训"就是一个很显明的例子。我们在旧社会中受过旧的教育，从前老师教给我们的，或者过去书本上记载着的，或多或少，总免不了受到旧社会和旧教育的影响。所以我们必须站稳自己的立场，站在人民大众的一面，把教材郑重批判一下。只有这样做，才能发现被歪曲、蒙蔽的所在而可能把它纠正过来。自然科学方面虽是比较少些；但只是比较少些而已，并不是绝对没有。社会科学、语文科学方面，过去被歪曲的实在太多了，有的竟被伪造过了呢。《人民教育》第三卷第三期和《新教育》第三卷第五期上不是都在讨论《背影》这一篇课文吗？新课本中的教材，偶然也还有旧的不妥当的东西剩留着，选用旧材料真是一件不容易的事。运用教材的教师必须警惕，对每一教材都应细细考虑，像提出"背影"问题这几位老师，他们的钻研究精神是很好的。

　　第二项要求是教师必须把学生的思想从现象引到本质，从较不深刻的本质引到较深刻的本质。这是一个很重要的教学方法问题。初学的人，没有科学素养的人，年幼的人对于事物的认识，往往只及到外表的现象而不能深入到事物的本质。所以古代的人会得判断说："腐草化为萤。"武训问题也是这样。"苦行""兴学""三十年如一日"，都只是外表的，虚伪的现象，他的本质是背叛自己的阶级，做封建地主的走狗，重利盘剥，守钱奴……而反动统治阶级却利用来欺骗人民，企图巩固自己的统治。旧教育缺乏科学性，所以受过旧教育的人，要不是经过自己努力改造，往往安于现象而不肯深入探究事物本质，结果，就会把武训看作是"千古奇人"。实在，所奇的只是现象，一究它的本质，就没有什么可奇处了。

　　引导学生深入探究事物的本质，主要在教师的讲解，必须像剥茧抽丝，一层层把事物内在的、一时不容易观察得到、体会得到的本质揭露出来。这样教，同时就在启发学生思想的发展，也就在发展他们的智慧。倘若误信了过去反动的"自发活动"原则以及"智力定命"论等等，以为讲解只是注入，因而滥用问答法，错用问答法，那么，不仅要浪费时间，多走弯路，而且很容易使学生的思想发生混乱。启发不一定要用问答，问答不一定能启发。在新式学校初兴时，的确教师老是注入式地宣讲，差不多完全不顾到学生的接受能力。继而有些教育家提出用"启发式"来改革"注入式"，于是原来一堂课四五十分钟全是教师讲演的，变成功全是教师发问、学生回答了。有些问句学生无法回答时，教师改用"是不是这样？""这样对不对"等问句来暗示，提醒，学生就毫不经思考地回答："是的！""对呀！"这样的回答启发，至今还有不少学校里在做，这是必须首先改革掉的。问答法并不是不好用，但用来不得当，往往利少害多；尤其在揭露事物本质时，多用问答，极容易使学生的思想散漫而不专注在本质上。有不少教师企图用小组讨论来启发学生的思想，对一般中小学生，这要求太高了，只会多浪费些时间，效果是很难说的。一般地说，小组讨论只有适当地用在已经有了一定的学习基础的高等学校学生方面，才是比较有利的。

第三项要求是教师必须揭露各种事物现象的实在联系；从现象的单纯的共存，过渡到因果关系；从单纯的，显明的联系过渡到复杂的、一般的、深刻的联系。这问题必须在教材、课本的编排方面，在上课前的准备方面，在上课时的讲解方面，同样注意。例如有一种高小地理课本，某一课的内容是先讲某一省的地势气候，次讲交通，再次讲物产，结末讲城市，分作四部分，课文中对于四部分的互相关系一字不提。这一课课文是有缺点的。教师在编教案时，在讲课时，先讲地势气候次联系到物产，再从地势物产联系到交通，再从交通物产地势联系到城市。这样教，学生能把握到这一省整个的情况，因而体会到人和地的相互关系，就是说人依靠着地而劳动，人的劳动又改变了地的本来面目。地势、气候、物产、交通、城市等等的相互关系是较浅的，体会到的人和地的关系是较深的，一般性的、原则性的、理论性的。

过去机械论的"尝试错误"的学习心理"学说"，给我们旧教育的影响是很深很大的。有些小学算术教学者单纯地、片面地、主张乘九九绝对不要系统。有些人竟在贩卖整数四则的几百个"基本结合"。他们都不重视系统，甚至反对系统，不使学生明白事物间的联系而一味拿机械地练习作为唯一的教学方法。这都是反科学的。学习乘九九，从读表，背表入手，是教条主义的教学方法，当然是不妥当的。练习不可呆照表的次序，宜多方变化，才能纯熟，这是对的，但是只求练熟技能而不使学生理解，不教系统的知识，那就犯了重大的错误。理解在先，练习在后。学生把所得知识运用于实践，就叫作技能。知识是技能之本，技能可以巩固知识；必须把知识运用于实践，知识才不会变成死物。知识与技能是这样统一的。过去把知识与技能对立起来，而把算术当作单纯的技能看，是很不对的。

一切教学，不应孤立。例如小学自然科教油菜，即使不光是讲书面也运用问答，仍旧不能算是好的教法，仍旧只教了些空洞的课文罢了。大家都知道，必须使学生从实物得到具体的深刻的认识。但是从园地上去掘了开着花的很完整的菜，即使每个学生都能拿到一株，各自观察，而且观察是有计划的，仍旧还不能算是完美的教法，因为这样教，便把这里所提的第三项要求，完全忽视了。孤零零的一株菜，拿在手里，放在桌上，不能表示它生活的真相，因为在园地上菜和周围种种事物的关系，都被割断，大家看不到了。我们必须说明这些关系。如果带学生到园地上去观察，便应当先观察周围的事物对于菜的生活、生长的种种影响。日光怎样？有墙壁遮光吗？有树荫吗？在遮蔽处或树荫下，菜的生长情况怎样？土壤怎样？泥土的燥湿情形怎样？园地上有没有防水的布置？气候怎样？有青虫吗？它对于菜叶有什么影响？有白蝶吗？它在花上飞舞做什么？……从全园的景色起，凡是和菜有关系的，一一都观察到，考虑到，然后再仔细观察一株菜本身各部分的形态，讲解它们的作用。这时，才需要在教室里，解剖了观察。一般的方式是：先全貌，再部分；先整体，再个别；先看林，再到林里去看树。只有这样，才能避免只见树而不见林的钻入牛角尖的书呆子的学习法。当然，分析与综合是要看具体情况灵活运用的，这里只是一个例子而已。一般说，分析了以后还要综合起来，才可以得到完整的认识，因为分而不合，思想便搞涣散了。

第四项要求是教师必须向学生指出事物是从哪儿发生的，在什么影响下是怎样变化的，特别要指出发展的飞跃，发展是内部新旧的斗争。动是存在，变是常态；世界上没有不动不变的事物。这一认识是很重要的。旧社会的教育是怕动的、怕变的，所以主张一劳永逸，一成不变，这恰恰和宇宙的真理相背。过去的统治阶级老是抬出"天命""天定"等招牌出来欺骗大众，要大众驯服，所以他们教育人们不要动，不要变。我们相信劳动创造世界，天天劳动，不断改变，到了某程度就必然会有飞跃的突变，革命就是一种飞跃。这一科学的真理，只有站在无产阶级的立场上，才能看到这是科学的真理。

仍旧拿上面说过的教学油菜做例，油菜的生活可以分作四个阶段：从下种到分植是第一阶段，就是俗名叫作油菜秧和食用的小青菜的阶段。分植以后的大菜，是第二阶段。抽苔开花是第三阶段。结实枯萎是第四阶段。各阶段是连续着的，但是各有各的特征。第一阶段的园地上像是铺着嫩绿色的地毯。第二阶段的大菜却是颜色深绿，个子肥大、矮矮的，整齐的行列。到了第三阶段，园地上最是花团锦簇。下层的绿叶衬托了上层的黄花，加上甜香，蜂鸣和蝶舞，在四个阶段中，这是最繁华热闹的一个时期。到了第四阶段，花落、角熟、茎叶枯黄，静悄悄地，恰恰和第三阶段相反。从种子萌发到再结种子，油菜的生活是连续不断地在变化、发展，但是在一个阶段变到另一个阶段，却是一个飞跃，前后两个阶段的特征，表现着显著的区别。第一阶段，是旧的种子的发展；在第二阶段是叶的发展；第三阶段，新的茎和花在生长，旧的肥胖的大菜叶就消亡了。到了最后一阶段，旧的油菜本身已完成了它的生活史的任务，下一代的生活，蕴藏在新结的种子里面；从一粒种子的一株菜，变作一株菜上结出很多的种子来了。在学生可能接受的范围内，必须带他们观察各阶段的特征，并且最后把这一发展变化的历史作一总结。动物中的昆虫和蛙，也可以这样教学。用典型教材，作重点教学，使学生具有具体的、典型的基础知识。另外教师可以在讲授中着重指出，学生就不难领会了。

五、续谈教育的科学性与共产主义的思想性

上次讲过的四项要求，不是彼此孤立的，而是相互间有密切联系的。倘若只使学生认识事物现象而不引导他们从现象深入到本质，那就不可能使学生明白正确的科学真理。这样的知识，只是形式的、表面的。现象可以直观，本质必须通过了思维才能认识。倘若直观了现象，任意杜撰些解释，那就把本质的真理歪曲了。举个浅易的例，譬如一只苹果，我们可以直观的，只是形状、颜色、大小、香气、硬度，以及果肉、果心、果梗等等，至多再进一步知道吃起来是个什么味儿。这些都是它的现象。如果再研究一下，便知道苹果树经过开花才能结果，这果里包含着它的下一代的种子。它的开花结果也有一定的季节。果子的好坏与土质、气候有关系。它是不容易抗拒寒冷的，因此在寒带就难生长。这样就一步步接触到苹果的本质。但是，在这个命题上，还可以更深一层地认识。苏联的米丘林花了四十多年的研究，发现到越是幼年的植物，愈易改变它的特性，并且在杂种苹果的叶肉的化学成分中发现了新元素。他相信"人类征服自然"的真理，终于将南方的果树移植到

北部，并且创造了很多新的品种。由于对本质有了理解，在辩证唯物主义的指导下，他不仅说明了自然，也改变了自然。

总结说，我们应当教学生先认清事物的现象，次比较和其他事物的关系以考虑其间的异同，再研究前后的变化、发展以发现它的规律。这样，就是从现象一步一步深入到本质，这样，才可能认识到科学的真理。当然，这不是一堂课就能完成的，必须配合学生年龄和接受能力，逐渐深入，逐渐提高。学校课程中系统知识的编排应当是这样的。

第五项要求是必须使学生认识怎样用辩证唯物主义来解释现象，是正确的、重要的理论。理由是：若要理解现象的本质和联系，必先以掌握理论为前提。有人会怀疑这要求太高了罢。的确，要正式研究辩证唯物主义，必须要到高等学校的程度才有可能。在一般中小学里，只是认识这一理论的初步的基础罢了。在中小学里讲解这一理论，学生是没有能力接受的。这一理论的是通过教学培养起来的。

从前，有一个乡村里，正在大闹狐仙作祟，那边小学里的学生也在讲述种种关于狐仙的传说。一个学生告诉我，他们家里狐仙也去过。我问他怎样知道，他回答说是挂在房里墙高头的一只琵琶，给狐仙丢下来了。这学生的思维方法是不科学的。我告诉他：一切东西都可以落在地上，只要支持的东西出了毛病。再告诉他：挂琵琶的钉和绳，日子长久了都会变得支持不牢琵琶的，那么琵琶就"自己"掉下来了。这样，他才明白这不是狐仙丢下来的。这可以说明只要教师领导得好，小孩子也可能运用他的小脑子做合理的、科学的，就是辩证唯物主义的思维的，但是他们不会把这理论用嘴巴讲，而我们用抽象说话讲这理论时，他们也是听不懂的。

倘若我们的教学能经常按照前面说的各项要求，领导学生运用辩证唯物主义来解释现象，那么到他们的头脑发展到某一阶段时，就可能独立地运用了这一理论去理解现象的本质和关系了。这样培养，就在发展学生的思维，发展学生的智慧。这是教学的主要的培养作用之一。必须培养到学生能掌握了这一理论，认识问题，解决问题。但是这是长期的工作，而且以我们教师自己能掌握这理论为前提。倘若我们自己的思维方法不是这样的，那么我们就不可能去领导学生、培养学生向这方面发展。"掌握"不是死板板地套用，更不是搬教条。必须顾到具体情况，考虑到所有的条件，地点和时间，分析研究了实际的现象。跟理论联系起来，这样才可以说是把理论"掌握"在手了。

第六项要求是：必须向学生指出人类智慧的力量与威力；在认识科学真理方面，在建设改造方面，我们的智慧都有着极大的力量。因为我们有能力认识世界的真相，所以我们有本领进行种种建设来改造世界，不认清真理，就不能按照真理去做；全凭空理想，只会改坏，不会改好，要建设也建设不起来。当然，这也不是空空洞洞，单凭口讲可以使学生明白的，必须在各科教学中经常用具体材料作说明的。仍拿苹果做例，从野生到栽培，再改良成多种多样的品种，全靠人的智慧与努力，不先认清苹果的生长、发展的规律是不可能这样做的。仅仅认清了野生苹果的生长、发展的规律而不进一步运用智慧，栽培、改良，是不会产生新品种的。经过栽培、改良，搞出了许多新品种，不仅证实了我们智慧的伟大，同时又把我们的认识力和创造力提高了一步。

这一要求，并不等于说我们必须经常把事物的发明史教给学生，但也不是意味着只教了事物的现象本质而把人对事物的关系完全不提。人和事物，不是彼此孤立的。抛开了与人的关系而只教事物，只可能教真理的一半。倘能贯彻这一要求，我们的教育就可能培养学生的自信力和创造性，使他们有勇气、有信心，运用自己的智慧来学习，并且可能使他们立下决心，学好了科学，将来为建设新中国而服务。同时，通过这样的教学也可以培养学生对过去劳动人民各方面的成就，起着崇敬、仰慕之情，所以贯彻这一要求，可以培养爱祖国、爱人民、爱劳动、爱科学等品德。但不可误会：必须提出了事物的发明家，才可能培养爱国心。人类智慧和努力的成就是集体的、累积的，不是一二个英雄可以包办的。过分强调了个别的英雄，很容易使学生发生个人英雄主义的偏向。没有群众基础的英雄是要不得的。尤其应当多介绍工农的新发明和新创造，这可以纠正过去对工农的错误看法。

第七项要求是：必须向学生指出我们的科学知识不是绝对的，而是接近于客观的绝对的真理的，就是说至今还有许多事物没有给我们认识。为什么这样呢？因为受了历史性的限制。什么是历史性的限制呢？因为社会物质生活的条件是逐步发展的，人类实践是跟着社会物质生活条件的发展而发展的；我们的认识是跟着实践的发展而发展的。试拿电做例，在古时候的生活条件下，不可能做现代的实验，因此，那时期对于电的认识绝不能达到现在的程度。起先，只是认识了电荷与天空雷电，到了发现了电流以后，我们才可能认识电的磁效应，因而实践上就有了电铃、电报、电话等等的应用。利用了电的磁效应，我们就可能创造电流表，因而对于电流的认识就可能更加精密起来。从电与磁的关系的深入地认识，运用了感应圈，就可能认识到真空放电和电磁波，由真空放电而"X"射线的应用，由电磁波而无线电的应用。另外，从电磁关系认识了感应电流，从而创造了发电机……这样，实践和认识，交互作用着，提高着；实践促进认识，认识推动实践，我们的知识，就这样在发展着。

这一项要求并不就等于要我们把科学发展史教给学生，一般中小学里不可能正轨地教科学发展史，因为学生的接受能力还没有发展到这程度。我们的教学，可以和上次谈的第四项要求以及上面谈的第六项要求结合起来，同时进行。换句话说，就是：在教学一切事物时，尽学生接受力的可能，我们应当给他们理解事物的变化与发展，同时结合着教以人类的发现、发明、创造等等的实践。

　　表面上看，这一项要求，像与第六项要求是相背的；前面要强调我们认识力的伟大，这里又要说认识的限制性，不是自相矛盾了吗？不矛盾的，不是相背而是相成的。怎样相成？相成于发展。认识虽有历史性的限制，但是能继续不断地发展，所以一步一步地伟大起来。过去已经有很多的成就，将来的成就可以更大。由此，我们就可以培养学生虚心不自满，努力向前。这么，有限制的认识就与无限制的前途统一起来了，而对于实践也可能更加重视了。因为若要发展我们的认识，必先发展我们的实践。例如：若不创制电流表，就无法认识电流的强度。关于认识和实践的关系，留待下次再谈，这里暂不扯远开去。

　　第八项要求是：不仅要教给学生科学的结论，而且，也要使他们熟知科学的研究方法。例如在学习自然科学时，要会观察、实验；在学习数学时，要会测量、分析、论证等等。各种科学的讲授，也应当使学生经常地练习运用科学的思维方法。这是培养学生的独立学习、独立思维的主要关键。在教师的讲授以后，必须布置学生独立作业，在布置时就应当有系统地把作业的方法教给他们。独立作业，一方面可以巩固教师讲授的知识，另一方面也在练习独立工作的方法。过去中小学里有不少数学教师把讲解只局限于例题，认为习题应当由学生自己去做，应用题也应当由学生自己去解答，在布置时，不肯把习题的做法和应用题的解法教给学生。到学生不会做不会解答时，教师不是斥责一场，便是代他们做，代他们解答。也有个别教师在布置应用题时，并不教给学生解答法而竟向学生说："这题的三百五十用七除""这题的二十八和四十六相乘"，这样做，等于把应用题统统翻译成功习题了，这是最不妥当的。我们应当教给学生应用题的解答法，包括分析、图解和证验等等。

　　过去的"同时学习律"也有所谓"副学习"① 这一说法，表面看

---

　　① 杜威在《经验与教育》中提到过"附带学习"（collateral learning）的概念。——编者注

很像我们的第八项要求，本质是绝对不一样的。我们这一项要求是有目的的，有计划的，有系统的。副学习只是放任自流，偶然碰机会的副产而已。同时学习律说："学生学习算术乘法，他的主学习是怎样乘这一种计算方法；副学习是会得把演草形式写得清楚整齐；附学习是养成了仔细计算的好习惯。"这样说法，完全没有提到向教师有什么要求，要求向学生教些什么。倘若这样提出了，便不能分别什么是主，什么是副，什么是附属品了。同时学习律是从设计法里推演出来的，只有学生的"目的"与"计划"，一切学习，听凭学生自发，所以这所谓主或副是从学生出发的；因为学生不会自觉到品德的培养，所以只能算是可有可无的附属品了。这是不科学的，绝对不能与我们所提的这一要求相提并论的。

这八项要求，不是各各孤立的而是彼此有联系的。总括起来，就形成了教育的科学性，也就能逐步形成共产主义的思想性。共产主义的思想是以辩证唯物主义为根据的，辩证唯物主义是以现代科学知识的总和做基础的，这里所说的科学性，不是指狭义的自然科学，社会科学，而是指概括宇宙真理的科学，就是指辩证唯物主义说的。用这一科学的方法来研究人类发展的历史，我们得到一个真理，就是资本主义必然灭亡，共产主义必然生长。事实已经证明社会主义已经壮大，新民主主义正在滋长，而资本主义已到了没落的帝国主义，且转化为垂死挣扎的法西斯主义了。一方面，新民主主义而社会主义而共产主义，这样地欣欣向荣。另一方面，资本主义而帝国主义而法西斯主义，最后走入坟墓。这就是关于社会发展的科学真理。

这思想是新爱国主义的源泉。爱过去劳动人民留下来给我们的财富，尤其可爱的，是革命的果实。更可爱的，是在这些财富和果实的基础上发展起来的无限光明的前途。在人类历史的跑道上，我们已经从半封建、半殖民地飞跃到新民主主义，这是我们可以自傲的。我们要保卫祖国，并且要努力建设，把它推向社会主义前进。为什么我们能有这样的飞跃呢？转弱为强，转危为安，这一翻天覆地的历史上空前的大转变，要是没有了毛主席和中国共产党的正确领导，是不可能会得实现的。所以我们要在毛主席与中国共产党的领导下努力向前。新爱国主义的内容，大体这样，这是和共产主义思想分不开的。这不是搬教条的方法所能奏效的；只有通过了科学知识的教学，才可能培养起来，所以科学性这一原则是与培养性结合不可分的。

六、谈理论与实际一致的原则

自从共同纲领中规定了中华人民共和国的教育方法为理论与实际一致，很多教师在教学方法上，遵循了这一原则：努力改革。因为过去的教学，大多偏在空讲，所以改革多从实物教学或直观教学入手。这路线是正确的。有人用具体事例批评过去的教学说：课堂窗外就是水田，田里正有人忙着插秧，课堂里的教师却只会捧着课本对学生讲插秧，而始终不叫学生向窗外望一望。这种教法，确实太不顾到实际。可是另外也有人主张实物教学不可过分，例如在学习"牛牵来了"这一课国语时，一定要牵一只牛到课堂里来，是不必要的，而且是不可能的。这是一个假想的事例。我碰到过一次实事：在茶山上，教师教一课常识，题目是茶，他领了学生到茶园里去做直观教学，尽管教师的准备十分充足，讲解问答也相当熟练，但是学生的反应却是兴趣索然。有人因而怀疑到直观教学的真实效果，恐怕没有书里所宣扬的那般大。问题的关键不在直观与不直观，而在运用直观的条件。对太熟悉的东西，兴趣不在直观，却在把自己知道的东西告诉人家，和人家谈。只有对于不十分了解的事物，或者旧事物中有了新的花样，直观的兴趣才会得好起来。

当然，教学不是拿学生的兴趣做中心的，有时我们要通过教学来培养学生的兴趣。暂时不谈兴趣，从教学的目标和要求方面想，太熟悉的事物，可以不必直观。教学应当从学生固有的知识开始，不一定事事物物都要直观。必须从已知的渐渐引到未知的方面去，先使学生自觉有深入观察的必要时，才开始观察。例如农村孩子都认得牛的，不必先看了牛，才教"牛"字。但是我们可以从大家已知的牛引到牛的年龄问题，使他们自觉需要出去找几条年龄不同的牛，仔细观察它们的牙齿。认识是一步一步深入的，教学是一步一步从已知的向未知的进展着的。已知的，当然不需要观察，已知的中间有了新的未知的部分，就需要观察了。此外，全新的事物，当然都是未知的，尽量想法给学生直观，是不错的。

实物教学，直观教学，不就等于理论与实践一致，只是实施理论与实际一致的教学方法的开端。倘若停滞在实物教学、直观教学这一阶段而不向前进，很可能产生严重的恶果。我年轻时教过好多年中小学的自然科学，学校设备很丰富，差不多每课都可能做些示范实验。小学生的兴趣非常好，可是因为我的教法停滞在这一阶段而不领导学生向前进展，所以每逢学生进到理化课堂来，看见教桌上放的仪器少了些时，就要不高兴，这一堂课就会上得不很有劲，而且往往在退课时，有几个学生问我，下一次课有什么实验？这么，学生的学习就变成功为实验而学习，我的教也变做为实验而教了。实验原是达到教学中某一目的用的手段。倘若倒过来变作教学的目标，教与学都变作实验的辅助，岂不是走入了极大极大的弯路，弯得向后倒退了呢！

过去有过两个相隔很远的时期，都曾经提倡过自然科学的教学要注重实验，上海、杭州等城市里都开过学生科学实验的竞赛会和自制教具仪器的展览会。竞赛会的结果，和我每课做示范实验的结果差不多，为了实验忙着准备，为了实验热闹一阵子，最后评判、给奖完事。学生们机械地弄熟了几套实验的手法，上场表演，战战兢兢，全副精神用在实验的手术上面。实在，这很像是幻术竞赛。的确，有人主张过理化等自然科学，应当用"把戏"的姿态提出给学生学习的。这种用"科学把戏"做号召的教法，曾经流行过一个时期。但是竞赛也好，把戏也好，对于自然科学的教学，始终没有发生过积极的作用。相反地，很可能给学生一种不良影响，误认为学习科学只是一套玩耍而已。这是很严重的错误，必须加以纠正。

那么，实验、直观、实物教学以后，应当再向什么方向进展呢？形成概念，结合语文，再进而判断推理，才可能一步一步提到理论。这是一般的说法。具体讲，学生年龄程度不同，科目的性质不同，实施的方法应多种多样，看具体情况决定。大概，程度愈低，愈不可能深入。例如在幼儿园，实物教学和直观教学，主要是扩展儿童的眼界，丰富他们的语汇，只可能做到从知觉形成观念，结合语言，稍进，使他们得到关于周围世界中一般事物的初步概念与相应的语汇，作为将来小学时期学习的基础。当然，浅易的判断也是可能的，而且也是应当教的，但是这不能作为主要的教学。

在小学低年级，学习的方式方法是系统化了，与幼儿园有着根本上的区别。可是系统的学习着重点却在语文能力和计算能力的培养，因为这两者是进一步学习各门科学知识的基础。低年级常识与国语结合了教，就是要学生一面扩展眼界，另一面发展语文的能力。这时，直观教学、实物教学是重要的，不然，语文都只是空无内容的形式、符号，对于以后的学习，不但不能有多大的帮助，反而是一种很大的障碍。例如到了系统学习地理时，学生只认识了"河"字与"流"字而没有关于河流的正确概念，教师便无法再进行讲解河流的作用。到这时再要补行直观教学，已经是太晚了。

不可误认为小学低年级语文教学的任务光是这一种准备。语文教学还有二大任务，低年级里也同样重要。一是语文规律的初步知识和运用这些规律的技能习惯。这可以发展学生的智力，间接地有助于上述的那种准备。又一是通过浅易的文字，培养学生的思想、情感与品德。

　　将直观教学与实物教学运用在算数的学习上也是一样。小学低年级初步认数目，当然应当与实物结合。不仅小学生应当这样，有一班妇女识字班，参加者多是家庭妇女，平日买东西，收付人民币，几万几千都不发生错误。但是因为教他们算术的老师，完全照着课本，呆搬教条，所以这几个妇女，对于学习二十以内的加减法，个个都觉得讨厌，都没有学好。后来另外一位教师，用了人民币说明，他们才知道三百加五百是八百，所以三加五是八。在没有这样说明以前，他们望着 $\frac{+\ 3}{\ 5}$ 这一算式，竟当作是一种神秘的符咒。

　　但是学习计算，又必须及时摆脱实物，不依赖实物，才可能达到教学的目的和要求。我们所以要教会学生三加五是八，就因为要他们无论何时何处，逢到三与五就会算出八来。初教时用实物、计数器等说明，只是使他们认清这一关系的真实性，使他们确信三与五合并，是八不是九，也不是七……认清以后，便应通过记忆与练习使渐渐熟练，达到听到、见到 3 和 5，立即可以反应出 8 来。倘若每一习题，都要用计数器或者掬着手指或者在纸上打点画圈数着三、四、五、六、七、八，然后才能求出八来，那么我们的算术教学可以说只开步走了一步，马上又站着不前进了。这和教学的目的与要求有着很大很大的距离。仅仅开步走一步，实在和不开步没有多少两样。因为未曾学过算术的人，也会得拿了三件东西和五件东西合并起来，求出是八件东西来的。学过算术的人倘若逢到三加五仍旧要掬手指打点画圈，那么与未学算术有什么区别呢？

　　开始认数目时，我们往往只注意了一个一个孤立的数目，用实物或图形来使它具体化，而忘记了数目的顺序；就是从一到九或十的一定的次序，后一个比前一个多一，前一个比后一个少一。这顺序是个很重要的关键，就是加减法的基础，而加减法又是乘除法的基础。在开始教四加三等最简易的加法或五减二等减法时，不要孤立地光拿四件实物与三件实物合并起来作为证明，同时也应当领导学生从数目的顺序上来说明四加三等于七这个关系。这时可用线条或其他连续性的图形结合了数目字在黑板上作下面样子的示例：

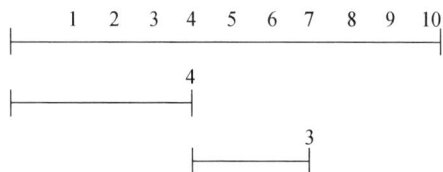

```
        1  2  3  4  5  6  7  8  9  10
     |__|__|__|__|__|__|__|__|__|__|
                    4
        |__|__|__|__|
                       3
              |__|__|__|
```

五减二的图形示例，可以像下面的样子：

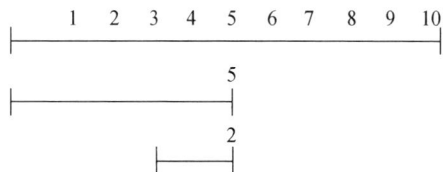

```
        1  2  3  4  5  6  7  8  9  10
     |__|__|__|__|__|__|__|__|__|__|
                 5
     |__|__|__|__|__|
              2
        |__|__|
```

先用实物，次用图形，一面口头讲解，这样就可能帮助学生从数实物的动作的思维向形象的思维发展，从这些图形的形象上的联系性，就是 4352 等在数目顺序中地位的关系，可能再进而向抽象的逻辑思维发展。这样，从实际出发，就可能提高到抽象的概念，再进而运用已得的概念推理而达到理论。这样，才是理论与实际的一致，真正的一致。停滞在实物，并没有向理论进展，至多是 7 与七件东西或七个点子的对照罢了。有时，用过了度，学生竟会把用惯的东西或图形与数目错误地结合起来，例如误认为只有 $\vdots$ 才是 7 而 $\because$ 却不是 7。有一位教师用惯一套卡片，一面是数目字，另一面是实物图，例如 1 的背面是一支笔，2 的背面是二只筷子。到后来小孩子竟会把 1 与笔、2 与筷子很顽固地结合了起来，看到二支笔或一只筷子的图，竟向教师说："老师错了!"

因此，专靠直观教学，不用推理是错误的。光直观而不推理，只剩了实际，不提到理论，只是片面的实际，怎能说是理论与实际一致呢?

总之，脱离实际是错误的，停滞在实际上，同样是错误的。语文教学这样，算术教学也是这样，其他各门科学的教学，小学教学，中学教学，就是高等学校的教学都是这样。

七、续谈理论与实际一致的原则

另一方面，因为大家都认为过去的教育学与用脱节，所以有不少人把理论与实际一致理解为学用一致。这两个命题是相关的，但不是同等的。倘若真正能做到理论与实际一致，学用脱节的现象，自然不再存在。但是仅仅强调学用一致，却未必能贯彻理论与实际一致的精神，相反地，很容易掉进狭隘的实用主义、经验主义里面去。

很久以前，清末民初时期（1910—1920）由于帝国主义的侵略，中国被迫"门户开放"，封建统治者及一部分知识分子提出"变法图强""中体西用"，有不少教育家提倡过所谓"实用教育"，提出过不少具体办法。主要的有高小加设农业、家事、手工、商业等科，国语中多读实用文，因而反对文艺文，算术多学珠算，加簿记材料，图画注重写生，反对临画；等等。后来，这一主张，与实业救国论合流，把菲律宾小学里的手工尽量传播，认为教育的主要目的，是在解决人的生活问题，竟把普通教育当作是不切实用的浪费，好像只有职业教育才可以算是教育。职业教育的提倡，就是从这一基础上发展起来的。实在，这种办法是美帝国主义对国内的黑人学校和国外殖民地的学校用的。在这种学校里面，只教些极浅的文化，再加上某些低级的熟练的技巧以及教人甘心受奴役的道德宗教，完全是训练顺民的教育。倘若真的拿来彻底实施，恰恰是替封建官僚和帝国主义做了帮凶。

稍后，在杜威"学说"影响下的教育家，提出了另一主张。杜威是不主张职业训练化分得过早的，他的"实用"是别有"深意"的，就是说，根据于他的那一套"哲学"的。从这一主张出发，便产生了

"学校即社会，教育即生活"，再行化成为"社会即学校，生活即教育"。前者是把校外的社会搬进校内，也可以说把学校组织成雏形的社会。后者认为这办法太麻烦，而且模仿不容易逼真，所以索性取消了学校的组织形式，就叫学生到社会里去学习。两者的区别在此，但是本质是相同的，就是实用主义。

这一主张的影响很不小，而且时期很长久；到现在，还有不少人以为理论与实际一致的原则，就是这一套。例如《"活教育"的自我检讨》（见《新儿童教育》六卷七期），竟把"大自然大社会都是活教材"，"注重分组教学，集体互教互学；从做中教，做中学，做中求进步"，以及所谓四个教学步骤：（一）实验观察；（二）阅读参考；（三）发表创作；（四）批评研究等等都认为是"适合新民主主义的教育精神教育原则"的。经过了《人民教育》二卷六期《评活教育的基本原则》一文分析批判，把这混淆不清的根源揭露了出来。简单地说，杜威这一套是以经验为重，忽视或竟无视系统知识的，所以只是片面地强调"做""实践""生活"，而从不提做、实践、生活的意义，目的是什么。杜威的思想是没有确切的前途的，他只认为人只要适应环境，解决枝节的问题就行，所以他思想中的教育只在找经验，拿了经验去应付问题，这就是他的所谓生活。这种思想正是反映没落时期帝国主义找不到出路的现实，怎能说适合我们的教育精神、教育原则呢？我们是有光明的前途的，在毛主席正确的领导下迈步前进；而我们的教育，就是要把一切科学的基本知识传授给下一代，使他们武装起来，把我们的社会推向前进。

理论与实际一致的原则是这样的：理论在教育中有主导的作用，因为学校教育最主要的任务，是使学生接受人类的概括的业经系统化了的经验。教育不是而且不可能叫学生复演人类的历史，所以不需要把一切知识，完全从做中去求得。从做中可能求得的，实在是很有限的，只能局限于零星片断的经验，这就是杜威所满足的，因为他的所谓"生活"

只要能适应环境，应付问题，说句老实话，只是一种苟且偷生而已。还有，主张自发活动者认为只有人自己动手做了，才可能学习。这一主张的错误，在不理解人的头脑已经发展到可以接受系统的知识，只要接受时与实际相结合，自然能运用接受来的系统知识做实际工作而且可以比在尝试错误中瞎摸，做得更好。

理论与实际一致的原则，是拿科学的认识论做根据的。凯洛夫教育学引列宁《哲学笔记》中的话"由实际的直觉到抽象的思维，再由思维到实践，这便是认识真理，认识客观现实的辩证法的路线"。毛主席的实践论，就是阐发这认识论的。但是教学过程不是，也不可能与科学的认识过程完全一致的，因为学生在学习过程中对于现实的认识，具有下列的特点：1. 学生不必复演历史，重新把科学原理自己去发现出来，而是接受既知的，为人类所获得的真理（知识）。2. 学生的学习是有专业的教师做领导的。3. 学生的学习，必须有巩固的工作。4. 教学是有计划地发展学生的智力、道德与体力。由此，教学过程就必须具有六个基本环节：

1. 通过教师的讲授，使学生领悟具体事物，如观察物体、现象、过程、叙述事实、引证实例等等，在这基础上形成学生的观念。

2. 辨明事物间的异同，分别事物的本质，主要与次要，找寻因果关系，相互关系以及其他关系。

3. 形成学生的概念，使他们认识到定律、法则、概括等等。

4. 使所得的事实与概括巩固起来。

5. 养成技能与习惯，并使加强。

6. 用实践来考验知识，把知识应用到各种作业，包括创作性作业在内，以及课外作业生产劳动和社会公益工作等等。

在领悟具体事物阶段，通常有四种情况。1. 直接领悟物体、现象和过程的本身。2. 把学生过去经验中已经领悟的重复提出。3. 通过图书而领悟。4. 从教师的语言和课文中领悟。这四种情况中，只有第一种要用到实物教学、直观教学。通例是教师的语言和实物、直观教学结合着的。有时语言和图画结合，有时课文与图画结合，有时教师的语言与课文结合。结合的方式方法是多种多样的，主要目的是在使学生领悟事物的实际。从实际出发的意义是这样的。倘若学生具有一定的领悟能力，光用教师的语言作讲解，只要所用的材料是符合实际的，仍不失为从实际出发。这与"做上学"，以及"活教育"的四个步骤有着根本的区别。过去，用设计法教学的学校里，学生老是忙着"做"，做了又做。我看见过一个二年级的小学生竟反复做小手帕七八次不息。这样地做，可能学到些什么知识呢？

在实际的领悟的基础上作辨别，找关系，经过思考，到认识概括，形成概念，就得到了理论。理论是这样与实际结合一致的。换句话说，就是一切理论必须在实际的领悟以后，经过思考而得的。未经实际的领悟就教理论，是教条主义的教法。只做到实际的领悟而不再经过思考，形成概括，就是经验主义的教法。从实际的领悟经过思考，得到概括，这一过程表面上有些像复演历史上科学的发展，但是和历史上的科学的发展有着根本的区别。主要的区别，是在教师有目的、有计划地领导下进行，丝毫没有尝试错误地暗中摸索的成分，而且这些知识是有系统地一步一步地获得并且经过有计划的作业而巩固的。实际的领悟不是教学的目标而是思考概括的基础，思考概括才是教学的目标，所以说理论在教育中有主导作用，只有这样，才可以发挥培养发展智力的作用。

从具体的领悟经过抽象的思考，得到概括，认识过程还只是一半，必须把系统知识在实践中去考验，认识的全过程才完成。这一阶段的工作也是多种多样的。实在说来，口述或笔述的作业中，已经含有把知识应用的意味。最普通的应用是解答问题，做习题，创作，作图，实验，观察，以及种植，制作等等。正课以外，还可以在课外小组和社会活动中去应用。用多种多样的方式方法，多方面地应用，经过这样考验，才能获得确实坚固的知识。未经实践考验过的知识是不稳固的，而且是不充实的。这里所说的"考验"不可与考查成绩混同，这是指知识本身的考验，例如所学的知识是关于面积的概念，应用了这一概念计算面积，并且应用了面积的计算制作若干东西，这就使面积这一概念确实牢固内容丰富，而在考验时的种种实践，却受着这概念的主导。这样考验过的知识才是真的知识。

由此可以断言：实际是理论的基础，理论要通过实践来考验而理论又指导着实践。理论与实际是这样结合一致的。

这样的教育，是为了认识自然、社会从而改造自然、社会，它是为政治服务的。学习本身便是劳动，在目前说，正是有意识地逐渐消除脑力劳动与体力劳动的对立。这就是全面发展的教育。这种教育，只有在革命后的新的社会中才可能实现。

把知识在实践中考验，不仅是为了获得知识，也正是为了更进一步的实践——改造客观世界做准备。这是普通中小学教育的特点，就是拿全般知识给学生武装起来。所以生产劳动和社会活动，都以不妨碍正课的学习为前提。过去小学课程中，含有不少的狭隘的实用主义的事实，最显著的，就是劳作一科，包括了工艺、农艺、家事等等。算术科中的统计，簿记以及大部分的百分法与利息都是从实用的商业观点出发的。按照理论与实际一致的原则，一切知识应当在适当的实践中去考验，所以劳作或手工业科在小学中可以考虑不必特别另设。还有政治常识一科在小学也不必分设，各科的教学都应当培养思想，都应当贯彻政治性的教育，特别是爱国主义的教育。实践方面就可参加当前的社会活动，但是应当以不妨碍正课系统知识的教学作前提。

最后，必须明确，一切实践绝不是无条件的、客观主义的，而是有一定立场——人民大众的立场的。光说实际应用是不妥当的，必须辨明为什么要用？为谁用？斯卡特金在《论苏维埃学校中的教育原则》一文中，关于理论与实践结合一致这原则是这样提出的："学习与建设共产主义的斗争的联系。"意思是说，学习的系统知识必须与建设共产主义的实际斗争联系着的。

八、谈系统的教学

第三回谈过系统知识的培养性，这只是教材的一方面。教法和教材是密切联系着的，系统的知识必须用系统的方法教，才可能发挥出培养性来。光是教材按照了系统组织编排而教的方法没有完美的系统，杂乱无章地随便拿教材依次搬出来，像是在学生面前摆系统知识的摊子，任你摊子摆得怎样有系统，学生的思想仍旧得不到启发和培养。这就是教条主义的教法。

教学过程是认识的过程，是思维的过程。教师必须领导学生思维，使一步一步地开展，一步一步地深入，从而得到概括，并且再进一步经过练习巩固，以至实践应用。这样，学生才能把系统的知识掌握起来。倘若不这样做，学生就只好强记教条。未经亲自思考过的强记是很不牢固的。即使用呆板的练习，做到相当程度的熟练，不久也就会忘掉。即使没有忘掉，也只会死背教条而仍不能在实践中运用。我们幼时在私塾里的学习就是这样的。过去读熟了的句子，现在偶然也还可能背出一小部分来（大部分早已忘掉了），但是大多只剩若干声音，字形模糊了，意义更记不清了。有时捡出四书五经来翻查翻查，奇怪！完全像是新的！回想当年学习时，只是强记了声音，信口高唱，完全没有在书中所讲的内容上用过脑筋。这种学习，完全依靠耳朵和嘴，脑子是不参加的。老婆婆学念经，都是这样。不少中小学生学习系统的科学知识也是这样。

我并不是说我们不需要记忆。倘若我们不记得加法基本九九，怎能做加法和减法！倘若我们不记得乘法基本九九，怎能做乘法和除法？不光是要记忆而且还要会得灵活运用。例如记牢了六和八是十四，逢到六和八加，当然只须背出或默出十四来，就可以应付过去；但是逢到十四减六或十四减八，那就必须把六和八是十四这一事实倒过来用，才可能答出十四减六是八，或十四减八是六。同样，光记了八九七十二，只会做乘法，必须要会倒过来运用，才可能算八除七十二和九除七十二等除法。文字的学习也是这样。光背声音是不够的，经常需要能默写出字形来才行。年老人记忆衰退时，过去用惯的字，往往会写不出来，在作文时是很不方便的。总之，记、背、默都是很需要的。但是像私塾里那种教学过程只须记、背、默是很不妥当的。必须在用过思考以后，再练习记、背、默，而且要在实践中应用，那么所学的知识才是真正的知识。掌握知识，就是把知识记得好好地，不但能背能默而且还能够灵活运用。掌握与记忆是一致的，不是矛盾的，我们可以说，掌握就是最高阶段的记忆。

新学校初期，从外国传来了一种教学过程，比旧来私塾里用的没有高出多少。在不少受外资津贴的学校里，这一套过程还沿用了很长很长的一个时期。这过程是这样的：1. 教师讲，指定作业；2. 学生自学；3. 教师检查作业。这是对程度较低的学生用的。对于程度较高的学生，省掉了教师的讲，只剩这样的一套：1. 指定作业；2. 学生自学；3. 检查作业。分配在上课时间，就变做检查作业在前，指定作业在后，另外就是课外自习。检查多用口问，像是口试。这种过程是很古老的。后来，受到过所谓教育家们的种种批评，而且不少人提出了种种改良方案，这样就产生了教学方法中的许多新的花样。例如：为着想改善指定作业，有人就提出了学习必须具有"动机"的主张，也有人提出了"问题法"来，以为用了问题可以使学生的自学格外努力。为着想改善检查作业，有人就提出了"社会化"的上课方法来，拿学生的相互讨论来代替教师的口头考试。为着想改善自习，就有"自学辅导法""实验室法"

"做上学"等新的花样。更由"实验室法"演变为"道尔顿制";由"做上学"演变为"设计法"。这种种花样,有的只在书本上翻译了过来,有的像昙花一现,只热闹了一个短时期就烟消云散了。

赫尔巴脱的五段教法曾经通过了日本教师传到我国来过,在苏北的南通师范里盛行过一个时期。到了1912年以后,这一套方法渡江南下,在苏南上海一带渐渐流行起来。因为合了复式和单级的教法,所以不久就自学辅导法所转化而渐渐形成了这样一套过程:1.引起动机、决定目的,布置作业;2.预习;3.检查、补正;4.练习;5.整理;6.应用。有些不能预习的科目,或在程度较低的班级学生不会预习时期,就用直接讲授来代替预习和检查补正。这一过程沿用的时期相当久。各种教学法书里以及比较优良的教师用惯了的,因而觉得有效果的方法过程,形式上难用不同的文句和不同的分步方式,但是实质上总落在这一套的范围里头。至今,还有人用"启发"代动机,目的仍旧不由教师向学生提出。试拿前回引用凯洛夫教育学中所提的过程来比较一下,我们很容易看出这其间有着根本的区别。

区别在什么地方呢?主要是个思维的系统问题。凯洛夫的过程中前三项是:领悟具体的事物,经过抽象的思考而得到概括。这是认识的前一半。在领悟阶段,教师的讲述,课本中的课文和学生的实际经验都是很重要的。但是必须用思考把听到的、读到的和自己的思想经验结合起来,打成一片。学生的实际经验,有的是过去经验的复述,有的是从实物教学和直观教学中取得新经验,或者在实物教学和直观教学中把过去的经验加以补充修正。领悟就是用自己的经验来体会所听所读的是什么意义。光光由学生自学,不可能做到这样的领悟。机械地听了记牢,或者读到顺口,更无从领悟起。遇到抽象的思考以至想出概括这些阶段,尤其需要学生经常不断地运用脑筋。就是在巩固练习阶段,也不应当单纯机械地反复,必须想好了再做,一面做一面想,做成了再想。想和做是密切联系着的。再进到实践应用，更加需要用心细想，因为这是创造性的作业，必须把学得的知识去配合新的环境。

读者看到上面说的想和做的密切联系，或者以为就是"做上学"。倘若断章取义地说，这一阶段的确是在"做上学"，就是在做练习和习题中三反四复地把已获得的知识重学，因重学而牢固，并且加深加广。但是"做上学"的根本理论是反科学的。因为它把最主要的教师的教截去而就从学生的做开始，那么，像切了头的蛇，一切行动都变成乱动。听任学生乱做，怎能算是系统的教学？同样，也许有人以为上面说的实践应用和"设计法"没有多少区别。的确，光是片断地看，这一阶段的工作，必须先定好了计划，进行时才不至于多走弯路。但是设计法的根本理论是和教师主导的原则恰恰相反，不是把已经获得的知识在实践中去考验而只是叫学生在做些零碎的设计中取得些零碎的经验而已。总之，先教后学是系统的教学中第一个最主要的关键，不可把教与学的次序颠倒，更不可把教师的教丢开。

教学过程的系统是思维过程的系统，是教师以各式各样的行动来领导学生思维的系统。要想领导学生的思维，必先通过学生各式各样的行动来了解他们的思想情况。所以，教学过程的系统必须是了解与领导交织着一步一步地开展，一步一步地深入的。因为教材的系统，经常是前后连贯的，所以上课开始，先检查前一堂布置的作业的结果，就可以作为这一堂课的基础或出发点。有不少人在学习苏联的教学法时，认为这一部分的工作是一种口试而且认为这种口试的主要作用是在记分。更有不少人以为只有这样的口试，才可能用所谓五级记"分"法。这是皮相的看法，有些近似武断。

提出了本课的目的以后，还要用谈话回答，探知学生对于新课有没有已经知道的部分，有没有旧的经验可以作为领悟用的帮助等等。这样了解清楚以后，才开始讲解新课。教材长些的，还应当分做小节，讲过一小节就用谈话问答了解学生领悟了没有，领悟的程度深浅怎样等等。在反复深入领悟时，在巩固时，在练习前后，在实践应用前后，都必须设法了解学生的种种情况。只有这样做，才可能完成领导学生思维的任务。不顾一切地摆龙门阵，搬出大批的教条来，就是注入的教法。不负责任地听任学生自作主张去搞，或用摊派命令的方式叫学生呆板地做什么什么，就是放任自流的教法。上堂教课是很紧张很严肃地，有经验的教师，即使在讲解进行中，也经常注视着学生，从他们的面部表情与身体的动作等以了解他们的思想情况，并且随时调整自己的讲解。在学生做作业时，也是这样，在巡视中观察学生的神情与作业，就可能了解他的困难而领导他把困难克服。巡视并不是休息散步。学生作业时教师的思想不应当和学生的思想脱离关系，所以坐在一边改课作是不妥当的。

不要忘掉了自己对于教材系统的认识。要实行系统的教学，自己对于教材的系统必先具有深切的理解而且自己的思维方法也必须具有逻辑的系统。看教材，必须看到它的本质，看到它内在的联系，看到它的发生和发展的规律。光看现象是无法理解它的逻辑的系统的。例如一篇文章必定有个中心思想和事件（记叙文）或思想（议论文）的发展过程，这就是这篇文章的逻辑系统。倘若不注意这些而光拿第一段讲什么，第二段讲什么……算是系统而不管前后的联系与发展，即使在"起承转合"上花许多功夫，仍只是一种形式主义，无补于学生思维的领导。过去国语教学中的段落大意，就犯了这种形式主义的毛病。文章的结构与体裁是为内容服务的形式。形式的排列、分类，只是表面的现象，不是本质的、内在的逻辑系统。

又如和超过十的加法基本九九，像七加五，十二等教材的系统，不是外表的形式的排列如七、四，十一；七、五，十二；七、六，十三；……它的主要环节有二：一是在自然数的顺序中从七起连续五个数目，就到达十二；二是根据十进制度，十二是十和二结合成功的。倘若用算式把这一思维的逻辑的系统写出来，便成功：$7+5=7+1+1+1+1+1=7+(3+2)=(7+3)+2=10+2=12$。这一系统有分析，有综合，分析与综合联系着。由此，在教学时，呆呆板板地提出 $7+4=11$；$7+5=12$；……叫教学生呆读、死背是不对的。倘若打破了排列的次序，各个孤立起来，只当作 $7+5$ 是刺激，12 是反应，而叫学生机械地反复，企图造成 $7+5\rightarrow12$ 等等的结合，那就做了资产阶级"学习心理"的俘虏。

要有系统地教学，必先有系统地准备。先把教材的逻辑系统搞清楚，其次应当根据所了解的学生的情况，再考虑所运用的方法。这时必须注意两个方面：一是教学过程的步骤。这不是套用教学过程的公式，应当拿思维的发展过程，思维过程的系统做根据。二是各步骤中采用的方法，像什么时候必须讲解，什么地方应当运用实物，什么时候须用图示，什么时候该用谈话问答……进一步，还应当考虑，讲解时如何讲法，谈话问答如何谈法，问题如何提法……一步一步地想，连同练习题、实践作业等等，都应当这样准备。

以上只是说了一堂课或一个小单元的准备。在这以前，还应当把整个学期的教材系统研究一番，了解这一个学期中各段落各小单元的关系，明确整个学期的系统。这不是章节或课次的目录，而是各部分相互间的关系以及每一部分在整体中的地位。同样，在研究一个学期的教材以前，还应当先研究这一科目的全部教材，因而确定本学期的教学在小学各个年级的整体中是占有什么样的地位。

这样说来，也许有人会怀疑，如此准备，时间怎样忙得过来？当然，要挤在一天里或一个晚上做，那是绝对行不通的。关键在于平时长期的有系统的业务学习。

（原载于《浙江文教》1951 年第 1、2、3、4、5、6 期，1952 年 5 月号、9 月号）

第四辑

教育实验

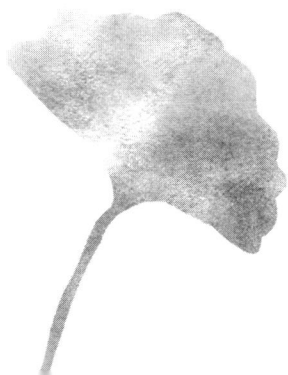

视察设计教学的标准

设计的教学法是新近产生的；不但在我国教育界是新的，就是在美国也没有经过许多年份。我们现在是草创时代，研究大约可以分三方面：一方面是从理论上研究；我国杂志里的论文已经有许多发表；译成的专书也看见有过出版的预告。一方面是从实际上研究；有几种小杂志，像《试》《教师之友》《吴县教育月刊》等，里面也时常有具体情形的报告。又一方面是从视察上研究；但是我们还没有接触到。

理论的研究是基础；没有正确的理论，实际的作业要变成盲目的动作，视察也要漫无标准。但永远在理论上用功夫，没有实际的经验来证验，也不过是纸片上的空谈，对于实在的教学法没有什么帮助。实际的研究，要拿理论做根据，要和理论相联络。近今的报告大多是零星的片断，设计法的本质绝不是如此枝枝节节的，不过发表者为便利计，不得不割取他平日全体活动的一部分来做个模式。我们很希望将来有全活动的报告，供我们在实际上做有系统的研究。

现在试行的学校渐渐多了，参观或视察的人也渐渐多了。但参观或视察时，若要熟读了全部的理论，才拿来和实际比照，做参观或视察的标准，恐怕失之太繁；若就拿已经发表的零星报告来做参观或视察的标准，又漫无系统。所以我想一方面拿理论做根据，一方面就实际上适用的，整理出若干基本的标准，供参观或视察设计教学时的应用。

原来设计的作业往往是师生共同活动的居多；间有完全是学生活动的，不过比较的是少数。既经共同活动，那末视察上当然要双方兼顾；并且有时交互错综，竟不容易分别什么是教员的活动，什么是学生的活动。不过我们为便利计，所以区别为教员的活动和学生的活动两种。

视察设计教学时，应注意教员的活动：

（一）教员能鼓励全班创造设计、考案设计吗？

做教员的应利用机会，引导学生向上发展，切不可就拿手前的活动看作满足的作业。譬如学生种菜的设计已经着手进行，中途菜上忽然发见害虫，绝不可仅仅讨论捉虫就算满足；这是一个研究害虫生活的绝好机会，决不可轻易放过。当利用捉虫的动机，引起学生研究害虫生活的设计。所以在这个时候，教员可以指示学生，说："要驱除害虫，不是仅仅捉虫就能了事；倘使我们明白了害虫的生活，也许可以想出便利的驱除的法子来。"这样一提醒，学生当然要发生问题，创造出"研究害虫生活"的新设计，并且继续考案"驱除害虫"的新设计了。

（二）教员能引导学生维持原来目的而得到结果吗？

做教员的应监察学生设计的进行。年幼的学生，往往有始无终。设计初发动时，兴味很浓；中途遇有困难，往往改变目的，不能把原有目的维持下去。或者见异思迁，一事未了，又被别事牵引了去。这都不是学习的好态度。教员遇见这种情形时，当问："我们原先为什么要做？此刻已经做了多少？还有多少没有成功？我们预计什么时候可以做成？"这样，在设计的中途，时时把目的提醒，可以增加学生勇往坚忍的精神。

（三）教员能养成学生的领袖吗？

设计的学习应有社交的团体精神。全班共同作业时，能力强的学生自然会做一群里的领袖。譬如：要分团作业的，各团可举一人做领袖；

要分团报告时，各团亦可举一报告的人。作业的时间和秩序，可以分别选举领袖人监察；用品用具的收发，也可以各选领袖人管理。某种讨论，在高年级，并可由学生公选的领袖做主席和书记。

（四）教员能引动学生在设计着手以前，提出计划来陈述吗？

野蛮人的做事，想到就动手，没有事前的规划；要遇到了失败，才改变方针。文明程度愈高的人，事前的规划愈细密，所以失败也愈可以减少。幼年学生往往心急，一提到目的，就要动手。我们用设计法教学生，就是要减少学生这种卤莽的倾向，养成他事前规划的习惯。所以凡百作业，在着手以前，要引导学生把自己的计划提出陈述。愈到高年级，这一点愈要注意。倘使学生有心急的，可以问："你的办法想定了没有？我们大家先来讨论讨论。"这样一问，学生就容易提出计划来陈述了。

（五）教员能引导学生正确思考，做成假定的纲要吗？

研究一个问题，顶要紧的是要有线索。有时资料太多，往往头绪纷繁，思想容易走入歧路。这时教员要引导学生，使他思考正确，并且要鼓励他做成假定的纲要。譬如：有一设计是研究"扬子江流域何以多生稻？"学生思考这问题时，须调查扬子江流域各省的地势、地质、气候、水道、人工、风俗等等。因为头绪太多，一时不知道假定从何立起，教员可以指导他："地势和稻有什么关系吗？地质和稻有什么关系吗？气候和稻有什么关系吗？"等等。这样提纲挈领的几句问，暗暗里帮助学生思考的线索；学生按问再调查事实，可以做成假定的纲要："稻的生长是关于地势、地质、气候、水道的。"从这假定，再行证验，自然能渐渐达到结论了。

（六）教员能供给学生研究的方便吗？

设计的学习是学生自己学习的，所以种种用具资料必须各学生都能使用便利。用具的数目宜多些，资料也宜使各学生都可以使用。虽不必人人一份，也应该预计几人轮用，不至把学生的光阴空费。所谓"供给"，不是把东西放在那里就算了事；要使学生懂得用法，要使学生用时不会空耗光阴。譬如：学生要用字典，须先使他知道查法；学生要读参考书，须先使他明白目录和索引等的检法；学生要用仪器，须先使他知道仪器的装法，等等。

（七）教员能引导学生批评自己的作业吗？

设计法的要点，是在作业时常有目的，到成功时要和原定目的适合而满足。年幼学生做时期较久的作业，往往忘了目的，到作业成功时，不会把原定目的来推究。譬如："学生有个设计是要做木的鸽棚养鸽子。"若学生做成时忘了批评，教员宜问："这鸽子棚我们做来什么用的？此刻做成了能不能合用？"这样就可以引起学生自己批评；并且他的批评是用原定目的做标准的。也有一种似是实非的批评法，不过和学生讨论"谁做的好？什么地方做的顶美？"等等，这种批评是没有标准的。顶好的标准，就是原定的目的，能满足目的的，总是有价值。

（八）教员能引导学生，不是指挥学生，也不是把作业命令学生吗？

这里边的区别，可以看以上各项的例，第一项，教员若说："此刻不要先急急捉虫，你们当先研究虫的生活。"第二项若说："此刻没有做成，你们已经把原定目的忘了，这不行的；要继续做去；做成了才可以罢手。"第四项若说："大家办法还没有定妥，不许动手。某人，你先说出办法来。"第五项若说："你们去查地势和稻有什么关系。"第七项若说："且慢，我们要来批评批评看。"那末都变成指挥或命令了。没有引导，听凭学生做去，不是设计教学法。硬迫学生去做，指挥学生，命令学生，也不是设计教学法。引导学生向上发展，才是正真的设计教学法。

教员的活动，大约用了上列八项做标准，可以没有错了。今再略举视察设计教学时应注意学生的活动：

（一）学生的作业有社交的团体精神吗？能敬重领袖吗？

用设计的学习，学生自己成一个团体。全班作业不是把教员做中心，是成功一个共和的团体；又不是散漫无纪，当有适当的领袖。领袖是公选的，或是推举的。既经选定以后，全班就敬重这领袖。参看前段第三项。

（二）学生能考案设计，并能做成纲要吗？

（三）学生能提出设计，并能陈述设计吗？

这两项的说明，可以参看前段第四项。

（四）学生能适宜分配设计里的作业吗？

这一项，实际也是上两项计划里的一部分；不过上两项是注重设计的本身，这一项是注重处办设计的手续。譬如：研究本地职业是一个设计。前面两项的计划是在应该研究的纲目。纲目决定以后，就该讨论分配的方法，像某区商店归哪几个人调查，某方公共建筑归哪几个人参观，某种统计归哪几个人调查，等等。设计法所以能养成学生有组织的能力在此，设计法所以能有团体的精神也在此。

（五）学生能各自作业，或者分团作业吗？

（六）学生的作业，能按照大家所分配而能协力、互助、自由，并且有秩序吗？

这两项是从第四项来的。设计的手续决定了以后，当然要如此办法。学生作业要表明自己是团体里的一分子，不能各人各逞私心做的；所以要注重协力、互助。但是又不宜太呆板，所以又要注重自由。譬如：一个本地地理的设计，学生分团把本地主要公共建筑物在沙箱里装排。各团的做法，要顾到全体，不能各不相关；若各自逞了私心，那全设计要凑合不起来。但各团做他的建筑物时，又宜自由发表他的能力，尽力使所做的美观，却不必用呆板划一的模式。建筑物里和附近，更可各各自由加人物、树木、车马等点缀，也不必一律。

作业的秩序，要拿不浪费时间做标准，并不是枯坐不动，或动作进退一定要一律才好。譬如：一团做木工，一团做表演；那末声音冲突，不但时间不经济，就是精神也很劳苦的。若是一团做表演，一团自由阅读；各人读书，翻字典，有时在行间轻轻走到后方去拿书。这样，各人动作既自由，全体秩序也无妨碍。

（七）学生作业时，能先记出应做的事情，次做纲要，再经一次的思考，然后动手吗？

（八）学生研究以后，能先做假定的纲要，然后再用别种资料证验，决定应否再加补充吗？

（九）学生能在证验以后修正原纲要吗？

在建造的和研究的设计里，第七项是很重要的手续。作业动手以前，各人应当先考虑一回。譬如：做文的设计；应先逐项录出应说的事，然后分别轻重，编一纲要；再把纲要细细想一回，想定了，才动手做。在研究的设计里，七、八、九项是自然的步骤。譬如：一个设计是研究"流行性感冒"。学生宜先记应着手的事，如"看某书""查某统计"等。次细想应行阅看的东西是否完全，要不要再请问教员……把各书看了以后，立出一个假定，如"流行性感冒是什么原因？流行时怎样状况？有没有方法驱除或避免？"再把自己知道的事实或查得的各种记载，和假定比较证验。如假定不合，可以再补充或修正。参观前段第五项。

（十）学生能始终维持他的目的作业吗？没有使学生分心的境遇吗？
参看前段第二项。

（十一）学生能自寻需用的东西，会使用吗？使用时有秩序吗？
参看前段第六项。

（十二）学生个人或分团的作业做成后，能报告全班吗？

（十三）一人报告时，众人能注意（并会笔记）吗？

（十四）众人能有同情的批评吗？容受批评者能有正当的精神吗？

（十五）报告完了时，众人能做总括，并且能得到结论吗？

（十六）众人能做有结果的讨论吗？不明白的能发问吗？

上面五项是设计法学习的第三步。设计法不是专重在做，要能在做的以前有计划，做了以后能批评。所以实行以后要报告；报告时要注意听，或能笔记更好。听完报告后要批评；批评不是攻击报告人的缺点，要有同情。报告人不宜因别人批评而生反抗，要正当的容受。相互讨论，没有意气，完全把得到结果做标准。关于批评等事，请参看前段第七项。

（十七）设计里需要的技术或学问，学生能发现吗？

（十八）技术学问要练习或作业的，学生能考案练习或作业的方法吗？

设计教学最大的效果就在这两点。若是某种作业仅能把本身的作业完成，不能从这作业里发生新活动的动机，那末设计的学习和徒弟的工作没有什么区别了。譬如：做贺年片是一个设计。若仅仅做成明片，于教育上的价值不是顶大的；最好要发生"各种纸是怎样造的？""纸质和纸价造法有什么关系？"因此发现需要的学问，再考案研究这学问的设计。又如：因了作文的设计，引起练习文法上技术上的动机，而由此计划文法练习的方法。参看前段第一项。

学生的活动，大约用了上列十八项做标准可以没有错了。不过设计的本身也要略有标准；否则，学生做没有价值的设计，虽则活动合宜，结果也是无益；或者做有害的设计，结果反而有损了。

审察设计的价值时，应注意：

（一）设计的目的要于生活上有实用，道德上是公正，并且可以增进智慧的，因而可以发生积极的动作。

（二）设计的目的要有伸缩性，因实际活动的关系，可以在进行中修正或改变。

（三）设计的需要是从实际生活产生的，不是人工勉强造成的。

（四）设计的动作可以满足个人或团体的需要。满足和快活不同，至少要在智慧上或道德上有些增进。

（五）设计的动作虽是不愉快，然而可以用来做满足需要的一种方便。

（六）设计的方法可以把结论证验，又可以判别动作的价值。

（七）设计是一团里各人的，不是一团里一人或少数人的。

（八）设计的动作可以产生新设计的。

（九）设计的目的、内容、动作是社会应该保存的经验之一种或一部分。

（十）从设计学习得到的学问、技术、态度，可以增长学生将来处办设计的能力的。

从视察方面研究设计教学的标准，大概这样。我们实地上课的教员，平日可以用来做实施的标准，也可以用来做反省的条件。从来教育上的理论，往往被实地施行的人把它器械化了。譬如福禄伯的幼稚教育理论，到此刻的幼稚园里，不过存些渣滓；现在实地的幼稚教员往往只顾了动作的方式。小学校的教授训练也是这样，做教员的只顾了教授的顺序、训练条项，专重视动作的方式。设计教学法是一种改革，是不要专重动作方式的；但是实施的人往往为自己便利计，喜欢熟用一种动作的方式，所以现在讨论设计法的人也往往要问到"法设计的教授顺序"。上列各项标准，可以供我们实地做教员的人自己审查动作的方式。我们不必问设计法的顺序，我们该问动作合不合这标准。

（原载于《教育杂志》1922 年第 14 卷第 2 号）

弹性编制是什么

新学制系统草案总说明第四有"于初等教育之升级采用弹性制"的一句话。

弹性制究竟是什么一种编制？原草案没有详细的说明，我们无从决定。再查《新教育》四卷二号金曾澄君著的《广东提出学制系统草案之经过及其成立》里也没有较详细的说明。在《新教育》一七九页上段有"（丁）优点（子）尊重儿童智力以为升降标准"一句。这是指英国学制的优点的，并不是弹性制的说明。又在《新教育》一八五页上段有"（卯）小学采用学期升级制；如有成绩优异者，得越一级升学……"这或者就是弹性制的说明罢。再查《全国教育会联合会关于改革学制系统各案汇编》和《第七次全国教育会联合会议案》等印刷品，不过在广东省教育会提议的学制系统案里总说明第四有"……于初等教育之升级采用英国之弹性制"，比现在议决案文多"英国之"三字，又广东提案初等教育段第四所记，和《新教育》一八五页上段的越一级升学云云同。恐议决时因为和总说明第四重复，所以删去了。从这几方面推想，可以得假定：弹性制就是所谓"英国之弹性制"，也就是"用学期升级制；如有成绩优异者，得越一级升学……"的编制法。以上是推测会里的解释弹性制。

《新教育》一八七页下段起胡适君有一段赞美"初等教育段的一个大长处"；他将自己在上海求学时的经过情形，来证明这弹性制。照他意思，似乎升级与转学极自由的，就是弹性制。

呆定一年一级的编制法是顶不好的。这编制法的弊病可以不必多说，没有人不知道的，并且没有人不痛恨的。

虽用年级编制而许学生随时越升的，可以算是弹性制吗？不能的。这不过是没有标准的编制罢了。说十七年前上海学校的升级与转学很自由，是可以的；说十七年前上海学校的编制是已经用了弹性制，似乎不十分妥。老实说，十七年前上海学校的编制是无目的的、混乱的、没有标准的。十二天升四级，就是混乱，没有标准的证据。

学期升级法一半年或三个月可以算是弹性制吗？不能的。理论上这话很容易说；实际上不是规模很大、校舍宽大的学校是办不到的。详见南高《教育汇刊》第二集杨伟文君《学校之升级制与学校之分业》一页下段和二页上段。即使可以办到，也有几个缺点：

（一）越升一级的学生至少也要缺去半年或三个月的课程，不得不另外想法补习，因此初越升时的负担太重。

（二）留级的学生至少也要把半年或三个月课程的前半重复再学。学生不能升级的原因往往不在该段课程的前半，所以重复前半往往使学生减少学习的兴味。因此他最感困难的后半还是不能从容学习，没有兴味去努力学习。

（三）仍旧要拿年期——三个月或半年做标准，不能适应学生能力。同是某种课程的材料，在聪明的学生不必半年或三个月可以学完，在不聪明的学生三个月或半年学不成功。重学一遍，并不能救济他的困难；要在某处特难的地方使他从容学习，才可以解决他的困难。所以时期虽缩短，仍是呆板的。

同时各科国文、算术、英文等——各各分班，量学生程度分别编入各科的各班，可以算是弹性制吗？不能的。这方法虽可以免去这科和那一科的牵制，但是在各该科的升级留级还是免不掉要用呆板的年级制。并且这方法在教室教员时间表各方面很多困难，恐怕不是大规模设备完全的学校不容易做到。

除此之外，还有巴达维亚制、北屯阜制、包白洛制、新剑桥制、伯脱兰制、分科制、巴铁木之试器、孟希姆制等等。详见南高《教育汇刊》第二集杨伟文君《学校之升级制与学制之分业内》。这种种方法虽不少有几分真正的弹性制，然往往要多聘教育或多设学级。所以也不能适用在小规模的学校里。

1870 年，美国圣路易报告所载哈立斯博士的弹性制(Flexible or Shifting Group Plan)，或叫作活动分团制的，似乎较为适用。这方法的大概是：

学生入学时不要考。先由职员详细询问他从前的情形，再问家庭的意思，双方协定相当的学级。这学生就到那学级去试学。试学两星期，再决定他最合宜的地位。这两星期内行智力试验（廖茂如先生的团体试验，有疑的再用皮奈个人试验法），别种教育测验（像克氏算数、默读、作文、习字等），再加两星期里各科上课时的情形；到两星期终，由担任各教员协议决定。好的调上一班去试，不好的调到下一班去试。再试两星期，然后决定在哪一级。

学级编制，从幼稚园起，最好各学年分上下二级。每学期开学时，两星期里调查学生学力（用教育测验同平日上课情形）；到两星期终，分成甲乙两组；再教两星期后，把乙组的再分成乙丙两组。从第五星期起，各组各照本组的速度进行，不相牵制。大概乙组是中等的，一学期里可以做一学期的功课；丙组是迟钝的，到一学期终少做半学期的功课；甲组是敏速的，到一学期终多做半学期的功课。所以到了一学期终时，下一级的甲组和上一级的丙组可以学到同一个地方。于是他们并了。下学期开始的时候，也照上面的方法重行编制。这样，迟的学生可以按步进行，快的学生也不受别人的牵制。每半年并一次，分一次；最快的，四年工夫可以学六年的功课；最迟的，八年工夫学六年的功课；其余的或四年半或五年或六年或七年不等。先生对于最迟的学生也要负相当责任，不能用留级或降级等方法了事；对于最快的学生也要有相当的鼓励，不能叫他们等候别人。

要是因为缺课太多了，可以随时调入相当的级和组，或另外想法补习；有补得快的，仍旧可以到原来的地位；实在补不上的，也可以调到下一组或下一级去学。

各科目也不必完全这样分法。有许多可以容纳个性的科目，像工艺、园艺、美术、缀法、书法等就不必分组了。大概读法、算术、英语等项容易偏到划一教授的科目，应当先改这种办法。

最难的就是一个学生各科的成绩不同，究竟怎样合并。倘使有极少数学生，有某科在甲组或某科在丙组，因而学期始并合为难的，可以不并入上一级，先教他把丙组的科目特别补习。若是大多数学生都有这种现象，那不是学生各科程度的不齐，实在是各科课程的不调和了。应当就现在学生实习情形，把课程改订。

批判学生学力不必用分数，也不要用等第；最好参酌平时上课情形和临时测验，把学生的学力排列了，从最好的起大约取四分之一算是中等以上的；再从最不好的起大约取四分之一算是中等以下，其余都算是中等。这调查宜在学期始，调查了要注意中等以下的，平时想法补救，先生对于中等以下学生最要负责任。

倘使可以用教育测验的，已经有标准的，就不必用这方法了。可以常用测验，常叫学生把自己学力和标准比较。不能及到标准的，先生要想法救济。

总之：一时的考试和完全由先生主观的批判，顶靠不住；能不用，最好；不能完全不用，当愈少愈好。编制不要呆板，当使进步迟速不同的学生可以各各进行。批定学生学力要在学期开始的时候；是用来救济学生缺点的诊断，不是犯罪的判决。

这方法在南高附小已经行过二年多。好的学生可以上升，也没有缺去一部分的课程要补。不好的学生不必勉强，也不必留级重学。

这方法适用的学校不必有很多的学级，也不必特别多添教员，也不必同时同科目上课。统看各方式，比较起来，似乎这方法还容易实行。

学生的能力拿时期来代表——就是一年一级制，学期升级制等——当然是最不合理的。然而拿课程来代表学生的能力——就是哈立斯博士的弹性制——也不免有一部分的缺点。学生尽力学习的，固然课程的修习就是能力的代表。不过同是进步迟的学生，有能力本来弱的，也有能力并不弱的，不过他不肯尽力学习的。在能力弱的，确是可以延长他学习的时期，使他从容发展。在有能力而不肯尽力的，却不能不特别鼓励督促。所以这方法在修习课程方面，可以算有充分的弹性，在学生能力方面还不是十分完美。我们有一个理想的方法。虽说理想，并不是很难实行的——编制却要比哈立斯博士的弹性制更简便些。不过要用几种可靠的调查能力的工具，制造的手续较为繁重些。一到工具造成，那方法是很容易做的。暂且叫他理想的弹性编制，约略陈述办法如下：

不必严分年级，集合年龄相近似的学生组织几团。譬如小学六年，可以分：六、七、八岁的做一大团，九、十、十一岁的做一大团；再看各大团人数分几小团，每一小团约三十人左右。或者小学分三大团：六、七岁，八、九岁，十岁、十一岁；各大团再分小团。小团里不必限定年龄再分组，尽可合学过一二年的和初入学的在一处地方作业。教法完全用设计法，不必分科目，没有呆板的时间表。各团里学生或共同或个别或合数人合做，或分配作业分工做。能力大的当然一方面自己作业，分任难的作业又一方面可以帮助新来的或能力小的。能力小的也不必勉强从事，当然也有相当的作业可以做。各团里的学生可以常常在一起，不必有升降等的变动。教材编法和这完全设计的教法此刻不能多论，当另行讨论。这编制方法实在也并不算是纯属理想的。请看《小学校》第七号《美国之新教授法》第五页以下。可见这方法在美国已经试验过多年了。

但是学生能力发展到什么地步？这一问题该时时调查，以便教员指导时有个方针。就是小学校怎样算是毕业，也该有个标准的。大略可以用效率做标准。这效率是 Accomplishment Quotient 的译文，办法大概是这样：

第一，要有一种智慧的测验，常常可以调查学生的智慧。这智慧测验或是团体用的或个人用的都可以。这智慧测验要有年龄的标准，像皮奈西门测验的算法。

第二，要有几种学业的测验，有人叫他教育测验的，像写字、做文、阅书、读书、计算、解答数量问题、社会经验、自然界经验、道德判断等等。这种测验也要有年龄的标准——不是现在通行的年级标准。年级标准，就是说"中国大多数学生在四年级时计算能力该怎样"；年龄标准，是说"中国大多数学生到十一岁时计算能力该发展到怎样"。这是大略；详细做法，另行分别讨论。

从智慧测验的成绩知道某学生的智慧年龄，用学生实足年龄去除智慧年龄，得到学生的"智慧率"。譬如有个学生今年六岁八个月，他的智慧测验的年龄是七年即八十四个月；84÷80＝1.05 就是这学生的"智慧率"。

从某种学业测验知道这学生的学业年龄。譬如这六岁八个月的学生用了计算的测验去调查，他的成绩和中国大多数七岁学生的计算标准是同的，他的计算年龄就是七岁。也用实足年龄去除学业年龄，得到的叫"学业率"。譬如这学生的计算率是 84÷80＝1.05，再拿智慧率除学业率就得效率。譬如这学生的效率就是 $1.05 \div 1.05 = 1$，效率是整数一的，就是表明学生的能力充分发展，充分向上的；效率比一小的就是表明学生在学业方面不能尽量发展。教员遇到这一类的学生当想法研究；或引起动机，或改善环境，或改革方法……倘使效率比一大了，就是表明学生在学业方面过分的努力，教员就不应该再事催促，怕再努力要害他身体了。

所以有了这效率作了根据，用了设计的教法，不限定年级，那末才合新学制总说明第四上半段的"顾及其个性及智能"的一句话，才可以算是真正的弹性制。

这种弹性制难办吗？实在是不十分难的；学级不必多的，除了单级当别论以外，有二教室的四年小学就可以实行的。并且现在设计教学法渐渐试行了，将来实行时教法编制方面可以得到一个解决的办法。最不容易的，就是智慧测验和各种学业测验的调查和制造。但是全国小学校能稍微加些助力，好在此刻研究测验的人很多，不难在几年里做成。所以真正顾及个性及智能的弹性制也不是纯属理想的。我们大家来尽力一下，看将来的实际怎样？

至于小学毕业标准，只要利用各科学业测验；定学业测验十二岁的标准算小学的毕业标准就是了。余详本号《小学校的新课程》。

（原载于《教育杂志》1922 年第 14 卷号外）

一个小学十年努力纪

十年来教学概况

我校试验新教学法的经过，从七年秋起，到本年冬止，都有教材预定录、指导会会议录、研究会会议录、教学实际录等等百数十册簿籍的记载，可供我们的参证。可是百数十册簿籍的记载，一时要抽绎要点，系统地有组织地叙述出来，何等地困难！不得已，现在只好就试验目标的推移，把逐年改进状况，简略地择要地报告一下；关于尚未解决的种种问题，也一一附录在下面。热心研究的同志们，倘能不吝金玉，指示一切，使我们把尚未解决的种种问题，尽力所及，继续试验，以便求得较圆满的结果：这是我们十分希冀的事！

七年秋起

这时试验联络教材的教学法。我们以为儿童的生活，是整个的。分析的学习，使儿童生活经验，前后不相关，彼此不相顾，实在违背他们身心发达的程序的。所以那时试验，以一个生活方面的问题做中心，其余有关事项，一一归纳在里面。就实际情形说：中心问题，大多发生于乡土一科中，其余文艺、唱歌、游戏、美术、工艺等科教材的去取，都以和中心问题有没有联络关系做标准。这一时期所用的教材，虽有科目名称的区别，实已打成一片。但儿童作业，因材料悉由教师提供，没有参加意见的余地，所以一切活动，漫无目的。但这时期内，各科教材，统由教师自编，日后应用，便利不少：这是没有预期而自然来到的事。

八年秋起

试验联络教材教学法的，由一级增至三级。同时又试验新教学法一班——即现在所称的设计教学法。这回试验，可算设计教学法的第一场；因为以后逐渐改进，逐渐推广，莫不酝酿于此。这一班上课时间，三十分钟为一节；钟点制改为分数制，也在这时开始实行。研究材料，由学生中领袖或教师提出。上课情形，和现在的幼稚园大概相仿佛。不过那时儿童作业，非常自由。教师看见儿童能够自由活动，以为已达试验目的，表示逾分的满足。因此，儿童作业，因无确定目的，工作结果，往往今天和明天，前月和后月，常在同一水平线上，没甚进步发展可说。

九年秋起

由联络教材教学法的试验，推移而试验设计教学法的，增至两级。这时所采用的，是分系设计法。试验时把旧用科目，分作 Observation，play，hand-work，stories，physical exercises 几系，分别把各种问题，设计学习。那时教学数学，开始从游戏方法入手，这是值得纪念的一件事。不过这时试验，尚有学级和时间的限制，所以儿童个性，很难充分地发展。

十年秋起

试验设计教学法的学级，增至四。每天早晨，加设随意谈话课，所有作业，大半由此产生。这时注意试验的，有两种不同的方式：一是自定时间表作业，一是废除时间表作业。不过作业时间，仍加限制；所和以前不同的，是科目名称渐归消灭罢了。

十一年秋起

试验设计法的学级，增至七。这时起，采用混合设计法。上课时间，以三十分钟或六十分钟做一结束，比较以前，活动得多。时间表隔日定好，第二天照表实行。学生因作业目的不能十分确定，所以第二天作业，每有目的游移和不很努力两种现象发生。这时所值得注意的，便是练习课业注重的一件事。

十二年秋起

这时起，全校行设计教学法；试验学级，增至十三。试验时一方面打破学级和时间的两种限制，一方面又采用道尔顿制研究室的编制。教学大概情形，刊有《东大附小最近教学概况》一书。现在把（一）五、六年级，（二）三、四年级，（三）一、二年级，（四）幼稚园，（五）工艺班分科略述要点如下：

（一）五、六年级教学的概况

这时五、六年级教学的状况，上午和下午，迥不相同。上午功课，为读书、作文、算术、社会、自然、美术、工艺等科目；每个学生，受设计指导的指导，随意选习的。下午功课，为算学练习测验、写字、音乐、英文、体操等科目；每个学生，依照程度的高低，看了规定的时间表，分组学习的。所以上午所上功课，每天不同，下午则天天不变。上午功课，既然是选习的，那末学生组合的情形怎样，选习的标准怎样的呢？五、六年级的学生，分十二团；每团有学生二十个左右；设设计指导一，负指导选习各种功课的责任。团的分配，是依照智力程度的高下而定的；关于年龄的大小，学力的深浅，用作参考的根据罢了。学生选习什么功课，研究什么问题，先在团会里，经过讨论设计的手续，然后用单子通知作业指导，以便依照预定时间，分别到各室里去学习研究。选习时间，虽然没有什么限制；但因受每经三十分钟打钟一次的影响，或以三十分钟做一结束，或以六十分钟做一结束，最长的九十分钟或一百二十分钟为限度。预定时间表，初时每天举行一次；便是今天预订明天的功课，明天预定后天的功课。后来因设计目标，可以比较的久远些了，预定功课便由一天而延至三天，再由三天而延至六天。预定好的功课，一方面填在作业单上，一方面填在各室各科人数支配表上——作业单和支配表，见《东大附小最近教学状况》7，8，9页，兹从略——全体的指导，每天在下午四时到四时三十分的时间里，开一个半时会。开会时的讨论事项，分特别的和普通的两项。学期开始，每级应分几团，每团应分几组，该把什么做较科学的根据；每团每组，几多人比较的合宜；这许多问题，每学期只有一二次机会须详细讨论的，这是特别的。某团某组在某日某组定什么功课；某时某室有多少人作业；要不要把人数调剂一下；要不要把功课更动一下；这许多问题，是每次都有的，这是普通的。除了上面两种外，如方法有讨论的地方，材料上有修正的地方，或者学生有什么问题，指导有什么意见等等，都在这时研究解决。选习结果，备有记载簿二本——一是各人每周选科作业时间记载表，一是各科作业自记簿。见前书十三，十四页——把研究的题目和时间记上，以备指导和自己的查考。至于下午所上的功课，都是按照程度的高低，分组学习的。进步快一些的学生，随时可以升上一组学习，使学习的材料，和自己的能力，彼此相适应。各科教学实际状况，前书十五页至四十九页，记载较详。这里不再重述了。

（二）三、四年级教学的概况

那时的三、四年，分三上、三下、四上、四下的四级。要学生学习的功课，按程度分组，却没有上期、下期的分别，像算学、写字、音乐等科，都是学生应当学习的，但是时间不宜过多。所以那时规定每天早晨，每种有二十分的练习时间，计一小时后，才自由选课。自由选课，每天定为十节，每节是十五分钟。这十节时间内，看书、作文、画图、做工、研究问题等，每天都有选习的机会，但却不能样样都选到。选习的功课，究竟拿什么做根据的呢？大概每天早晨谈话时候发生的种种问题，凡稍有价值的，一一把它记下来。在散学以前的二十分钟内，师生共同讨论好明天要研究要工作的事情；然后把四级里讨论的结果，核对一下，拣顶需要顶有价值的，摘录下来，预备到了明天宣布。讲到研究和工作的事情，大概三上和三下相同，四上和四下相同；偶然也有四级相同或四级不同的，这是特别的情形。研究和工作的事情既然定好，到明天早晨，各级分别宣布出来。学生用了作业片，照了自己的志愿兴趣等，一一选定，然后上课。不过学生选课，往往犯着偏颇的毛病，所以想出用一种时间记载表，一方面学生可因此提醒自己，一方面教师可借此参考矫正。上课详情，见《东大附小最近教学概况》一书五十二页至六十页，这里也从略了。

（三）一、二年级教学的概况

一、二年级，在现在的杜威院里上课。那里有谈话室、游戏室、读书室、工作室四间教室。那时一、二年学生，依照人数的多少，平均分成三级，所以通用三个教室。每个学生，每天平均上课二百四十分钟。上课方式，大概有下列几种：

1. 学级、地点、科目都固定的——像清洁检查、养性、谈话、国语、唱歌游戏、级会六种是每天约占一百二十分钟。

2. 结合了团体选习的——像研究一个问题，计划一件事情，练习一种同样的技能等是。这许多事，都可以结合团体，约定了地点、时间，请教师指导的。

3. 自由选习的——教室里没有特别研究和工作，就把这教室开放，任学生自由来选。学生自由选习，大概有两种目的：（a）在某种设计里讨论了分工的办法，特地来工作的。（b）年龄幼小的学生，完全把闲散、游戏做目的而来的；要到了教室里，遇到新境遇，才有新的问题发生，才有新的事情工作。

以上所说的三项，是上课的大概。第一种因各种都是固定的，不生什么问题。第二种要在前一天级会时定好题目，然后可以支配地点、时间、指导教师等。第三种唯恐自由出入，漫无限制，特设作业片一种，以便查考。每教室里有十个大的红色数字——1，2，……9，10——每一个字代表十五分钟，由教师按时更替。学生进教室，拿了作业片——三个教室，有三种颜色——入室以后，看教师揭示的红字是什么，便在作业片的反面，划去什么字。出来的时候，也要同样的做。做好了，交给先生，以便结算作业的时间。一天限用一条。但这三种方式怎样配合在一起的呢？那是由教师天天去总合起来的。总和的时候，先把各级的问题会集起来，然后拼成一张总时间表，次日照行。每天每人所做的功课，记入每人每周作业时间记载表；大些的学生自己记，小些的学生先生记。上课大概情形，见《最近教学概况》一书六十三页至六十七页上。

（四）幼稚园教学的概况

那时幼稚园上课时间，从八时四十五分起，到十一时四十五分止。学习的材料，有养性、检查清洁、自由体操、谈话、唱歌、茶话、工艺美术、园艺、搭积木、自由游戏等。因幼稚园的生活，是整个的，所以课程方面，并不分得十分详细。大概谈话课内，研究家庭社会国家的大要，使儿童自己发表意见来判断一切。唱歌游戏，所以激发他们心内的情感。搭积木，所以启迪创造和建设的思想。工艺美术，所以发表他们的观念和感觉。自然研究和园艺，所以使他们知道利用自然界的方法。公民养性，所以养成他们道德的理想和信仰。卫生，所以使他们研究人生健康问题。数学，所以使他们正确数观念及生活有关事项的计算法。这许多功课，或依时令，或从需要，整个地由儿童活动。实际活动情形，见前书六十九页至七十二页。

（五）工艺班教学的概况

工艺班在全校里，是完全独立的，不和任何普通班衔接。工艺班的组织，目的是在造成具有普通知识的工匠。内分金木藤三科。普通功课，三科合一教室上课；工艺各随志愿，专习一科。每天上午，习普通功课，一切和普通科一样。下午，专习工艺。学习工艺的方法，也和普通科完全相同；但所习的知识技能，稍稍偏重于工艺上有关系的问题。所习的工，是普通工匠的手工制作。出品金工像白铁壶、白铁桶之类，木工像桌椅之类，藤工像藤篮藤包之类，也很普通。成绩方面，因材料浪费，不能利用分工制，出品不整齐，工作时间少等等关系，离理想所希望的，相去很远。毕业标准，以工艺成绩为主。工艺成绩，以对于普通作品能单独动手做成便得毕业。平均时期，大概要三年；能力弱的，怕要四五年。

十五年秋起

从十二年秋到十四年夏，这三年中，教学试验情形，虽变更的地方，着实不少；可是就大体说，精神方面，依旧未换本来面目。十五年秋起，又稍稍改革了。最显著的，（一）全校教学，依智力，学力，年龄，努力的大小，高下，分成三大段落：实足年龄满十二岁以上，具有五年级、六年级程度的，组成高年级的一段落；实足年龄满九岁以上，具有三年级、四年级程度的，组成中年级的一段落；实足年龄在八岁以下，具有一年级、二年级程度的，组成低年级的一段落。凡工艺科学生具有五、六年级程度的，插入高年级一段落上课；具有三、四年级程度上课的，插入中年级一段落上课。原有幼稚园，也和一、二年级混合分配，求教学方面种种的衔接。这三个段落，依科目性质，再分团分组的教学。团和组，在定期考查成绩后或相当时机里，随时调动，以求适合。这可说采取活动分团制的编制法。（二）旧时上课，时间的多寡，长短，可由学生随意预定。试验三年，深觉这种办法，虽富伸缩余地，但教师、教室、教材等等的预备、支配，实在太不经济。因此，高中低三段落内，各规定上课时间表一，使学生依照自己程度的高下，按时上课。不过学习的方法和材料，依旧充分地采取设计法精神。现在为读者便利起见，把三段落内各科教学情形，分别报告于下：

（一）低年级教学现况

年龄幼稚的儿童，经验是整个的；他们既不能把国文、算术、地理、历史等科目分得清楚，教师当然也不必违背他们的心理，把它分清。所以这一段落里，只依着儿童的活动情形，把每天时光，分成 A. 故事，B. 研究，C. 工作，D. 游戏的四个时期。大概年龄大些能力强些的，每期约占六十分钟；小些弱些的，每期约占四十分钟。在每期里所做的事，大多是儿童所需要的，并且在做事以前，教师常和他们共同设计的。这样，一方面使儿童练习做事的计划，一方面使儿童十分明了做事的目的，增加学习的兴趣和努力。时间支配如下表：

低年级上课时间表（十五年九月）

时＼团	甲	乙	丙	丁
8：30—8：45	早会（书）21	早会（游）22	早会（作）23	
8：45—9：45	工┃（作）	故（书）／游（游）	游20／故（书）	24 25, （音）
9：45—10：45	研┃（书）	工┃（作）	游（音）28／故（音）	
10：45—11：45	故（书）／游（音）28	游（音）28／故（书）0	研┃（作）	（游）
1：30—2：30	游20／故（书）	研┃（音）	工┃（作）	
2：30—3：00	会（书）21	会（游）（22）	会（作）23	
级任	21	22	23	24
级机关	（书）	（游）	（作）	（音）

看了上面一张表，可知低年级一段落里，共分四团上课的。这四团
究竟用什么标准来分的呢？智力测验，关于低年级方面，就现在的情形
说，尚无适当材料可用；因此，努力数也不能求出。现在暂时的分团办
法，只好依据学力和年龄，因为现在所用的教学方法，处处留意适应个
性，在学力方面的分团，也无须过于严格。低学年中最需要团的形式
的，就是读书。所以最近的分团，除不满六足岁的外，其他完全依据读
者能力来分的。四团的程度如下：

甲团　读书能力近乎第三学年的。

乙团　读书能力在一、二学年之间的。

丙团　有些像第一学年，有些像幼稚园，读书能力顶低的。

丁团　完全幼稚园程度，年龄不满六足岁的。

至于每团中分的小组，各团有各团的分法，各科有各科的分法，不
能一起说尽。现在把故事、研究、工作、游戏教学的实况记在下面。

A. 故事

小朋友们喜欢听故事，也喜欢讲故事给人家听。教师就利用这个动
机，设计组成故事会。低年级的故事会，有比赛和消遣两种性质。消遣
性质的，就在每天的故事期内，把各人所看过的故事，或听来的故事，
讲给大家听。比赛性质的，要定了日期和时间，各团请几个顶会讲故事
的人去讲。这两种故事会的组织，好像不同，但是它的目的，都是：

1. 要练习得说话流利，可以充分发表自己知道的。

2. 要会听别人的演讲。

3. 要利用演讲，使努力阅读图书。

可说完全是一样的。上面所说的，是故事一个时期里的一种工作；
此外，如精读主要读物、阅书、写字、看图造意、看图识字，以及别种
用笔发表的练习，都在这个时期里学习的。精读的材料，现在油印的。
教学的时候，要读得字句正确；全篇意思懂得彻底；语句的组织，也须

深究一番。它的材料，由浅入深，是有系统的。至于阅书方面，目的在增进了解和速率。倘使不出声音，用顶快的时间，读顶多的书，并且在复述时，大意可以不错，就算及格。这种材料，要多，要有兴趣，才可吸引阅读的人。现在校里编有文艺图书目录，大概从第一阶段起，到第八阶段止，都供低年级应用的。写字一件工作，大多附在各个设计里；如抄写研究报告，摘记要事，差不多天天有机会的。较高的团里，用了设计法，定义个长期练习。大概每天照了字的样子，练习十分钟。字样所用的材料，是日常用得到的字；并且组成有意义的句子，使书写字，不至于疲倦乏味。写好的字，用书法量表比对，使知道自己进步的快慢和别人的比较。到考查时，不用字样，就容易写错的字，组成短句，令学生书写。关于看图识字，看图造意等，是低年级里最富兴趣的工作。我们搜集了许多《小朋友》《儿童画报》《儿童世界》等封面、插画和各种风景画片、风俗画片等，稍稍加以组织整理的功夫，用来做练习语言文字发表的工具，收效非常之大。

B. 研究

低年级的社会，地理，自然，卫生等，不分科目，统称研究。研究是拿问题做单位的。问题的来源是在随意谈话时提出的，或是出游时看见了奇异事物提出的，或在工作时发生的，或在看书时发生的，或在研究甲问题时而产生乙、丙、丁问题的，也有因为时令环境的关系而发生的。这种问题，能立刻解决的，便用三言两语解决了；不能立刻解决的，在黑板上或簿子上记录下来，和学生约定先后日期，分别研究。至于研究方法，大多注重实做。如磨麦粉，做晴雨纸，在沙箱里装火车路线等。有不能实做的，或是用观察的方法解决问题，如参观无线电话机，解剖鱼蟹的内脏等。或用实验来解决问题，像蒸馏水，做七色陀螺等。或用讲故事的方法来解决问题，如原始人生活，日本小孩故事等。或用讨论的方法来解决问题，如讨论怎样扑灭蚊蝇，怎样预防天花等。

每一问题，看用什么方法去解决最妥当，最易使儿童明了，就用哪一种方法。每一问题研究完了，做一个小结束。结束的方法，就是做报告书。把问题的主要点，或由学生口述，教师替他们写在黑板上；或先由各人记述，拣较完善的，提出来共同订正。次把订正的材料，或叫学生抄写，或付书记油印，订成小册，发给他们阅读。这样，每一问题研究完了以后，可以连带练习书法缀法各一次；订成小册后，在面上加些装潢，又可练习美术，工艺。有时要连带烹饪时，支配材料，分量，还练习了不少的算学应用题呢。

C. 工作

低年级的工作，常和故事、研究、游戏三项联络进行。各种工作，都是有目的的；大概讨论了，计划了，然后才做的。产生的方面，约如下述：

1. 由故事产生的——各个故事发表所需的用具用品的制作，信封信纸的制造，日记本，书法练习本的订装等是。

2. 由研究产生的——园地上产品的烹调，研究古代人生活做弓箭，画意像图；研究消防队做水枪，研究电流装电灯，研究南京城在沙箱内装排等是。

3. 由游戏产生的——到了冬季做毽子，到了春天做纸鸢，合做各种游戏用品用具等是。

除上述三个方面外，还有：

4. 因需要而工作的——如书包、日记本、软底鞋等，日用方面，需要很急，便计划工作。

5. 因环境引诱而工作的——如看见了锯子想做木工，看见了布想做鞋子，做了洋娃娃的家庭，便研究衣、食、住、家庭、砖、瓦、油漆、色彩、尺寸、比例、各种打样画等。

6. 因别人工作而工作的——如看见人家做一个东西也想学做一个；

低年级里，这种现象，时常可以看到。

至于指导方法，或利用机会而指导实行，如工具使用法等；或利用机会而指导学理，如画图而指示透视和投影法，做工而指示木质等。此外，有两个注意点，不可不说：（1）注意计划。儿童拿到了东西，往往动手就做。这种习惯，是不能养成的。我们时时注意，总想法使他们在动手之前，先计划一下，像打样，计划所需材料分量等等。（2）注意结果的批评和欣赏。工作完成以后，大家讨论一下，批评一下，使对于做得不好的工作，发生改良的思想；对于做得较好的工作，感到满足的愉快。

D. 游戏

低年级小朋友的活动，大多是游戏。我们教学低年级的小朋友，也当常常利用着游戏。现在的游戏方法，有三种：

1. 表演游戏——如骑竹马，做警察，接待客人，抬轿子等。这种游戏，大概是听了故事发表出来的，或者是接触了别的环境模仿出来的，可利用了研究各种社会方面的生活。

2. 体育游戏——一种是自由的。室内室外，陈列着许多运动器具，像秋千、浪船、滑桥、人力车、铁环等等，使他们随意玩弄，教师在旁指导。一种是有比赛性质的。像赛跑、跳远等等，都要教师帮助他们组织好了才可以玩。

3. 音乐游戏——这种有节奏的音乐游戏，大部分是团体学习的。也许有几种是在别的工作时口授的。他们做这种游戏时，注意律动和欣赏两点；因这是音乐教学的要素，我们不可不从小就着手培养的。

上面是所说的三种游戏，都很自由的。倘使掺入了各种符号，大可以学些计算和文字。用游戏法来教学文字，如王妈妈找鸡的一个例子里——见本校校刊第三期——用游戏法来教学计算。俞子夷编《社会化的算术教授书一、二年用》里的例子，都在本校低年级里一一试验过的；这儿限于篇幅，一概从略。

低年级里，这四个环境——故事，研究，工作，游戏——差不多天天要经过的。但做的事，却是天天不同的；有时研究新的问题，有时整理旧的经验，各不相类。此外又加上半小时的早会。这是随意谈话课，大概在课前举行的。教师和儿童，随便谈谈，兴之所至，每至不能自已。谈到有价值的问题，便保留起来，计划研究。这可借此练习语言，启发知识，实一不可少的办法。每天在末了一课，有记日记的工作。这可使儿童学看日历，记晴雨和温度，也许还可以增进些写字和作文的能力。

（二）中年级教学研究

中年级是本校三大段落里中间的一段，大约是三、四年的程度。这一段里，照智力、学力、努力、年龄的相差，分成四团；每团再依默读，常识程度的高低，分成两组。这样，上读书、研究等功课的时候，可照了程度去运用方法和材料，不至于顾此失彼了。上算学的时候，又按了算学的程度，把全体分成四组。每组所用的材料，也各各不同的。上面所分的团和组，隔了多少时候，要升调一回。大概在定期考查成绩以后，升调的学生，要比较的多些。每天上课，除早会、级会、记日记共一小时外，做工、读书、研究各一小时；这都是照了读书常识所分的团上课的。此外有唱歌、写字各一刻钟，算学二刻钟，这是照了算学所分的组上课的。现在把上课时间表和各科教学的方法列后：

中年级上课时间表 (十五年九月)

时 \ 科 \ 团	甲	乙	丙	丁
8:30—9:00	早会 (社)16	早会 (自)17	早会 (书)18	早会 (工)19
9:00—9:50	研 | (社)	研 | (自)	故 | (书)	工 | (工)
9:50—10:00	换教室			
10:00—10:50	故 | (书) (社)	故 | (社) (书)	工 | (工)	研 | (自)
10:50—11:50	会 (社)16	会 (自)17	操 8　29	
	操 8　29		会 (书)18	会 (工)19
1:30—2:20	工 | (外)	工 | (工)	研 | (社) (自)	故 | (书)
2:20—2:30	换教室			
2:30—3:30	(工)音28 (书)字16	(书)字17 (工)音28	算 (社)18	算 (自)19
	算 (社)16	算 (自)17	(工)音28 (书)字18	(书)字19 (工)音28
3:30—3:40	日记 (社)16	日记 (自)17	日记 (书)18	日记 (工)19
级任	16	17	18	19
机关	(社)	(自)	(书)	(工)

A. 读书

三、四年学生，本来是拿读书和常识的能力分成四团上课的。这四团的程度虽然有些相差，但很有限的，所以在教法上也没有什么大不同。不过高的两团在静的方面多些，低的两团在动的方面多些。我们把读书分成两部分讲，就是：读书和看书。

1. 读书的教法——在没有看选文材料的以前，先在黑板上写好关于那篇文章的大问题，然后让大家在文里去找答案，等选文材料翻开来，倘然有生字的，各上去写在黑板上，等到大家看完了，生字也写好了，那末有的人认识的，当然他会立起来讲的；倘然还有许多字不认识，他们要求晓得，就要学查字典，查写在黑板上的生字。等到大家完全认识了这篇文字，然后教师就指名回答黑板上写的大问题，答了出来，教师再在文中找出许多小的问题，同样指名回答。倘然问题都回答得出，可以说已达到我们教学的目标了。小学生读书顶重要的一件事，就是要明白书里的内容，内容既已明白，照理可以称没事了。但是回答的时候，是各个人回答的，不见得个个人能这样的明白，要使个个人一样明白，我们大概用两种方法：

（1）口述——请顶明白而喜欢讲的人，出来把内容讲给大家听。偶有不明白的人，一听之后，总可得到几分帮助。

（2）表演——大家知道看书不如看实在事情，所以能把书里的事情表演出来，是更有趣；而对于文章内容易明白；并且万一再有不明的学生，看见人家表演了一次，当然又是得了一个更大的帮助。

到此，一篇文章可以结束了。怎样结束呢？各人再书面报告文章的内容。报告的方式，或是摘要，或是缩短课文，或是由教师出了问题，做答。这大概看文章的内容，或学生的程度，拣较合宜的一种方法用的。

2. 看书——小小一个图书馆，里面的书籍，倒也不算少。因为不能完全陈列出来，所以把所有的书籍，分成甲、乙两类，每半学年轮流一次。儿童看书的材料，都是自由选择的，不过一个图书馆里的书，当然有深有浅，倘使选择时没有一些根据，那么不免要枉费时间。所以我们按了书的深浅，分成五、六、七、八、九、十、十一、十二，八阶段，再按儿童的程度，去配合书的阶段，列表给儿童看。这样找起材料来，就有了一个标准了。现在中级依了读书能力，分甲、乙、丙、丁，四团。

甲团看——十一、十二阶段

乙团看——九、十阶段

丙团看——七、八阶段

丁团看——五、六阶段

倘使看第九、十阶段的，不能去看第七、八阶段，或十一、十二阶段的书。把每阶段的书，编成目录，每个儿童一份，阅完一本，请教师选择一篇，做书面报告，或口述报告。可以通过的，教师就在书目旁签字。一阶段的书，完全看完，并得教师的签字，那么可以升上一阶段。还有《小朋友》《儿童世界》《少年》《儿童画报》等读物，都不编在阶段内，可以随意取阅的。

B. 缀法

我脑筋里有意思，要给人家知道，方法虽然很多，但是要能够使远地和后来的人知道，就要靠文字了。不过人的意思不能硬造出来，所以我们主张不特定缀法作业时间，等学生需要的时候才有缀法。下列几种，是顶普通的作业：

1. 写信——倘使明天要开演讲会了，大家就要写信去请评判、给奖的人。写好后，共同批评，比较一下，然后拣顶好的寄出去。到演讲的一天，批评人果来了，他们的信，居然能发生效力，心里觉得多少快乐。

2. 日记——每天放学前，把一天当中做的事情，记载下来，天天不断，岂不是每天有一个作文的机会吗？

3. 做学校新闻——在一学期里，学校新闻，由全校轮流，每级轮到几次。每在出版之前，他们就竭力经营，有编故事的，有编歌谣的，有的记地方或全国的新闻等。

4. 研究报告书——研究一样东西，末了把研究时所得到的记下来，这不是一篇切切实实的记事文吗？

5. 读书报告书——读了或看了一篇文章以后，把文里的意思缩短，或是摘记大要，或是由教师出了问题作答案。低的二团，有时也参用共同做的方法。

照上面说的，缀法的机会，实在不算少了；那特定的缀法时间，也当然可以取消了。

C. 写字

统计字的用途，小字比大字多。从前的人写字，总是大字练得多，以为大字好了，小字就会好的，其实并不然，既然小字用得多，所以我们注重小字。下面是我们写字课的大略情形：

1. 普通练习

照算学分组，有甲、乙、丙、丁，四组。每组每天有十五分钟的练习时间。范字是自己编的。范字里的内容，大概是学生常用的，并且是有趣味的。如："捉鱼人，月亮里为什么点灯""我最爱马和马做好朋友"等。学生写的字，每次照了量表批分数。在学期开始时，第一、二、三回的成绩，拣最高的一回分数，上加五分，算第一次的标准分数。连接三次的成绩和第一次标准分数一样，就把第一次标准加高五分，以后照此类推。（附记载表格式）

2. 误字练习

三、四年学生写字的时间未久，误字顶易发现。倘使常常不订正，成了习惯，非常不好，所以我们有一种误字练习。

每天写字成绩记载表

次数	月日		标准	成绩
1	9	1	50	50
2	9	2		50
3	9	3		50
4	9	4	55	
5				

学生写字的机会，在各种报告书上顶多，假使有了误字，教师就把他误写的字逐一摘出来，把摘出来的字，联成有趣的句子，写在纸条上，就在写字时间内，当范字照了写。写了二次，到第三次，就是默写，默对的算通过，倘仍有错，再重写，一直到默得出的时候，才算通过。这样一方面可以使他以后不再错，一方面可督促他以后写字更加用心。

3. 写字比赛会

小学生对于写字，兴趣较少。但小学生对于竞争方面的事情，是顶高兴做的，所以就利用这个方法，每三星期或四星期开一次比赛会，在开会前定好一个标准，等到前一二天宣布比赛人的名字，开了会以后，顶好的有奖，因此大家就自然地多去练习了。

D. 算学

上面已说过三、四年共有四团，把四团混合起来，用应用，混四等材料测验，又分成算术方面的甲、乙、丙、丁四组。各组每周有五次练习时间，每次约三十分钟。丁组用社会化教科书第一册，这本书，完全要教师和他们讨论了做的；因为练习方面恐不够，所以另外再用笔算练习簿第一册，自己去练习。丙组用第二册社会化教科书和笔算练习簿。

教科书，是在学校里讨论了带回家去做的，可是每次做过以后，要交给老师批改，假使不对，仍旧要重做的，其余的教法，都和丁组相同。乙组用社会化教科书和笔算练习簿第三册，另外有算学能力较高一点的，做算学练习测验，练习的时间，每次七分钟。记法：学生自己对答数，再记做的题数和做正的题数在成绩记载表的折上。教员只要负检查误点的责任，再把学生的成绩誊写在教员用折上。其余的，完全照说明书进行。甲组以专做练习测验为主，时间每次限六分十五秒，一切办法，和乙组做练习测验的同。另外用社会化教科书第四册，和笔算练习簿第四册。各人练习的能力不同，每天继续自己的练习；假如在丁组的学生，本来应该练习第一册，或有一个学生比别人进行得特别快，第一册已经完了，他就可以练习第二册。因之进行的快慢，各个不同的。

E. 研究

小学生分不出什么是自然，什么是社会；教师也不必去分清社会，自然；大家只要认它是一个研究题目就是了。当中有社会方面的问题，也有自然方面的问题，甚至美术、工艺、书法、算术上的问题也不少。所以我们就叫"研究"。研究的题目是哪里来的呢？大略有下面几种：

1. 从谈话时发生的——每天早晨谈话，师生互相报告新旧见闻。所报告的事情，倘然是简单而容易解决的，当然可以随时就解决的；若是非详细研究不可的，那末教师就和大家约好一个时间研究。

2. 从环境里接触到的——譬如正在上课的时候，忽然一只蝴蝶飞来了，那时成人看见了，还要分心，何况是小学生，当然没有心思去做原来的工作了。但是在这时能够随即把原来工作结束一下，捉来研究，就不但没有分心的害处，并且还有因当时的兴味而多得益处呢。

3. 从生活方面发生的——譬如中秋快到的时候，家庭里大多早就预备，学生自然也会知道而要模范的。倘使因此而使他知道来由、气象等等，岂不是很好的机会吗？

4. 从别个问题连带起来的——像讲了中秋的月亮，又想到太阳、地球等。

怎样研究？有了一个大题目，大家就详细讨论关于该问题的小题目，（中秋小题目附篇末）解决各个小题目，有下列几种方法：

1. 讲故事——像研究中秋里面有"嫦娥故事"一项，当然是现成的故事，就是各地风俗里的观潮、赏月等，顶好也编成了故事讲，比较要有兴趣些。

2. 讨论——像"八月的十五日为什么要特别注意？""月亮是哪里来的？"多要用问答式讨论的。

3. 算——像"太阳，地球，月亮有多大？"单是空说等于耳边风，不易记忆；若是经过了一番筋肉运动，脑筋里的影像，当然深了不少。就是算的技术方面，也多了一番经历了。

4. 观察——像"月亮里有些什么""浙江潮"等，观察起来，顶好自然要有实物，可是这种东西是办不到的，空言不易明了，至少能看见几个可靠的图，也是好的。

5. 实做或表演——像"月亮怎样绕地球转？""什么叫月蚀？"等，一方面顶好叫学生把它表演出来；这样既有兴趣，又容易明白。

6. 实做——像"赏中秋"，就先要做月饼、芋艿等点心，写请帖请客人，预备娱乐的事情等。又像研究月亮、地球、太阳的形状和比较大小，就可以用各种材料，做成几种模型。

7. 做报告——把各个小题目逐一用各种方法解决以后，末了把他们学得的大略做一种记载，叫作报告书。下面是研究"中秋"这一个问题的大略方法。不过方法是活用的，题目各各不同，假使换了别的问题，方法也就要变换了。

研究中秋的小题目：

为什么有中秋节？

嫦娥故事。

各地的风俗（赏月观潮等）。

中秋节为什么特别注意？

月亮是哪里来的？

月亮有多少大？

月亮里有些什么？

为什么有时看不见月亮？

什么叫月蚀？

补赏中秋。

做报告书。

做月、日、地球相关的模型。

F. 工艺，美术

中级的每团，每天都有五十分钟的工艺时间，现在把上课的情形大略写在下面：

1. 做些什么？

工的一方面是：

做应用的东西——像手巾、书包、鞋子、日记本等，需用时，都由自己做。

做研究问题里的东西——这一个范围顶大了，比如研究了日、月、地球的关系，就做一个日、月、地球的模型。

做装饰品——平常教室里要用的装饰品，或者开起会来要用的装饰东西等。

家事方面：

做集会时的点心——譬如中秋要开会，就要烧些芋艿、百合汤、月饼等。

烧自己种的东西——自己园地上种的东西，假使熟了，就要商量烧了吃。

因时节关系而做的——譬如重九做糕，夏天要做冰淇淋等。

美术方面：

自由发表画——心里想画什么，就画什么。

有目的的画——研究完了一件东西，把研究的东西画出来，譬如研究了岳飞，要把当时服饰画出来，也可以的。

欣赏名画——隔了一二星期，至少总要拣几张名人的画，或者各种实物的图，给他们欣赏。

2. 怎样做法？

大概先计划手续，然后照计划，逐步地做。各种手续中间，我们更加注重算学、打样方面。同时也教些工具用法和所以然等等，这是大概的情形。还有各科详细说明的方法，或者不是大家所要知道的，不多说了。

（三）高年级教学现况

高年级是全校最高的一段落，程度是五年级和六年级本段落里的学生，年龄大半在十二足岁以上。按了智力、努力和读书、常识程度的高下，分十二团；每两团组成一级，共六级。算学练习，依了能力和程度的高下，又分成十二组。英语呢，又按照程度，分为六组。这种团和组，随时可以升调，以资调剂。上课方式，约有两种：一是受了作业指导的指示，可以设计选习的，如社会、自然等科是。一是选定材料，按时练习的，如算法、算学练习测验、音乐等科是。上课时间支配和教学状况略如下述：

高年级上课时间表（十五年九月）

级	甲	乙	丙	丁	戊	己
团	子 亥	丑 戊	寅 酉	卯 申	辰 未	巳 午
训导	5,2	6,3	7,12	9,14	10,13	8,1
级任	5	6	7	9	10	8
机关	（东书）	（算）	（东自）	（西自）	（美）	（社）
8:30—9:00	早操、养性、团会等					
9:00—10:20	A. B.（算）片6　一二三五六自　四算语工家园看	C. D.（算）片3　一二三五六工语自算园看家	E. F.（美）片（9）　一二三五六工四算自语园看家	G. H.（美）片9　一二三五六自四工语算家园看	I. J.（算）片6　一二三五六自四算语工家园看	K. L.（算）片3　一二三五六自四算语工家园看
10:20—10:30	换教室					
10:30—11:50	一二三五六自语四工家园看	一二三五六语四社自算园看家	一二三五六语四自算工家园看	一二三五六自社语四	一二三五六语自四社	一二三五六社语自四
1:30—2:10	A.英27（东自）	B.英12（西自）	C.（书）字8音28,5,10（算美）	D.（书）字7音28,5,10（算美）	E.音28,10,22（算美）字13（书）	F.音28,10,22（算美）字1（书）
2:10—2:50	音28,14,10（算美）字2（书）	音28,14,12（算美）字13（书）	英27（东自）	英12（西自）	英27（东自）	操
			操 22,29,32			22,29,32
2:50—3:30				英12（西自）	英27（东自）	英12（西自）
3:30以后	级会、补充作业、公作会等					

A. 国语

国语一科包含的作业，有作文、看书、研究选文、演讲几项。这许多作业，都到图书馆里去做的。馆里设备，一便于看书用的，一便于作文、研究选文、演讲用的。各项作业的情形，大略说明于下：

1. 研究选文

选文材料，大概含有文学意味的。本年春，整理以往所用的选文材料，付印刷所印成甲乙两编，计四册。甲编所选材料，程度较高，备前六团用；乙编所选材料，程度较低，备后六团用。研究的时候，关于（1）分析意义，（2）组织纲要，（3）记忆要点，（4）批评欣赏，（5）使用字典目录等方面，统须顾到；但大概依了需要，每次注意一项或两项，不必同时并进的。此外，关于社会自然各科有须推敲的材料，新到图书馆有须介绍的材料，也往往在选文时间内随时提出讨论，使学生研究阅读，格外可以明白内容里要点的所在。

2. 作文

作文的时间，是固定的；可是所用的材料，却依了学生的需要提出来的。作文的题目，是作文的动机；除由学生自由拟定外，大多依照下列范围，每次提出三四个。

时令	研究心得	学校活动	书信
评议解释	社会活动	追述计划	文艺发表
参观游历	希望想象	其他	

这里举出的范围，是根据一年中学生所做作文题目统计的结果而定的；详细经过，将在国语科教学一文里报告出来。我们依照了范围，每次介绍三四个题目给学生，缀作的时候，自然无格格不入之弊。至于指导方面，注重在课内；课外订正，不很重视的。这因在学生没有意思

时，或有了意思想不出话时，或有了话写不出字时，教师恳切地同他们讨论一番，研究一番，那末，字句的不合，意义的不当，前后的不贯，长短的不称等等毛病，可以立刻修改过来了。课外订正，因经课内的修改手续，略加润泽，便可以了事。隔了五六星期，对照作文量表，批以相当分数，使学生知道自己发表能力的地位和自己发表能力进步的历程。

3. 看书

我们认定静读的能力，是在小学校内必需养成的；所以在高年级方面，设备了一个高级图书馆，使学生在规定时间内，到馆里阅读他们所喜欢的图书。馆内的图书，都是文学方面的作品，如小说、剧本、诗歌、故事等。因学生随意阅读也许静读不能按部就班的进步，把一切图书，依了内容的深浅，分成许多阶段。现在高年级学生所读的，是第十二阶段到第十八阶段的图书。每阶段里的图书，少则数十本，多则数百本。学生阅读时，除课外可以自由选定外，在正课以内，一定要照自己的静读能力，阅读教师分配好的某阶段的图书。这样，阅读时能力和图书的深浅既可适应，就是教师要加以相当的指导，也有一种可靠的根据了。学生看书的时候，因为材料和能力既适合，又可一阶段一阶段地升上去，所以目的明了，兴味浓厚，可以收到很好的结果。

4. 写字

高年级的写字课，大概分成六组，每天在一定的时间里，练习二十分钟。练习的材料是行书小字。这因日常应用，小字既比大字来得广，行书又比正书来得多的缘故，练习的时候，有一个成绩的标准。在学期开始以后，就第一、第二、第三次练习的书法成绩，对照量表，各批分数。次就三次中最高的一次分数，做成绩的标准。以后每三次及格，便提高 5 分。譬如张生开始三次的成绩是 60、65、60 分；就把 65 分做该生的成绩标准。练习下去，如果三次连续得到 65 分，便把标准提高，改为 70 分。每次所得的成绩，有一张书法成绩记载表，一天一天地记上去。这样，学生练习时，有一个较明了的目的，不至提笔乱涂了。至于临摹的字样，现在书法练习测验等较科学的材料没有编造好，只得采用行书备要等充数了。

5. 讲演

这项作业，练习时有两种方式：一是含有消遣性质的，一是含有比赛性质的。含有消遣性质的演讲，大都在选文研究以后举行的；每一星期，各团有二十分钟的样子。这种练习，全体学生，轮流做去。所讲的材料，大半属于故事方面。含有比赛性质的演讲，是拿级做单位的，每一个月，选行一次。讲演题目，由公仆会讲演部拟定，先十日揭示出来。各级学生，看见了题目，到图书馆内来起草演讲稿子，然后各回本级，从事练习。练习好了，再公举两人或三人，同别级比赛。比赛优胜的，得优胜旗和各种奖品。

B. 算术

高年级的算术，共分十二组上课。分组的根据，是学期开始时测验的成绩。每组学生，大概在二十人左右。开始练习时，每组里各个人的程度，差不多是仿佛的。教学起来，因同程度、同材料、同时间的关系，非常利便。但能力有高低，进步有迟速，不久，同程度的，相差得很远了。对于进步快的，成绩好的，随时调上一组，反之，随时调下一组，以免过和不及的弊病。学习的材料，大概有（1）算术练习测验，（2）笔算练习簿，（3）算术教科书三种。算术练习测验，现在每天规定十五分钟，目的在增进迅速和正确的能力。笔算练习簿，用的第四、第五两册，大概每星期做一回，每回费时约四十分。算术教科书，用的是第四、第五、第六、第七册，也每星期做一回，每回费时四十分。其余时间，一次为随意谈话，计每星期费时十五分；一次为共同研究，每星期费时六十分。随意谈话，材料没有一定，可由学生临时提出，临时解决。共同研究，大概是笔算练习簿和算术教科书上的种种困难问题；

这可说包括新授和复习的两种工作。如有补充材料，不论在随意谈话时间内，或共同研究时间内，相机提出，俾可举一反三，收到联络贯通的好处。至于订正、考查，都着重个别的。这因学习算术的情形，和学习社会自然等科的情形，迥不相同。如果不注意个别的订正、考查，也许要发生隔靴搔痒、补救不及的危险。

C. 英语

英语教学，在五年级开始，分全体儿童为六组，由两位教师担任教学。现分述如下：

1. 分组

每一学期开始两星期，举行分组测验。将全部教材，做成测验，去决定儿童程度的高低。测验结果，切成六段，分为 A、B、C、D、E、F 六组。大概末了的两组（E、F），都是一般没有读过英文的，和能力薄弱的。A、B、C、D 四组，又分为两个阶段；A、B 是一个阶段，C、D 又是一个阶段。

2. 教材

最高的两组，读英语模范读本第一册下半本。中间的两组，读英语模范读本第一册上半本。最高的两组，开始练习讲日常应用的语句，着重发音，和认识音标字楷。

3. 教法

A、B、C、D 四组用课本，重耳听、口说、阅读和做各种练习。教新课时，不先用眼看，是先用耳听，再用口说；等到耳口的练习足够了，然后阅读课本。练习材料，关于文法方面的居多。总之教材不在多而在实在受用；不在高深，而在能有兴趣。E、F 的教法，开始把日常语句来练习听、说，练熟了，认识万国音标的译本，练习音素及组合现象等。两个月后，认识普通字楷，以后就读富有兴趣的简短故事。

4. 考查

每学期分三次。第一次在开学以后两星期中；目的在分别儿童的程度，做分组的根据。第二次在学期之中；目的在诊断儿童的成绩，好的上升，不好的下降。第三次在学期终了；目的在考查儿童的成绩，能毕业的毕业，不能毕业的，把成绩的等次，报告学生的家长。

D. 社会

高年级各团社会，每星期上课两次，每次八十分钟。但时间虽有限制，各团研究的问题，仍由各自提出，讨论决定。上课时因同时只有两团，指导较为便利；且分团时本以社、自、读、缀的成绩为标准，所以一团学生对于社会方面的智识程度，彼此极相接近，并且没有互相牵制的毛病。现在指定中华的历史课本和地理课本做社会科的基本参考书，所以这两部书，是学生必备的。不过研究的问题，仍由师生共同设计产生，并不依照课本；课本所没有的，依旧介绍别的适用的参考书给他们应用。现在教学方面较重要的事项，大概有下列数种：

1. 注意积极的爱国教材

"五卅"以后，爱国潮流，异常动荡。我们以为这是教育上极重大的问题。发展儿童正当的国家观念，本是我们夙昔所主张；怎样陶养儿童的爱国心，我们也认定是社会教学方面特别重要的任务。要陶养儿童的爱国心，不但要使他们知道国运的艰危，还要使他们知道国家的怎样可贵，前途的怎样可为，以激发爱国之心。所以我们注意把积极的爱的教材，随时介绍给儿童，使他们于无形中陶冶发扬蹈厉的爱国精神。

2. 提倡制作图表

研究时除解答问题外，绘地图、做统计表等工作，现在特别提倡。这不但可以整理他们的思想，且为十周纪念会布置陈列关系，他们工作时，兴趣很浓厚的。

3. 介绍课外读物

社会室参考图书，不下三百种。适合他们程度的，平日本在研究问题时，随时绍介过。近更时用广告方法，将内容摘要揭示。这样既可引起阅读兴趣，使解决问题时，得到许多帮助；又可藉此发生新问题，使研究精神，愈加提高。

4. 编订参考索引

社会方面的参考材料，有实物，有模型，有图书，有画片，有照相……种类极多；我们历年收集的，为数也不少。但散置各处，漫无组织，取用时颇感不便。现在要把它整理清楚，编成一种参考索引，使应用时不致有搜索之苦。

5. 完成课程纲要

课程纲要，在设计产生研究问题的制度之下，本不过是一种参考资料罢了。我们编订时，照了——（1）根据两年来学生从设计中产生的研究问题；（2）将各个研究问题，汇为大单元，连成一气；（3）再加学生所缺漏而我们以为必须研究的材料——三个条件进行的。这预备在年内做成。

E. 自然

高年级自然教学，采取设计法的精神，以发展儿童个性，培养儿童自发活动能力，增进儿童对于自然现象的正当知识为方针。在学期开始的时候，各团学生，自由提出问题，做研究的出发点。例如：

怎样会下雨？

人有没有灵魂？

人为什么要呼吸？

等等问题提出后，由教师参加意见，共同整理，作为本学期本团的研究历。以后就依照研究历，挨次研究。遇有临时发生事项，需要研究，随时加入。研究时大概的顺序是：教师先绍介解决问题时所需的参考书；儿童每人预备笔记簿，一面参考图书，一面把解答问题的要点，摘录在笔记簿上。倘使有的问题，需要实验观察后才能解答明了的，就随时实验或实地观察。好比关于电话局的组织，就预定一个时间到电话局去参考，关于汽车的构造，就到汽车行里去参观；务使儿童得到正确的观念。每一个问题研究完结以后，就把笔记订正，再把错误点共同讨论一下，作为结束。如有连带的问题发生，就继续讨论；没有时，就按照研究历依次进行。关于园艺，上课时，只限人数，不问程度。儿童志愿种植哪一种，就集合数组，分配土地，整地下种，轮流灌溉除草。另有记载簿，记载下种、下肥、收获日期和灌溉、除草次数。平时各组有园地整洁的比赛，收获时有作物成绩的比赛；而本组之内，又有种子价值和收获后应得价值的比较，试验作物勤于灌溉和不灌溉、下肥不下肥、常受阳光和不受阳光等等的成绩比较。总以使儿童养成勤劳习惯，明了改良园艺种植方法为目标。

F. 美术

高年级的美术教学，以启发美的需要，引起美的兴趣，养成鉴赏宇宙美的能力而获得美的陶冶为原则。教学时关于欣赏、研究、制作三方面的对象，都没有一定，跟着儿童自然的倾向，由设计中临时产生的。时间的长短，也没有一定，在设计中发生动机和需要，到工作完成才止。教学所用方法，可分三方面说：

1. 欣赏的对象

依测验法和主观推测法的结果，依了儿童心的生产进步阶级，供给各种欣赏资料。程度低些的，采用动植物、儿童生活画、神话绘画，和含有讽刺或劝导意味而容易明了的寓意画等，纯粹属于兴味的欣赏。程度高些的，采用描写家庭生活画、建筑装饰图案和寓意画等，属于有系统的欣赏。程度更高的，采用静物风景、表情绪和希望的人生画、用器几何画等，属于有系统而且含有真善美的欣赏。

2. 研究的程式

凡宇宙间一切的美，都是研究的对象。研究程式，程度低的，用诱导研究；程度高些，用共同研究；程度高的，用自动研究。

3. 制作的种类

分为写生画、图案画、发表画、剪贴、装饰等；大概凭着儿童的需要，然后定某种工作，纯粹属于儿童自我的表现。制作既然注重儿童自我表现，所以批评不在形式上着力；只希望儿童能把天然美点，供自己欣赏，并把天然美点，收留到作品上罢了。

G. 工艺

高年级的工艺，是把合于五、六年程度的工艺教材，编为课程，用学分来分项目。普通六七星期可做成的工作分量，定为一学分。像木工分 A、B、C、D、E 五项。A 项规定台球板、台球架、球棒、藤圈架、插书架、文具匣等，或同程度的物中选做二件为一学分。一个学生，规定一学期中，一定要选做二学分工艺。不过所选的项目虽是自由的，但已选习而及格的，不得再选。

教学方法大概是：先由学生根据课程，选定所习的项目，确定制作的物品；制作物品确定以后，教师就将该物品的制作方法的参考资料供给他，让他自行研究一番，然后着手工作。在做的时候，教师见有手续错误的、次序颠倒的、方法呆笨的、工具不能使用的，用指导的态度，使他们改正。等所选项目的材料做毕，如果成绩品确照法构成的，再用关于制作该项物品时所应有的知识的问题，加以考查；如果没有大错误，就签发通过证，使他另选别项学习。

H. 家事

高年级的家事，也采学分制。课程分刺绣、缝纫、洗濯、点心、家常饭菜、酒肴六项。每个学生，在一学期里，一定要选习一学分。为甚要这样支配呢？我们生活上最紧要的事，就是衣和食。我们一定要知道，衣服怎样做成的、怎样的配合装饰才觉美观、不洁净了应该怎样地洗濯。这三方面可说是日常缝纫中较重要的工作。因此课程内有刺绣、缝纫、洗濯的三项。再吃的东西，因为对于经济卫生两方面，有更重大的关系；能够具有些烹饪知识，自己动手或指挥厨司时，不至漫无经验，这也是日常生活方面必需具备的知识和技能。所以课程内把点心、饭菜、酒肴三项加入，使学生选习后，关于烹饪经验，可以增加一点。凡工作出来的成绩能够照预计的方法手续完成的，就可通过。不及格而随意改选别一项工作的，教师要加以禁止的。

I. 音乐

高年级的音乐课程，到现在已大大地扩充了。以前学生所学得到的，不过唱歌而已；现在呢，大概说来，有吟唱、欣赏、演奏的三项。吟唱方面，含有唱歌、京戏、昆曲的几种工作；欣赏方面，含有留声机片、教师演奏吟唱、同学演奏吟唱的几种工作；演奏方面，含有丝竹、锣鼓的几种工作。这许多课程怎样支配的呢？每个学生在一学期中，就吟唱和演奏两项各目中，选定学一种：如甲生喜欢学习演奏中锣鼓一目的，一学期内，就按时到指定地点，每天受教师的指导，练习二十分钟。此外，每一星期，有共同欣赏的时间一次。在欣赏的时间里，不论选习吟唱的，或选习演奏的，统须加入。欣赏资料如京戏的留声片、丝竹的留声片、锣鼓的留声片、昆曲的留声片、西乐的留声片，或由校备，或向外借，择儿童平日学习过的或喜欢听的，开演欣赏；使心领神会，由感官的接触直诉于精神的堂奥。至于计算成绩，也以学分为单位。不及格的，选习项目，不能自由变更；这是怕学生有始无终或喜新厌旧，所以不得不加以相当的限制。

J. 体育

高年级里除早晨有十五分钟早操——完全是柔软操——外，每天有四十分钟体操时间。在上操的时候，全部分的时间，做球类运动、田径赛等。支配方法，完全照公共体育场所用的。儿童一到运动场，随他们的意思，把喜欢的人，集合在一起，然后分组运动。教师只须在旁巡视、照料、指导，与以相当的帮助就是了。女生呢，因为年龄上、生理上、心理上不同，和男生分别上课的。她们所练习的，大都是柔软操和舞蹈；间或也做些球类和田径赛运动。课外补充班里，也有关于体育方面的练习，如跳舞班，自由车班是；每个学生，可以志愿加入。其余像球竿、木环、哑铃等，是遇有特别机会时适应他们的需要而教的。浪木、秋千、天桥、杠子等，除课外玩耍外，在上体育课时，也允许他们自由玩耍的。还有每一学期，要举行锦标比赛、体力检查、体格检查各一次。总之以养成儿童运动习惯，引起儿童运动兴趣，训练儿童运动技能，使将来在社会上，有正当的娱乐和游戏的知识能力为教学本科的目标。

上面把本校十年来教学方面的状况，大略报告过了。我们在这十年中，虽然也时时自勉，尽力所及，把教学上种种问题，试验的试验，改进的改进，使儿童的收获，不论现在或将来，更加丰富而圆满。可是到了现在，深觉有许多许多的事实，还没有妥善的解决的方法。我们认定这许多许多的事实，不是一校或一时的能力所可解除的；所以在本文的结束里，诚恳地提了出来，求热心研究的同志们，协助合作，使将来，最近的将来的教育界里，表演出一种光明绚烂的色彩来。我们的问题是：

1. 教学儿童所用的材料，一方面要切合儿童的心理，一方面要适应社会的需要，这是现在教育里的一句老生常谈了。但就我们现在教学现况说：各科所用的材料，除低年级和中年级外，在高年级里，有以切合儿童心理做主的，如社会自然研究问题由学生设计提出是；有以适应社会需要做主的，如工艺音乐规定课程由学生随意选习是。这确是矛盾的现象。我们虽也曾想把这种矛盾现象革除掉，但几经筹划，总不能达到我们的预期：这是急待解决的一个问题。

2. 就各科时间的支配说：十年以来，可分三个时期。第一个时期，是规定课程表，各科时间，有一定的支配的。第二个时期，是打破时间限制，各科时间，可依了需要自由伸缩的。第三个时期，回复第一个时期的情形，而加以相当的修正。规定时间和不规定时间，彼此各有优点、缺点，我们早已知道的。但究竟怎样调剂才好呢？我们现在还没有可靠的科学的资料来求一个较圆满的答案：这又是一急待解决的问题。

3. 现在我们的教学，低年级和中年级里，已采用设计法；我们更想引用到高年级去。但要使学生所受的教育，联络统一，成一完全之单元，事实上有很多的困难，足以妨碍我们顺利地进行。譬如高年级各科教学，自然社会工艺美术诸科，尚可采取分科设计的精神，其他各科，已难做到；更何论乎混合设计。我们明知设计教学法的优点，而不能充分发挥其作用，何等的可惜！究竟怎样改革，才可使全校高中低三段落的教学，完全一致，完全衔接，这也是一个急待解决的问题。

（选自中央大学实验小学校编《一个小学十年努力纪》，中华书局1928年版，第9—42页）

第五辑

教师生涯

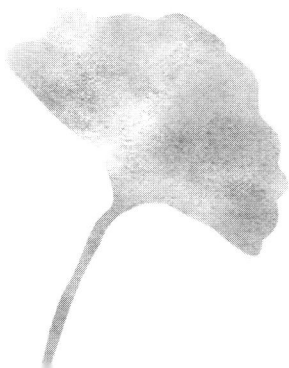

怎样做教师

第九章　艺术家

说教师是一位艺术家，我们可以信吗？说教育是一种艺术，我们可以信吗？读者没有往下看时，先自己考量一番。要是承认教育是一种艺术的，有什么理由？为什么教师可以算是艺术家？先把这些理由摘记出来，作成一个纲要，然后再在细阅下文时拿出来比较比较，现在我先来介绍几位教师：

这是一班二年级的小学生，学生有二十四五人。那天上午，先参观了级任教师的国语和算术。照时间表，下面便是音乐。钟点到时，级任教师的工作已经结束。他坐到旁边自己的座位上，仿佛去干他自己的事了。学生静静地坐着，几秒钟里，右首教室门轻轻开时，送进一阵音乐的声音，唱道："小朋友，早上都好！"二十几个小学生同声齐唱："蜜斯……你早上好！"门洞开了，专科的音乐教师，活泼轻快地按着嘴里唱的节奏走进教室来了。一路唱，一路走。学生也用歌词答唱。彼此呼应，似在舞台上表演歌剧般的，把上课开始时的敬礼，在音乐中做去。

看来是位老蜜斯，年纪在三十五岁以上了。身材并不高大，在白种人里，要列入瘦小的队伍里去。脸是怪丑的，细看简直是像猴子，衣服装饰却朴素而美丽。颜色深浅合度，线条调和，恰合她的身材动作。手里拿上一只口琴。教室里别无乐器，这口琴便是她所用的唯一的乐器。唱过敬礼，走到黑板中央，随手拉了一把小靠椅在学生面前坐下。学生开始点唱了，你点这一曲，他点那一曲。点来点去，都是以前学过的。听凭学生点唱，丝毫不加拒绝。每一学生点唱时，她总是用有趣的面部表情，笑嘻嘻地请大家同意，大家同意了，她便用手里的口琴，把每歌第一句的几个音吹了一吹，作为配音的引导，以后便大家空口干唱，完全不用乐器。

学生唱得很好，不是竭力的狂叫，也不是没精打采地随便念念。有精神，有强弱，有表情，活泼轻快，恰合教师的态度。可以说是师生的精神动作，处处能和谐而共鸣。也有若干音乐天才稍差的学生，把 EF 间唱似一度，F 仿佛唱成了#F。好！她便在学生不知不觉中使他们的注意，移到这一点上来了。用她的口琴吹出来，使学生辨别一度和半度的不同。一路里引过去，二十几个小朋友，很有自信地来辨别一度和半度的不同。而且她乘势地引导学生学习音阶。她何尝讲演！她也从没有说明。音阶中各音的高低，完全由学生的耳朵和嗓子来辨别。不时，她吹她的口琴来作帮助。

教音阶，她并没有拿音阶来教。她用的材料，就是学生所点唱各歌里的句子。一句一句的应用，可以使学生自己运用到音阶里去，一一和音阶的各音比较。规定的时间，这一节不过是十五分钟。一半用在点唱旧歌，一半用在研究音阶。在研究音阶时，学生的兴味并没有丝毫减少。他们差不多仍旧是当作唱歌，和唱歌一样的有意思。时间已到，他们师生间唱和着再会，她从幽扬的歌声中，轻轻地去了。

十五分钟的时间，仿佛很快地过去，参观人的我，也有些嫌短的样子。并且被他们的艺术吸引了全神，完全失却了自己的主观，一切跟随了他们的音乐，直到完结，才突然地自觉有一个我，一个我在那里参观。他们的时间表上，每天有十五分钟的音乐。不过每星期有两次，却特地表出叫作合唱。下一天恰好是合唱，所以再去一看。去的时间尚早，先看级任教师结束了别的功课。小朋友轻轻地站起来，一个一个地立到门口，自己排成一个单人的纵列。不一刻，小朋友走出教室了。并没有人司口令，教师虽伴着同出，但另有三四个学生专司秩序地在那里纠察。盲目地跟随他们走。大家走向一所小小的会堂里去。在门口又遇到另外的三班学生，同样地走进会堂。一班是二年级，还有二班是一年级。远远里可以听得钢琴上奏着进行曲。一进会堂，便见那艺术化的音乐专科教师在那里奏乐。

四班学生依次就座。三位级任教师退去，只留了一位，也坐在学生的座位中间，音乐教师开始请大家点唱。一年生也点了，二年生也点了。你一曲，我一曲地点了唱。唱完一曲，也要大家批评批评。批评不是直说的，完全用表现意思的合否为标准。譬如唱的是"微微的风吹来"，而学生用的声音过强了些，她便问："这样的是什么风？"有的学生说，风太大了。她说："听微微的风怎样吹的？"于是大家再唱，九十多人同是轻轻地发那弱音，把微微的风的意思表现出来了。唱好，她笑着说："这样的风，微微地轻吹着，真有趣呀！"唱一曲，这样的批评批评。一年级生也同样地加入，并不是完全由二年级生包办，一年级生坐着不理会的。

那位级任教师，仿佛是个助教。两个人一问一答，使学生的兴味格外的好。学生点不到的歌，那位级任教师来点。这样，可以不使某种歌曲因一时学生忘记而不唱。有时，稍微生疏些的，极容易忘记不点。愈不点，愈生疏；愈生疏，愈难发生兴味。有级任教师加入帮忙，这一个弊病，可以避免了。十五分钟，大约只唱了十一二分钟。另外的花在进出教室。合唱是如此的，也被我看到了。

艺术化的教师不限定是碧眼黄发的白种人，我们自己本国里也有好多。我再来介绍一位给读者罢。这也是一班二年级，学生约有五十人左右。时节是在冬季里，教材是剪贴一盘香橼。教师是二十四五岁的女子，据说她到校才不过几天。原来的教师才教完。这位新上任的教师便进教室了。学生前一课仿佛是在那里写字，所以完结了纷纷地在教室角里面盆中洗手。略为等了一二分钟，她操着流利的国语，带着可爱的笑容，和学生说了些洗手的问题，希望以后大家洗手在退课的十五分钟休息时间里，不要到摇了上课铃还没有洗好。

学校是在杭州，小学生当然是说杭州的土话。教师来不过几天，她的国语，已经可以使学生懂得大意。我佩服小孩子学习语言的本领真强。我又佩服这教师能吸引学生注意的艺术也着实不差。不然，言语隔膜，谁肯注意！不注意，便不能在几天工夫里学听国语了。

剪贴的材料，她有一个自己做好的模范。她揭示了范本，仍旧用她流利的国语，带着可爱的笑容和学生问答。颜色咯，形状咯，数目咯，剪法咯，一步一步地问答。学生多很注意，学生多能明白她的话。问答完毕，请学生分发材料和工具。于是各位小朋友，各自很认真地开始工作。其次便是发浆糊和白的图画纸，预备贴起来。在没有贴上以前，她又使学生注意贴的地位。小孩子剪好以后，个个多把黄的香橼，红的盘子，先在洁白的图画纸上，上下、左右地移动排置。有一位小朋友，忽然说："……先生，我要直贴，好不好？"教师说："你自己排一排，看直放了好看不好看！"孩子便自己去排了。直排也是很好的，只要上端天头比下端地头稍微多一些，左右空白留得匀称些。看各学生一一排置好了，然后再由他们贴上。以后便是写上姓名，交给教师，收拾东西，洗手。三十分钟的一课，就此完结。

这等学生工作居大多数时间的课，本来很不容易看出教师的艺术。我们看这一节课，得到两个重要的地方。一点，是教师的艺术化。语带笑容，处处使学生生出可爱的意思来。就是矫正学生的错误缺点，也和颜悦色地说话。而且她绝不说："……你不对。""……你应当……"她的话仿佛是向大家说的。她说："谁顶快洗手的，我顶爱他。""谁做好了的，我爱请他发浆糊。""我爱工作时仍旧坐得好好的。"……这等说话，活泼轻快，处处使小孩子快活而得到鼓励。

还有一点是注重艺术的欣赏。已剪好未贴上之前，先在白纸上排置一下，叫大家注意地位的适宜，的确是平常所谓手工教师容易疏忽的。她却能很注意。学生有异想天开，要不照教师示教的范本般横排而想改作直排时，她能用轻巧美妙的反问，使那学生自己去试验，自己下判断。这是她的聪明。她能见到小孩子艺术创作的小小萌芽，而用她笑语去培养。所以我说，她会得注意艺术，她会得运用她的艺术来引导小孩子欣赏艺术。

手工科还不能尽量发挥她的艺术，我们还参观过她常识科的动物故事。她的材料是很浅近的。讲给一年级学生听，当然不能夹杂好多动物学上的专门术语。她的故事，就是她自己到动物园里去亲自遇到的经验。故事的内容，只不过是大动物的行动、叫、吃食等等的情形。她不注重说明动物的形状，像头怎样，脚怎样，毛怎样，等等。她讲的，完全是活动的情形。但是在活动中，一一把重要的形态带了进去。她说："有人来喂老虎吃了。吃的什么？一大块的牛肉（用手作势，指示牛肉的大小）。老虎看见牛肉，一声大喊，张开嘴来。我吓死了！嘴里有这般长（用手作势，指示牙齿的长短）的牙齿！很尖的！……"她的叙述方法，不但小孩子听得出神，连一班同去参观的师范生也听得出神了。归去和师范生讨论参观所见，异口同声地说："她姓什么？她是顶好的教师了。"在那一天，连同这一班师范生以前看见过的几次，的确，她是顶有艺术化的了。她还年轻，她的衣服装饰当然是入时的。但是丝毫没有火气，淡静而美丽。她的容貌，也是很美的。她的声音，也是很美的。全身都是美，而又能有美的技术来应付小学生。的确是不易多得的美教师！可惜！她早不在人世了！我现在追记她生时的美的教法时，她的形容、语言、动作，仿佛在我眼前一一活现出来。我真健忘！在杭州第一次会见她时，竟一时似乎不认识她。她自己向我说："……先生，我是你的学生！"至今，她的考试成绩还保存在我的书堆中。然而美教师的她，只空空地给我追悼，供读者的遐想了！我这里一段短短的记事，算是为她留一个永久的纪念罢。

不一定要在教音乐，美术，讲故事时才用到教师的艺术，就是教国语、教算学，也可以发挥教师的艺术。艺术是技术中的精美者。教国语、算术的教师，若是技术能精美，当然也可以说是艺术化了。有一位教师，人家都称她艺术化的教师，她无论教什么，都有精美的技术。她的一切，都可以有引人入胜的魔力。她全般的技术，怕可以写一本专书，这里只可以介绍一则例子。

小妹妹（就是那位艺术化的教师）是担任低年级的。她的小巧玲珑的身体，在幼年生的队伍里，仿佛是一位大姊姊。在教师中却只能算小妹妹。她有美丽的容貌，幼年生是爱美的，所以没一个孩子不爱她。她也是感情极丰富的，她十分爱孩子们。她看孩子们仿佛是自己家里人，她能操好多处的方言，又擅国语。在低年级里自幼便听惯了国语，用惯了国语，比了特设时间去学习效力一定可以更大。而且国语话——就是口头说的国语，和文字上读的国语文可以联络一致。不是事半而功倍！她教的是两组能力分组的一年生，每组约有二十多人。她试用一种自己正在编辑中的新教材，而且还试用一种适合这种新教材的新教法。两组是分别教的。一组能力强些，进行快些，名叫甲组。又一组年龄幼些，程度差些，名叫乙组。两组的读书、作文、写字不分开的，混合了，看需要才教。国语的内容，不但是从来的读书、作文、写字，实在有讲故事、表演、共同阅读、朗读、词句文字练习、口头发表、抄写等项。

两组同时上课，不得不用复式教法的方式。一组需要教师帮助了共同工作时，另外的一组势必多做些自动的工作，这也是当然的而且是必然的办法。长时期的试验，很不容易详细地介绍，所以这里记的，不过是几年时间中的一次罢了。某一次她上了课，用简明的言辞，清脆的声音，流利的国语，花不满一分钟的工夫，引导甲组的孩子，自己要看书。甲组学生各人去拿小图书馆里的书看时，她仿佛春天的飞燕般，用轻巧的动作，把她小巧玲珑的身体移到乙组里来了。前几课书，只把一则长篇的故事读了三分之一，学生请求继续下去。她操着国语，带着笑容，把故事的中段三分之一，讲了一个大略。小孩子凝神静听，呼吸也很轻细。讲完时，大家要求表演。她说："不怕还有不明白的地方吗？"孩子们便推请一位小朋友起来再把故事重说一遍，大家听着。她便轻轻地抽身过去看甲组学生看的书了。他们有不识的字或词，她便蹲身下去，用耳语的形式一一教他们。他们读得快要完了。她轻轻地请他们拿出纸笔来，各人把所看故事里顶有趣的几句或是一节摘记下来。

乙组小朋友在那里讲述故事，她的耳朵依旧可以兼听。何以知道？她安排好了甲组的工作，走过来参加乙组里的批评讨论，那学生的错误处，她能一一知道。从大处落墨地订正了一番，她便做了一位艺术化的导演家，指导小孩子们表演。表演是小孩子们爱好的，一遍决决不够的。孩子们一遍一遍地正在那里表演时，她便走到甲组里来看看他们的摘记。摘记汇集在教桌上，等退课后再细看。她便和甲组做一种哑子的游戏。她表演一种动作，孩子们写一句文字。她的表演，不出学生所学文字以外，名叫哑子游戏，实在是一种造句的练习，也就是一种抄写文字的练习。她表演过二三次后，在黑板上很轻快地写上了"请……来做！"于是那位学生代了她做，大家造句写字，她却又走到乙组里去参加表演了。甲组的学生做了二三种，也照着她的方法在黑板上写"请……

来做!"于是又换上一人来做哑子游戏的领袖。从此一个一个地做下去。

乙组表演得很满足了,大家拿出书来,把记载这一段故事的文章,默读二遍。小孩子的默读,总不免有些轻微的声音。看他们的嘴唇,总不免有些轻轻的振动。这本来不是一朝一夕可以训练成功的。由渐而来,文字熟习了,自然可以不出声的。看完的学生,自己把书本合上。小妹妹开始发问了。问的,不过是书上的内容。学生不必多想,可以照着书中故事的意思回答的,小孩子的答语往往简略而不用完全的句子。譬如书上的句子是"牛来吃草",她问的是"谁来吃草",有的学生能回答完全的句子"牛来吃草"。有的学生就只会回答"牛"。她便再问:"牛吃什么?"有的,可以改作完全句子,说"牛来吃草"了,有的仍旧不过说"草"。这样的问过一二次以后,她便换一个方式,说:"请你看,书上写的是谁吃草?"好!学生翻开书来,随口说:"牛来吃草。"她的态度、声音、面部表情、动作等等,处处有美的意味,那不必说。就是上面所记的这样一段的问答,不是技术中的精美者,不是可以算作艺术化的问答了吗?

三十分的时间到了。甲组的哑子游戏停止,写的东西,汇集了交给教师。乙组的问答告一段落,学生收了书退课。这是乙组教新课时的办法。乙组教新课,需要教师帮助的地方很多。到下一次,乙组可以多做些自动的工作了。这不是音乐,这也不是美术。完全用不着教艺术的本身。但是不很会得静坐了自习的一年级生,也能两组兼顾,使他们有兴味地工作。工作不过多,不使他们发生厌倦。小妹妹技术的精美,可以受艺术化的教师的尊称而无愧了。

例子是举不完的,而且所举的例子往往是偏在一方面的。其实,做教师的艺术并不一定要靠天才。有天才的人,或许可以不必多加努力,很自然地达到艺术化的境域。没有这等天才的人,稍稍努力,也未尝不可以得到相当的成绩。我又记起一个例子来了。有一位小学教师,年龄已经不小了，人是很谨饬而规矩的，口才却极平常。他已经做过好多年教师了。教的成绩还好，可惜少些艺术而略嫌得平淡呆板些。有一次要他出门演讲，他自知口才缺乏，有些不敢尝试。同事中多方怂恿，他便在图书室内，找到了一本什么演说术或雄辩术一类的书，花一个星期日仔细研究了一下。他后向我说："我已经明白演讲的方法，决定去尝试尝试。"结果，他说话的本领，的确比以前改进了好多。

讲故事的确是一种艺术。单就说话论，所用的声音要高低合宜。太高了，仿佛刺耳。太低了似乎又嫌混浊。譬如讲飓风的故事，形容风声，宜乎高一些；江水潮涨，船覆人溺，一片喧闹的救命声，处处都宜用较高的声音来表示。事后检点，江岸陈尸，这种凄凉景象，却只宜用低声。高低而外，还有强弱。太强了，说话似敲大鼓；太弱了又仿佛是蚊子叫，毫没生气。平时，当然只须用中庸的顶合。讲到开大炮，掷炸弹时，宜用强声。讲到老鼠逃走，宜用弱声。声音又有长短。太延长了，容易使听者觉得单调而沉沉入睡。太短促了，仿佛在那里逃难，呼吸也接不上来。不长不短，最是妥当。譬如讲猫儿跳过去捉老鼠，宜用短声；若说老鼠被猫咬死，叫了几声，慢慢气绝，那又非用长声不可，高低、强弱、长短，三方面支配合度，字字可以表情，句句都有意义。有时声音要转换了用的。譬如由短而长，是表示停止；由长而短，是表示出发；由弱而强，是表示用力；由强而弱，是表示消散；由高而低，是表示安静；由低而高是表示变动。

声音不过是言语的一部分罢了。发音正确，用字平易、简单、扼要，可以使言语明确，冗长多反复，未必一定能使听者格外明白，有时反而容易使人厌倦。段落分明，有时紧接着如联珠，有时间以适当的顿挫。先后有次序，形容譬喻可以帮助人想象。这样，说话才有生气。生气和明确是不相冲突的。明确并不是死沉沉的平淡呆板。生气也并不是画蛇添足的噜苏敷衍。孩子气的话，不妨用作入手，使孩子容易明白。

不过地方上粗俗的方言，以及陋劣的譬喻都该避免。形容土匪的暴横，不必学着他们的口吻说什么"妈的……"，这是言语的品格。平常人往往有一种惯用而实在没意思的声音或字句夹杂着滥用。譬如某讲师一点钟内，共计说了几百句"我们"，某教师开口总是说："那末"，有人说了一句半句，中间要加一个"ㄨ""ㄥ"等声音，做教师的若能自己知道了缺点力加改革，大可以增进说话的艺术。

态度动作也有研究的必要。太迟缓了，小孩子看了讨厌，太躁急了又容易惹人浮动。活泼轻快，顶合小学生的普通性情。在言语没有发达时，人类意思的交通，大半是靠动作态度的。所以现在讲故事、问答等，仍旧可以利用态度动作来帮助言语。平常说话，当然以站立在个个学生看得见的地位为顶合宜。呆如木鸡般地立着不动，却可以减少说话的生气，无谓地手里弄粉笔，挥教鞭，说一句走一步……也是不必要的妄动。顶好，动作和语言合一。说明形状的巨大，可以把双手渐渐地张开；说明塔的高低，可以用一手渐渐地提高；说到飞机飞去，可以用一指向远处指着。虽不必在讲故事时用身体来表演，但是能在不激动的范围以内，用动作帮助言语，的确是很有益处的。讲跑讲跳，当然不必表演跑跳。不过曲了臂，稍把身体前倾，的确可以表示跑的姿势，使听的人多些想象。

在黑板上画图、写字，也有相当的艺术。这不但是字画的美丑问题，而且还有运用的巧拙问题。有时，要先写先画了然后开口说话。有时，应当等说话完结或告一段落了，然后再写再画。有时，竟宜随说随画，或者随画随说。面向着黑板写时，当然不宜开口。如能学得侧了身体写，随写随说便容易成功了。字宜大，画不宜过细。过细了，不仅画的时间耗费得多，看起来反而不很清楚。几笔简略的轮廓，画来得神，比工细的有趣得多。素来在图画纸上用功的，不一定可以在黑板上收略画的成效：这是一种技术，要平时练习的。

引导学生欣赏艺术，也是做教师应有的一种本领。艺术有创作家，有介绍人。教学生欣赏，教师便成了介绍人。做介绍人是不很容易的，要明白双方的底细，要有介绍的技术。双方中我有一方不熟识，从何介绍！双方都熟识了，但是没有介绍的技术，我的介绍词也无从发表。教师介绍艺术品给学生欣赏，应当明白学生，又应当明白艺术的作品，更应当有精美的介绍本领。介绍朋友是很简单的，只须双方都认识，自己又不是哑子，便可以在他们初次会见时说："这是张先生！""这是李先生！"介绍的工作便告结束。善于辞令的人，还可以在介绍姓名以外，把职业或特长约略说一说。当然，不必代他们背念履历。不过，如能说："这就是儿童心理学家李××先生！""这就是艺术大家曾在全国美术展览会里得特奖的张××先生！"如此一来，他们彼此的情感似乎可以更接近了些，于是人家便要开口说道"久仰！久仰！"了。

开会演讲时的介绍，却要比朋友相见难得多了。一方面，要明白听众的心理，又一方面要明白演讲者的经历。双方面都知道明白，然后再要会得用一种不卑不亢，似庄严而仍能引起听众兴味的言辞，不冗长又不过短地介绍一下，于是听众鼓掌声中，演讲者便登台开讲。不识听众心理，大家讨厌你的介绍。不明白演讲者的底细，只得胡乱地介绍。一味地恭维，在听众看来似近卑鄙。太自大了，演讲者心上又不高兴。庄严是应当的，可以表示尊重。但是死板板的引不起听众的兴味来，很好的演讲，也许因而损色。也太冗长了，仿佛又是一篇演说；太简短了似乎又迹近敷衍。所以这种介绍人，要有相当的说话艺术。

艺术品的介绍更难了。美术品的好处是用眼睛看的；音乐的好处是要用耳朵听的；文学的好处是要阅读的。只有故事，可以用言语介绍。别的艺术品，总是说不明白的。教师一个人鼓吹如何如何的好，或用问答的方法讨论有什么好，都不是介绍艺术的正当办法。有时愈是问答，愈使人吹毛求疵地在那里找错处。一站在批评的立场上，便失却欣赏的情感了。介绍艺术是引导学生和艺术品合在一处。明白儿童心理和艺术品的底细，当然是先决的要件。介绍少用口说，只宜在间接的地方帮忙。怎样帮法？第一，使有适宜的环境。日日和美的作品接触，自然能提高欣赏者的程度。第二，用适当的材料，不使艺术品中好处，超过学生想象范围以外。譬如才上幼稚园的学生，他们哪会辨别催睡歌和Symphony的不同。一步一步上去，由催睡歌而幼稚园的游戏表演歌，再进而听描写自然美的小学唱歌，日积月累，不难得到良好的成效。一性急便糟糕了。第三，用适宜的方法，补充些不足的经验。譬如唱的歌是《月夜泛舟》，但是学生们月夜出游的经验较为浅薄，那末，可以用一张相当的画或照相给他们看。等他们有了基本经验，他们便可以用想象来欣赏了。欣赏时顶要紧的是想象。逗了想象，很自由地遨游在音乐中，图画里，把世界忘记了，把自己也忘记了，暑天不怕热，肚子不觉饿，口不觉渴，俗语所谓"出了神"的便是。

第十章　科学家

若是要做成一位十全十美的教师，还要学像一个科学家才行。教育的科学化，是近几十年来的事。教育的科学，老实不客气，还是在很幼稚的时代。不过教育有科学化的可能，已经是大家承认的了。几十年来的成就虽并不很多，不过和有长时期历史的理化数学等比较，的确可以说没有损色。自从用了科学的方法研究教育以来，以前只凭主观的空理论辩难的风气一变而处处要找事实的真凭实据。所以主观的成见，决不能战胜客观的真理。无谓的辩论，可以不打自破了。用精密的方法在普遍的事实中去找共通的真理，便是科学的方法。有了这方法以来，教师的努力不至于耗费在毫无把握的猜测中了。科学和艺术是不相冲突的。没有科学的根据，艺术也是假的。科学是真理，科学的方法是找真理的秘钥。艺术是运用，是用精妙美丽的手术，把真理来实地施用。譬如光学是科学；运用光学原理来施色彩明暗，便是艺术。又譬如声学是科学；运用音的高低、长短、强弱，以及和谐等原理来组织音乐，便是艺术。在事实中去找教育的公理要靠科学；对了小孩子实施教育的方法要用艺术，科学和艺术，不但不相冲突，而且是相为表里的。

教育中应用科学方法的方面有好多，我们逐一说些大概。第一，是学生成绩的考查。考查成绩，一名考试，可以做招生时去取的标准，可以在开学时调查学生程度作为入手教学的准备，也可以在某一段落作为调查教师教学成效以及学生学习所得等用。旧来总是凭教师随便出些题目，叫学生回答就是了。这其中的弊病很大。随便出几个题目，实在是极不普遍的事，所以能回答出来的学生未必是真正好的；回答不完全的学生未必一定是成绩坏的。所谓有幸有不幸，差不多要看机会去的。这是出题目时的不妥当。除口问口答的以外，一切总是用问答体的。在年级程度低些的学生，往往有因为看不懂题目的字句而误答的，也有因为回答时有了意思，想不出那文字的写法而误答的。所以有人说，从前的笔试，总是国语程度好些的学生占上便宜。有时候，乖巧些的学生，对于题目的内容，实在不懂，只不过就题目的表面，随便架空结构的申述了些空话，只要文字写得端正，没有别字误字，十之八九，可以蒙混教师，至少得一个及格分数。这是回答时的不可靠。

阅卷批分也没有一定的标准。题目有难易，然而往往每题平均分派几分。便如十个题目，住往每个分派十分。答出容易的题目六个，可以得六十分及格。答出很难的四个，反而只得四十分不能及格。答案的正与不正，也无一定的标准。在教师精神充足时，看得十分精细，学生便容易吃亏。若在连续看过几本很好的答案，忽然来了一本稍微差一些的，此人分数一定大扣特扣。反过来，连续看过几本很不行的答案时，只要差强人意，立刻可以得到七十分八十分的。同是一本考卷，今天批了六十分，明天可以批七十分，后天可以批五十分的。漫无标准的考试，而我们却用来做入学、升降、毕业的标准，自己细想，也有些好笑！有一位大学教授是教数学的，他在教授会议席上，很自得地报告，哪一次大考，学生分数，十九人中有十三个吃了鸭蛋。我心里想：他是教学生去学数学的？还是他教数学去难倒学生的？要是我做校长，对付这十三位吃鸭蛋的学生和数学教授只有两个办法：一是请学生走路，一是请教授让贤。若是承认入学考试没有错误，上一个学期的考试没有错误，那末，这一学期里的教授不是在那里做梦！这事批分与出题目，一定都有不妥当的地方。

近年考试的改良有很快的进步。大概标准测验，小学里用的已经出了不少，用的学校也居多。有的市县教育局，竟大规模地作为全市全县汇考的用。一方面也常常看见有好多教师自己编造了临时测验，补救标准测验的不足。标准测验的记分方法，当然有说明书在那里统一，绝不会再有重大的出入。自己编造的测验，也有人热心研究，证明哪几种方式来得省时省力而又可靠。并且还有人研究了好多种批分记分的方法。这是向科学化的路上走，极可以欣幸的事。中学方面，印行的标准测验比较的少些。喜欢用测验的教师也不很多。自己在那里编造测验研究记分批分方法的，大概还是师范科的教师来得兴味浓厚些。我们希望各学科同样的进行，早早立一个科学化的基础。不过做这种研究的顶好要参考别人家已经做过的，然后再好好计划了下手。不然，弄来不得法，不但自己弄得糟糕而灰心，连带别人家已经做好了的，也受到恶劣的影响。我又记起一件事情来了。平常考试分数，总要和题目的总数目发生关系。我想了好久，得到一种记分的方法，可以只比较各学生做正题数的多少而于全体共出题目多少不生关系。这样，教师出题太难，也不会影响学生的成绩。题目难易的不妥当，完全可以淘汰。哪知近今有人批评这记分法不好，他一定硬要把共出题目的多少和学生能答多少的此例发生关系。于是非驴非马的，名为把我方法去改良，实在是把我原意完全取消了。这样的科学研究，仿佛是马戏里的小丑，处处在那里和调了。

第二，是智力测验。由研究能力低劣的孩子，渐渐形成个人智力测验。由欧战时军队的智力调查，渐渐形成团体智力测验。学校里急起直追的利用。有的，用来代替入学考试；有的，用来检验低能学生，特别想法补救；有的用来和各科目的测验成绩以较，以做调查研究的根据；有的，用来拣选学生特别组织同性质的两班用不同的方法教学以决定教法的优劣……这种智力测验虽不能和寒暑表上表示温度般的确实可靠，但是比从来含混笼统的"上智""下愚""优等""中等""劣等"，已经精密得多了。我们现在可以说，某学生年龄十岁，他的智力只不过和平常九岁或八岁半的孩子仿佛。自从有了智力测验，各学生才能的千差万别，已经成为确切不可移的定理。做教师的，再也不敢梦想叫学生的程度齐一。旧来教师有一种欠通的口头禅，就是说："学生程度不齐，教学困难。"现在若再说此等话时，被科学化的教师听见了，一定要笑他们无理。从前的教学，仿佛是迫着学生去就教材。教师用了同一的教材，所以希望学生同样地去就。同样地就，便是他们理想中的所谓程度齐一。现在我们已经确切明白，学生个性万难齐一，所以绝不再做那程度齐一的痴梦。我们现今的教法，渐渐倾向到因材施教了。老话叫因材施教，新话便叫作："适应个性的教学法。"

第三，是科学的练习方法。这是发源于测验的。首先成功的，是算术练习测验。近来外国，有写字、拼音、读书等等。我们还只有算术练习测验，别的恐怕正在研究编造中。这是一种根据科学的练习方法。练习的材料，完全用科学的方法，客观的标准，根据大多数学生的能力，由简而繁，由浅而深，一步一步地进行。每一种练习，有一个主要的困难。困难点较多的材料，先把它分析来成为几步，每一步仍不过含一个困难点。经过若干时期以后，便有一个相当的测验。通得过这测验的，便是前面各课练习已经成熟的证据。不然，某部分还没纯熟，应当再努力加工。各次练习，都应当把成绩记录。学生天天可以看见自己成绩和前一天或前几天的比较，是进步还是退步。常常自己一目了然地可以知道是否进步，很足以维持学生的努力。在教师也能够拣多日练习没见进步的学生特别研究他的原因而想法补救。并且，考核成绩的标准是确定的，教师不能做主的；学生自己也可以判定。记分等方法，也是根据大多数学生的实在情形定出来的，所以绝没有练习的题目过难或是过易的弊病。还有好处呢！学生无谓的抄写，完全省却。练算学的，只要算；练写字的，只要写；练阅书的，只要看书。计算者不必多抄题目，阅读者不必多写文字。省下浪费的光阴，用在正当的练习。所以每天花十分钟不满的工夫，可以使学生计算的能力大大的增进。这是科学的练习法确切的成效。

第四，是诊断用的测验。平常考试用的测验，只能调查学校状况、教师效果、学生成绩。往往注重测验时的简便，因而所得结果，只能知道事实的现状是一个什么样子。做教师的只知道自己所教学生和别人家比较的大概情形是绝不够的。譬如，教阅读的教师，经过测验调查以后，这一班学生的成绩，比别人家好，在平均以上，当然是心上十分地快活，可以证明自己平日教导有方。若是比别人家不好，成绩在平均以下，那末，心上总不免有些没趣。凭空没趣是不中用的。学生以后的成绩，绝不会因教师的没趣而增进的。有志气的教师，便要找出所以失败的原因来。找到了原因，然后可以想方法来补救。原因在认字不清吗？在识字不熟吗？在不会阅看吗？在……这就是教师研究的问题。要研究，不可以空想了事的。有诊断用的测验，细细地测验一下，原因便可以找出来了。诊断测验的内容，往往是极详细。只须看学生答正的到哪里为止，便可以详细明白学生熟习的是些什么。或者说明书答案里有分析的方法，教师批阅学生测验卷时，用来查对，可以找出原因所在。补救方法当然是别一问题。

第五，是预断用的测验。诊断是细究已往的缺点，而想法补救；预断是推测将来的可能，而预定施教的方针，或者更因此变更教材教法。外国有好几种测验，可以很可靠用作入学考试的替代品，而的确有几分把握能预断学生入学以后的成绩如何。要是我们也能造出这种测验来时，现在入学考试要一天二天的工夫，考上五六门科目而还是大家怀疑着不很可靠的，尽可以用预断的测验来代替。少则几十分钟，多也不出一二小时。既省教师出题、阅卷的苦，也省学生考试的苦。将毕业时的升学或就职指导，也成为了近今教育上的重大问题。从前的教育只管教。教完考完，教师的责任已尽。出了校门，由学生去乱碰，社会上也大家不睬。近来趋势，这出校门以后的事也变了教师责任的一部分。应运而生的预断测验，便接踵而起。用了可靠的预断测验，可以在毕业时鉴别某学生宜乎学工，某学生宜乎学商。不但教师可用，就是那种职业指导所里也是常常要用的。测验的编造，没有多少年代。到现在，有专供考试调查用的，有专供测验智力用的，有和练习连合了帮助练习用的，有供详细研究缺点时诊断用的，有供入学或升学就职指导时预断用的。将来或者更有新用途，此刻很难预说。造测验要有专门的学问；平常做教师的恐怕不易学，而且怕时间也不够。用测验是在教师。要有好多人用过的测验，才能合用。所以做教师的在科学的编造测验上，间接的有极重大的关系。

第六，利用科学的方法来比较研究各种教学方法的孰优孰劣，也是近几年来的事。这种比较研究决定的优劣，比诸全凭推想的空论来得可靠。譬如我们要知道默读和和朗读哪一种快，哪一种容易明白内容的意思，我们可以先用测验——读书的成绩及智力测验等，把年龄年级仿佛的学生两班或四班或六班或八班……（愈多愈好）考查一次。再依据各种测验的成绩，把学生平均分作两半，务使各半的读书能力、智力等等相等。然后由同一教师，对两半的学生，用不同的方法教同样的材料。经过若干时期以后，再行测验考查，看两半学生成绩，各各比上次测验有多少进步。进步多的一方，当然所用的方法优胜，这是大略。实际施行起来，当然还有好多地方要注意。这种比较研究，名叫并行式。就是说两半并行了比较优劣的。还有一种，名叫轮替式的。起先的测验也是必要的。在某时期内，大家用一种方法。再行测验，看有多少进步。再用同样的时间，大家调换一个方法。到期再行测验，看有多少进步。前后两次，大家轮替了用两种方法测验。哪一种方法的进步多的，便是哪个方法好。有时，并行式和轮替式可以混合来用。开始时，照上面所说，用测验方法分学生成并行的两半。甲半用甲法教，乙半用乙法教。到了相当时期，举行测验，看哪一半的进步多。再用甲法教乙半，用乙法教甲半，彼此交换。再经过相当时期，再行测验，比较甲法和乙法哪一个进步较多。在同一时期中，甲半乙半，并行比较。就每个学生说，不是先用甲法后用乙法，便是先用乙法后用甲法，如此便是轮替的比较。

试验研究的方式，上述两种是顶常用的。此外还有好多别的方式，读者可以细阅专书，这里不必多说。总结一句，在没有开始试验以前，先要用可靠的测验，把学生的程度以及别种情形，调查得确确切切明明白白，丝毫不得苟且含糊。在试验的时候，除了所要比较研究的教法当然是不同的以外。其他一切情形，务必使相同不变。上课时间的长短，上课钟点的早晚，就是所用教材的印刷，教室内的布置、温度、日光……凡是可以影响学生注意，身体、精神等等的，务使一致。并行式的，务必两半彼此相等；轮替式的务必前后完全一律。要这样，所比较的，才只是方法的不同；所得成绩的优劣才真正是方法不同的结果。由果推因，才能断定方法的好坏。若方法以外还有好多两半不能尽同或前后不能一律时，所得成绩的好歹，我们不能决定是由于方法，或者由于别的。这是做比较试验时，顶要紧的。不然辛苦经营，稍一不慎，便弄到功亏一篑。试验期满再要测验，然后才可以知道在试验期间所得，比开始时各有多少的进步。

就著者所知，中国小学里做过试验研究有好多，不过被试验的学生数目往往过少，所以所得到的结果，一时尚难作为定论。希望以后的教师，本着科学家的精神，把别人家已经做过的试验，各地方，各小学，推而广之，一一照样地重做。不限一次，重做二次三次，就是十次二十次也不嫌多。次数多了，地方广了，各人把试验结果彼此发表出来，比较比较。若是大家的结果，多能和原来初次创案这试验者所得的是同的，那末，未能作为定论的，经大家的重复试验而证实，渐渐可以算是确切的定论。大家的重复试验，不是创案，是一种证实的作用，我们叫作证验。若是大家的证验多和原来的不同或竟相反，那末，原创案人也可以根据了证验的报告而重行修正。所以无论证验的结果如何，总是于原创案的试验有益的。创案试验，或者要有专门的学术，精熟的本领；照了别人家的方法，细心证验，却不是难事。所以做教师的懂得这一种科学的方法是有极大的贡献的。我们第一步先做证验，等到试验的方法纯熟了以后，也许可以把自己遇到的新问题创案些试验方法出来。那末，我们的贡献更加大了。

科学的研究，不限定用比较试验的方法，平常用调查的方法收集了事实，再统计出内中的条理来，也可以得到客观的结果。已经有人用这等方法研究小学生爱读的书，小学生爱吟的诗，学生常常写错写别的字，小学生熟识的字，小学生崇拜的人，小学生爱做的游戏，小学生以为美的画，小学生常常做错的算法，初入学儿童所有的社会经验，初入学儿童所有的自然经验，等等。利用这种研究的结果，一方面可以在教法上知道注重点或出发点，一方面也可以作为选择排列教材的参考。

从前的教材是完全由办学的成人主观定的，小学教材是中学里的缩本，中学教材是大学里的缩本。大学教材是丰富的、完备的，缩到了中学里，便变成了断简残篇，更缩到小学里，只剩了一个骨骼，毫无皮肉的了。有人说笑话，小学教材只是目录和字典，或者也有几分真理呢。缩本的教材只是顾了学者的兴味，既没有想到是否适合学生，更没有顾到是否合于普通社会中的需要。这种教材，有人说是书痴子用的，有人说是《百科全书》式的，或叫《万有文库》式的。在没有普及教育的制度以前，本来教育是少数书痴子的专利品。他们有空闲，终生可以在《万有文库》里去玩。自从普及教育制度盛行以来，教育已经民众化了。教材当然要跟了民众化才行。有的，也叫作教材的社会化。意思就是使教材合于社会的需要。

只凭空论，没有确切的社会化的标准，教材的取舍，很难使人信服。用了科学方法研究，我们可以明白好几万中国字里，日常书报中用的，不过有数的几千。而且我们远可以明白这几千字中哪几个用得顶多，哪几个用得极少。有了这个标准，不是我们教学生的字可以知道怎样选择了吗？同样，可以研究日常大家常写的是些什么字；日常大家用得顶多的，是些什么计算的方法；平常人所要知道的有些什么社会经验，有些什么自然经验……这样，选择教材要合社会需要的一句话，不是空话了。教材排列要合儿童心理，也是一条重要的原则。什么教材恰合什么程度的学生，也不是大家用空议论可以决定的。要有真凭实据来决定，才是正办。真凭实据从哪里来？唯有用科学的方法去研究。我们可以用调查的方法，找出各级程度学生所爱好的是些什么。我们也可以测验学生到什么程度时，平均可以做到什么。

学级编制法哪一个方式顶好，教科书印制字体大小应当怎样，行间距离应当怎样，学生所用书籍，笔记本子，练习本子应当什么纸质，多少大小，桌椅高低尺寸怎样才能适合学生身体，以及其他一切关于学校行政方面的问题，都可以用科学方法来求解决。有人研究过揩黑板的方法呢。据说揩法有不同，时间与清洁也大大的不同。有的方法快而不清洁，有的方法清洁而不快。他用比较试验，找出一个又清洁又迅速的揩法。学校卫生方面，设备建筑方面，近年来私人的研究日臻月盛，得到了好多有价值的结果。就是地方教育行政，也有人在那里用科学方法着手研究。譬如研究学生退学状况而决定课程，研究人民富力而决定教育经费预算，研究生活物价而规定教员俸额，等等。教育科学化虽不好说达到完成的时期，却已过草创时代而入于建设期了。各教师再大家共同努力一下，完成期可以渐渐地接近来了。

[选自俞子夷著《怎样做教师》，中华书局 1934 年版，第 155—190 页。略去的部分，分别是："第一章　做教师的兴趣"；"第二章　先明白自己的心理"；"第三章　教师的面面观"；"第四章　怎样做当家人（上）"；"第五章　怎样做当家人（下）"；"第六章　慈母"；"第七章　怎样做孩子们的大哥哥（上）"；"第八章　怎样做孩子们的大哥哥（下）"；"第十一章　怎样做教师"]

儿童的教师

儿童的教师是谁？大家都说，受过专业训练，师范出身，在幼稚园小学或婴儿园里专门负责教导儿童者，就是儿童的教师。这话是很对的。但是，这专业的教师，我们可以说，不过是狭义的。此外像乳娘、母亲、祖母、姐姐；家庭中、邻居、无论何人常和儿童接触的，都是他的教师。就是家里畜养的狗、猫，有时也可以做儿童的教师。这是广义的说法，凡是儿童环境里的人物，能影响儿童行为的变动的，都在教育儿童，所以都是教师。泰山幼时的教师，不就是卡拉和其他的人猿！

前年暑假回乡，亲戚家有一个天真无知的小阿弟正在怀抱哺乳时期。大家都称赞他生得美，说他有趣，比他哥哥大阿弟乖。当时才会走路的大阿弟，的确一刻不停地乱动，使得合家人觉得不易应付。事隔一年多，去年秋初重又回乡时，小阿弟也会得独自走路了。面貌虽没有变丑，但是行为却大不相同了。一有不合，立即骂人，举手便打。不分皂白的，母亲、哥哥，常常被他小手一击，听他嘴里"××"一声骂。他的"××"和某种人的"妈的×"或某地方人的"丫丫"同样地变成一句随便的口头语了。家里人，素来没有这等可厌的恶习。他完全是从邻居那里学来的。这不是邻居做了他的教师！孟母三迁，怕也不过是为要避免这等劣教师，挑些好教师罢。

要做儿童的教师，本来不是容易的事，不是不学而能的事。经过几年专业训练的师范生，尚且不能个个都做得出色，何况没有受过这等专业训练的乳娘、母亲、祖母以及邻居。自己家里人，或者还能拿儿童现在和将来的幸福放在心里，即使方法未必妥善，目标总不会得有多少出入。譬如做父亲的，往往很严。严有严的理由。简括说一句，无非要儿童成家立业，做一个荣宗耀祖的有为人物。不过目光太远，拿古圣贤修身齐家治国平天下的大道理来责望儿童。儿童只觉得老虎般的可怕。去年春假，曾花三四天工夫和一群年轻人同游西湖。游到灵隐飞来峰老虎洞时，忽有人说："这老虎比家里的老虎如何！"又一人说："出了虎穴，今天又来虎口！"原来家中的老虎，便是子侄辈给家长起的绰号。他们回家见到父亲，算是在虎穴中呢。

母亲总是仁慈的居大多数，尤其是祖母，往往弄到所谓溺爱的地步。爱子孙，当然也拿子孙的幸福做前提。不过，眼光似乎太浅，只顾了他们的现在，没有想到将来。就是想到将来，也只是为他们准备到无微不至，只叫他们享现成福。有的人，除为子孙积蓄金钱外，连自己身后的寿衣寿材寿圹都弄得道道地地，不烦子孙花丝毫心思。这样的为子孙计划，反而使子孙丧失了做人的能力。

严或慈，方法都不能适中，目的是大家一样的。至于乳娘、邻居的应付儿童，那便大不同了。邻居不负责任，不过取笑一时。其实拿儿童当玩具，供自己的消遣罢了。教他打，教他骂，教他学古怪的声音，谁再想到儿童身心上的恶影响！然而儿童却由此学会了好多恶习。乳娘虽有责任，时期也不过几年。只要眼前安逸，自己省力，谁再管儿童将来的好歹！这等教师，既没有受过专业训练，又不负什么直接的责任，他们的方法固然不妥，他们的目标又不为儿童谋幸福，所以恶劣的影响，有时竟弄成很严重的危险。一小块黄金瓜，一粒蚕豆，不是送了两条小小的生命！

适中的办法，做专业教师者，也应当具慈母的心，严父的格。此外，还要有循循善诱的技术。规律愈少愈好。养成良好的习惯，比了叫儿童牢记规律来更有效。不过习惯的养成，不能贪多，也不能欲速。习惯不能有例外，所以叫作严格。这格，仿佛是铁一般的定律，绝对不得通融。譬如不放铅笔在嘴里，不随地吐痰，儿童能力可及时，便开始做。一做，便永远没有例外。最忌的是不必成功习惯的，也要弄成规律，而这规律的实行，又朝三暮四地在变动。出尔反尔，叫儿童无所适从。到了这地步时，即使你一刻不停地在骂、罚、打，收效也很微细。严格的严，是严正的意思。铁青了脸，向大家骂一顿，叫儿童来打一顿，只好算凶恶的凶，不可以算严正的严。严正是指习惯说的，不是指教师态度言语说的。譬如儿童把铅笔放在嘴里时，我们尽不仿仍用和蔼的态度去纠正。我们并没有凶，我们对于这习惯是十分的严——一见便纠正，始终没有过一次例外。

科学是最严正的。关于教育儿童的科学，近来渐渐增多。这种种，都是有严正的定律，丝毫不容许我们主观的好恶。这等基本定律，是做专业教师者不可不深切明白的。单单明白，实在还没有多大益处。最好要会得应用。譬如儿童学习能力的差别，是一条定律。明白了这条定律，我们绝不最妄想一群儿童的学业成绩，会得程度齐一。由他们不齐一，在班级制度下，也是一个极重大的困难。用一种分组或分团的编制方法，或者在教材教法方面使各儿童免去互相掣肘，或者竟用个别教学。这等等都是个性差别定律的实地应用。有了应用的方法，问题才得有解决。教育儿童是一种对人的工作。仅懂原理原则，是不济事的。

因为是应付人的工作，所以一切应付的方法中，包含着好多循循善诱的技术。同是专业，有的只不过对物。物是死的。对物可以用呆板的成法。但是熟能生巧，纯熟者也还有他的秘诀。人是活的，有情感的，所以对人的专业，无论是医师、律师或是牧师，除人格学问以外，还要有一种巧妙的技术。言语态度，是对人时常用的工具。所谓循循善诱，大部分是言语态度方面的问题。

譬如医师，病人向他求医，心里总希望他郑重将事，药到病除。所以做医师的言语、态度切忌轻佻疏忽，有好多公立医院里的医师，对付病人往往严声厉色。试想病人身上已经有不少的痛苦，来此求诊治，只是挨骂，心理上得不到丝毫安慰的痛苦，不将更甚！所以除了受经济压迫无法可想者外，谁也不愿上这等公立医院的门。反过来，要是医生遇到病人，一见如故，同他谈空天，说笑话，那末病者又要觉得轻忽如此，不知会不会把药误用了呢。所以医师要郑重，律师要恳切，牧师要庄严。学问能力虽是一样，应付的技术合的，可以得人信仰。就是商人应付顾客，若能表现出处处为顾客打算的神情，一定能大受欢迎。

教师应付儿童，完全是一种领导。领导他们玩，在玩中学。领导他们向困难的问题进攻，在困难中谋解决，得到成功的愉快。所谓诱，便是这等领导的意思。领导要适合各被领导儿童的需要，这就是所谓"循循"。能循循的，才是善诱。教师往往性急，常常嫌儿童太笨。教师往往爱聪明的儿童，把笨的儿童掉开不管。教师往往不记得自己幼时学习的快慢，痛恨儿童不能一教便会。其实，聪明的儿童，能自己教育自己，不必我们多花气力。最要我们领导的，却是些笨的儿童；愈笨愈是需要。世间唯有最聪明的教师，才会得替笨的儿童想出笨的学习方法来领导他们。这便叫作儿童化。就是说，教师要设身处地，体贴入微地为儿童着想。教师去就儿童，不是硬叫儿童来就教师。常说某某学生教不好的教师，或者就是他自己技术学不好的别名罢。不会得儿童化，所以儿童跟不上来了。有人说："在顽劣教师下，才会产生顽劣儿童。"是耶非耶？

某市，在去年九月里开校长会议，讨论一种严禁对小学生体罚的办法。办法中规定，教员行体罚而校长不纠正者，校长同有不是。做校长的多负这一种额外的责任，心上有些不甘。有人说学生父母特地来请求教师要打，那末怎办？我说做教师而不能使家庭明白儿童打不得的，这教师未免还有一些缺点。我们教育儿童，目的不在使他们读熟了书去应考。我们的工作，不是替父母做乳娘。儿童是全民族的，不是一个家庭私有的。叫做父母的明白这等道理，不是在儿童年中我们做教师者应做的工作！

（原载于《教育杂志》1935 年第 25 卷第 12 号）

教育理论的实施

一、教育原则的活用

本刊一卷二期丘吉尔传介绍里有着这样几句："在今日他虽是一个惊人无比的伟大政治家，但在过去他却是一个最顽劣的学生。当他的教师向他讲解拉丁文如何拼音，语尾如何变化时，这个小孩子总是倔强地说'但是我做不到。'不消说教师只有用板子来压迫，引导他领受经典文学的美丽。有一次他被打得太凶了，他竟将校长先生的帽子踢得粉碎。他粗暴顽强而无礼，甚至于偷东西。在教学心理上说，他真是一个最成问题的儿童。"

传统的教育方法只配教凡庸的儿童或青年。古今来有许多事例都证明，杰出的人才在教育过程中耐不住种种桎梏。因材施教这一句话，只在口头讲，能随机活用者实不多见。严密地考察，现在惯用的教育方法太偏一方面，有许多平常的孩子青年也没机会发展。

有一个乡村小学教师，当指导员去视察时，提出一个不易教诲的学生，请求指导。这学生并不倔强，然而上课时好像在做梦，呆呆地坐着，视而不见，听而不闻。对于书丝毫不感兴趣。写字像画符，过后自己也不认识。指导员在参观教师上课时特别留心这学生，确如教师报告，对教课始终没有注意。

退课休息时指导员招这学生去谈。应对自如，不像心理上有什么缺点。问起家庭状况，侃侃而谈，对于饲牛有特别兴趣，并且有相当经验。指导员捉住这个机会，和他说："某处将开展农事展览会，我愿你把养牛的情形做一个报告。"那学生欣然答应，但忽又踌躇地问："我不会作文写字，怎么办？"指导员说："那不要紧，可以请你们的教师帮你。"

指导员去后，教师给学生读几册最浅易的关于饲牛的小书，再教他拼法、书法，帮他改正报告书文法的错误。全神贯注，花上十几天工夫，誊抄三五次，添绘了几幅插图，最后把自己认为满意的作品寄给指导员，托转送展览会陈列。他给指导员的小笺上说："还有什么别的工作我很愿意做，请告诉我。"据说，从此以后，这孩子的学习兴趣便一天天浓厚起来了。从教育的原则方面说，不过是一句"从已知到未知"的老生常谈，也就是古话中说的循循善诱，然而成败关键却在会不会活用。

二、效果律的应用

某次，一个教师向我提出了一个难题。他级里有一个学生，常常逃学。这个学生已经没有父亲，母亲管得很严，天天迫他到校。他多方躲避，整天和一群野孩子在路上玩。

我问："功课怎样？"那教师说："常常缺课，怎能赶得上？初开学时还好，大约可列中等。"我问："近来到校过没有？"他说："偶然来半天，便要停三五天。"我说："他来时你对他是什么态度？"他说："并未胁迫，只是劝告，督促他补习脱落的功课。"我说："关键就在这里。你换一个态度试试看。等他下次来时，绝对不要问他功课，也不要查他为什么缺课。热烈地、恳切地表示欢迎，或者竟对他说'你来吗？很好很好！'这是第一步。"

我们再商定了第二步的办法：和这学生约定，每天到校，给他一张纸条，拿回去交给母亲。连续满几天后，可向他的母亲领一件奖品，像纸、笔、画片之类。一面和他母亲相约用同一态度对付。停止训诫斥责，每天收到纸条时表示快乐。满若干纸条后，给一件奖品。奖品学校里备的，因为他们的家况很苦。

一两个月后，那教师告诉我说："这方法很灵，差不多天天来了。"我问："功课怎样"他说："补了几天，已经没有问题了。"我问："对于功课的兴趣怎样？"他说："还好。上课时能注意。"我说："应当用第三步方法了。那种奖品的日期，应渐渐加长。他功课上的优点进步，应当时常提出，给他口头奖励。纸条奖品是临时的急救，今后当渐渐渡到正规的学业上去了。"

到学期终，缺课很少，成绩在中上之间。到高级毕业时会考列甲等，免试升入市立初中。有人问我为什么这办法会使学生改变？我说，这是很简单的，不过应用了学习律中的一条效果律。使他到校后满足，自然他高兴到校。对缺课后到校的学生查究得使他感觉痛苦，不是鼓励，反像表示拒绝。

三、准备律的应用

还有一条学习律叫准备律。譬如肚子饿了准备吃东西，天冷了准备加衣服，身体疲乏了准备休息。学校里一课课的国语读书、作文、写字、算数、常识，学生有什么准备没有？他们漠不关心，学过后不觉得多，教师请假反而觉得开心。精神上不自觉有什么饥渴，上课仿佛是坐牢监。不但不准备接受，反而时常想反抗或逃避。这是一般教育最大的失败。

有一个青年，小学毕业后，进了许多许多初中。在每个初中里的经过都是投考、录取、入学、缺课、考试、不及格、留级、开除。家里人为着这事担心。市内所有公私立初中差不多都去过，都开除，只得离开本乡到别地方想办法。有一家亲戚在上海，暂时住在他们家里。表兄是无线电的业余者。看到了装置通报，那青年觉得非常有趣。跟表兄学了几时，略微知道了一些门径。恰巧有一所无限电学校招考，他欣然投考，并且录取。

这新学校配了他的胃口。孜孜勤学，态度和从前在初中时完全不同。顺利进行，到毕业无丝毫问题。校长介绍他到商船上去服务，成绩也很不差。为什么会有这样的改变？我想这就是准备律的问题。从前他入初中，心理上没有什么准备，不知道各科有什么用，所以不高兴努力。在未进无线电学校以前，他已经从表兄处得知无线电好玩。可以和世界各地的陌生人通报做朋友，所以有热烈的准备，急急想学会这一套巧妙技术。

后来，他注意到自己的前程，决定去参加交通部的考试。他和我说："这样才有保障。"他又自知英文程度太蹩脚，难望及格，所以在青年会夜校很努力地补习。这些努力，居然给他一试及第。他又很开心地告诉我说："补习英文是很辛苦的。"为什么肯如此吃苦？他有一个需要，他渴望成功，所以他准备着克服种种困难，得到成功。

准备律是很重要的。不知道为什么要学，所学有什么用，是最危险的。视而不见，听而不闻，学生光阴是浪费。强迫压制，教师的精力也是浪费。先使学生知道为什么要学，学了有什么用，不但可使他准备接受，同时还能使他自信。自信是帮助成功的重要条件。盲目地跟着教师依样葫芦，像是傀儡戏，怎能算是教育！

四、练习律的误用

学习律中的练习律，一般教师用得最多。但是用错了往往劳多功少，有时竟产生相反的结果。

有些是应练不练。譬如卫生、秩序，都是很重要的习惯，并且须有恒久的耐心才能渐渐成功。为什么学校食堂里不叫学生练习轻声谈话，细嚼缓咽，因而促成狼吞虎咽的恶习，造成一种普遍流行的学生病——消化不良？为什么不叫学生练习自由排队，因而受过教育者在车站、船埠、戏院电影院门口格外争先恐后地用力挤轧？

参观过一个低年级。在上体育课前，学生必须换鞋。教师轻轻地弹奏着乐器，小朋友静静地迅疾地换，换好的，一个个自由排在教室门口。没有一个嘴里出声。偶然因动作不留心而有响声时，教师停奏，用右手食指在自己的嘴唇上直立地一按，几十个七八岁的孩子，举动敏捷，自守秩序。全体换好，在乐中开步前进，向健身房去。

有些是不必练而多练。譬如从前我编的一套算术练习材料，原是补救进步迟缓，必须加功练习的学生用的。题目多，分布细，进程慢，凡是平常念教科书来不及追赶的学生，用这套材料自修，很自然地能弥补缺隙。有教师什么都喜欢一律。不问能力程度，不管学生有没有需要，限定全级同时用这种材料练习。有几个不必要的补习的学生不耐这样反复，因而发生厌恶。竟有人说："看见这些题目，我就要头痛。"过分练习不但是浪费，而且易招反感，减低学习兴趣。

有些练习隔靴搔痒。譬如初步读书，略重认识文字。教师若先口头引导，教学生跟了朗读，那么小朋友们用着他们从听唱法学习唱歌的方法，始终不高兴注意文字。他们只会像和尚道士般念经，即使背得烂熟，于助长理解内容的能力丝毫无补。有些练习是喧宾夺主。譬如学国语，有不少教师竟忘记了实用说话，把大部分时间花在注音符号上。外国军队里化三个月工夫，能教会最难学的日本话。他们用的方法是叫学者听说话，由教者和学者谈话了。单刀直入，练习自易见效。

（选自俞子夷著《教育杂文》，国民出版社1946年版，第22—28页。原载于《胜流》1945年第1卷第5期，题为《教育理论中的学习律》，文字略有出入。文章各部分的标题序号，为编者所加）

教算一得

一、一个普通的孩子

他是个普通的男孩子，这是我最初的印象。天天有见面的机会，有时可以看到他较长时期和同伴游戏，从初见到开始教他算学，经过七个多月，我仍以为他是个普通的男孩子。他年龄是十二岁；在小学里，是五年级下学期，以前没有留级过。不过，他的成绩，据他家里的人说是很不好的。家里人对他的印象，好像特别坏。不谈他便罢，一谈他便有好多坏的评语，很现成地送到耳朵里来。有时大家不小心，当了他的面，这样的评论他。他不高兴起来，会得表示一种愤怒的样子，或者把门砰的一声关上，自己跑了，或者走开去和别的孩子顽皮。这就给评论的人一个实在的证据，说："你们看！这就是他的脾气。"的确，受到了当众奚落的耻辱时，他这样的发脾气。我以为这仍不能逃出普通孩子应有的反应以外。懦弱的女孩子，逢到这种情景的奚落，或者要跑到妈妈怀里去大哭一场。要是不恼怒，也不会哭的，才是特殊的孩子。

他是幼子。母亲心里爱他，但是他的行为有时表现得太粗暴了，往往使幼弱的同伴哭了起来，眼看这样的顽皮，也没有方法辩护，说他的脾气好。父亲好像是不爱他的。他的一举一动，在父亲面前常常受到阻止，或者斥责。我的确看到他的行为，但是仍以为这是普通男孩子应有的正常反应。他发育得很好，身高和平常十五六岁的孩子差不多。他的体力很不小，能做农夫们的一切工作，像管牛、种田、挑担、割草等。他有力。他好动。动才可以使用他的力。强迫他文绉绉地做书生模样，恐怕只有用麻醉性的鸦片，先使他身体衰弱到无力活动，才能得到成功。他时常受到阻止和斥责，或者不会得分别哪一种行为应做，哪一种不应做。背了阻止斥责去发挥他的力，便成功了顽皮。这不能算是反常。就是他不会得分别行为的好坏，也不过是因为大家对他只是说"不要""不应"，从来没有承认过他的行为是好的、对的。在这样环境中教育，怎样使他会得分别好坏？

他怕上学，但是并没有到逃学的程度。春季初开学时，我常常到他的教室里去，在他不见到的背后，看到他很注意地抄写。有时，的确看到他在应上课时不进教室里去，在外面玩。他好玩，他怕看书，的确是事实。评论他的人说他没恒心，我也这样想。换句话说，就是他对于我们学校里的功课，不容易感到兴趣。有时偶然高兴做功课，但是兴味不能保持得长久，注意很容易中断或分散。但是他做别的用力的农作时，却没有这等情形发生。他拔了好多草，天天拿出去晒，晚上很仔细地收回来放好，直到卖给父亲做牛的饲料止，连续好几天的注意和努力，自发的，丝毫没有人督促，维持得很久。不过他捉到了一头八哥，却只有开始几天里肯料理，以后便好像忘记了。这也是很普通的。有时很能注意，很努力，有时很容易分心，要看事物的对象而定。普通孩子都是这样，我们自己也是这样。

他的教师说他应做的功课不做，天热时坐在教室里打瞌睡；不应做的事他却争先恐后地做。这是很确切的事实，也就是给我的一个证明。他并不是一切都不肯做，完全不会得把注意持续，绝对不肯努力。他所努力的、注意的，恐怕是要足以使用他相当的力。叫他静坐，叫他文绉绉地弄书本，或者因为不能发挥他的力，或者因为他还没有找到内中的兴味，所以他不耐烦。叫聪明的学生做迂远的练习书要痛恨，叫普通的孩子读脱离实际的教科书要不耐烦，道理是一样的。实在肯动手做的普通孩子就全人类的生存说，需要或者更大些。幼时背熟了教条，成年以后拿来用作说空话、写文章、出风头的资料，这等人全国只要有了几个已经嫌多的了。用普及教育的方法使个个孩子都成功这等人材，将来不是田都要荒了，厂都要关了。我找到他的特点，我告诉他家中人，说他的特点是在"肯做"。大家有些怀疑；或者疑我太客气，或者疑我近似幽默，就是说不会"读书，"只配"做"种田人。我是说老实话，只有会做的人，才能建设中国。肯做的普通孩子，将来就是努力实做建国工作的普通老百姓，这不是最名贵的特点！

二、学期考试的前夜

暑假前学期考试的日子，校里已经公布。在考试算学的前一夜，他也知道急来抱佛脚，自己拿了教科书温习。几位懂得算学的同居者，临时做他的教师。一本六十四页厚的教科书，有笔算也有珠算。打开目次一看，有二十四个大标题，除去复习总复习三个标题外，实足有二十一种不同的方法。概括地说：有小数四则、整数性质、分数四则、百分、折扣、简利息等六大类。问他哪一类最不明白，他回答不出。大概，各类都没多少真正明白的。一夜工夫哪里来得及温习如许材料？帮他温习的人，依照平常的惯例，打开书本，叫他做小数四则。第一关就通不过，加法的答数不对，减法的答数也不对，乘法弄不清，除法简直不知道怎样做法。弄到深夜，教的人，学的人，在暗淡的灯光下都觉得沉沉欲睡。结果，只教了些小数加减乘三个方法中最主要的一点，就是答数里小数点的地位。除法是来不及的了，分数、百分、折扣、简利息，还有珠算的多位乘除，更不必说。次早考后问他，他说考题中小数加减乘三法的题目没有几个，另外都做不出。

这二十一个单元的教材，教师是一一教过的，希望学生一一都明白，一一都做得很熟。学期考试的题目，当然个个单元要出到。小数加减乘三法，在书里只占两个单元。平均计算，他勉强会做的，只有全书二十一分之二；就是当作三个单元论，也不过占全体的七分之一。所以他会做的题目个个做对，按照一般教师批分的方式，七分之一只有十四分罢了。在别的学生当然也不能个个单元都做得纯熟。有的人这几单元不熟，有的人另外的几单元有些糊涂。教师所盼望的，只要几个学生，能在二十一个单元中会做十三个单元，便可以得到六十分及格，升级。究竟哪几单元不熟，哪几单元糊涂，那仿佛是学生的事。教师在教的钟点里教过以后，好像已经完成了一切任务。他为什么会弄到差不多全体都不明白？这是谁的责任和过失！完全是教师的吗？这未免太偏责教师了。完全是学生吗？当然也不能独怪学生。各人负一半呢？似乎公允了。但是我以为教师负的责任应当多些，笼统地说，教师负十之六七，学生负十之三四。我的理由是：教师是成人，学生是孩子，教师应懂得教法，应会得帮助学生，领导学生。要是我有批评教师的责任时，能教好最不好的学生者应当一百分；教得学生只有十四分的教师，至多给四十分，应当受些惩罚。教师的责任，不在叫卖完结退出教室时终了。学生的成绩，实在就是教师的成绩。最好，用学生的进步，来做衡量教师的标准。这或者太理想化了。但是我现在很起劲地写这书，追记我教这孩子的经过。说一句老实话，我的确很得意，自己以为至少限度，我这一回的成绩，应当得到六十分或七十分。他一天一天地进步，我心上的愉快，有时比他自己要大得多。要是不给学生明白表示，他自己的进步，往往不容易自觉。

三、吃了一惊又一惊

学期考试的结果，他当然不会及格，这是大家意料得到的。教师这样料他，父亲这样料他，周围的人也这样料他，我不在例外。他自己也很知道算学决不及格。不及格或者留级，原在意料中，决没有什么惊奇。报告单出来时，大家要争着看。我猜各人的心理无非是要决一决是否料中。料得中，好像是一种足以傲人的胜利。这也不好说是什么恶意。假定要算是恶意，也不过是一种普通的、原始的心理罢了。除非别有存心，要想借这等机会来离间他们父子间的感情，这或者是不会得有的。我起初也并不惊奇。我的估计，大约算学分数有二十到四十分。虽则找前节推算，他只有十四分的希望，但是平时分数，临时考试分数，一起平均起来，总要比十四分多一倍左右。那知道报告单上写的是1.09 分？这一惊非同小可！我险些儿说"教师点错小数点"，无论如何10.9 分，总是应该有的吧！我太粗心了，还有一项百分比例，算学占全体 16%，写得很明白。这是很容易的，只需做一个除法，1.09÷16 答数是 6.8，这便是他一学期来学算的总账。百分之 6.8，怪事！平时教师在做什么？第一次临时考的分数有多少？要是第一次考的成绩很坏，教师又做了些什么？我所惊奇的不是 6.8 太少，却是负教导责任的教师真好耐性，学生成绩没有进步，竟缄默到一个学期才披露出来。为什么不早想挽救的办法？或者我错怪了，教师的确想尽方法，无奈他实在不肯用功。但是，从我这几个月来和他相处的经验，觉得不必多用什么特殊的方法。究竟教师有没有用过一些方法早谋补救，还是教师用的方法不合，此刻无从知道。总之，不想方法挽救，是教师的过失，用了方法不合，是教师的失败。两者必居其一，教师这学期教算的成绩，虽不止6.8 分，但至多也不能超过 40 分，这是我给教师的一个评定。

既往不咎，过失或失败，都已成了过去。以后的事，比已往更重要。我决心帮他补习。拣了一个好日子，拟了一份测验题目，开始做第一次的调查研究。前半部是整数的四则，如下例：

加

5432	925	26
1234	185	58
8967	647	47
3678	654	39
	378	88
		95
		62

减

35791	70503	32641
24608	59984	28577

乘

335	625	79
428	27	360

除

37)43819   125)8200

第一天先做这一半。因为校里有事，托一个中学生带我监看。结果是又使我吃了一惊！加法错了，原因是进位不对。减法也错了，原因是退位不对。乘法是九九不熟，所以也错。第一个除法教了才做出，第二个除法完全不会做。这一惊使我把后半部的材料不敢再拿出来给他做了。后半部如下例：原定第二天做，是小数的四则，比教科书上的题目要简便得多。

3.5+35+0.35+0.035	320−32.32−3.232
2.41+24.1+41.2+412+0.421	10−0.875−8.765
76.32−4.57	36×2.7
860.9−6.795	4.82×150
826÷12.5	82.6÷025
82.6÷12.5	82.6÷0.125
8.26÷12.5	0.826÷0.125
8.26÷1.25	826÷0.125

我的预料也失败了。我料的是小数四则不很熟，或者小数点的地位

弄不清。除数是小数的除法，有时使学生弄得头昏眼花。我料第一天做前半部，或者多个的连加法要发生问题，因为这是平常疏忽不多练的，虽然它的用处最广。减法的退位，我恐怕被减数 0 位多时容易发生困难。以外应当不生什么问题。第二天的后半部，我特别注重在小数除法。我预拟从小数除法入手，这是拿学期考试前一夜温习时见到的情形做根据的。照第一天调查的情形看来，整数乘除法还有问题，我只得向后倒退，取消后半部的测验，试从乘除法开始。

想一面练习，一面测验，把乘除法分作几步，每天做一步。做得不错，给他通过；做错了，便继续练习。不求速成。反正已经决定留级，开学时当然重新要从小数学起。我希望花一个暑假的时期，把乘除法练得纯熟。这样，恰能和开学时的小数衔接。第二天做的题目太容易了，是 8×9+7 等乘九九带上一个一位数的加法，和 $8\overline{)79}$ 等除不尽的除九九。两种各十五题，预定三十分钟做完，每分钟做一题。前一种心算直接写答如 8×9+7=79，后一种做演算的形式如下：

$$
\begin{array}{r}
9 \\
8\overline{)79} \\
72 \\
\hline
7
\end{array}
$$

第二天亲自看他做，又使我试了一惊！乘九九，除九九都不熟悉，竟会有 5×9=5 等等的口诀念出来的。不只是一二个，有好多。我想了再想，想不出他会在五年级学到下学期的理由来。论理这样的情形，在三年级末已经不很容易通得过；到四年级一定不能毕业。二三年来的几位教师，可惜都不在这里。要是集合起来彼此讨论讨论，一定更可以增加我的见闻不少呢。我幻想，我和朋友闲谈及；朋友同意我的幻想。这或者是乡村，内地普通的实情也难说；这里不再多说，因为距离我们的本题——教算，太远了。

四、九九表

九九不熟，是一个根本中又根本的问题，应当第一步便从这一个难关下手。天天和他念九九的口诀吧，未免太枯燥了，或者反而使他不耐烦。还是叫他做浅易些的乘除法，花样可以多些；同时在应用中练习九九，效果或者比单单口念口背来得好些。不过他九九不熟，做起乘除法来，势必常常错误，因此使他不高兴。要解决这困难，总逃不了要用一个过渡的方法。先试一试用表看。表的形式如下，这是第一天补习时，因为发现了九九不熟，临时做起来的。起初他不会得看表。教了二三回，他勉强能够自己查了。有时还要用一条白纸做直尺，免得和临近的一行或一排看混。

	2	3	4	5	6	7	8	9	
2	4	6	8	10	12	14	16	18	2
3	6	9	12	15	18	21	24	27	3
4	8	12	16	20	24	28	32	36	4
5	10	15	20	25	30	35	40	45	5
6	12	18	24	30	36	42	48	54	6
7	14	21	28	35	42	49	56	63	7
8	16	24	32	40	48	56	64	72	8
9	18	27	36	45	54	63	72	81	9
	2	3	4	5	6	7	8	9	

用表的经过，有这样的记录：

7 月 15 日，开始补习，做乘法、除法，教九九表的查法。用表查。

7 月 16 日，做乘法、除法，用表查。

7 月 17 日，同上一天。

7 月 18 日，同上一天。做完后，另外用纸片写 $\dfrac{9}{4}$ $\dfrac{4}{7}$ 等九九抽练二三遍。叫他口答，只有6×6，5×9是错的，另外都不错。

7月19日，同上一天。做乘法时，有几个题目，他自己不用表查，便做了出来。除法是完全用表查的。

7月20日，做乘法、除法，情形和上一天仿佛。

7月21日，做除法，有一部分不查表，他自己也可以做出。

7月22日，做乘法、除法。除法有的不查表，但容易错。

7月23日，同上一天。

7月24日，同上一天。乘法不查表，错很少，又发现4×8容易错。

7月25日，26日，27日三天的情形和24日差不多。

7月28日，用$\dfrac{5}{2}$，$\dfrac{7}{9}$等形式测试全部九九，错的是$\dfrac{7}{7}$ $\dfrac{8}{8}$ $\dfrac{7}{6}$ $\dfrac{9}{5}$四个，另外全对。

7月29日，做乘法、除法。乘不用表，除一部分用表。

7月30日，除法未做。$\dfrac{42}{6}$等乘法不用表，$\dfrac{527}{8}$等一部分用表。

7月31日，做乘法，除法。完全不用表。从此不再用表，6×7，5×9，4×8三个特别多练习，例如用$\dfrac{555}{9}$，$\dfrac{747}{6}$等算式。

这16天的记录，给我一种教训，就是做教师的不能怕麻烦，教育不是一劳永逸的，是继续不断的。用表仿佛幼孩计算时的用手指，原是过渡中的一种工具。口念口背九九诀，对于做乘除法的帮助并不大。做乘法时，帮助还有些，做除法时，除$6\overline{)35}$，$7\overline{)56}$等以外，可以说九九口诀的背熟，效力很微薄。但是除法是除不绝的占多数。就是除得绝，像$7\overline{)301}$等第一步$7\overline{)30}$已经不是4×7＝28所能直接解决。用表查，多做$7\overline{)30}$等除不绝的题目，的确可以养成他一种做除法的基本能力。这是这16天里得到的，很可宝贵的教训。

只有 7 月 28 日的一天，叫他不用表做；另外，在 7 月 31 日以前，始终没有禁止他用表，但是他自己常常喜欢抛开表不用。用表，不是背，是抄。但是查看也有相当的麻烦。抄到相当次数以后，抄熟了能默写，当然不再高兴花许多麻烦的手续去查看了。这是从抄到能默写，从此 $\dfrac{7\frac{8}{56}}{}$ 成功了一个整个的习惯。凭空想，我们不免要担心，恐怕用了表或者用手指，将使他依赖成性，始终脱不了这等过渡的工具。事实已经给我们确切的证明。我们不必杞忧，孩子有贪图省便的趋向，这等累赘的工具其他自会渐渐抛弃。孩子有个别差异。有的很灵敏，自始就不必用表用手。这等孩子当然不必再教他用。普通的孩子，开始或者须用这等工具做一个过渡。因为不如此，他的学习不容易成功。先使麻烦而成功，比了省便而失败，要好些。后来经过练习使纯熟，再到省便而成功。这是教普通孩子应当用的过程。16 天的日子并不多，能使他从一向省便而失败，经过麻烦而成功，最后到省便而成功。其实，省便而失败是浪费的，因为失败不是我们教育的目标。所以凡是要使学生失败的，我们一律应当抛弃不用。或者有极少数孩子始终摆脱不了这等麻烦的工具，那么也只好听他永久或长期的使用。理由仍旧是麻烦而成功，比省便而失败有用。不许用表，始终错误，有什么用？但是这等孩子是极少数，只限有特别缺陷的。

有人说，用了表要使学生食懒，这话似是而实非，用表实在比不用表麻烦。愈是贪图省便的聪明人，或者愈想早早摆脱麻烦的表。要是表的内容超过了我们平常人的能力，那末用表反比不用省便。这样我们大家便用表了，例如对数表、三角函数表，以及工程方面用的表、复利表等等。但是电报生能不用电码本子译电文，接线生能不查电话簿子回答某号是某用户。他们日常用惯了、用熟了，仿佛我那位高足的用九九表一样，用表反而麻烦，不用表又省便又成功，谁愿再依赖这累赘的表？

我想贪懒的或者是我们成人吧！有的想用一二次的口授，希望学生自己去把九九表念熟；有的竟想用一二次的训话，使学生把恶习惯革除。以为教育是一劳永逸的，以为教育只有口说可以成功的，或者是最贪懒的教师。聪明人总是贪懒的，是不是？所以，只有我这种笨人才高兴不怕麻烦地弄这等迂腐的方法。最聪明的教师，只需把笨学生开除，不是又干脆又省便吗？

学级里要用，可以把表揭示在教室里，听学生必要时看了抄。除考试时藏起外，可以到没人要看时才收起。这样用法，只有实在需要的人才回头看了抄，决不会使不必用表的人也依赖表。万一发生有人依赖过分时，我们也可以用方法鼓励他们不用表。鼓励可促进努力。努力可以使抛弃用表的日期缩短。

（重校补充） 教学生念熟背熟九九的口诀，是教条主义的教法。用卡片把九九分别抽乱了练习，效果比呆念九九表好，但是收效并不快。因为这方法是拿桑达克的试误学习的理论做根据的，各个九九，各自孤立，彼此没有联系，而且从纯技术观点出发，只看到技能而忽视了一个很重要的教学原则，就是：系统的知识可以指导实践的技术。一面容许抄表，一面多方变化地练习，所以收效好而快，就因为表是有系统的，各个九九间的关系很明显地表示出来。这一方式的成功，就证明了：要技能熟练，必须掌握着系统的知识，这也就证明了桑达克学习理论是不对的。（1950.9.13）

五、再来一种过渡的方法

我想他曾经有过一个时期，对于上学做功课是自己以为得意的。现在是对于功课觉得厌烦了。原因当然有好多。一是自己的能力不能控制，所以做功课不能发生成功的兴味。又一是怕听见别人谈起他的功课；一谈起，百分之百，有当众受到奚落的机会。他怕受辱，因此间接的怕功课。这一种心理上的不良态度若不改革掉，尽有好教法，恐怕效果也不会十分良好。这是第二个难关，必须再用一种过渡的方法。目标是要使他爱好算学，但是没方法在开始时使他从厌恶转变到爱好，所以不能不间接地使他喜欢天天来做算学。7月14日的测验，我自己没有监看，7月15日他做完时，给他一只当时上市的桃子。没说明理由，实在也没有什么可以告诉他的理由可说。他平日做功课的结果，总是得到斥责的居多；至多得到一个教师的静默。那一天使他觉得和我一起做功课，没有斥责，也不是冷淡的静默，却是一只香甜可口的桃子。最初的印象，使他得到一些浮面的愉快。我的目的，是很粗浅的。

过了两天，到7月18日，他用表查了做20个 $8\overline{)75}$ 一类的除法，完全不错，给他一包肉松。这一次的奖是有理由的，就是因为除法完全不错。到7月24日是第十一天了，他能天天不间断地来做算学，他的努力，的确比平常进步了好多。平常，若不斥责，不容易维持到三天以上，这是他家中人告诉我的。也有比较刻薄的人，在开始时说，我将来或许要上当后悔，因为他三天后一定要不高兴来的。居然维持到第十一天，不是一个可以嘉奖的劳绩吗？金黄的颜色，长圆的形状，而且发出一股引人的甜香，我在他做完算学时，特地叫他留在旁边，我拿起毛笔来，在瓜上写着九行文字"×××，做算学，十一天，有耐性，奖金瓜"。他忍不住了一面看我写，一面笑得嘴也合不拢来。接到手里，飞也似的跑去，逢人宣传，邻近的人个个都知道了。他不但爱这瓜，更爱这瓜上的字。我猜，这是他不容易得到的，就是从做功课得到文字记录的奖品。到7月29日又给他一只梨。此后物品的奖渐渐使他忘掉，所以不常给。到8月31日，算是假中补习的结束，给他一支可以把铅旋进旋出的铅笔。这是他最宝贵的东西，很当心地藏在家里，从不拿出来使用。不过，四周的同伴却看得非常眼红，引起了贪欲，一位小政客竟想方法私下拿了去了。小政客是很聪明的，或者聪明的教师当他是优秀分子。在放假前已经用过一次巧妙的手段，使毕业名次和他不相上下的一位同学，扣去若干分数而被压下。聪明的确是聪明的，可惜太聪明了，将来难免不变成功社会中的危险分子。不知聪明的教师，有什么方法使聪明人不被聪明误！我记得有不少优秀的聪明学生，结果是被聪明的教师开除的。

这位高足是诚实的、忠厚的。他只会顽皮，不会欺骗。这又是他的特长，是笨教师的我所最喜欢的。有时我见了聪明人怕，因为怕受他的骗。我们笨师笨弟，无独有偶，几个月的补习，的确成立了特殊的情感。他很爱我，庙会的节日，买了东西来要送给我；亲戚家里送了礼品来，他要叫母亲分一部分送给我。我愈和他相处久，愈觉得他可爱。有时，在做算学时他做错了，向他很严正地说一句"不对"，除此之外，没有斥责过他。实在也无须我斥责。我的话，他是很听从的。实在他的性情是很慈的。我记得他初到此地时，冬天下雪，他还从家里拿了一枝藤杖给我，叫我出门时用咧。这一个关系，有一时竟闹大了，几乎成功笑话。天真的孩子真有趣，他不懂得别人在寻开心，竟认真要我做干爹。我想名义是表面的。不必一定要干爹干儿间才可以有爱的关系；师生间也尽不妨相爱。难道师生间只许冷漠或者斥责，不许有爱的吗？只要有真情，什么名义都可以。他常说，只要战事停止，他一定跟我去上学。有时，他也会诉说他的真情，他很明确地知道周围的人很少有人不说他坏的。他说有一位师范毕业的哥哥，待他最好，一向不斥责他，可惜死了。这的确是他的痛苦。四周没有人说他好，所以他从我这里拿到了奖品，要逢人告诉。我用一些糖衣式的奖品，原不过想使他爱好算学。从此却成立了一种相爱的关系，这是我始料所不及的。

六、自信与努力

奖品不过是糖衣。要他爱好算学的本身，须得另找出路。糖衣不过用在开始时，临时维持努力。要他发生真正的努力，应当先从恢复他的"自信"入手。常常斥责学生功课做得不好，教师以为是一种使他改善的督促，但是受斥责的学生却失去了自信。自己努力的结果，总只是换到一个"不对"的结果，自己一定不能信任自己有克服这种功课的困难的能力。这是于学习心理最有妨害的。无论学习或是工作，自信有能力可以克服的，一定肯花最大的努力。要得到自信，一定要有过成功的经验。常常做错，常常受责，只有失败，永无成功，怎能自信？教材方面用适合他能力的题目，再教他用过渡的工具帮助，每天做二十题左右简易的乘法、除法，希望他能得到做正一半以上。教法方面承认他做对，或者渐渐可以使他自己觉悟有能力控制，因此恢复他的自信。在初开始时，恐怕他注意分散，所以完全监视他做。同时也可以观察他做的方法，因而发现不少旁的缺陷。这事另外再说。监视时，并不多开口，即使他做得不对，没有到他把一个题目做完时，在半途，不插嘴，免得把他工作打断。半途打断有时会使他纷乱。每一个题目，他把答案写完时，轻轻地说"对！"或"不对！"不对的，教他改，但是也不多说什

么理由。例如题目是 $7\overline{)61}$ 他的结果是 $\begin{array}{r} 8 \\ 7\overline{)61} \\ \underline{56} \\ 5 \end{array}$ 时说"对！"若是他做

成 $\begin{array}{r} 8 \\ 7\overline{)61} \\ \underline{58} \\ 3 \end{array}$ 时，便说"不对！"7×8 是 58，叫他把 58 改成 56，再减。

等他自己改正了，然后再说"对！"一个"对"字，算是他的一次成功。这方法从 7 月 15 日起，直用到 7 月 30 日，中间有几天断续的监视，就是看他做几题，不说对或不对，等过二三分钟后再看他做几题，这可以叫作半监看。从监看了每题说对不对起，经不说对不对的半监

看，到完全不监看自己做，是一个过渡的路程。

监看了说对不对，只能在开始时用。用的时候，便准备了一种后来替代的方法。从 7 月 19 日起每次开始做时，看一看表，一种做完时，也看一看表，告诉他是几分钟。天天如此。起先我记录在他的演算纸上，后来，他自己会得写了。监看的几天里，只记时间。从半监看的几天里，加记算错的题数。例如，"乘 12 分，错 2""除 16 分，错 1"等等。他对于这等记录很有兴味。他最盼望的是记"全对。"有时他只做错一二题，我往往对他说："只错一二题，明天希望全对。"所以他做错时，自己常责备自己。这一种简短的叹息声，这一种面上的表情，除极少数受教师捧的，自以为考试必列前茅的优秀分子外，平常是很少见的，平常学生对于功课，自己是不负责任的，他是普通的孩子，在聪明的教师眼光里看来，或者还是个能力低的。大家说他不肯努力，现在他对于自己的一个错误，这样关心，这样负责。我推想，他的确有坚决的自信；自己很有把握地做出对的答案来，的确，他的努力可以延长相当的时间，不监看，仍能一个一个做下去。有一天，室外正在做酒曲，有一天是野外有人打猎，这都是他欢喜的动作。然而他努力做算学，到完后才去参加。在这等情况中，成绩好像差些，可是，他却很努力地控制自己，这是从他的表情和动作上很容易看出来的，强制自己不分心，所以分心在控制上了。最好能养成个永久的兴味，外界干扰可以漠然不关心。这在短时期里还不能成功。

记录的本身实在并没有什么价值。在笔记本子上批分数是很通行的办法。教师辛苦地批着，未必能使学生努力。我们的记录，是用来考核进步的。我常常对他说"今天 12 分钟做这些除法，比前天快了。""今天的除法是一种新的，只错了 3 个。""今天 15 分钟，比昨天慢了。看明天能不能做得全对，并且快些。"这是每在记录后说的。我自己原需要前后比较，作为次日教材教法的准备，同时对他说明白前后比较的情形，在我并没有多花丝毫精力，在他却得到一种有价值的训练。他很关心自己的进步。他对于记录的态度和平常学生对于分数的态度完全不同。记录高，他很满足。他做完时不急急要跑，他要等记录，还要等我对于记录的比较。或者他对于算学的成功已经有了兴味了。

从7月14日到写稿时，已经有三个月了。下学期开了学，他仍旧每天来补习，星期日也不在例外。他来并不希望奖品，因为奖品早已和补习脱离关系，便成功我们情感的表示。他并不喜欢算学，但是他每天却有做算学的习惯。这不是他的苦工，他可以在这里得到一个记录——进步，或不进步。学校里指定的算题他也带来做。有时做的时间，竟比平常补习时间超过二倍，补习不过30分，校课最多的一次有90分，我也有些倦了，因为在暗淡的灯光下。他的努力延长了，能持续到90分钟。

七、加法（略）

八、珠算加法（略）

九、乘法（略）

十、动作经过的学习（略）

十一、错误的订正（略）

十二、一加一等于二（略）

十三、简除法（略）

十四、教学相长（略）

十五、长除法（略）

十六、最后一关（略）

十七、注意的训练

周围的人都批评他粗心，做事疏忽大意。教师说他不用心。学算最怕不注意；一不小心，便要错误。因疏忽大意而发生的错误，他的确是要常犯的。为注意而训练注意，恐怕是不可能的；学算所成就的注意，未必能迁移到别处。空讲、斥责，都不是有效的办法。我想第一步还是先使他对于所学的有相当的认识。不认识无从注意。当然，要彻底认识，需经过注意，才能达到，不识字的人看到一本书，和不懂别国文字的人看外国文一样，只见到了一大篇曲曲弯弯的花样，哪里辨得出是什么。初看见外国人的面貌也不容易分别出是甲是乙；仿佛凡是外国人的面貌都是一律的。在这样的情况下，一篇糊涂账，完全不懂，谁再高兴注意。所谓适合程度，实在就是注意的起点，凡是适合程度的，就是他懂得一些大概或一局部而能分辨得出的。教材加速进行，距离学生能力愈远，对于教材愈不认识，所以愈难引起他的注意。补习的题目，要是能和他的能力适合，那末从认识的开始，绝不会因不认识而不注意了。太熟悉了，也很容易使他疏忽；疏忽，就是不注意。所以，在认识的中间，要夹不认识的，才能使注意集中在不认识的一部分。可不是吗？在一群熟悉的同学中，忽然来了一位不认识的新同学，很容易使全体的注意集中在一人身上；这一位同学，不久便会得被大家认识。算学教材的编排，很容易适应这种情景。所以 $1+1=2$ 的原则，很自然地可以使学生注意。

第二步是自信和注意，有密切的关系。对于自己没有把握的事，往往不很关心；孩子如此，成人也如此。所以动作的经过，不能过分繁复。太繁复了，头绪纷繁，无从下手。就此不高兴再注意。例如 $35×\{4+[80÷20+20÷(15-5)]\}$ 这样一个题目，实在是三年级学生也可以用心算求出结果的，只要把繁复的括弧去掉，改成简明的算式 $\dfrac{15}{-\ 5}$ ，$10\overline{)20}$ ，

$20\overline{)80}$ ，$\dfrac{4}{+\ 2}$ ，$\dfrac{4}{+\ 6}$ ，$\dfrac{35}{\times 10}$ 。我们补习用的材料着重在练习得纯熟，所以动作的经过不躐等，也守着 $1+1=2$ 的原则，每次只加一种新的动作，并且非到某一种相当纯熟后不再加新的。他每天补习，好像很有把握似的，自信有控制这些题目的能力。不过，自信过分，有时也不免要轻忽从事。我常叫他"慢慢地做!"这话很简单，但是很有效果。所以他听到这话时，数字也写得清楚整齐了好多。接着我再说一声"好!"他听了很满意，能维持下去。自己明白进步，还可以增加自信；间接，就能训练注意。游戏方法也用过，后来渐渐引他拿自己的进步当作一种比赛看。游戏的注意，是苦药外的糖衣，注意往往只在浮面。要注意到自己的成就和进步，才能进入永久注意的境地。

斥责最要不得。因为使学生怕的，学生要注意逃避。心无二用，注意集中在会不会再受斥责或者怎样逃避斥责的一方面，当然来不及再注意到功课的本身上面。以前曾经说过，因为外界的干扰他自己也知道控制自己的分心。但是因为把注意集中在避免分心上，恰恰成功了分心，于是功课的本身发生了不自知的错误。别人的谈话有时能使他分心。我听其自然，这是没有方法求速效的。阻止别人谈话，未必是最妥当的方法，因为这等特殊的环境太理想化了。成了习惯，反而有害无利。我们日常生活中，总有多少人声。一定要完全没有人声时，才能计算，这人不是变了怪人？就经过情形论，人声是他分心的情形，好像一天减少一天。最大的原因，是他对于算学的注意一天一天地增进。对于算学的认识，对于算学的自信，因练习而一天一天地增进，当然，注意也跟了增进。斥责没有用，劝说也徒劳。正在分心时，再加上一份警告，至多能使他注意转移到我的声音语言上来，仍不能使他注意到计算上去。有时

看见他对于数字发生恍惚时，我轻轻地用笔向应算的数字上指一指，使他眼光不看到旁的地方去。我嘴里不开口，恐怕他耳朵听了我的话，眼睛反而混乱了。珠算也是如此，用手指盘上的珠，或者帮他拨一拨，他自然把注意力回到珠上来了。

疲倦的确是注意的仇敌。有一次才做客回来，忽然在计算的中途瞌睡了。早早结束，不勉强他再做。有一次天热，身上穿多了衣服，又要瞌睡了，我叫他脱去衣服，休息几分钟再做。我们有时太不明白学生的苦衷，例如初夏黄霉季节，学生多数要瞌睡；根本原因不在他们用不用心，在气候的不合。这种气候，越用心静坐的人，越容易睡去。那些不听讲而私下玩弄东西的人，因为手动可以不睡。不注意听的人醒着，注意听的人睡去。睡的受骂，不是冤枉？倦时打算盘不容易睡；倦时做笔算，很容易睡。拿出纸片来做游戏，手能大动，疲倦便不见了。我们在炎热天时，做游戏比较多些；秋凉后，差不多不做了。另一方面，他的兴味也能从游戏渐渐过渡到算学本身上，所以游戏的需要便减少了。

实在，一时的注意，价值并不大；最宝贵的是恒久的注意。所以引起兴趣并不困难；维持注意，却需要教师相当的努力。最主要的关键，实在是教师自己的耐性。我常说，不要责备学生没恒心，且先问一问自己的耐性有多少。过分热心的教师，忘记了自己学习时的经过，更忘记了自己现在的滔滔不绝大半是多年教熟了的，急急希望学生在自己三言两语下学会。学生学不会时，不会改换更好的方法，只会斥责、惩罚。这是认真的好教师，但是学生不会进步。有的教师，自己也像孩子一样，随说随忘。高兴时雷厉风行，吓得学生不敢出声。只要稍过几时，他自己也不耐烦起来，把这事束诸高阁。在考卷上发现了成绩不及格的学生，嘴里说了几句便了结，从不想什么补救的方法。偶然或者也来一个补救方法，但是除非能药到病除，不然便没有耐心等学生渐渐地生长发展，所以补救的结果，总是在莫名其妙中消灭，没耐性的人，或者是不宜做教师的。有人说，岂但教师，恐怕什么都不宜做。做农夫吧！等不到收获。做工人吧！等不到完工。只有看幻术，立刻可以把米变成酒。我们一向来的教育，都是叫学生看幻术，因此，造成功了五分钟的热度。在这样教育中养成的教师，怎能叫他们有耐性？教师没有耐性，怎样使学生维持注意，有永久的注意？

注意并不是神妙不可测的。教师自己对于教学这一件工作，只要肯耐性注意，总可以收到相当的成效。以身作则，并不是在学生面前装腔作势扮假道学。自己的注意，的确能引导学生注意；自己的耐性，的确也能养成学生耐性。方法技术是辅助品，注意耐性是根本的要件。没耐性的教师，愈多弄技巧，愈变成功幻术。但是我的意思并不是看轻技术。技术方面高明的教师，可以得到最大的效果。平常不注意而没有耐性的人，技术方法也不过是皮毛罢了。不花苦工，怎能深造？

十八、学习的转移

口背乘九九，对于笔算和珠算的乘法计算，帮助并不很大；查表对于笔算乘法确有很大的帮助，这是这次得到的事实。笔算的动作在眼看笔写，查表的动作是眼看。两者的动作很相类似，所以转移便利。口背和眼看笔写，完全两样，所以转移不便。学习并不是绝对不可转移，一切技能习惯都如此。要是绝对不转移的话，那末做会了书上的题目，仍不会应用这算法来解决日常生活的问题。这样，教育的可能性不将缩减到极微极细？若把转移的意义曲解为只需三言两语，整批的把教材在短时间内和盘托出，学生便会自己类推，那又错误之至。尤其是算学，举一反三的类推方法，非到较高程度，殆不可能。

学习的副成就，不可和转移混作一谈。我不信补习算学可以使孩子脾气变好。但是他的行为却确有好多的改进。这绝不是算学的转移，还是叫作学习的副成就较妥。他自补习算学以来，好像很能自知要好。我的观察如此，周围人的评论也如此。顽皮减少了，说话肯听从了；母亲的爱不必像从前般要用烟幕来隐蔽了，父亲也减少了斥责，常常好颜对他了。环境里有了这样的变动，他心上一定不像从前般孤寂。他受到的作用改良了，所以他的反作用也跟了改良。这是人情之常，成人如此，孩子也如此，并没有什么希罕。人的生活是相互的。从前大家轻视他，他只能向可以受他控制的幼孩方面去发泄他的力。现在，他不必如此，所以顽皮的行动，自然而然地减少。起先，他只对于我是听从的，对于母亲还是倔强。后来他对于父母兄辈都比较的能听从了。或者别人对他的斥责减少，所以恢复了常态。开学后换了一位新的级任教师，叫他做级长，他在校里很平安，没有什么可以受罚的行为。从前他父亲特地做了竹杖，交给教师责打。责打的后果是顽皮，顽皮的后果是责打。互相作用，到最后恐怕责打和顽皮都要达到了最高峰。现在看到的副成就，要是继续下去，愈不斥责，他愈好；愈好愈不受斥责，也是相互作用着。到最后，可以使斥责和顽皮都减到零。我并不希望训练他的行为，我只和他成立一种友好的关系，同时使他周围的人认识他的长处和进步。大家渐渐明白了他的长处，他的进步，便改变了对他的态度。从这个转变点，得到了这一种副成就，这是我始料所不及的。我经过这一次的经验，更坚决地相信，责备不是教育，是反教育。理由很简单：教师做的工作，是一种领导，我们要领导，第一要使他信仰，肯和我接近。拿学习当作走路看，领路人应当是他肯和我同走。若是他心里疑惑我是骗子，或者他怕我是路劫的强盗，他还肯和我同走吗！我们教孩子，应当说"这里来！"不应当说"那边去！"责罚最容易引起反抗或逃避。这都和接近相反，他心里不信我、怕我、反抗我、逃避我，怎肯再和我同走？责罚至多能算是捉犯人的链索，我们可以用来强拉学生，跟我们走。但是他一有机会便想脱逃。

他不但信我、和我接近、待我好，他常在别人面前自夸，他最得意的是我教他。他起先或者以为我不肯教他，不屑教他。后来渐渐和我接近，知道我的确是他的朋友，帮助他克服了好多算学上的困难。他是孩子，所以很天真地信仰我，所以无论说什么话都是听从的。其实，我对他并不多干涉，孩子应当做的顽皮，我从不禁他。偶然，有一二次劝告，他总是带了微笑接受。他得意，我也得意；我常和他家中人说：他是我最得意的高足。我只教了一些算学，但是我却改善了他不少行为。这一次的经验，我实在收到了教导合一的效果。开学后第一次小考，他的算学分数是 40 分。他不敢告诉我。他自己对别人说，我天天和他补习，他只考得 40 多分，心上很对不起我。好孩子！他也能体谅到我的心。我教他的只是些加法、乘法、除法，他考的是小数、分数。上学期只有 6.8 分，现在得到 40 多分，不是极大的进步！这不是学习的转移，恐怕是他对于学算态度的改变。原来怕的，现在不怕了；原来要逃避的，现在肯接近了。要领导学生学习，应当使他和教材接近。严厉的考试，只会使学生对于教材恐惧。对教材恐惧，对教师反抗或逃避，这样的心理，怎能学得成功？

在初开始补习的几天里，有一天他父亲和我谈到他的学业问题。我把他特长说了出来，并且说他补习算学已有些进步。泪珠在眼眶中，他父亲说了几句客气话。父母是没有不爱子女的，急急希望速成，于是只看到子女的短处，不看到子女的长处。因爱生恨，弄得亲子间的关系也疏远了。要是教师不小心把子女的短处、缺点，不绝地向父母报告，这简直是在做一种离间的工作！报告家长，原来是好意；变成离间，罪大恶极！最可咒诅的是成绩不好，只叫家长督促，而专业的教师，却不负责任。教师可以要求家长合作，这种合作是必须的。倘若教师自己失败了，把责任完全卸在家长身上，那就犯了极大的错误。

十九、低级用的游戏法（略）

二十、小数除法（略）

二十一、舍入法（略）

二十二、看不见的计算

看不见的计算，平常叫作心算，是很困难的。连加法、乘法的进位，用珠算来帮助；心算的困难，实际没有解除，不过改用看得见的算盘珠代替了人的记忆。长除法的试商，心算不熟的人也常发生困难。补救的方法，不用算盘珠；在左方把乘法详细写出来。这不是帮助他心算能力的增进，只不过拿看不见的改成看得见的罢了。因为补习除法的时期较长久，从长除法到小数除法，所差不过是小数位，另外完全一致。时期长久，可以使得方法渐渐纯熟。人心总是喜欢省便，怕麻烦的。初步乘法、除法查看九九表；到后来，自然不高兴多查。同样，在练习小数除法时，他自己渐渐把左方的写出的乘法算式略去一部分，改用心算。这里也有自然的步骤。第一步，凡商是 1 的，像 72 除 747.7 等，第一商直接和除数乘，写在被除数下面，如甲例；不另在左方详记乘法，如乙例。第二步，试商时所估量的不是恰好，应当加 1 或减 1 时，第二次直接和除数乘，写在被除数下面，如丙例，不另在左方详记第二次的乘法，如丁例。不限首商，在中途也是这样。如戊例，第二试商8，太大；改7，直接乘 34 得 238 写在 260 下面，不再在左方另计乘法。第三步，凡是一望可以知道商是 9 的，也不另记乘法在左方。如己例试第一商时因为除数 14 比被除数首两位 13 略大，所以商是 9；又如庚例试第三商时，除数 48 比被除数末一部分首两位 43 大不多，所以商是 9。第四步如辛例，试第一商时，仍详记乘法在左方；第二商是 1，不再在左方记乘法；第三商试 4，太大，应减 1，不再详记 3 的乘法；试第四商时被除数 260，比第一商的乘积 266 略小，所以决定商比第一商少 1，是 6，直接乘 38，得 228，写在 260 下面，不再在左方详记 6 的乘法。这样，一步一步地省略，自然把左方详记乘法的累赘方法省去，只要心算的能力够得到。有时，他拿看他拿笔尖在纸上空画，并不写出数目字来。这是从笔算到心算的过渡，听他，鼓励他不多写。

```
      (甲)              (乙)                (丙)
        1                1                   8
  72 )747.7        72 )747.7          15 )126.3
       72           1   72             9   120
       27          72   27            135   63
```

```
      (丁)              (戊)                (己)
        8                2.7               0.9
  15 )126.3        34 )94             14 )13.48
   9   120          2   68                12.6
  135   63         68   260                88
    8                8   238
  120              272    22
```

```
      (庚)               (辛)              (壬)
       1.59               71.36           4385
  48 )76.34          38 )2712            1260
   5   48            7   266             3379
  240   283         266   52             835
        240           4   38             643
        434          152   140          1094
        432                114          ─────
          2                260           396
                           228           112
                            32          ─────
                                        11596
```

学习过教材教法的人都知道"心算是算数的基础……"，那末应当从心算到笔算。现在我发现的，却是从笔算到心算，不是把笔算做了心算的基础了吗？本末颠倒，补习出笑话来了。不！不！不！心算是笔算的基础，笔算也是心算的基础。从心算到笔算，再从笔算到心算，再从心算到笔算，再从笔算到心算……；心算帮助笔算，笔算帮助心算，心算再帮助笔算，笔算又帮助心算……循环的，扩张的，成功螺旋式的发展。拿加法做例子：从实在经验学习基本九九是心算。心算略有成就，便开始介绍笔算的形式，进一步做连加法。连加法的范围一步一步地扩大。心算能力因笔算而增加。心算能力大时，连加法的范围愈可以扩大。要是练习得纯熟，像壬例的连加法，可以两位同时加，如 85，145，224，259，302，396，记在横线下；再 43，55，88，96，102，112，记在横线下；再加得 11596。有时得到 112 后立即加上 396，得11596。这样加法，比一行一行加要快得多，但是需要心算的能力较大，小学生不必练到如此程度。要练成功这等能力，除却多做两位数多个的连加法以外，还有什么方法？做笔算连加法时，暗地里在训练心算连加法的能力。减法、乘法、除法，其他方法都是如此。但是我们应当注意，纯熟是自然从练习中产生的结果，不能躐等，不能求速成的。太性急了，往往反而无效。

珠算的情形比较特殊，需要心算做基础的，没有笔算那般多；能训练心算本领的，也没有笔算那般多。譬如加法，一用算盘，便不必再做看不见的计算。这纯粹是一种工具。小贩因为不便携带算盘，所以他们的计算能力，向不用工具的心算方面发展；他们的成就，完全从实际需要中练习得来。店员，早早用工具，所以技术的发展，在打算盘的速率方面；要他们心算 100 以内的加法，往往不及不识字的人。在没有算盘时竟会有人会得拿出铜元石子或豆粒来，摆成算盘珠的地位做一个(18+7)的加法；小学生的心算，不必像小贩，但是 17 加 8 却不应该一定要用算盘。

读者要是读过我从前写的算学教法书，或者要发生不少疑问如：笔算式子，不应该记进位的数目或点子，为什么补习时容许他记点子？并且为什么长除法，试商时又教他特地另在左方把乘法的算式写出？这都可以说是浪费，为什么不用最简捷、最经济的方法？既然要拿心算的纯熟做笔算的基础，为什么又主张听凭学生用手指；初学乘法、除法时，为什么教学生用表查对？等等。的确，我自己也觉得有些矛盾。我自己经过一番思索、一番整理，结论并不矛盾。要是孩子上学以后，算学的教材没有躐等，算学的教法时常跟随着他们能力的发展而进展，当然，用笔算做加法时，九九的心算已有相当程度，即使要强迫他们用手指，他们也要拒绝。同样，乘法的入门，从同数连加法到九九的心算，已往相当熟习，然后再学笔算的形式，自然用不着再查表。乘法已经到相当程度，看不见的进位乘法已到可以用心算处理的地步，何必要再要花时间在左方记出！走马看花的学习，前后接不上气，我们除了用过渡的方法补救，还有什么办法？这等补救的方法，不是日常的滋养品，只好算是医治消化不良的药。教材不合学生消化力，学生已犯了严重的肠胃病。补习是一所疗养院，一面用药治疗，一面使消化力渐渐恢复。药是过渡，我用的方法也都是过渡。在班级教学制度下，个别差异是不可避免的事实。即使教材配得适当，教法用得合度，仍难免有少数学生一时害消化不良的病症，所以乘、除法查表的一味药，澜拿去用了，很显明的，有几个学生只服一、二剂便可出院；稍重些的，留院的日子较多。我的那位高足，因为种种原因，病症犯得特别多而重，所以我用了好几味药，经过长久的日子，才使他算学的健康渐渐恢复过来。这等过渡的方法不能不用，不能永远用。用来应变，是很有效的。把消化药代替了滋养品，不是要使消化力更其衰弱？名医说，药总是毒的。这的确是至理名言！我说过渡的方法是毒药，若要用，须先预计好用的时期，天天注意把药量减轻。不然，极容易和较前用鸦片治肝、胃气痛一样，一经上瘾，弄得不可救药。

三十、结束的话

这一本小书，可以暂告结束。我们的补习，依然在进行。小学生重要的计算技能，本不外整数的四则和小数的基本。复名数的计算，不外整数或小数的应用。成分、折扣、利息等等，完全是小数的应用。分数在小学里，可教，也可不教，即使教，也只需一些极浅近的。与其做不必要的繁复的练习，不如先培养好一种根本的意义。日常生活里不用分数，接触的机会少，所以意义不容易明白。"几分之几"的一句话，近来城市里比较通行些，在乡间，普通语汇中简直没有这一句话，有的地方用"股"字。这字和"分"字，可以当作一样的意思。农夫在那里说："秋天容易生病。老板病了。我们九个人中间病了三个；三股里病了一股。"他们的分数观念，正合我第二十三节分数初步用教材的第一段。农夫们通行这句话，小农夫们学分数便可从此出发。用"三股一""五股一"等代"三分之一""五分之一"也好。到后来，再介绍新的读法，拿"分之"两字代"股"字。这样，学习从已知的出发，可以很顺利地进行。

总之，不论是初学或是补习，算学中的技能部分，绝对不是可以速成的，并且不容易使二个以上的学生绝对用同一速度进行的。这是我经过这次长时间的补习而更确信的。教材的支配可以左右学生的学习。有了适合程度的教材、方法，可以说是过渡罢了。不过，过渡也不是可以很马虎的。"适合程度"一词的意思，应当作合于学生进程的速度讲，不仅是合于他们一时的能力。譬如在某一天，教材虽合学生程度，到后来一天天地隔离，结果完全和学生的能力不合。我的补习工作，差不多完全在调整教材进程和他能力间速度的平衡。日常上课，教师在这方面应当多用些力。这里用力，是最经济不过的。因为调节到了平衡，可以由学生自动地进行。这样，上课时可以省得三番五次地讲解，课后批阅练习簿，也可以省去好多无谓的改订。这是这次我得到的最有价值的教训，特地在结束时提出来，贡献给同道！

（选自俞子夷著《教算一得》，新华书店 1951 年发行，第 1—16、49—55、69—73、110—111 页。本文前四节曾刊于《教与学》1939 年第 6、7 期。《教算一得》早期的单行本为正中书局 1944 年版。1951 年再版时，原书内容略有删改）

二十年前乡村学校生活里的我

  乡村教育近年来渐为国人所注意。我不是乡村里的人，对于乡村教育可说是门外汉。只有二十年前自己身受的乡村小学生活，顶使我深深印在脑里，是一生顶快乐的一幕。我且把它一一写出来，供研究乡村教育专家公余的消遣罢。

  这是纪实。事情在前清光绪末年，地点在上海以东近海的地方。学校是私立的，至今这个学校还在。那年秋天，干部来一个通知，要我到那乡村小学去。那年以前，这学校只有一个教室，四学年的单级。学生大约有三十多人。从那年秋天起，有六七个四年毕业生没有去处，所以校里添办一班补习班。我去的使命便是主持补习班的。校长是当地的老先生，还是干部某同事的业师。本来还有一位教员，是干部师范班的毕业生。一位是我世伯，一位是我门生；我却介乎两者之间，完成了一个师弟辈分上的连锁。

  校地近海，离干部仿佛有三十多里。那时交通，陆地可行老式牛头小车，水路可以行船。这时候还没改用阳历，所以我记忆所及，只好完全是照旧历了。大约在七月中旬，我奉命以后，先到干部去接洽一次。商量到校方法，决定由水路去。航船靠在镇上，校舍离镇顶近的约有三里。带了行李，三里路的掮送，有些不便。乡间有捉鱼的小划船，既灵便，又轻快，小浜港汊都可去得。船形比西湖老式划船还要小些。中间放了行李，后面坐了船家，我独坐船头，欵乃而去。船小载轻，行动似箭。暑气渐消，秋风拂袖。兀坐船头，有带来的杂志书籍可以消遣。眼倦了独自吹吹随身带的箫笛。箫笛声在清净的水里，远远送去。路上所过，除了一二急匆匆的航船以外，大多是和我坐船仿佛的划船。一时划兴大发，可惜船家只有一把桨。不然，虽不能和西湖竞赛一般的热闹，也可以聊解孤行的寂寞。船家也健谈，所述无非是乡村的新闻故事。入境问俗，藉此也可以知道些地方情形，做我此去的准备。

两岸的芦苇生得非常兴盛。芦苇上攀着野生的蔓草。蔓草上朱红小果，点缀得非常美丽。有几处蔓草生长得太兴盛了，芦苇支不持如此重任，被压迫着倒向水里去了。自然界的支配，也有一定的道理呢。翠色的鱼狗扑的一声，钻入水底去了。起来时嘴里拿着今夜的晚餐。羞羞涩涩的水鸟，偶而在芦苇下闲步。船行近时，躲到根下去了。将归的燕子，时时还在水面上掠过。蜻蜓小蝶，不时在芦苇边或水面上游戏飞舞。初上途次，已使我身心宁静。预想乡村生活的快乐逍遥，不禁神往！我本在干部担任自然科的教育。几年来城市里的自然研究，时常觉得不很自然。后来干部移到乡镇附近，一年来稍稍和自然界接近，不过学生大多来自城市，总难脱离市廛习气。那天一路所见的自然界多少有趣！小鸟小虫，一草一花，都含着无穷的深意。我想此去的自然教学，一定可以开一新生命呢。

校舍前临海塘——这是老塘。塘外早已开垦种植。距临海的新塘还有近十里路——后靠小浜。船到水桥——当地人叫水埠头是水桥，实在不是桥，不过形状像半条桥。折实算，只有一个桥堍罢了——已是傍晚。整理行装，草草吃过夜饭，饭后上海塘散步，别有一种美景。海塘已成往来的要道，塘上行人，都是质朴的农民。上灯以后，和校长教员们谈谈校事。三五寄宿生，不断地对着我呆看。我当时穿的是西装，在乡村孩子看起我来，或者当我是一个奇怪的夷人。当地人爱用夷字。灯塔叫作夷塔的。哪知我心没有夷，我的名字里，却的确有一个夷字的。那天呆呆看我的学生，便是日后的爱徒。初次见面时谁也料想不到。这是后话，且等以后再叙。

大约八时过后，各各归房睡去。夜黑不辨东西，校舍也没有细细视察。我只记得我的屋子仿佛是在东厢，正对西厢的教员预备室。进深约有一丈多，开阔也差不多。四扇长窗，小方格上糊上白纸。靠北放一张床铺。床东可以安置我的藤箱。西面离窗，大约还有三尺空地。靠南是一张八仙桌，一张单靠椅子。我把方桌离墙放。椅子靠近南墙，向北对床而坐。这样，西面窗里的光，可以从我左手射来。屋是砖地，砌来也很坚实。当夜一人独宿，途中稍觉疲倦，所以一夜睡得十分的酣熟。哪知道这方一丈多的小室里日后有多少使我终身不能忘的故事可记！

校舍在庙的左邻，实在就是改造殿宇的一半成功的。进门一个院子，三间一进。东面一间，空着无用，算是应接室。西面一间，就是新开的补习班的教室。中间是通路。里面又是一个狭长的院子。地上铺的是砖。正中三间，本来是一个殿；那时已经改成一间大教室。南面有廊，老式的长窗没有改去。北面换上一大批的玻璃半窗。教桌黑板在东面，学生面东坐，采北面玻璃窗来的光。东厢三间，一间是我的卧室，一间是膳室，一间是厨房。西厢也是三间，一间做教员预备室，二间里住上三五个寄宿生和那位教员。校长的卧室另在大教室的西北角里，也只有一间小厢房。校舍西，有一空地，足够年长学生做一个小规模的足球场。东侧一门，可通庙里。也是三间大殿，东西两厢。庙内只有一个看庙的老老，此外别无和尚。

学生三十多，一班单级。另外补习班只有六七人光景。单级功课，那位师范毕业生担任大部分。我也分任一二门。补习班功课，我和校长担任大半，校长任国文史地一类，老先生也处置裕如。我任的是自然、算学、英文等类。其他画、工、歌、操有的是和单级合的，有的是那位黄君教的。

乡村小学补习班学生为何也要学什么英文？我当时也有这个疑问。这是环境使然，实际上的确有此需要。这地方距离上海不过三四十里路。历来当地有不少成功的人物，都是在上海发的洋财。即如创办这学校的主人，本来也不过是当地的苦人，后来到了上海，做工发财。他发财起点，便是承揽了外国人的工程。所以那时当地人，不论父母或是子女，稍微有些欲望的总想到上海去活动。要到上海活动，无论工商业，总要懂得几句洋话，才有好的机会。我第一天教英文课，也曾询问过学生将来就业的志愿，差不多异口同声的目标都在上海。有一个学生说得有趣。他道："我先来补习。一有生意，便要到上海去的。我们某某亲戚在上海做大餐司务。他现在正替我想法找一个大餐馆里西崽的位置。做西崽，不是要学洋话的吗！"他父亲是在镇上开南北杂货店的。商店里的小老班，志愿上海去当西崽。发洋财的魔力，真不小！他父亲也常来校里闲谈。父子的意思是仿佛的。他们很敬重我。因为我是干部派下去的，身穿着夷服，并且还能教他们小孩子将来发洋财用的洋话。或者他们竟当我是一个洋财神的祖宗，也难说呢。但是我教的，依旧是那种书呆子式的英文。试验乡村师范学校招生章程末一条有："小名士，书呆子，文凭迷，最好不来！"二十年前的我，当时也自命为小名士，所以甘心往乡村小学去过快乐安静自由的生活；并且还用书呆子式的英文去教那志愿做西崽的村童。若在今日乡村教育专家看来，一定是误人子弟不合资格，早就摈诸门外的了。

初等单级里，居然也有两个女生。在前清是不许男女同学的。这两个女生，年龄已经不小，有一个已经和补习班某订过婚约。乡间三五岁就可以订婚的。十四五岁订婚约，不算什么奇事。老校长也不拘定章，变通办理，把女生私自收下了。他年龄虽然老，也很主张女子上学。好在乡村里谁也不懂得什么学堂章程。只要你办学校的人，自己有社会上的信仰，你爱怎么干，便可以怎么干的。天高皇帝远，有了地方上的信用，什么事都不必怕。钦定的学堂章程，远不如地方上人民的信用来得要紧。

就是校里的课程，我们也从来没有依照过钦定章程。前清课程里顶重要的，便是读经。老校长自己本是熟读圣贤书的出身。但是他很明白，高深神秘的经义实在和小孩子的思想差得太远。所以初等单级里，当然不必说，只要有了修身。就是补习班里，至多把经义中浅近易行的插些在国文历史里，也尽够了。地方上的人，因为信仰老校长，所以校内一切办法，从来没有过什么说长话短的批评。

在当时的乡村里，农夫们从来也没有梦想到学校里有课外运动，休息时的游戏。学堂里应当有的是书声；喧哗叫喊，是孩子们的顽皮，哪里可以在师长面前如此放肆。要是有了这种快乐的声音，一定是教员不在学堂里。要是教员尽学生们如此放肆，那还了得！这种牢不可破的成见，本来很不容易破除。我们小试开端，起初不过拍拍小皮球，在退课休息时玩玩。后来学生的兴味一天高似一天。老校长也兴致不差。有一天，他忽然去弄了一个灯草心的大皮球来。我们便组织了球队，每天在上课以前，课完以后，在西面的空地上做起竹竿子的球门来，大踢其球。家属也有常到校里来的，老校长能很忠实地说明运动的重要。"小孩子本来是爱玩的。不许他们公开了玩，他们私下玩出事来。读书以外，是要让他们玩的。玩也要有个规则。并且有先生管着做公正人……"这便是我们课外运动顶重大的理由。我们这样的宣传，地方上的农民也这样地听从了。谁说乡村里孩子举动迟钝！踢实心球的本领，也并不输于空心球呢。我们两同事，一人一边，也自己加入去玩。深秋初冬，这是顶好的取暖方法。

老校长精于外科术，在一地方也算得是个国手。乡里医病上门的很少，出门的居多。他每天自己课完以后，下午便是出门诊治的时间。外科医要随身带着许多药品。原来他的一个药包，是青布做的。后来布也破了，他在城里旧货店里买了一只半新旧的皮包。从此他出门诊病时，一手提着洋式皮包，在海塘上行走，着实有三分洋气。然而乡人信仰他的医术，并没有因为洋式皮包而稍稍减色。只信仰他的人老实，信仰他的医法合宜而有效，青布包和洋式皮包可以不问。或者乡人信仰他学校，也是同样的，不论你从前的经书学塾，现在的新法学堂，你老人家的方法，总是不错的。乡村小学不难办，地方上人的信仰是第一要件。

饭司务——实在就是厨工。大家如此称他。他煮饭弄菜以外，也兼一切打扫等等工作——是干部事务主任的族叔。老而健，谈风也佳。新到的我，可以从他那里知道好多当地的掌故。饭菜限定一荤一素，是立校人特殊的规定。勤朴是立校人的宗旨。他生怕乡村孩子进了学校，变成新式的纨绔子弟，所以特地提倡节俭。勤苦起家的人，往往饱尝世故。这种一荤一素的限制，绝不能看他是故意的苛刻我们。饭食是学校供给的，一荤一素是花式上的限制。我们连寄宿生一共恰够一桌，平常菜碗总是三只，中间一大碗满满的便是荤菜，二边二大碗是同样的素菜。素菜在乡里，原来是顶便宜而又顶新鲜的。荤菜也很丰富，大鱼大肉。有时买了一副肚肺脏，连续吃这么三四天。花色少，桌数也只有一桌。一切滋味，要比平常学校里厨房包饭弄出来的好得不知多少。早上粥菜，也绝不是呆板的黄豆、芜青，虽不过二色，我们也常常吃到时新的美味，譬如那酒酿煮的鲜慈菇，新上镇的酱羊糕，平常学校里的粥菜中哪里会得有！每月计算，平均每人不满三元：米柴作料，一切在内。宗旨很勤朴，办法又很简便。省了钱，又吃到了好东西。饭菜滋味，完全有家庭风味。水桥旁的白扁豆，随摘随煮；场角里的新番瓜，采了在太阳里晒老了做素菜。海塘脚上的枸杞头，老饭司务下午没事时去摘了嫩头，来做夜饭时的素菜。我住过上海、无锡、南京、杭州、芜湖好多的学校。归纳一句说，学校里的饭菜，总是要等到你不得不吃时才去吃，有时提到吃饭，心上便要生出一种不愉快的感觉来。唯有这乡村小学里的吃饭经验，我至今还津津乐道，恐怕终我生也不会忘记的了。讲究卫生的人说，吃饭要寻快活，才容易消化而多滋养。平常学校里的吃饭如临大难，哪得不使教员学生个个都生胃病！我们那乡村小学里的师生，逢到吃饭，个个都是含着笑脸的。往往没到吃饭时，早已现出老饕的样子来，谈论今天的菜肴了呢。

我担任的自然研究——在当时叫理科，只有补习班还可以按照那时高小课程变通办理；一切办法，有些根据。在初等单级里，当时也无所谓常识科或乡土科，只得由我一人杜撰。我先把单级学生分做两组。高一些的是三、四年生，低一些的是一、二年生。同时同科目而异教材。材料来源就从本地习见的入手。不必限定自然，地理历史的基本观念，也留在我所教的范围以内。

标本仪器，校里本没有什么设备。我想一到任便大规模的添置，不但是不可能，并且实在是不必要的。我从干部动身的时候，早已想到这层。所以除我自己的参考图画以外，向干部理科室里拿了一个虫目镜，一副解剖器，二三个一磅大的细口广口玻璃瓶。这些便是我教理科的全副仪器。若照现在市价要特别添置起来，至多也不满五块钱的。到校以后我再用三尺铁丝，一支细短竹竿，一尺余白布，自己做了一个捉虫兼捞水里动物的网。

当时研究的题目，都是就眼前看见的发生。水桥边竹篱上的白扁头为什么会得爬上去的？碗大的番瓜花，何以会结出石础般大的瓜来？何以番瓜要晒老了吃，才有甜味？这是农作物上发生的问题。补习班人数不多，室内研究，室外观察，多很便利。棉花田里，差不多天天有我们去的足迹。花萎了，果结了，果绽了，絮出了，天天有种种的报告。他们天天带着实在的东西来上学，还有好多心上的疑问提出，棉果绽了生絮，植物本来要絮什么用的？我们人类怎样的利用棉絮？这种问题，便是一个例子。

水里的蕴草，海塘边田岸旁的野花杂草，这是什么名字？它怎样自己也会生长的？番瓜棉花等何以一定要加人工的栽培？野花杂草有什么用？有什么害？这又是我们研究题目的另一方面。杂草和农作的关系，乡里人素来不很注意。我们稍稍注意，便觉得关系非常重大。宿根的研究，和杂草的刈除法便成了我们一时的中心问题。我当时曾有一本《杂草》的小本子，由某书局把版权收去。可惜那时乡村理科参考书，与乡村教育和农业一样的没有人注重。该书局收了版权，或者因预料书本销路不很好，始终没有印行。我至今追想，还觉得十分可惜。

水面的蜻蜓，究竟在那里做些什么事？稻田的蝗虫，何以先是绿色，后来稻草枯了，也渐渐变成褐色？蝗虫没有鼻子，怎样能呼吸？这是我们研究昆虫的问题。兴味一提起，天天早上学生总要捉些虫来，问长问短。什么名字？怎样生活？有什么利害？利害大小，全靠那昆虫的食物和生活而定。小孩子大多是为了好奇心所动，真正的和人生利害，还不是他们心目中的主要问题。不过生活方法和生活史，的确有多少浪漫的意味。由浪漫的生活问题而及于和人生利害关系上去，似乎于小孩子的心理，比较的近情一些。我从前这样试过，觉得比直接从成人的利害问题入手要来得格外多生趣，至今还存着这个成见。不知道如此办法，要不要犯书呆子式的嫌疑！

校舍后面的小河里，有好多水里动物生活着。捉些来养在我从干部带来的广口瓶里，实在是一个临时的水族箱。鱼怎样会游的？它有什么方法能使它身体浮沉自如？人落了水要淹死，何以鱼在水里可生活，一出水面反要死的？校距海不远。海岸有某镇是当地主要的市集。我们因研究小河里鱼的生活便联想到海上的鱼市。学生从小看见惯的，有好多我从前所不知道的事报告出来。不但是我教他们，他们也教我不少。河豚鱼是当地人不论男女老幼个个爱吃的美味。一谈河豚便有好多关于河豚毒的故事提起。我们研究河豚毒也有很浓的兴味。他们报告的是本地人的经验和故事，我所能教的是书本上的科学学识。两相调和，我们当时也找到些自己以为较圆满的结论。我虽是书呆子，实在深觉教学可以相长。只知道传说故事的学生，却被我几分的书呆子化了。要是他们不以终生做一个老式乡农或渔夫自安而稍有些远大的欲望，将来想去学习较高深的水产，那末这开步走的书呆子化，在我书呆子的心里想，或者是研究科学很重要的起点罢！

有一天，前面水沟里有蛇盘田鸡。学生们围而视者，差不多是全体。这又是我们自然研究的题目。蛇为什么会捉住蛙？蛇和蛙哪一个力大？蛇的头很小，怎么能吃得蛙下去？蛇是不是独吃蛙的？它还吃什么别的东西？蛇吃什么东西？蛇是不是有毒的？蛇和蛙哪一种是于人有利，哪一种是于人有害？蛇没有脚，怎样会得走路？好多的问题！有一个学生他有捉蛇的经验。他说："捉蛇不是难事，只要用手握紧了它的尾巴，使它头向了下，用手尽力地振动，它无论如何，头不能抬起来的。"话还没说完，他自告奋勇，奔向水沟边，照着所说的方法，把蛇捉了上来。我们将蛇放在细口玻璃瓶里，看它动作。后来要研究它的舌头和牙齿，我们便引它头从细长的瓶口里出来，把它头部细细地观察。学生们本来疑心它嘴里红红的一条，不知是什么东西。到此时大家才明白这是它分叉的舌头。向内弯下的牙齿，也看得十分的清楚。这种种牙齿舌头等的功用和它生活的关系也从此有了彻底地了解。同样，又捉一只蛙来，细细的观察它舌头的生法。也再研究了它这倒生舌头的用处。一场蛇盘田鸡的活剧，又做了我们好多时自然研究的材料。

前清男子个个人留着头发，打了一条辫子挂在脑后。全校只有我一人是已经剪去辫子的。寄宿的学生，每隔三两日，在下午课后，相互轮流着梳打发辫。我无意间忽然发现他们头发里生着虱子。这是一种很难驱除的寄生小虫。有时头发里繁殖起来，会得发生一大群的小虱。并且附着在头发上小粒子绝不是平常木梳篦子所能除得掉的。一面督促他们每天勤事梳打，一面我们又研究头虱的形状和寄生生活。借了干部带来虫目镜的助力，我们把头部生脚的怪物看得十分清楚。它形状和生活的关系，便是我们研究顶感兴味的问题。再求如何驱除的方法。当地土法，可以用寻常药店里去买的一种红色水银化合物。不过梳篦的时候要十分当心，万一弄破了头皮，人要中水银化合物的毒的。买药要到镇上。好在校长是外科医，药店里素有往来。我们便托饭司务去弄了药来，天天功课完后，大家合力做那驱除头虱的工作。我自己加入，帮助他们上药梳头。我还知道煤油也是一种简便有效的驱虱品。所以我们双方并进，弄得头发上多少的煤油气味。在这一个月里，下午五时到六时，我们仿佛是一家人，生在院子里披着发梳打。老饭司务说笑话道我不但是个教员，并且还是小孩子们的母亲呢！

母亲！我当然做了他们的母亲。我爱他们，他们个个都爱我。通学生在时，我们大家一起学玩。通学生走了以后，我们三五人便同出散步，同拉胡琴。同休息，同吃饭，夜来自修，回坐在我卧室里方桌子的四周，直到睡去。临睡，我一定送到他们到房里。他们各自上床安睡，我还逐一替他们把被盖好，肩胛处塞一塞紧。这是我夜来临睡时天天做的工作。一个床铺不到，那学生便要现出失望的样子。到了早晨，他们起得早一些，总是回立在我床前，看我穿衣下床。还有起身更早的某生，他总瞒着大家，一人先到，将身靠在我被窝上，头搁在我枕旁边，一手伸进我被窝里来和我握着手说长话短。某生有一天病了，他一人嫌寂寞，要我到卧室里去做伴。我除上课以外，常坐在他床边上和他说笑，把我书里的图给他看。人生顶快乐的莫如爱！我真爱他们，他们也真爱我。我也害过几天疟疾。他们除上课以外，也川流不息地在我房内做伴。好孩子！现在个个都成长，有了事业；我们那时的相爱，真和亲骨肉一般！至今，我每和人谈到我乡村学校生活里的经验，那时我们相爱的情景还历历如在目前呢！

我们对于寄宿的学生，在当时没有什么训练的制度。规模太小，人数太少，搭不起什么制度的架子来。我们对付学生，好像是家里人一样。学生在校寄宿，也好像在家里一样。人口多些的家庭，或者还要比我们热闹些呢。我们一起只有六七人，同出入，同起居，一切都很便利。但是我们感情上的融洽，也是平常多数学生寄宿的学校里所万难得到的。后来我在南京时，因寄宿生过多，训练上有照应不到的困难，和同事们商量，才创案训导制的办法。推原其故，还是把我那时乡村小学里的生活，做了根据改变适应的。

同事三人，朝夕相见。我们当时，完全没有什么正式的会议。朝上中上夜里，吃饭时，或者饭后课后休息时，我们虽也谈天说地，讲些新闻故事，但是我们的言论，常常拿学校问题做中心。三个人的讨论，意见很难得有不接近的地方。想到便谈，谈好便做。一切进行，非常顺利。这是小规模学校里独得的便宜。可惜我们当时没有想到把一切经过，好好记录。不然，我们当时的讨论，或许可以拿出来供研究乡村教育诸大名流的参考。

全校行政组织，又简单，又便利。我们三人里，老校长兼管经济，并且担任对外的代表。其余二人，各任一级，算是级任。此外，全校一切，都是合议了共同负责的。就是经济，老校长也很公开。我们当然没有什么经济委员、查账委员等名目，我们不管经济的人当然也不去翻看账簿。然而校里除薪工茶水饭食平常日用只要照着惯例支付以外，凡有兴革，老校长总是开诚布公地把经济盈亏状况一一告诉我们，然后再决定进行的办法。我们没有干预经济的名而有参与支配使用经济的实际。就是每月饭菜，老校长也在结算以后告诉我们。前月用得省，本月里大家吃得好些。若前月份饭菜钱没多盈余，我们便大家吃得苦些。不但同事，便是寄学生，也都知道。学生虽没有什么自治会的组织，也没有什么推举代表参加教员会议的要求；然而我们讨论报告，总在吃饭时期，所以学生当然可以听到。他们有什么意思，随便开口说说。我们从来也没有禁止过。

学生方面的组织也很简单。只有级长值日生和运动时的领袖。除此以外，别无什么委员、部长等培养虚荣心的头衔。房里灰尘多了，地板脏了，我们大家共同合作的来大扫除一回。运动场砖石屑太多了，我们大家来收拾收拾。年长学生照料年幼的，是我们做人的标准，所以用不着再特定什么照料生、巡察团等职员。全校学生不满四十人，中间自有四分之一光景自告奋勇的人，虽没有正式公举他们做什么长，不过每逢有事，他们的思想总比别人来得快一些，所以暗暗里他们便做了一群里的领袖。

这样，不太简陋了吗？我也想到：当时进行太顺利，所以没有组织的需要。若是环境里有了问题，当然也要有个组织来应付。不然太散漫了，不是简便，弄成简陋。简而进行顺利，叫作简便。简而觉得有左支右绌的困难，那就成了简陋了。组织是应付需要的。若搭起空架子来，立了议事部、执行部、纠察部等算是自治会的成立，那又变成了无谓的纷扰。我记得某处中学里寄来一份周刊，上面载着他们议事部某次开会时的议决案。议案全文我早已忘记，但是意思是永远不会忘记的。说："膳堂里太不清洁，请执行部叫学校庶务员饬校工收拾清洁。"我说这不是学生"自治"简直是学生"治他"。要是没有什么自治会的组织，学校庶务员当然要督令校工清洁膳堂。即使校工偶有疏忽，只要学生去告诉了庶务员，便可以去叫校工收拾清洁。何必再要经过议事会的讨议，再报告执行部转告庶务员去办理。组织愈复杂，办事的手续愈是周折麻烦。事事要经过公文的程式，这是旧时官衙里阻搁的恶习。学生自治会奈何也踏了这个覆辙！再就根本精神方面论，膳堂不清洁，一大半是学生自己用膳时的疏忽。与其转辗行文，叫校工清洁，何如议决：（一）明天下课后，全体同学合作，把膳堂大扫除一下。（二）以后用膳时同学自己注意整洁，或者更像某校的办法，学生自己想法比赛膳堂里哪一席最清洁。这才是真正的自治。我们当时完全没有学生自治的组织。但是我们师生没一时没一处不是"共治"的。

人体生理卫生本来是一种极枯燥、无味的材料。生理和卫生比较，还是卫生较有兴趣，较为实用。那时一班补习生对于生理卫生，不知道为什么缘故，觉得有特殊的兴味。当时我还沿用旧法，并没有把生理做卫生的说明；一切问题，还是大半从生理入手。学生们或者是由于好奇心动，所以对于人体的构造和机能，有极深切的兴味。人体模型是不必说，校里哪有这种道地的设备！就是大的挂图也没有。外面的，可以在学生自己身体上观察、研究。内脏的部分，只好用我带去的书本，给学生传看。好在人数很少，传看起来，既不费时间，又不致使秩序纷乱。大家围集观看，管理上也很方便。因此我便想到：平常人数三四十人的学级里，若逢有细小的东西，或不能叫学生分组自做的实验时，也尽可以采用我那时用的方法，把学生分成四五次，每次七八人围集在教者身边，细细观察。不然，传观或轮流观察，往往使学生变成走马看花的样子。就是走马看花，每人花半分钟，已经要十五分到二十几分了。同样地花二十分钟，若照我上述分次围看的方法做去，每次有四五分钟，尽可以从容细看，并且还可以加些说明讨论。

生理学了一个大要，完结时捉了一只蛙来，把它解剖，看了它的内脏的部位。蛙是牺牲者！我们解剖开蛙的胸部，学生还看见它的心跳动呢。肉店里有猪的内脏卖，我们学一种买一种来观察，中上便可以烧来吃。鱼是当地常有的，我们也常吃的。我和饭司务商量，弄了一条小小的鱼来，把鱼也解剖了，看看内脏。九、十月是吃蟹的时期，我们同事三人，轮流做东，吃了好几次。有一次我拿了一只没有煮的，用来解剖，看蟹的内脏。昆虫的内脏是我们研究蝗虫时解剖过的了。现在又学了猪、蛙、鱼、蟹几类，我们可以互相比较学些动物的门类。并且我也讲了些生物进化的故事。学生的兴味，始终是很好的。教材要求实用，当然是一个重大的要件。但是人心喜欢活动，的确也是个个人心理的当然。有时，我们不一定要把成人所谓实用的，去强迫学生学；尽可以利用学生的好奇心和心的活动做出发的起点。所谓"实用"，孩子和成人的观点，有时竟绝不相同。成人看来生活里万分重要不可缺少的，孩子看来，或者竟毫无价值。钞票和铜元，成人当然是重视钞票的，小孩子只知道铜元可以买糖吃，或者他们以为铜元比钞票更来得重要呢。又譬如小小一个皮球在我们成人看来，不过是一种孩子的玩具，于生活上，毫无重大的关系。但是，小孩子不见了他自己的皮球，竟比什么都难受。这可见孩子的生命里，皮球是很重要而十分实用的。

中秋已到，循例放学一天。中秋是秋收的第一幕，俗例供月，有许多新鲜的果品。这又是我们一批的好教材。银杏、栗子、瓜子是干果，红菱、柿子是水果。有的我们吃果肉，有的我们吃子叶。果子里顶重要的，在于里头的仁。肥大的子叶，是仁发芽时贮藏的养分。甜美的果肉是一种传布种子时引诱动物啄食的适应。我们学了果子的构造和机能，我们又学了植物传布种子的方法，造化的玄妙，我们也可以感到。由此出发，更去野外，收集好多野花野草的果子和种子。有的随风飘飞；有的生着刺勾附着人畜身体，带到远方；有的是宿根植物从根繁殖。因此又牵连到植物繁殖的花样上去。由此，便引动了农作园艺方面分根扦插、选种等等。就是果树的接压和果物美种的保存……我们也约略学到一些。

月的本身，也是一个有趣的教材。月是地球的朋友。地球上人类对它，有好多的见解。宗教神话方面，有什么桂树、玉兔、嫦娥等等故事和传说。这虽不是我们研究范围以内的事，但是小孩子经验里，早有这种种观念，不妨从此做个研究的起点。文学家、诗人对于月，又是一种见解；旧来的诗歌里，也尽多着小学生可以欣赏的资料。科学上的月，又是一个不同的见解，这才是我们研究月的主要目的。中秋当日，天阴有微雨。学生大多归去，另一位同事也回乡探望他的家人。老校长和我上城，到某某善堂里去玩了一天。这善堂是全县机关的集合所，教育行政，慈善事业，都在其内。堂里还有一个乩台。老校长是善于扶乩的，他对于神佛有很坚深的信仰。傍晚坐船归校，一路来秋景很佳，云开月上，大家快乐到万分。到校夜饭，便在庭中陈果赏月。老校长坐谈到更深才去休息，我因此知道了好多神话。半夜月色很好，月外有一个五彩的大轮，非常美丽。到了次日，这月外的五色轮又是我们讨论的问题。

校门外，三五丈路，有一石桥，通到海塘。这是学生们天天往来的要道。年久，有些损坏，当地人集资修筑。在原有桥的旁边，另用木板搭了一个临时的木桥。工人搭起架子，拆除石桥面动工修理。学生们每天出入，眼看着工人工作，十分有趣。他们好奇心发，又提出了好多问题。起落桥面用的石板，全仗绳束和架子高头滑车的力量，这滑车的功能如何？便是学生心里最急急要知道的。石桥很小，不过二丈多长。桥面石板三块平铺。学生们也看见过别处的环洞桥，因看见造桥而联想到环洞的桥，于是我们又得到了一个物理中力学方面的问题。石头是什么东西组成的？山怎样成功的？何以地面上有很大的山？由此牵连开去，我们又要研究矿物、地质和地球的历史了。因地球历史而涉及日月星辰，草草地学了些天文方面的大概。由近及远，由实用的、眼前看见的而及于无穷大的玄妙的宇宙，并且又推到无穷古的时代上去。只要有相当的出发点，小学生也不难领会得。

某日星期，学生们约我海边上去玩。我们一行五六人，越过海塘，向东走去。先到某港的鱼市。港通海，港口有一水闸是石头造的。时在秋季，鱼市不很热闹。人家不多，茶店鱼行，大都是茅屋。再过去便是外海塘。我们上塘走，野草有一人多高，路的形迹也不容易辨识。这里不是要道，所以人迹稀少了。塘外便是泥滩，潮落泥湿，不能走。当地人用牛车运送鱼类，车轮半没在湿泥里，轮过处泥中显出深深的辙痕来。海天一色，风平浪静。对面横着一道沙，当地人就叫它是"横沙"。横沙与海岸间是里海，只通小船。由港口有定期船可以渡海到沙上去。沙外隐约见一海轮经过。岸滩上拉牛车的车，三五成群的放牧着。牛旁每有一鸟站立，他们叫作"看牛郎"，有时"看牛郎"还要躲在牛的背上呢。岸滩泥水里每有鱼类跳跃。一路行去，到他们所谓"夷塔"的底下。这是航海的目标，形状像一个火钟的瞭望台。折而西，往某生的家里去休息。

某生堂弟兄二人，同在补习班里。他们家长，也是当地一个领袖，并且也是校董，我在干部时早已相识。那天走去拜访，谈了好多地方上的问题。本地产棉，农民大概靠棉业生活。不过乡人种棉，总贪人工省便，往往手握一把棉种，向空撒去。这样，近的地方密，远的地方疏。疏密不匀。等到出了以后，仍要用人工来把密的地方想法拔稀。拔起来往往没有规则，依旧是个不匀。并且农民眼光短浅，贪图微利，以为多一株可以多一株结花，所以又不肯多拔。他相信棉要稀植，行列要整齐。这样，日光空气可以均匀，每株所结，一定比随意撒布的要多不少。他上年用自己的田，如法试验，比较结果，每亩收入要比随意撒布的多。就是人工，也并不加多。行列整齐了，除草便利。若再改良品种，一定更能增加收获。在当时，本没有什么农事试验场的组织。那位家属先生早已着手试验改良种棉的方法。后来那县有一个很好的农场和一所很有成绩的农村学校，或者也就发源在当时这种精神的罢。

别后，学生再带了我到他们店里去玩。店是南北杂货店，每年生意也不小。兼收棉花。有轧花铁机七八架，轧轧作声工作着。我们看了轧花机，一路归校去。总计这一次共走路约三十多里。看见的东西，有闸、牛车、海、轮船、牛、看牛郎、鱼、横沙、船、帆船、夷塔、轧花机等。这都是我们日后自然研究的资料。要讲机械汽机等，在乡村境遇里是不容易的。然而那天一游，便被我捉到了一个绝好的机会。捉鱼、航海、种棉，可以说是当地的主要事业。我们那天一行，一一遇到。归后整理研究极感兴趣。若要用现在时髦的新名词，这也可以算是"职业陶冶"的罢！

迎神赛会，是乡村里唯一的大典。地近海，所以供奉的是海神龙王。一地方上安宁，全靠在神的手里，赛会盛典，哪得不十分的隆重！校右的庙里，平日里只有一个看庙的老老，此人年纪比我们校里的饭司务稍小。但是他脚上生流火，所以走起路来，一跷一拐地格外迟缓。饭司务的身子是短小的。那看庙人的身子比老校长还要稍微高一些。所以远远里看他走路，好像是一个钟上的摆。平日里冷庙没人烧香，所以他尽可以从容不迫，过他一个人自己煮饭自己吃的安闲生活。会期将到，烧香的老太渐渐地热闹起来了。看庙人钟摆式的走路，也渐渐地摇得急起来了。有一天，一清早，便来了一大群的老太，个个都是身前挂上黄布的香袋。后来愈来愈多，一起足有五六十，有的还带了小木鱼。来后烧香拜神，拜完随便找一个坐的地方，坐下念佛。木鱼响处，"阿弥陀佛"声，闹得仿佛是"春草池塘蛙杰轧"！来稍后的，坐的地方也没有了，有的就坐在拜神的蒲团上面。终年冷清清的神庙，那天竟成功了"一堂挤挤念佛婆"。看庙人摇摆往来，非常辛苦。但是他额外的收入，便在这几天里。所以他愈是摆得忙，愈是快乐。那天我们上课，勉强敷衍到了中饭时，下午只得放学。补习班教室离大殿稍远，上课时声音方面还没有什么重大问题。初等单级教室，恰在大殿的左面，所以学生教员的声音终不敌大殿上木鱼声和念佛声。那天上午的课，竟是糊里糊涂地过去了。

这样热闹了一天，便是迎神赛会的预告。老校长告诉我们说，赛会时至少要赛三天。连星期日，可以放四天的假。我因为家中好久没有去了，趁此机会，便辞别了同事和学生，归家一走。他们赛会时的热闹情形，我却没有看到。放假的末一天，我到校以后，学生们便把赛会时种种详细情形，一一告诉我听。在我听来，总不过是那些锣鼓旗伞杂耍等的老套，并没有什么特殊的地方。不过在终年静寂的村镇里，却是万人空巷地快乐了三天。这或者是乡民一年一度唯一的快乐罢！因了神灵的有无问题，学生们便讲了好多关于狐仙鬼怪的故事给我听。我虽当它故事，他们却以为的的确确是事实呢。破除迷信的工作，着实不容易下手。消极的，和社会上迷信的传说去反对宣传，一人的嘴，哪里敌得过千万人的信仰。还是积极地鼓励他们研究科学，有了科学的精神，处处存着怀疑，事事要求彻底地解决，他们将来自然不会盲目地固执着迷信了。所以我不急急把他们报告的神怪传说作辟鬼论，我便提出了几个反问，把他们信以为确切不移的狐仙鬼怪事实，引起了许多怀疑。一方面再把那重力问题、燃烧问题等研究讨论。究竟有无神怪，暂不深论，由他们将来自己去判断。要是有充分的长时期，如此做去，或者可以把迷信根本上破除，也未可知。

静寂的乡村里，朝夕相见只是几个熟人。有一天，忽然来了一位瘦长有须的远客，到我们校里来参观。这是意外的奇遇。乡村儿童素来不看惯参观的贵宾，散课时几乎把那位远客包围得动也不能动。老校长出来招待，知是省城里派下来的视学。这位视学很认真而热心，所以不嫌交通不便，竟肯光临我们僻处海滨的乡村小学来。那时代我恰巧要上初等单级里的常识，他便跟了我进教室，立在角里，足足看到我退课时才走。他手里还拿着怀中日记，不时记录。恐怕就是我上课好歹的评语了。学生也还识相，依旧和我问答，一切反应，和平常一样，对于我教的，始终能持续他们的兴味。退课以后，视学先生当然有什么带来的表格要填。他行色匆匆，饭也不吃，径自去了。要填的表，嘱老校长过了几天，填好送城里劝学所去。表是不难填的，可惜我们终日事忙，没空动笔。我们三人合作，每人抽空写些。三份形式上的表格，除"参观评语"外，居然一一填好。星期六老校长亲自送往城里去了。星期一，老校长归来，说道昨天星期，省视学在教育会里召集了城里及附近的教员校长开会，把他参观所见的评语，一一详细报告。他报告里深称我们学校办得好，尤其称赞我那天教的常识，推许是全县里不可多得的。他对某老先生的讲书，有好多不满意的地方，说他某字讲错了。那位老先生也在座，自己去找了《康熙字典》翻出来当场辨正。老校长说，那位老先生别种新学新法或者完全不懂，至于中国文字，他也是旧学素有根底的人，绝不会弄错的。省视学先生也太轻视了老先生。当时会场上经此一争执，便弄得不欢而散。

有一天夜里，干部来一专差。我们吓了一跳，不知道是什么大事。乡村里也可以看得见上海的日报。这几天里，报上载着太后和皇帝的病状，说是危险万分。我们看的报，至少要隔一天，所以太后皇帝死的消息，还没有知道。干部离上海近，有电话可以通，所以消息很灵。已经知道太后皇帝相继死的确信，并且已经知道学校里应行的办法，所以特地派了专差，送一张油印的通告，叫我们停课，挂白，早、中、晚三次向北行礼举哀等等。下一天清早，饭司务去买了白布，挂在学校大门上面。学生来校，宣布停课，单级教室里的桌椅一起搬开，陈设了一个临时的礼堂。好多学生每天要行三次的三跪九叩礼，缺少了几十个拜垫。老校长有急智，走到庙里，把所有拜神用的许多蒲团一起借来。念佛老太坐诵"阿弥陀佛"的东西，一变而为哭吊太后皇帝用的家伙。从前的蒲团，一年只用一度。今年的蒲团，才用不多时，又来学校里大出风头，蒲团也好运气呢。虚行故事，一日三回，校长领着头，学生跟着做。学生们第一次要他们举哀，他们忽然天真烂漫地哄堂大笑。若在衙门里，便是大不敬，乡村里天高皇帝远，谁来管你！

当时我自身来了一个绝大难问题。我因某种关系，也是打倒清帝专制，对于君主立宪不协调的一分子，不对清帝拜跪是我们坚守的信条。那时逢到这事情，又不好把我的信守老实向老校长处声明。在未光复以前，我们同志完全是秘密结合；若向局外人道破，是有干规律的。他们正忙着搬桌椅，设礼堂挂白布，我却独自一个人心中筹划个应付的方法。忽然想到了！到了临时要行礼，我马上和老校长说，三四十人行礼举哀，总要形式上整齐些，决不可参差零落。凡行礼，总要有个司仪或赞礼的人。我毛遂自荐，权作赞礼如何？老校长一口应允。于是我便发号施令，高声唱着"就位！上香！揖！跪！叩首！三叩首！兴！跪！……"一场难问题，总算被我混过。从此，我总是当这好差使。因此便保持了我始终不向清帝拜跪的信守。老校长还称赞我司仪时的口令清脆有力，好像是学宫里的礼生出身。他哪里明白我的肚皮经！

年假快到了。旧来一定有结束的大考。我为提起学生兴味起见，和老校长、同事们商量想法弄些奖品，给平日努力的学生。三人同意，得便就去城内纸店里，买了些五彩的印花信笺信封等类；再买些笔墨文具。奖品务求普及，凡有一二项努力的，多少奖给一些。到了放学的一天，一一发给他们。他们拿到了，个个笑逐颜开。我还和补习班学生约，叫他们在假期里，用了信笺信封，写信给我。这约言很灵验的，我归家以后，的确收到他们的信呢。

结束就绪，我也预备归家过年。好久和他们相处，一时想到别离，不免有些舍不得。临别的前一夜到了。我依旧到学生房里去做我母亲式的工作。小孩子也个个多情得很，每人都拉了我坐在他们的床边上说长话短的。五六个人，一一如此。我一共花去一个多钟点，末后再向各生枕头边，一一和他们说了声再会，然后归房收理行李，睡去。

次日清晨，大家起得很早。朝饭以后，我依旧借一小船，带了行李，从后面水桥头落船。他们一群人站立后门口，个个都现着依依难舍的样子。我在船里，也不忍即刻离去。船动了！说一声："再会！明年灯节后相见。写信罢！"款乃桨动时，我们便分别了。

"明年灯节后相见"，本是我们的预约。在正月初，干部来一信，要我往日本去研究单级教法。乡村里事另行想法。这便是灯节后不能相见的原因。我从此又奔走城市，不再有机缘享受那种乡村里宁静安闲的生活。我和这一辈相亲相爱如一家人的小孩子，也不容易有会面的日子了。

我文做完了！我谨供献给老校长、旧同事和那辈亲爱的孩子！

（原载于《教育杂志》1927 年第 19 卷第 12 号）

一个乡村小学教员的日记

八月二十九日（星期一）

今天开学。第一课早会。先把新生介绍给全体。次排坐位。四个学年人数相差不多，所以排坐位事极容易。每个学年占一路，不生什么大问题。一年生靠近窗门，二年在右，三年、四年依次而右。预定，一年生和二年生常有早退课的事，所以不得不近窗门。不过到了冬季，三、四年有几天迟放学，坐位在里边，光太黑了。好在窗要改良，或者可以好些。新生里有一个眼近些的，有一个耳不很灵的。他们的坐位特别移前来。其他各组可以照长短排，没什么困难。

指定旧生的值日生、级长等，又指定几人特别照料新生。介绍他们给新生。叫学生自己开一应买书籍物品的单子，叫他们带回家去，拿钱来买。不会写字的，由三、四年生代写。

第二课叫学生报告假中的事。我也讲了些暑校小学的学生生活。他们听得很有兴味。再和新生谈话。这也是认识新生的初步工作。

第三课报告王二夫妇等洗拭桌椅窗门的辛苦，并且布告教育局的改进事。从前涂墙太不清洁。今要粉刷，须费，要等改窗时同做。我把几件事一一陈述，学生们有一种又喜又惊的样子。我陈述完时，三、四年的学生要求发言。他们也说了些意见，似乎很乐意改进的样子。于是就决定九月内大家注意清洁。我又定了一个查清洁的方法，由三、四年生轮流检查，记载了，揭示出来，逐日比较，看有没有进步。又提起个人身体上的清洁，也用同法每日逐一在早会前检查，记载，揭示，比较。我是用注入法的。我怕他们没有旧的经验，无从启发。这或是我的错误。这不是试新方法嘛？昨夜以为布告训练的事，不能算是新方法，所以没有预备教案。哪知竟失败了，不得不注入了。要是先编了教案，也许可以由第二课我报告暑校小学事引起了，用启发法也未可知。我今决定，以后凡新的都要充分预备才好。

第四课音乐体操。新生内有羞羞涩涩的，听他们在旁观察。

第五课、第六课合并，智力测验。一年新生除外，二年生也可以勉强做些。

下午第七课三、四年社自测验，二年复习国语。第八课二年社自测验，三、四年复习国语算术。

今日新生只有上午四课。音乐体操以后，旧生测验，新生在旁参观。旧生从来没有做过测验，他们很觉得新奇有趣。就是对于自己的成绩，也还注意。在测验的开头，我把目的详细告诉了学生，学生很愿协力，达到我改进的希望。测验的目的，似乎比旧日考试的目的明确。

放学比时间表早三十分。稍微休息，就着手校阅成绩。测验的封袋里，有做成的校阅用表。故校阅时非常便利。开始的时候，还不很快。到看过半点钟以后，愈看愈快。社自测验，愈加简便。夜饭前完全看好。夜饭后查对总成绩等。后来要查同年程度，忽然发现有好多学生不明白自己的生月日。所以定了一个办法，写条子，明天叫学生带回家去问明白了，后天再补查。因此，我又觉得从本学期起，也要做学生的学籍了。有了学籍，连学生的成绩也可以记在上面，前后参考了。从前每次考试，用一名单记载，只宜一时的同学的比较；不宜永久存查，各人前后比较。写信到教育局，托在城内书店里代买学籍及说明书。那种学籍用片子的形式，从前师范附小也用的。实习时我记过一次，很便利的。任事以来，以为乡校无须这东西，此刻需要了。

明天，一年的课，一一预备了教案。决定，凡一年的课都可以试用些新的方法，所以都是详细地做教案。二年以上，明天大部分是测验，故不记教案。

八月三十日（星期二）

今日早会时，叫学生调查自己的生月日。我说明了同年程度比较的大意，学生很快活地希望这比较。从前他们只知道彼此的比较，他们不知道可以同年比较的。有几人说："这同年的比较，才真公平呢。我们下回考试，也这样比较罢。"我又说平常的同年不可靠，要知道了生月日，才可以比较得更公平。他们也很能体会这意思，所以大家很踊跃地去询问。饭后到校，大多来报告了。但是新的一年，有弄不清的，有问明了又忘记的。放学以后，便一一到新生家去走一趟。一来问明生月日，一来也可以看看他们家庭的情形。夜来便把同年程度都查好了。有时候，把原因告诉了学生，他们很能协力助成我们的目的。盲目的命令，恐怕没有这样的效力罢。

今日测验的是算术。一种初小应用题，一种初小四则。新生是学新课。一年的国语，是用新的读本。从故事入手，很有趣。今天上二次，没有用文字。除一二怕羞的以外，新一年也肯自己复讲故事。

八月三十一日（星期三）

今日测验的是初小默读、写字、缀法。缀法对量表，不很容易。我先把量表细读了几遍，然后再对，觉得可以快得多。细读量表时，把量表各文缺点的大概，比较研究。所以查对学生成绩时较有把握了。测验事今天完结了。每天的测验卷，都是当夜看完的。今天还要预备新一年的教案，所以来不及统计了。

新一年的国语，今日起，读黑板上的。学生的兴味很好。问答时学生往往要答半句头话。因此，不容易和黑板上的文字吻合。若要命令学生答完全句子，他们哪里懂得。只有反来复去地问就是了。顶难的是第一句问："老母猪看见什么？"大多数是答"麦子"的。再问"谁看见麦子？"他们又答"老母猪"了。教授书上预定学生答了全句，教员指板上的全句。今天学生如此回答，我只得指了半句，就算了。后来有一二人偶然能答全句。我便说："四宝答得顶好。是'老母猪看见麦子'。"因此有三四人稍为进步些。但是半数人还是答半句头话。且等将来，不要性急。

大哥大嫂来信，又寄一本《人类的行为》来。我急急要他寄书，但是这几天却没工夫看了。又附来沃的斯求相关度用表几十张，及说明书一份。张君、彭君也各附一复信来。他们告诉我，他们校里有新的分班方法。六百人的学校，教员又有三十多，分班当然容易办：我们一人教四十多人的单级小学里，分班却是难问题。草草复哥嫂及张彭二君信。

九月一日（星期四）

今日课后统计学生各种测验的分数。结果，十分有趣。从前的分班法，大有可疑的地方。若照上学期的分法，各组里各有若干学生已经比上一组的好，也有若干学生比下一组的更不如。并且各人各种测验的成绩也不一律。这一种好的，别一种不一定也好；别一种很好的，也许这一种很不好。所以要用各种的平均分数来分班，实在是勉强的办法。分的时候，可以用平均分数。到了上课时，这一种不好的，绝不能把那一种好的补救。譬如平均三年中等的学生，他的国语不如二年，算学过了三年，才得平均三年的中等。分班的时候，天然没有妨碍。到了上国语时，总是不能和三年同学；上算学时可以和四年同学。硬分在三年里，国语赶不上，算学空耗时间。这不是两面不讨好吗？若要各科分，也有一顶大的困难。就是时间表，一定要同时同科，直接和自动的支配，又不能平均了。这是单级小学里特有的困难。我今天就了测验的结果，按照实足年龄和智力测验成绩，先把学生分成一、二年和三、四年两大组。这是因为时间表里有一、二年和三、四年同时异科的。实足年龄，在分班时也要顾到。年长失学的人，赶起来也容易。若常常用对付小孩子的方法对付他们，他们容易厌倦。兴味和年龄是有些关系的。我在暑校里读过《明日之学校》里，有什么按照年龄分生活团的方法。所以我根据这年龄和智力来分。凡实足年龄是六、七、八岁的在一、二年。一、二年组，一半是新生，此刻不生问题。三、四年，国语算学等科教材不同而更要分的，就凭各人该科测验成绩的好歹分。常识和工美便不再分了。国语照默读测验分；缀法书法本来不生什么重大问题的。算学是把应用题和四则两种测验分数平均了分组的。一、二年新旧生各一组。这一次分组的存根，可以做一个纪念的。抄了出来罢。

算学分年	国语分年	算学	默读	社自	智力	实足年龄	上年程度	学生号数
四	四	76	72	51	49	8—0	三	1
四	三	70	59	41	45	10—4	三	2
四	四	63	66	46	51	10—9	三	3
四	四	64	64	51	52	11—6	三	4
四	四	75	69	46	54	12—4	三	5
四	四	73	73	59	60	13—5	三	6
四	四	61	71	50	55	8—0	三	7
四	四	68	73	51	49	9—8	三	8
四	四	63	65	53	47	10—8	三	9
四	四	70	77	55	65	11—0	三	10
四	四	61	77	57	54	11　5	三	11
四	四	62	65	64	53	11—5	三	12
四	四	63	72	59	55	12—10	三	13
四	四	67	67	50	52	14—9	三	14
三	四	62	73	53	52	12—2	二	15
四	三	65	55	34	34	11—4	二	16
三	三	50	50	19	39	10—11	二	17
三	三	61	64	34	31	10—0	二	18
三	三	54	55	48	42	10—2	二	19
四	三	65	50	37	42	9—8	二	20
三	三	61	55	40	51	9—0	二	21
三	三	55	64	40	49	8—11	二	22
三	三	55	50	43	45	8—7	二	23
三	四	62	67	46	43	7—2	二	24
三	三	53	63	34	47	10—1	二	25
三	三	42	50	41	35	9—3	二	26
三	三	42	50	41	32	7—8	二	27
三	三	51	58	46	23	8—10	一	28
三	三	46	58	46	25	9—7	一	29
三	三	50	68	33	26	12—11	一	30
三	三	51	59	34	28	7—11	一	31
三	三	53	61	43	34	8—5	一	32
三	三	53	54	46	34	8—5	一	33
三	三	52	53	28	24	9—3	一	34
三	三	45	51	19	18	6—5	一	35
三	三	49	58	40	23	6—5	一	36
三	三	45	56	48	18	6—2	一	37
一	一				没有测验	7—3	新	38
一	一					6—10	新	39
一	一					6—5	新	40
一	一					8—2	新	41
一	一					7—7	新	42
一	一					6—4	新	43
一	一					7—9	新	44
一	一					5—11	新	45
一	一					7—11	新	46
一	一					5—4	新	47

　　国语原在二年，得六十五分以上的升四年；原在四年，不满六十分的，退三年；原在一年，因年龄智力分入三、四年组的，即使已过六十五分，也暂时入三年。算学分法，也同。结果，有五个学生，国语和算

学不同。坐位上也生了问题。我的排法是照下图的：

```
一  一  二  二  三  三四  四  四
一  一  二  三  三  三四  四  四
一  一  二  三  三  三四  四  四
一  一  二  三  三  三四  四  四
一  一  二  三  三  三四  四  四
    二  二  三  三      四  四  四
```

一是新生；二是二年生；三是国语算术完全在三年的；四是国语算术完全在四年的；三、四是国语算术不同的。

九月二日（星期五）

早会时把分班法告诉了学生，学生还满意。他们又要求报告同年的比较法，我又把同年程度的意思说明了一下，再把表揭示。我又报告学生什么叫"努力"，学生也很注意。我揭示的表里有智力和各科的总成绩，同年程度，年级程度，努力数等。学生很注意地看，各人都很注意自己的地位。虽有几人要调组，但是没有一个怪怨教员的。测验的功用，本来很多；可以分班，可以考查，可以诊断。但是我觉得它的客观的功用顶大。用了测验，学生从此不能怪教员私心，少给他分数的了。旧时的考法，我们顶怕是公布成绩。公布了以后，总有几人要怪教员的。有时嘴里虽不说，但是看他面上的表现就可以知道的。并且旧日考试，比较的全是天天共同协作的同学。平日训练要协助合作。一到考试以后，便无形地栽植了许多嫉妒猜疑的根苗。所以有人说考试和训练是矛盾的。用了测验，各人和客观的标准比较了，各人自己前后比较了。所以测验也可以做鼓励动机的。四年里有几人问："分班里没有缀法和书法的成绩。那么，这两种分数有什么用？"可见学生对于测验成绩有了真正的兴味了。我便再把所以不用书缀分数在分班里的理由，细细地说明给他们听。这两科宜乎各人各自求练习的进步，随便分班不分班，仍旧很能适合各人各自的练习。说明时我忽然触了一个机。我便想到了一个缀法书法分数的利用法。便问学生，看他们想得到有什么利用缀法书法分数的意思。他们也知道我的意思，所以有人说："把这分数存在那里，看下一次测验时，各人的分数有多少的进步。"我便接下去告诉他们，可以把平日每次的缀法书法，常用表量核对；看各次的分数和测验时比较，有多少的进步。学生听到了，非常快活。有人便提议，要各人自己做一张每天记缀法书法分数的表。有人便问表的式样。后来讨论结果，式样如下例：

```
月    分
日    数
三八  56
十月
一
日

日月
```

有人又提议把这表记在书法缀法本子封面的里页。因为要校阅表便利计，大家决定把表量贴在右面壁上。又有人说："我们自己也学校阅；然后再请先生看，各人自己看得对不对。"大家也很以为然。不提防今天无意间，试了一次设计法了。要是目的是学生真正以为需要急切的，并且也合学生程度的，他们自然而然地会得想方法设计的。暑校设计法讲义里有句话说："设计是从学生内里发生的；不是从外面勉强压迫的。"今天我也尝试了一回。暑期小学的学生本来有过相当的训练，所以我们实习的时候，很顺利地进行。那时同人，都以为我们回到自己校里时，学生没有根本的训练，恐怕不容易做得到。所以我心上很想改用设计，而又很郑重地，要一步一步地由问答进而答问（学生问教员答），再进而讨论，再进而……；初不料这许多步骤，今天几分钟里都达到的了。真所谓"踏破铁鞋无觅处，得来全不费工夫"。在学生初发问的时候，我还自责昨夜的疏忽。初又以为报告分数也要做教案才行。哪知一转移间，便成功了一次设计的尝试。今天真好运气！快活极，写信告大哥及彭张二同学。

九月三日（星期六）

今日一年生国文开始用书。学生对于书的兴味很好。那种教科书，的确合小学生的。前几天，在黑板上学，也很有趣。此刻用了书，也很有趣。教授书里的游戏方法，也很合用。从前的教授书，不过供给教员用，免得教员想不出事来做。这种教授书里的方法，不是千篇一律的；时时跟了学生的进步，在那里变化改进的。所以不但帮助教员有事做；并且做的事，又都是学生喜欢做的。又有一个好处，就是只列方法及注意点，而没有现成的教案。我们用的时候，至少要用用心，自己考虑出一个顺序来，把那教授书里所列的拣选了用。这才是真正的帮助。乡村单级小学的教员用起来顶合宜的了。就是聪明有能力的教员，老资格的教员，也可以采用，而不致受教授书的束缚。

李先生寄来复信，里面说：

一、改进计划草案，已经董事会通过。百分比分配和时期，照我原案，大致没有更动。以后便照此进行。

二、桌椅柜子工具游戏用具和运动器，已交城内木匠动手做。有的集合了各校的一起预备。桌椅高低尺寸，要叫我调查了学生身高做标准。

三、改窗计划很合。不过照此办法，每对窗约十五元，八窗共须六十元。再做二个新门，合共改造工资，一起要费八十元光景。恐怕这样一来，便已花去改进经费的一半。势必要把别部分的减削。或者将来要不能保持那百分比的支配。所以他在城内旧家伙店里留心看得，一套中国旧的玻璃窗共八扇。每扇高六尺，宽三尺。每扇价约二元五角。李先生意，买这八扇不过二十元，另外再做三尺高的窗，补充采光面积的不足。中国式杉木的，全新连漆，至多也算二十元。另外门和工资运费仍算二十元。一起可以减省四分之一。计六十元，和改进计划原案预算数目出入有限。

四、装饰品教育局另有一计划，巡回名画欣赏，轮流送各校用。所以改进预算内除去不必列。

复李先生，对于改窗计划完全同意，请他代办。上面三尺的窗，也请在城做好了，运乡。学生身高尺寸等星期一调查了再复。

同学赵丁二君同时复到，希望我改进成功；并且寄来装饰品，做贺我学校改进的礼物。丁君寄来的是二个镜框，都是西洋画。赵君的是一小屏和二联。有了这些固定的，再有教育局的巡回名画欣赏，装饰问题可以解决了。

星期一有一事要特别做教案，免得临时纷乱。就是装饰，送来的装饰品。再做了一年的教案。到镇上去买了些小钉和头绳。夜里批改了学生作业，把星期一的事一切预备妥当。还有一时半空。想看看大哥寄来的书和相关度表。初开学一星期忙得没有空，到夜才可以休养看书。后来想常此忙个不了，自己少修养，也不是个办法。所以宁使把今夜的一时半空闲时间来定一个自己的时间表。这样或者可以便利些。自己的时间表，虽不能和上课的时间表一样的固定，但是有了一个范围，平时也可以少花些精神想什么事要做，什么事不必先做了。暂定了一个如下：

每天早上六时起身，六时半早饭。七时到校，预备上课事。七时半和学生游戏。八时起上课。十一时半课完归家。十二时午膳。下午一时到校,准备上课。一时半上课。三时课完,和学生游息。三时半放学,在校预备次日课。五时归家,散步,访问等。六时写信。六时半夜饭,看报。七时批改。八时半看书。九时做日记。九时半睡。

星期日。七时起身,七时半早饭。八时到十时补充准备功课或批改或看书。十时买物或出游访友等。十二时午饭。下午,做统计改进计划等,无事时看书。夜六时写信,六时半夜饭。看报。七时看书。九时做日记。九时半睡。

这是临时的,先试一试。看有什么做不通的,再改。

定好后,看《相关度表说明书》,颇想一试,实际上是不是便利省时。再看《人类的行为》第一章。这一章包括得太多了,似乎宜放在书的末了才合。我不过不求甚解的略读而已。编书人的学问,总是比看书人高得多。编时开卷的总论,往往是编书人的概观。看书的人,没有读过全书,往往不容易明白。

九月四日 (星期日)

今天起,照自己的时间表做事。准备和批改,昨夜已经完结,所以八时到十时,细读《人类的行为》。第二章前半,还是笼统的概观。不过比第一章似乎容易懂些。这一段似乎宜移到末第二章去。后半说到方法,才明白。第三章以下,才是本文了。十时起,试用相关度表,求各测验总成绩的相关。人数不多,绝不能把这回的相关度,当作批评各测验的标准。但是借此试一试这表的功用,是不是照说明书所说那么快,却是我的目的。到十二时止,共求了七种。时间的确是很快的。结果如下:

智力总成绩和实足年龄相关度 ·五一；P.E.·〇八。

智力总成绩和社自总成绩相关度 ·六四；P.E.·〇七。

智力总成绩和算术（应用则均四平）总成绩相关度 ·七三；P.E.·〇五。

智力总成绩和默读总成绩相关度 ·六一；P.E.·〇七。

社自总成绩和默读总成绩相关度 ·六一；P.E.·〇七。

社自总成绩和算术总成绩相关度 ·五〇；P.E.·〇九。

默读总成绩和算术总成绩相关度 ·六四；P.E.·〇七。

又各种平均数及标准差如下：

种类	平均数	标准差
实足年龄	一〇岁二·二月	一岁一〇月
智力总成绩	四一·三	一二·八
社自总成绩	四三·九	一〇·一
算学总成绩	五八·二	九·〇
默读总成绩	六二·一	八·〇

今天下午出去访了亲友。因为急于要知道相关度表的功用，所以把自己时间里上下午对调了。

夜看《人类的行为》，都是生理方面的事，和教育上少直接的关系。行为派的心理研究，何不征集各人的传记做资料。从教育上想，或者要比枝节的小试验好些。若各个小孩子，自从生下来以后，便有精确的日记，恐怕，儿童心理学要进步得多。

九月五日（星期一）

今天有一件难事：上星期六接到李先生复信，要调查学生的身高，以便决定桌椅的高低。这似乎没有什么难事。我便带了家用的尺去。后来要量，忽然想到，木工的尺是比我们家里的尺要短。究竟木尺比裁尺，相差多少？城里的木尺比乡里的木尺，是不是一样？这两点没有弄清楚，叫我如何量？李先生来信只说叫各校量了学生身高做标准，也没有明白规定用什么尺量。万一各校报告的尺寸，不是相同的，将来便怎样办？写信去问，往返又要好几天？我便决定用校内的公尺来量。将来即使要改算，也容易找寻改算的标准。又恐怕学生人多，课后太局促，但是在上课时，一个一个地量，又要叫大多数人坐了空等。分组量，而叫别组做作业罢。这量身体又是不常遇到稀奇事，别组一定要分心。所以后来决定，索性把这事颠末，原原本本地告诉了学生。并且把用尺的问题，也和学生讨论。后来决定，三、四年的学生，在算术课里，先用校内的公尺，在壁上画出五六处。每处由二三人担任，在音乐体操时分五六起同时量。完全由三、四年生担任。这也可以算得设计罢！一件难事，如此结束，不但学生心上满足，便是我自己也觉得十二分的愉快呢。后来把结果整理了，报告李先生，并且说明所以用公尺量的理由。

今天还有一件快活事：讨论赵丁二君送来的装饰品怎样装法时，学生的兴味真正好！大家学了许多人生日用的美术。这不是书本上讲的美术原理，都是实地经验得来的。我想普通人一生里不必要具图画的技能；但是欣赏美术品，和把美术品装饰得合宜，或者反是大多数人必需的。学校的美术科，何以完全是图画？何以不把欣赏和装饰也加在美术科里？小学生用粗陋的画发表他们的意思，当然是很好的。但是到了高年级，那种专门性质的画图，似乎不是人人需要的。勉强他们依样葫芦地描，有什么用？注重写生和考案，仍旧也太专门些。我想全国内，必须具有写生或考案的技术的人究是少数。欣赏和装饰，便是人人常常碰得到的事，似乎比写生考案更重要些。还有选择商品的形色等等，也是全国公民必需的美育。我且在美工时来试试，看效果怎样！

九月六日（星期二）

今天又有一件快活事。大哥来复信，知我偶然尝试设计教法，很欣慰。在大哥处同事的张彭二同学，也来信报告他校试验设计教法的种种。他们人多，设备好，有许多是我们单级小学里不能模仿的。大哥又寄来砚子，水壶样子各一；并且说砚子已代我定做三十个，等做成后即日寄来，水壶一个，叫我试用。如不够，可以到附近镇上叫马口铁匠做了用。我校砚子，原来是学生自备的。形式大小，各各不同。砚盆也有，方的墨壶也有。椭圆形的，卵形的，各式各样都有。大概水池太小。在干燥的季节，学生写一次字，或做一次文，至少也要添水二次；有时竟隔五分钟添一次水。大哥寄来的式样，是长方形的。长约四寸，宽约二寸。水池在前端，约占全面积三分之一，扁方形，渐渐斜下去，顶深处有砚高的四分之三。容水也有半茶杯。这样，加了一次水，可以用半天也不要紧。我想在这种新式砚子没有普及以前，不必叫学生自己买，可以校内买了借给学生用。

水壶，更是大问题。现在用的，虽也是附小去学来的式样。但是形式不美观，嘴注水时，常有水滴要落在桌子上。每天总有三五学生，为了这滴水，发生问题的。有时，加水人受着冤枉的责备。但是我试过，无论怎样当心，总不免偶然要滴出来的。有的，自己不小心，把缀法本子，习字纸等弄湿了。大哥寄来的式样，仿佛像圆锥形的，并不十分大，又灵便，又雅观。顶好的，就是那细长而弯弯的注水嘴。好像是机器匠用的油壶。我拿来试试，实在便利。水不会滴下来的了。从此，注水的问题，可以解决。学生们试用了，也大家称赞好。课后，叫王二带样到镇上去仿造三个。

下星期五是中秋节。大哥也许归家来看我。张彭二同学，也要跟大哥同来。他们知道我们乡里改革小学校，都引起了很深的兴味。我想趁这好机会，可以把许多难问题问问他们。但是他们办惯省城里大规模学校的，恐怕对于乡村里的小学校，没金钱，也要叹无可如何的呢。大哥又说，同时有一位远地的师范附小主事，要去省城参观。如那人兴致好，或者带他同到乡里来。大哥信里夸奖那人的好，说他学问怎样，办事怎样，待人怎样。似乎相识还不久，何以竟如此称赞他？但是没有告诉我姓名，不知道是男的，还是女的。大哥说要介绍给我做朋友。我却不好回答。要是女的，我便可以和她亲近些，招待她住下，讨教讨教。要是男的，那我就不便和他贸然做朋友了。且等中秋看罢。

九月七日（星期三）

普通小学校里要试行设计的教法，大家以为是很难的事。今天读杂志，见有一文。这文专就一、二年学生立论的，但是为每级有四十余人，而有一定的课程教材的普通学校用的。虽没有三、四年的方法，也很可以做我的参考。摘录大要如下：

第一，教法的普通原理：

1.把学生的经验改造，使更广更深。使学生对于社会的经验加广加深；同时自己制御的力也加增。

2. 教室里的活动，要从学生固有经验的范围里出发，推到更丰富的经验里去。

3. 作业要有相当的困难，使学生努力。也要不过难，使学生努力后可得成功。

4. 要供给机会，使学生的问题，是自然的；在很自然的境遇里求解决。

5. 结果要多方面而丰富的，可以使学生学得人类的遗产——文化。

6. 学习不是单独的，是多方的。要合学习的定律。学习的主点，固要注意；学习的副产，也不可忽。

7. 要养成更高的行为标准和生活标准；并且使学生自己知道这种标准的价值。

8. 保持学生的兴味，指引学生向正当的路上生长发展。

9. 知识技能要和活动连结，并且要有专精的指导。

第二，设备：

1. 滑桥、跷跷板等运动大筋肉的器具，顶好放在屋里或棚内，不论天晴天雨，都可以用。

2. 桌椅要便于移动。在游戏表演时，可以搬开。分组时，各组可以集合在一处。

3. 黑板要多而低，使学生能自由使用。

4. 揭示板。

5. 个人的柜，每人一格，藏未完成的东西。

6. 鼓、铙钹等等乐器。

7. 图画。

8. 读物：甲、各方面的补助读物，至少四五十种。乙、同样的教科书二三十本。丙、图说的挂图，可以叫学生自己做；或由教员做了，引起设计的动机。

9. 工作用具：甲、作台，木工具。如锯、锤、刨、钉、老虎钳、沙皮、尺、胶，各种长各种厚的木料。乙、缝工具。如针、线、各色布等。丙、各色纸、厚纸、糊、色蜡笔、水彩、毛笔、黏土等。丁、大小积木。戊、其他笔、墨、铅笔等。

10. 临时的设备：用来引起设计的动机，或供研究用的；如衣料的标本，纸头的标本等。

11. 玩具：洋娃娃、洋娃娃的家、家具、动物、车类、球类、画片、关于数目文字的玩具。

12. 轻便的园艺、烹饪、扫除、洗涤用具。

13. 自然物：四季不同，要常常有。家禽、家兽、花草、种子等等。可以引起设计的动机。

第三，指导：

1. 容纳并鼓励学生自发的设计；个人的，团体的。起先，就是没结果的设计也不要禁阻。一方面设计引导，使学生自发的设计渐渐提高。非发生有害的设计时，绝不加以制止。

2. 教员也做团体的一员，唤起公共的经验，向有益的设计方面做去。

3. 变更教室里的环境，譬如常放新的东西等，以引起动机。

4. 出游，参观。

5. 做社交的大设计，或参与高年级的共同大设计。

第四，成绩：

1. 不重旧日知能的获得。看各学生对于境遇反应的能力。正当的习惯，也就是正当反应的结果。

2. 重各人反应的如何，不重全级各学科成绩的好歹。

3. 学生肯学接近的知识——现时可以应用，或将来学校生活里可以应用，或校外生活里可以应用。

4. 学生有兴味，对于环境有求知心。并且自己爱用种种知识。

5. 学生自己知道更好的活动和结果的价值。自愿努力把自己的工作和环境改进。

第五，检查和记载法：

1. 把四十余人分成四组。每组检查二星期。每过八星期轮一周。

2. 每天检查全级的某一种作业，如今天工作，明天读书等类。

第一法好些，检查虽只限一组，然而巡视可以普遍。著者虽这样说，我以为两法都可以参用。

3. 团体设计可用下表格式记载：

（1）设计的题目：

（2）时期的长短：

（3）怎样发生的：

（4）目的：

　　甲、学生：

　　乙、教员：

（5）得到的经验：（内包含这经验引起的设计和这设计鼓动的行为、习惯等）

（6）顶有兴味的一点：

（7）各科所得的知能：

第六，平常一二年生可能的经验：

1. 新生入了新环境。

2. 节日，像清明，中秋，夏节，冬至，双十节，等等。

3. 自然：季节变化，出游。

4. 邻近的职业生活。

5. 衣：洋娃娃泥人等的衣，节日用的衣等。

6. 社交：请家属等。

很想照此试试。所列设备，和我筹备单也相仿佛。

九月八日（星期四）

今天又在杂志里看见一文，专讲乡村单级小学设备的。又分高年级和低年级。这是一个试验学校的实地状况。摘记大要如下：

低年学生的作业，大部分是活泼的。在单级学校里，要不妨碍高年生为标准。一方面要使高年学生有相当的自动作业，才可以使教员留出时间来，指导低年生的种种活动。所以：

第一，要有合宜的学校图书馆。高年生和低年生分别，各占一架。各有一读书的大桌子。各由学生管理。散课后可以借去家里读。低年用的，宜多图和图说。

第二，除纸、笔、铅笔、水彩、色蜡笔、地图、黑板等以外，要算烹调用具和清洁用具顶重要了。个人的饮茶杯，也在内。此等与家事教育、卫生教育都有很大的关系。中午把带来的冷饭，煮熟了吃，比了在饭前饭后跑来跑去要好得多。此外还可以做做点心，请请家属。校舍的清洁不必说，就是学生个人的清洁，也可以在校里做。

第三，是运动用具。高年生要备各式球类的设备和跳高，跳远等设备。低年生要跷跷板、沙潭、皮球、豆囊等。

第四，是留声机。风琴钢琴远不如留声机好。不知弹奏的教员，有了风琴也等于无用。不如有一架留声机，倒可以使学生欣赏各色教员不能奏的名乐，不能唱的名曲。

第五，是园艺用具和农具。

第六，是工作台和木工用具。

第七，是桌上用的游戏具，及算术练习用具。棋子，纸牌，国旗牌，注音字母牌，等等。又算术练习测验等。

第八，是笔记簿和剪贴的小本子。学生收集的画片，报上剪下的都可以粘贴起来。每一题目一本。

第九，低年生国语自动作业用具，也是很重要的。一年初期用。

甲、图形拼合。把图切成几块，叫学生拼合。

乙、六面画。

丙、配字和画。起先图下有字，用别的字对照。后来单单画和字配。

丁、同上配字和颜色。

戊、图说的图剪成几块，字剪成几条几段，叫学生拼合。

己、把课文剪开了，叫学生拼合。

一年后期可以加：

甲、把课文内句子重组。

乙、用文句代命令，叫学生照了文句做各种作业，如画，工作等。

丙、照课文内做填字，或是非的问答。

丁、读图说，当补助读物。

二年可以加：

甲、填字，如：牛帮我们……（种田）等。

乙、问答，如：飞的东西……水里游的东西……

丙、问句，用画回答。

丁、对偶的，如好……歹；晴……雨等。

戊、一问两答，拣一个对的。

己、照了命令做工作的。

庚、速读后，抽问句的片子，再找答句的片子去对照。

第十，低年生除形式练习外，更重要的是他们的建造的活动。所以也要有长桌、小椅等，使他们自由表演，自由工作，自由画。小黑板要听学生自由使用。教室的一角，专供小学生自由游戏用的。

第十一，洋娃娃泥人等是低年生顶重要的设备。

第十二，积木。

第十三，是做书、扯纸、剪贴等设备。

第十四，是用黏土制作的设备。

此又和昨日的不同，在设备方面更为详备。专就单级小学立论，所以自动作业方面，十分注意。一、二年的种种方法，大可以试试。有几种，今年新用的那种国语读本里已经有的了。

单级小学的自动作业顶难。这绝不是敷衍学生，避免空坐的。要有主要的目的，使学生每一种自动练习都有真正的价值。顶难的，学生能力有高下，自动作业的完结时间，往往有先后快慢。若不用自由阅书自由作业等调剂，总有若干学生要空坐了等的。

九月九日（星期五）

自动作业是我两天来不能忘的问题。单级小学里的订正法和自动作业是顶重要的问题。平时不想起，便一天一天地过去，也不觉得什么。昨天想起了，今天一天课完后，把上课情形反省了一下，觉得实在耗费太多。先想国语：一年是照了新书的教授书办的，各种自动作业，似乎还有相当的价值和目的。二年生新课，先教他们自习。后来叫学生各人把不识的字，逐一写在小黑板上，再订正。写的时候不过一人有事做，别人大多坐着等。这不是浪费吗？后来订正教生字的时候，多数人共同需要的字，不过三分之一，小黑板上其余三分之二的字，每字不过二三人需要教授，大多数是早已知道的了。把少数人需要的，教大多数学生，不又是浪费了吗？后来再各人把生字抄写练习。其中三分之一，是多数人的生字，练写还有些价值。其余的三分之二，又有什么用？我要改方法了。这手续太不经济了。各人摘生字就摘在石板上，不是可以省去订正教授后的抄写练习了吗？就是要练习，也可以各人各就自己石板上摘的练习，不必把自己熟知而别人以为生的字再无谓地反复练习了。这是改革的一点。还有一法，指定能力好的而常常先摘完生字的人，做组里的领袖。叫他们先完时巡视各人，就他们自己知道的，先教了各人。这样，一来可以使先完的优等生，把空闲时间来教同学。二来，等到教员订正教授时，一定只剩那大多数人以为生的字了。如此，或者可以省却不少的时间。三、四年的练习读书，也有许多的浪费。有若干优等的学生，实在把好多的时间，浪费了，空坐着等同学读。在他们自己早已不必再练习的了。我想这弊病的救济法，只有设立图书馆，叫不必练习读书的人，自己去做相当的作业。这要等设备方面的图书到了以后才好改。

九月十日（星期六）

今天又研究了一番做算学时的浪费。算学的自动作业，大多数是有目的有价值的练习，所以自动作业本身上的浪费不很多。练习的材料，我分各人必需的和补充的两种。大家练习各人必需的，是目标。先完的人，各做补充材料。补充材料比各人必需的，深些难些。做的人不必做全，有多少时间，就做多少。所以如此办法，自动作业自身很少无谓的浪费；学生也绝少枯坐空等一类的弊病。不过小黑板不够，有时要临时在黑板上出题目。学生坐了等，教员又很忙，实在太不经济。我想，即使添办的小黑板来了，要教员隔一天写许多的小黑板，也不是顶经济的方法。写在大张的纸上，不是既可以保存永久，又可以免得将来的重写吗？但是学生还要抄一个做一个。远远地抄，顶容易弄错。

平常订正时，要学生演在黑板上，共同订正。这又何必！石板或本子上已经做了一遍，何必再抄一遍？收去看罢，课后也太麻烦。有这许多时间费在看算学本子上，不如把这些功夫预备明天新教的教案了。我想改为学生和学生调了石板或本子订正。另作答数的底稿，交给常常先完的优等生保管。调换订正时，由他们巡视。每天教员不过抽查几个常常错误的学生；和他们个人讨论错误的原因。其他，凡相互订正有错的，各人自己重做一遍，并且指导学生，在无论什么时候，每做一题，必自己先核对一遍，然后再做次一题。

九月十一日（星期日）

星期日是出游、访问、看书的日子。访问学生的家庭，也宜有一个系统的计划。枝枝节节地去，也容易偏而不普及。我拟定每星期去八九家，拿学生住所的距离和年级做根据。先照了距离和方向，顺路的在一天去。一家有兄弟或姊妹的，每轮一次的时间里去一次，不重复。先去新入学生的家里。和他们父母谈话，以便熟悉；并且查查学生在家里的状况，以便训练有些依据。其次，就是顶高的四年生的家庭。调查家庭对于学生将来的希望，做教育四年生的方针的根据。其次就是二年，三年等。如此分配，至慢四星期可以轮到一次。每次访问，除谈学生个人的问题，征求家庭对于学校意见外，再将学校里重大的事和教育方针，拣一二种和父母说明。家庭中不一定是懂得教育的。一方面探问他们的意思，和他们联络。又一方面，也要把学校的方针和办法解释给他们听，一来可以唤起地方上人对于学校协助的同情；二来可以教导父母明白些教育的宗旨和方法。这一学期，我便把学校改良计划，拣重要而容易明白地告诉他们。今天的结果，学生的父母，都很有兴味。

多数家庭，对于星期日放假，很有怀疑。这也是普通的心理。有的，竟连每天小学生早放学归家也不赞成。我对于每天幼年生早放学问题，一面设法使学生留校游戏的时间加多；一面也把小学生因游戏学习各种经验的道理，举例详细和父母说明。并且告诉他们，死读书和活经验的不同。他们不懂得教育原理，我只好拣本乡现在的领袖来做例子，有时就把本地老农的成功和失败等故事做例子，他们也就有一种似乎首肯的态度表示出来了。死读书，实在没有什么大用处。终究是盲撞地自己去经验，也太不经济。先有了基础的经验，然后再把书来研究，使经验有个系统，才能成功有实力的学问。这才是真正的学问。

星期日本来是从宗教中来的。我们没有这种宗教仪式习惯的地方，似乎是很少意义的。但是做了六天事，休息一天，在单级小学的教员，也是很需要的。实在不必一定是要星期，或改五天一假，或改十天一假，也都可以行的。不过，已经通行了，似乎又无须特别另定什么新方法。定了新方法，反而又招了许多的怀疑和反对。就是学生，也宜过了五天十天，改换改换作业。休息日能好好地利用，也不是完全浪费的。

即如我自己，星期日访问家庭，也可以于平日的教育上，有不少的帮助。学生们即使星期日全不在家里或校内而出外游散，也可以得到好多的经验。实地经验和读书要相间地进行。单级小学因分组太多的关系，平日几不能多行校外的教学。所以尽可以利用星期日叫学生做校外的自动研究。我想只要在事前好好指定了，在事后和正课设法联络，星期日虽放假也有很大的益处。若家庭需要学生帮忙的，不限星期或课后，都可以叫学生去做了，当作正课一样的看待。我本了上记的意思，和一部分学生父母商量了，他们也很同意。我们便假定一个办法，把学生星期的游戏和工作，一面和学校的课业联络（星期日或放课后做自动的预习）。有不能联络的，便请家庭证明了，也算入学生一部分的成绩。譬如帮助父亲做了田里的工作，也算常识内园艺的成绩；帮助母亲招管了弟妹，也算常识内社会的成绩；帮助洗衣，可算手工成绩；帮助邻居写信，可算国语里缀法的成绩；等等。或者，因此，学生也感得学校和家庭是一贯的，而不至于把星期日的光阴浪费在无益的地方。又譬如星期日出外游散，若能把看见听见的到星期一报告，同学认为有价值的，也可以算学校内自动作业的成绩呢。

（选自俞子夷著《一个乡村小学教员的日记（上）》，商务印书馆1927年版，第22—52页）

中国的明日之学校

引　子

　　《明日之学校》是美国有名的教育书之一。编这书的人，就是在五四运动时到中国来讲学的杜威。这书已经由商务印书馆译出印行的了。

　　中国有没有那种"明日之学校"？我说："有。"孟禄批评中国的小学校，说各处有各处的长处，各校有各校的优点。要是把那分散的优点汇集在一起，一定很足以惊人。孟禄当时参观的还不过限于城市。我们乡村小学的不发达，是一二年来大家十分注意的问题。我也到过乡村去。这问题的确是个问题。但是平心地观察，便可以发见很多很多的优点。改良乡村小学的方法，不必把城市学校"阔处办"的方法囫囵吞枣地输到乡村里去。乡村小学校里很有不少的有心人，已经得到了解决法——很圆满的解决法。顶可惜的，便是没有人肯做邮差，把一个乡村里的好处，传布到各处的乡村里去。去年我参观回来后，便想起这收集传布的问题，也向义务教育期成会提议过。事隔了一年，这月刊出版了。这收集传布的邮差产生了。中国的"明日之学校"不再隐居在山间村庄里了。各处的优点有可以集合的希望了。不过我的记载没有杜威那般有组织；我的观察，也许不如杜威那般精审。若要批评我是仿制的副牌"明日之学校"，我也只得承认。在崇拜外货鼎盛的时代，这或是普通的心理罢。若要论成本，这一宗国货的"明日之学校"，比美货要便宜得多。

一、事在人为

请看这一所新校舍。这便是一个"明日之学校"。

原来这是一个小集，不过三百多户。住民殆全体是种田的。集的北面，有一只庙。庙里本来设有一个单级小学。集的南面，同样也有一只庙。庙里也有一个单级小学。两校距离不过一里。地方上风俗，小学的校长，要地方上的领袖担任的。一个集里有两所的单级小学，便有两位的校长。各人因为谋自己学校的发展，往往为了招收学生等问题，发生了利害上的冲突。二位校长，感情上渐渐地有些水火。

教育委员才能大，不知道他怎样的说法，便把他们互相疑忌的心思转换到改造新学校的方面去。两所旧学校都不要，合成一所新的两级复式的学校。北面的庙基大些，旧庙拆掉它。庙田收下来。重新造一所合式的新校舍。钱呢！本集里的人大家自己来。自己创造一集里自己的学校，全集里的住民多少的光荣！有钱的，一百吊，五十吊，十吊，八吊，各人量自己的力，看自己的面子。没有钱的，出几辆牛车，出几个人，帮着到城里去载运材料。车子也没有的呢，捐些气力，搬的搬，打土墙的打土墙，平地基的平地基。没有几个月，便把那图里的一所新校舍造成了。共计花钱二千多吊。那县全县的教育经费本来是极支绌的，平均教员俸每月不过七八元，还要讨了三五次，欠上几个月。照教育局的力量，有人想变卖学田偿还积欠，几几乎全县要破产。但是乡村里还能集合本集的力来建新校舍。我想：这就叫作"事在人为"！

新校舍是土墙，窗子也不太少。瓦屋顶，泥地。向南二大间教室，东面三间做教员室和休息室用。前面一大块空地。他们说，东面再接出一大间教室来，便可以开一个三级复式的完全小学。只要有人去领导，谁说村民没有好的教育理想！

当时，泥地才弄平，还有水痕没有干。他们说过三五日便好开学。利害冲突相水火的二个学校，集合在这所新屋子里，他们开学日当有什么感想！学生眼看这两个破庙的学校生活变成这般全新的学校，又当有什么感想！这种印象到学生成长时，有多少的效力！什么合作，什么协力，什么公民教育，这不是亲身的经验吗！这效力不但及到学生，便是全集的住民，也亲自尝过协力合作的美味。这不是社会的公民教育吗？试想：比了二三次的通俗演讲，价值如何？

两位旧校长一同招待我们一行人到乡团的事务所里去。挪过方桌来，靠近床沿，再挪几张长凳。团团七八人一桌。五七样乡村风味的菜，一杯甘酒，几盆馒首。谈笑风生，无非是建筑新校舍的辛苦，祝贺诸君努力成功，浮一大白！

二、困苦的成功

一位大资本家，慷慨解囊，捐十万二十万的基本金和开办费，创设一二处私立的小学校，虽比了专事剥夺，为富不仁的军阀富商好得多，但是把众人的钱还给众人，坐享那捐产兴学的美名，也算不得什么稀罕的事。上回，我讲过一个乡村里的小学校，集合全村的人力财力来改造校舍，消弭争执，的确是一件难能可贵的事。但是那集里的住民，还有相当的潜在的实力，所以一发动便能很顺利地进行，没几个月工夫，新校舍便告落成。天下事绝不能完全如此顺利的。

我们别去那集子，再上骡车，行不到十几里，又来一个小集。车子停在集外，教育委员带着我们走。他和我们说，今天要利用我们帮助他做一件事。奇怪！只有他帮助我们，带着我们找学校参观。我们外来的参观人，不知有什么可以帮助他们的事。他便说明原委，原来这集子里本有一所单级小学，在一个破庙里。庙屋年久失修，砖墙的一面已经向外凸出，墙上现出很大的裂缝。不久，怕便要倒了。他为着这问题，也鼓吹集里住民重新改建，把破庙屋拆去。事垂成，还差八十吊光景，住民的实力快要用尽，势将半途搁置。委员的意思，要利用我们外来参观人几句鼓励的说话，叫住民拼一拼命，把弄得半僵的校舍，求一完满的解决。春风人情落得做，我们便一口应承了。

走进破庙，人声鼎沸，什么事！廊里烫酒热菜。教室里一席酒，满满的十人左右，跷着脚，摩拳擦掌地大声说话。难道是吃齐心酒！乡村里借学校请客，也许是常有的事。转身进侧厢里的教员室，同样的又是一桌。委员面有不愉色，急急问学校开学没有？为什么请客？校长——本集的领袖，迎上来说这是开学酒，一来请请先生，二来邀集地方上人共同讨议将成未成的新校舍，把那没有着落的八十吊，想一个解决的方法。委员听了，顿时面上有喜色。我们对他说："祝贺你又是一件大大的成功！你要利用我们鼓励村民的，此刻村民自动地进行，我们可以无须利用了。"说着，大家便笑了一阵。

一二十个乡民，跟了校长教员，一起丢了筷子和酒杯，把我们团团包围住，在嘈杂的人声里，表示他们的欢迎，顶要紧的，报告他们今天聚餐的目的和结果。谁认三吊，谁认五吊，凑起来，八十的数目，所差无几了。我们被蜂拥着去看校舍。破庙的正殿，危墙凸出，好像富商的大肚皮。三间一连的新教室，只有土墙，没有屋顶。巍巍地站着，好像专候大家协力助它成功。参观毕，众人还要拉我们一同吃喝。我们为着赶路，只好别去。一二十人送出集子，都口讲指画地说他们将来的新学校。有一个站近我身旁的老农和我说："可惜地方上人穷，你看，庙前有这般大的基地，就是造一所三教室的完全小学也还够用。"我那时心里在感动。接着便道："希望你们十年内达到目的！大家努力！"

我们上车，村民回庙里去继续他们集款的宴。我和同行的朋友说："可惜我们没有带拍电影的机器。不然，把刚才这情景，在活动电影里表示，大可以鼓励义务教育的推行。并且还要到外国，尤其是美国去宣传。"朋友说："就叫作中国的明日之学校。"我又说："不知道这一辈无名的乡农，也懂得嘉禾章或匾额等的奖励否！"

三、学校与名胜齐名

一个地方有名胜古迹，实在是一件极大的供献。爱自然的美，是人类天然的倾向。敬慕古人，也是人类天然的倾向。近来交通渐渐地便利，各项职业里的人，渐渐会利用空闲的时间到各处游览名胜。名胜的吸引人，魔力真大。南京附近的燕子矶、栖霞山等，无锡的梅园、惠山，镇江的金、焦、北固等，除大风雨大雪天外，差不多游人总是不断的。像西湖等，更是游人如织，终年有远客去游览的。我第一次游杭州的西湖，差不多距今要二十年了。民国三年以后，差不多年年要去。有一年竟去了三次。我第一次去时，因为交通不便，游街不很爽快。民国三年第二次去时，有一天冒雨游南山，下午到石屋洞时，看见有一个小学校。我们做教员的人对于小学校特别有深厚的兴味。那时在暑假期里，教室关闭得很紧。但是我叫和尚开了门，走进教室一看，只有二十左右的桌椅，满积着灰尘罢了。抬头一看，一张很大很大的教室规则，挂在墙上。我当时便把规则细细地看了一遍。因此，便想：好好的石屋洞，可惜开了这石人的学校。照了规则，不难想象，学生上课——其实连退课时也在内——只好做个石人。我又想，要是那学校不用如此严酷的规则，叫学生在这种幽秀的风景里很自然地生活，岂不人事和天然一样的美！我自从这一次以后，便常常希望名胜地方顶好要有优良的小学校来点缀，才是"双美"。

燕子矶是长江边的奇石。岩石十二洞一带沿江的风景，又雄壮，又奇怪。有朋友到南京，我常常带他们去走一趟。在燕子矶的脚下，有一个小学校，我第一次去时，无意间路过。时间已经不早了，学生课已经完结，将要放学了。所以看见的，不过是那清洁的校舍。校舍并不是特建的，好像是旧庙改的。虽是泥地，比了别的学校的方砖地还清洁些。在名胜地方有这般清洁的小学校，恰恰合它的身份。我当时不在意，以为不过清洁是这小学校的特长罢了。实在我那天看得太草率。游名胜路过乘便看学校，或者草率也是当然的事罢。

哪知没有几时，顾述之先生也和我谈起燕子矶的小学校来了，陶行知先生也和我谈起燕子矶的小学校来了。报章杂志里，也有关于燕子矶小学校的文章，接二连三地发表出来了。燕子矶小学的名，于是乎和燕子矶同样流传。

我后来更有二三次的参观机会。参观的结果，证实报章杂志里的文章完全是事实。我还知道燕子矶小学校顶难能可贵的，在于经济。他们的钱，除中华教育改进社特别补助的三十几元以外，从来没有超过江宁县通常的预算，也没有多向学生父兄额外的增加费用。但是它能在游戏、工作、园艺、图书、商社等各方面有相当的设备，这实在是顶难能可贵的事！我今年夏天在南通暑期讲习会里讲设计教学法。会员们问到经费不多的学校，在施行设计教学时，要相当的设备，有没有解决的方法。我除把我思想里想得到的讲了以后，便举燕子矶小学校做了例子，告诉他们听。我末了说："顶好请问那校的校长去。他一定有绝妙的秘诀。"据我看来，他的秘诀便是："会利用"。

这一所旧庙里，有家庭，有学校。从燕子矶的高岗上望下去，屋子上的门窗，院子里的花草，整洁美丽。还有好多活泼的孩子在里面活动。有时还可以听到音乐的声音，和江水冲矶石的声音相应和。这一种快感，真是形容不出来。凡是游燕子矶的人总忘不了这学校。所以我说这便是"学校与名胜齐名"了。近来燕子矶已划归学校做园林了。更进了一步，已经是"学校和名胜合一"的了。

四、国语问题

统一国语，是一个又重大又困难的问题。前途的障碍十分的多。国语文方面，似乎问题少些。然而文言教科书依旧通行。并且近来有几省，或省里的几县，偏偏通令一律改用文言。新名流提创着文言文不可不学。老顽固竟把国语文当作裸体女照片一样的东西。

国语话的问题更复杂了。京音国音，闹了个没有结果。注音字母的先教后教，又是一个未决的问题。唱高调的，索性提创废去汉字。在这混沌的时代，毅力稍为不足的小学教员，便弄到手足无所措。

在北方本来通用普通话的地方，语言格式和京音仿佛。所差的不过声音和调子。在这种地方要统一国语，还不算什么难事。江苏的苏常一带土音土语，不但声音调子和京语不同，便是格式，也很有出入。所以要他们在小学校里行国语，真是难之又难。

朋友告诉我说，无锡人的乡音顶难改；要无锡人学国语，实在是件顶苦的事。似乎也有这感想。但是事在人为，努力的效果，比什么都可惊。

无锡惠泉山，也是东南有数的名胜。山脚下的小学校，办得也极有精神。顶可贵的，便是全校完全用国语。不但读法，无论常识，或是别科，完全用国语教授。求全责备地说，或许有些土音夹杂。但是我那天在各教室里听见的，的确是合乎京语腔调的话。校长教一点钟初级二年的常识，用了国语，也能很流畅地教授本题。自始至终，只用了一句土话。那是一个名词，说了国语，学生不能明白，所以用一句无锡话权且翻译。

无锡是交通便利的地方。惠山又是无锡的名胜。终年间游人很多。游客不一定能说无锡话。惠山地方的住民，听话说话，多有一种统一的需要。这小学校彻底地试行，我料一定能得成功。于将来惠山住民的生活上，固然有极大的供献。便是间接地在统一国语上，也给我们一个绝好的模范。有了这好榜样，我们还有什么话可以推诿。要是中国的小学，个个这样地干去。我想不出十年，国语便能统一。

这又是一个明日之学校。那么，通令恢复文言文的官，可以叫作"昨日之行政者"了。一是过去，一是未来。一是生长，一是死灭。努力努力！且看将来的结果。

五、俸少事繁

在交通不便的地方参观学校，一天看不到多少。在土匪出没的地方，尤其要留心赶路。县视学带了我们走，第一天到的各校里，大多有平民夜学校附设。但是我们在白天参观，只见有小孩子上课。关于平民夜校的事业，不过知道有多少人，什么年龄，用什么课本，一星期上课几次等罢了。

那天下午四时，已经赶到预定过宿的集里。学校已经放课，只好等明天早上再去参观。校长兼营小杂货店——实在是全集的大百货商店，小至草纸火柴，大至布匹，包罗万象，无所不有。店楼上，便是我们的宿处。校长盛情，用他本店的酒食款待我们。席间谈话，知夜饭后有一点钟的平民夜校课。这是难得的机会，便要求校长带我们去一看。

　　校舍在集子外半里的庙里，是个旧庙。我们到时，夜校已经开课。正殿也改教室和预备室，没有学生。两廊东西各一教室，各是一班。西面的是年龄较大的，有四十多岁的农夫。全教室共十六七人。挂了两盏火油灯。一位年逾五十的白发老先生，谆谆不倦地，讲平民千字课。声音也很清楚而响亮；讲解也很明白。学生们轮流朗读。教员很亲切地矫正声音。退课后和老先生谈谈，知道他也是个热心国语运动，竭力提创白话文的健将。

　　东面教室里，也有十三五个学生。有十二三岁的，也有七八岁的学童二三个。大多是年长失学已经助作农事的青年。他们在暗淡的灯光底下，用石笔石板学习写字。教员是一位十八岁光景的青年，据说是高小毕业生，没有学过师范的助教。他在黑板上提出一个"爱"字——那一课是爱国歌。先教了笔顺，次叫学生依着笔顺学，共同书空以后，便叫学生闭了眼睛，想象黑板上的爱字。再叫学生闭了眼睛书空。末了，叫学生在石板上写。教员巡视，一个一个地校阅。

　　这种闭目书空的方法，不是外国教学法书里，当作无上妙法的吗！不是师范学校里教学法教员津津乐道的新方法吗！竟在这助教担任的平民夜校里见之！此行不虚！多少的快慰！

　　夜校经费，只有课本和火油的钱；还是在本地捐来的。两位教员，在日校里担任的课，一星期也有二十钟点光景。月俸正教员不过八元，助教还不到这数。八元还不是实数。教育局例，照几年前每元一吊三百文的数目，折合钱码十吊四百文。再照当时市价一吊九百文，发放银圆。实在只有五元四角七分四厘弱。教育局的收入，仍用钱码，这也是不得已的办法。这是去年四月里的市价。据说现在那地方的市价每元已兑到三吊。那么，八元的实数，只有三元四角六分七厘弱了。

　　问他们平民夜校有无特别加俸。校长说，"几位先生轮任，完全是尽义务的。"俸少事繁，我实在佩服他们的热心。要是全中国的小学教员，个个人担任教二十个平民识字，那么，中国人识字的百分比，不出十年，可以达到百分之八九十以上。

六、明日之学校的母

小学教育的发达，先城市而后乡村。理论上说，是一件顶不公道的事。然而事实上却无论哪一国都逃不出这个公式。江苏省立师范学校，添设农村分校，用来养成乡村小学的教员。这是一件很重要，而且又是很可欣慰的事。可惜，因为经费的限制，现在只有五处。男师范九校，连代用，共十校。女师范三校。十三校里只有五校有农村分校，不免太少了罢。为将来的师资打算，恐怕二十五个，五十个也不嫌少呢。有人说，有县立师范代替了。这是无可如何中，自己安慰自己的话罢了。

丢开量的问题不谈，我们来谈质的问题。五个分校里，我只到过栖霞山和洛社的两处。我在洛社的时间又较长久，所以得到的影像也较深。我所以略去别的四处，而专谈洛社一处的缘故，完全为此。并不是别的四处不如洛社的——或许胜过——但是我没有详细知道，所以只得暂缺。

说到农村分校，便应该是一个"明日之学校"。我国农村教育是近将来的问题。要解决这近将来的问题，非先养成农村里明日之学校的教师不可。

养成这种教师，绝不是枝枝节节的几门科学，零零碎碎的几门教育——教育原理，儿童心理，学校行政，教学方法……所能济事。即使加上几门"农村问题""农村社会学""农村改良"，或实践的"农业"，也绝不能达到我们预期的目的。实在是一个"理想""态度""精神"，和全学校的"生活"的问题。

论到环境，洛社的分校完全在农村里面。学生组织也有一个农村的生活。这是一个中心的核。全校的行政，教科，附属小学，都包围着这个中心的核活动着，好像是行星绕太阳运行般的有条理，有系统。这不但是我知道的，并且是我感到的。又不是我一个人的感想，同行的一位也同样感到的。我们回到无锡以后，交换意见，彼此都如此说。

我们等火车，有机会看到平民夜校。到校的人很多，教员是师范生分任的。这一件看来好像不关重要的事。但是比了向师范生演讲什么"平民教育""农村社会问题"……要好得多。师范生在校时，预先养成了这种服务农村社会的精神，将来毕业后任起事来，一定能把地方教育全般的问题当作农村教员的自己责任。这样养成的小学教员，将来办的一定是"明日之学校"。此时养成"明日之学校"教员的农村分校，不是一个"明日之学校"的母了吗？要是不信我话，请去一看！要去直感到那种生活里的精神才觉有趣。纸片上描写，我没有这才能了。

（原载于《小学教育月刊》1925 年第 1 卷第 1、2、4、5、6、8 期）

俞子夷著述年表①

1909 年

1.《俞子夷先生女子教育谈》,《女学生》第 10 期。

2.《俞子夷先生欧美学校家事教授谈（续)》,《女学生》第 13 期。

3.《俞子夷先生家事教授谈（续)》,《女学生》第 15 期。

1911 年

4.《记俞子夷先生演说》,《女学生》第 2 期。

5.《续俞子夷先生家事教授》,《女学生》第 2 期。

1913 年

6.《吴和士、俞子夷、薛公侠、凌文之报告书》,收录于南洋劝业会研究会编:《南洋劝业会研究会报告书》,上海:中国图书公司。

1914 年

7.《欧美教育考察员俞子夷君致本社编辑主任书》,《教育研究》第 13 期。

---

① 丁道勇辑录。

8.《欧美教育考察中之报告》,《教育研究》第 13 期。

9.《现今学校教育上急应研究之根本问题》,《教育杂志》第 6 卷第 12 号。

10.《余近时所参观之三处幼稚园并对于幼稚园教育之疑问》,《教育研究》第 18 期。

11.《教授法上之动机（自学辅导教授法之基础)》,《教育研究》第 18 期。

12.《旅美随笔》,《小学校》第 2 号,署名子夷。

13.《欧美新教育之趋势（续第一号)》,《小学校》第 2 号。

1915 年

14.《实用算术教授法》,《教育研究》第 19 期。

15.《现今学校教育上急应研究之根本问题（续)》,《教育杂志》第 7 卷第 3 号。

16.《余之教育观》,《小学校》第 5 号。

17.《教育上之新趋势》,《嘉定小学教育研究录》第 2 期。

1916 年

18. 俞子夷等编:《新体算术教科书》(共 4 册),上海:商务印书馆。

19. 俞子夷等编:《新体算术教授书》(共 4 册),上海:商务印书馆。

20.《算术教授上之谬误》,《教育杂志》第 8 卷第 9 号。

21.《克的斯实验研究法》,《小学校》第 6 号。

1917 年

22.（美）施脱兰欧著,俞子夷编译:《美国施脱兰欧教授法概要》,上海:商务印书馆。

23.《算术教授之科学的研究》,《教育杂志》第 9 卷第 3 号。

24.《算术教授之科学的研究（续）》，《教育杂志》第 9 卷第 4 号。

25.《算术教授之科学的研究（再续）》，《教育杂志》第 9 卷第 6 号。

26.《江苏省立第一师范附属小学关于职业教育之过去未来》，《教育与职业》第 1 期。

27.《新体数学讲义》，《新体师范讲义》第 1 期。

28.《新体数学讲义》，《新体师范讲义》第 2 期。

29.《新体数学讲义》，《新体师范讲义》第 3 期。

30.《新体数学讲义》，《新体师范讲义》第 4 期。

31.《新体数学讲义》，《新体师范讲义》第 5 期。

32.《新体数学讲义》，《新体师范讲义》第 6 期。

33.《新体数学讲义》，《新体师范讲义》第 7 期。

34.《新体数学讲义》，《新体师范讲义》第 8 期。

35.《新体数学讲义》，《新体师范讲义》第 9 期。

36.《新体数学讲义》，《新体师范讲义》第 10 期。

37.《新体数学讲义》，《新体师范讲义》第 11 期。

1918 年

38. 俞子夷等编：《师范讲习科用：新体数学讲义》，上海：商务印书馆。

39.《小学国文毛笔书法 Scale》，《小学校》第 10 号。

40.《美国亨泼登学校之课程》，《教育与职业》第 4 期。

41.《美国亨泼登学校普通科及师范科之课程》，《教育与职业》第 5 期。

42.《美国亨泼登学校农业及手工科之科程》，《教育与职业》第 6 期。

43.《职业陶冶的办法一例》，《教育与职业》第 6 期。

44.《图画手工要改组》,《教育与职业》第 8 期。

45.《江苏各师范附属小学校手工要目之研究》,《教育与职业》第 8 期。

46.《算术教授之种种》,《教育研究》第 18 期。

47.《算术教授革新之研究》,《教育杂志》第 10 卷第 1 号。

1919 年

48.《文语体缀法 Scale》,《小学校》第 11 号。

49.《吾校之书法教授》,《南汇县教育会月刊》第 22 期。

50.《视察各科教学之方法》,《南汇县教育会月刊》第 22 期。

51.《小学校白话文教授的讨论》,《新教育》第 4 期,署名俞子夷等。

1921 年

52.(美) 密勒著,郑宗海、俞子夷译:《密勒氏人生教育》,上海:商务印书馆。

53.《儿童用书问题》,《教育汇刊》第 1 期。

54.《设计的教学法》,《教育汇刊》第 1 期。

55.《利用学生好问心的教学法 (一个试验)》,《教育汇刊》第 2 期。

56.《乡土教学的出发点》,《吴县教育月刊》第 1 卷第 3 号。

57.《奥西亚君来参观南高暨南小学的感言》,《教师之友》第 10 期。

58.《怎样才算是小学手工的设计教学法》,《教育与职业》第 31 期。

1922 年

59.《小学算术课程纲要》,《小学教育界》第 2 卷第 3 号,署俞子夷起草,委员会覆订。

60.《中小学沟通问题一部分的研究——算术》,《教育汇刊》第 3 期。

61.《测验法之诊断的利用》,《教育汇刊》第 3 期,署俞子夷讲,潘一强、朱定钧记。

62.《南京高等师范附属小学校设计教学法实施报告》,《教育汇刊》第 4 期。

63.《美国哥伦比亚大学师范院小学部试行设计教学法报告》,《教育汇刊》第 4 期,(美)道克乐著,署俞子夷译。

64.《设计教学法（第一次）》,《教育汇刊》第 4 期,署俞子夷讲,葛成训、胡昌才记。

65.《设计教学法（第二次）》,《教育汇刊》第 4 期,署俞子夷讲,张绳祖、卫士生记。

66.《设计教学法》(演讲),《山东教育月刊》第 1 卷第 4—6 期。

67.《关于全国教育会联合会议决学制系统草案初等教育段的问题》,《新教育》第 4 卷第 2 期。

68.《中华民国十年的初等教育》,《新教育》第 4 卷第 2 期。

69.《小学校初年级读法教科书急应改革的问题（一）》,《新教育》第 4 卷第 3 期。

70.《小学校初年级读法教科书急应改革的问题（二）》,《新教育》第 4 卷第 5 期。

71.《小学校毛笔书法标准》,《新教育》第 5 卷第 1—2 期。

72.《测验法之诊断的利用》,《新教育》第 5 卷第 1—2 期。

73.《小学教员该注重理论还是注重经验?》,《新教育》第 5 卷第 4 期。

74.《新学制草案的研究法:实况研究》,《吴县教育月刊》第 1 卷第 5 期。

75.《设计教学的三问题》,《江苏省立第二女子师范学校校友会汇刊》第 14 期。

76.《儿童用书字形行间的研究》,《中华教育界》第 11 卷第 6 期。

77.《教育测验法诊断的利用》,《吴县教育月刊》第 1 卷第 8 期。

78.《中小学沟通问题关于算术方面第二次的报告》，《新教育》第5卷第5期。

79.《和李步青先生讨论新式国民学校计划书》，《教育杂志》第14卷第1号。

80.《视察设计教学的标准》，《教育杂志》第14卷第2号。

81.《小学校的三个问题》，《教育杂志》第14卷第7号。

82.《弹性编制是什么?》，《教育杂志》第14卷号外。

83.《新学制系统草案应修正的几个要点》，《教育杂志》第14卷号外。

84.《江苏新学制草案讨论会关于小学一部各方面意见的汇集研究》，《教育杂志》第14卷号外。

85.《小学校的新课程》，《教育杂志》第14卷号外。

86.《女子职业学校应当设家事科吗?》，《教育与职业》第32期。

1923 年

87.《设计教学法（第三次)》，《教育汇刊》第4期，署俞子夷讲，张绳祖、卫士生记。

88.《小学教育行政之机能》，《教育汇刊》第6期，署俞子夷讲，祝其乐、钱秉权记。

89.《小学教员生活状况调查》，《教育杂志》第15卷第1号。

90.《中数计算法说明》，《教育杂志》第15卷第3号。

91.《算术科课程纲要》，《教育杂志》第15卷第4号。

92.《小学教学法上的新旧冲突（一、练习)》，《教育杂志》第15卷第9号。

93.《小学教学法上的新旧冲突（二、兴味和努力)》，《教育杂志》第15卷第10号。

94.《小学教学法上的新旧冲突（三、全体和部分)》，《教育杂志》

第 15 卷第 11 号。

95.《小学教学法上的新旧冲突（四、因材施教和程度划一)》,《教育杂志》第 15 卷第 12 号。

96.《我对于办暑期学校的一点小意思》,《教育杂志》第 15 卷第 10 号。

97.《小学校毛笔书法成绩的算法》,《心理》第 2 卷第 2 期。

98.《本季刊的目的》,《初等教育》第 1 卷第 1 期。

99.《算术科学程标准》,《初等教育》第 1 卷第 1 期。

100.《行了设计教法以后学生读的书要减少吗》,《初等教育》第 1 卷第 1 期。

101.《小学六年的算术课程举例》,《初等教育》第 1 卷第 1 期。

102.《问答法，选择法，是非法的测验那一种可靠?》,《初等教育》第 1 卷第 1 期。

103.《问答法，选择法，是非法的测验那一种可靠第二次的试验》,《初等教育》第 1 卷第 1 期。

104.《一二三四年学生读书统计》,《初等教育》第 1 卷第 2 期。

105.《一种练习写字的试验研究》,《初等教育》第 1 卷第 2 期。

106.《续谈小学校的三个问题》,《初等教育》第 1 卷第 3 期。

107.《怎样定小学教员俸额的标准》,《初等教育》第 1 卷第 3 期。

108.《行了设计法以后学生读书能力要低减吗》,《初等教育》第 1 卷第 3 期。

109.《读李步青、贡沛诚两先生讨论中学级任制并且报告小学校试行指导制的一个经验》,《新教育》第 6 卷第 1 期。

110.《民国十一年之初等教育》,《新教育》第 6 卷第 2 期。

111.《济南学务调查》,《新教育》第 6 卷第 3 期，署名俞子夷、廖世承、王克仁、祝其乐、李勉韶。

112.《学生自治》,《新教育》第 6 卷第 3 期。

113.《编造小学书法测验方法的概要》,《新教育》第 6 卷第 4 期。

114.《小学教员之苦境与乐境》,《新教育》第 7 卷第 5 期。

115.《平民教育谈（一）：投其所好》,《教育与人生》第 4 期。

116.《平民教育谈（二）：茶馆里去讲故事》,《教育与人生》第 6 期。

117.《平民教育谈（三）：千字文》,《教育与人生》第 8 期。

118.《平民教育谈（四）：利用智识解决问题》,《教育与人生》第 12 期。

1924 年

119.（美）帕刻著，俞子夷译述：《普通教学法》,上海：商务印书馆。

120. 俞子夷著：《设计教学法的理论和实验》,中国出版公司。

121. 俞子夷著：《社会化的算术教科书》(共 8 册),上海：商务印书馆。

122. 曹徐瑾葆、俞子夷合著：《幼稚园小学校音乐集》,上海：商务印书馆。

123. 俞子夷编：《测验统计法概要》,上海：商务印书馆。

124.《东南大学附属小学试行道尔顿制概况》,《时报》1924 年 1 月 18 日,署俞子夷讲，张友仁记。

125.《小学生写的是些什么字?》,《初等教育》第 2 卷第 1 期。

126.《算学教法里的小节目》,《初等教育》第 2 卷第 2 期。

127.《人类应用数字的选择》,《初等教育》第 2 卷第 4 期。

128.《最少量的小学算术课程》,《初等教育》第 2 卷第 4 期,署蒋石洲、俞子夷编译。（续篇由蒋石洲完成：《最少量的小学算术课程》,

《新教育》1925 年第 1 期)

129.《改行设计的教学法的一个方案》，《初等教育》第 2 卷第 4 期。

130.《俞子夷君参观乡村小学后的建议》，《申报》7 月 26 日。

131.《初等教育的新趋势》，《中华教育界》第 14 卷第 2 期。

132.《参观乡村小学后之报告》，《中华教育界》第 14 卷第 3 期。

133.《关于小学校算学教育的问题》，《中华教育界》第 14 卷第 6 期。

134.《教学法的科学观和艺术观》，《教育杂志》第 16 卷第 1 号。

135.《小学算学教学法概要》，《教育杂志》第 16 卷第 1 号。

136.《出殡追悼会等之教育的价值》，《教育杂志》第 16 卷第 3 号。

137.《昆山初小算术测验编造法》，《教育杂志》第 16 卷第 4 号，署名俞子夷、江景双、朱韵秋、戴文倩。

138.《小学校算术练习法》，《教育杂志》第 16 卷第 7 号。

139.《今后小学教育之趋势》，《教育杂志》第 16 卷第 9 号。

140.《读了十二本设计教法专书的书后》，《教育杂志》第 16 卷第 10 号。

141.《昆山算术测验的结果》，《教育杂志》第 16 卷第 12 号。

142.《平民教育谈（五）：补救演讲法的弊病》，《教育与人生》第 16 期。

143.《教育的根本大问题——怎样使思想进步》，《教育与人生》第 22 期。

144.《注重美育的一个浅近的理由》，《教育与人生》第 23 期。

145.《参观铜山县乡村教育后的感想（一）》，《教育与人生》第 27 期。

146.《参观铜山县乡村教育后的感想（二）》，《教育与人生》第

29 期。

147.《参观无锡县小学校后的感想》,《教育与人生》第 34 期。

148.《对于乡镇村小学教育的建议》,《教育与人生》第 40 期。

149.《关于算学教学法的两个问题》,《教育与人生》第 41 期。

150.《参观江阴县小学校后的感想》,《教育与人生》第 41 期。

151.《参观灌云县及淮阴县学校后的感想（一）》,《教育与人生》第 43 期。

152.《参观灌云县及淮阴县学校后的感想（二）》,《教育与人生》第 44 期。

153.《一个月来恐怖愁闷里无法解决的难问题》,《教育与人生》第 53 期。

154.《编造小学书法测验方法的概要》(续6卷4期),《新教育》第 8 卷第 4 期。

155.《小学教育的效力》,《新教育》第 8 卷第 5 期。

156.《小学算术应用题测验》,《心理》第 3 卷第 1 期。

1925 年

157.《人生的矛盾》,《生活》第 1 卷第 1 期。

158.《贮蓄》,《生活》第 1 卷第 6 期。

159.《防微杜渐》,《生活》第 1 卷第 7 期。

160.《业余消遣》,《生活》第 1 卷第 9 期。

161.《好胜》,《生活》第 1 卷第 12 期。

162.《中国的明日之学校》,《小学教育月刊》第 1 卷第 1 期。

163.《中国的明日之学校（续第一期)》,《小学教育月刊》第 1 卷第 2 期。

164.《中国的明日之学校（再续)》,《小学教育月刊》第 1 卷第 4 期。

165.《中国的明日之学校（三续)》,《小学教育月刊》第 1 卷第 5 期。

166.《中国的明日之学校（四续)》,《小学教育月刊》第 1 卷第 6 期。

167.《读了舒新城"小学教育问题杂谈"以后》,《新教育》第 10 卷第 1 期。

168.《人类应用数字选择的又一报告》,《新教育》第 10 卷第 1 期。

169.《姓里用字的研究》,《新教育》第 10 卷第 5 期。

170.《设计教学法问答》,《新教育》第 11 卷第 3 期。

171.《教育界领袖人物的特别免许状》,《新教育评论》第 1 卷第 2 期,（美）Frank W. Hart 著,署俞子夷编译。

172.《职业教育！职业学校！我的三个疑问,一个谬见》,《教育杂志》第 17 卷第 1 号。

173.《小学校长的职务》,《教育杂志》第 17 卷第 11 号。

174.《姓名用字研究》,《中华教育界》第 14 卷第 10 期。

175.《道德教育的破产与小学教员的责任》,《中华教育界》第 14 卷第 12 期。

176.《小学实施道尔顿制的批评》,《中华教育界》第 15 卷第 5 期。

1926 年

177.（美）Thorndike 著,俞子夷编译：《小学算术教学法》,上海：商务印书馆。

178.《好胜和成败的关系》,《生活》第 1 卷第 13 期。

179.《他为什么爱我》,《生活》第 1 卷第 14 期。

180.《我的宗教》,《生活》第 1 卷第 15 期。

181.《乐与苦》,《生活》第 1 卷第 17 期。

182.《自杀》,《生活》第 1 卷第 18 期。

183.《男子心目中的女德》,《生活》第 1 卷第 19 期。

184.《一个铜板》,《生活》第 1 卷第 22 期。

185.《女子职业》,《生活》第 1 卷第 23 期。

186.《参加政治运动》,《生活》第 1 卷第 24 期。

187.《奢侈》,《生活》第 1 卷第 26 期。

188.《生活的两方面》,《生活》第 1 卷第 27 期。

189.《再谈一个铜板》,《生活》第 1 卷第 32 期。

190.《善用智慧》,《生活》第 1 卷第 34 期。

191.《揩油》,《生活》第 1 卷第 36 期。

192.《再谈揩油》,《生活》第 1 卷第 41 期。

193.《买客心理》,《生活》第 1 卷汇刊。

194.《赤化和银子的关系》,《生活》第 1 卷汇刊。

195.《寻开心》,《生活》第 1 卷汇刊。

196.《青年业余休闲教育的重要和小学教育的关系》,《教育杂志》第 18 卷第 1 号。

197.《儿童对于各科好恶的调查》,《教育杂志》第 18 卷第 6 号。

198.《关于书法科学习心理之一斑》,《教育杂志》第 18 卷第 7 号。

199.《现行各种测验的功用》,《教育汇刊》第 2 卷第 3、4 期。

200.《中国的明日之学校（续第六期)》,《小学教育月刊》第 1 卷第 8 期。

201.《小学校算学里代数的根苗》,《中华教育界》第 15 卷第 8 期。

202.《一个小学字汇的研究》,《中华教育界》第 15 卷第 10 期。

203.《小学校算学科里的爱国教材》,《中华教育界》第 16 卷第 1 期。

204.《小学教育和职业教育的关系》,《教育与职业》第 74 期。

205.《徒弟制和职业学校》,《教育与职业》第 76 期。

206.《小学教员应有的态度》(演讲),《青浦县立师范初级中学校校刊》第 2 期。

1927 年

207. 俞子夷著:《一个乡村小学教员的日记 (上)》,上海:商务印书馆。

208.《小学生识字教法》,《教育杂志》第 19 卷第 5 号。

209.《语言文字的误用》,《教育杂志》第 19 卷第 6 号。

210.《二十年前乡村学校生活里的我》,《教育杂志》第 19 卷第 12 号。

211.《小学校长与教学指导》,《中华教育界》第 16 卷第 8 期。

212.《小学毕业生的缀法一年不如一年吗?》,《中华教育界》第 16 卷第 11 期。

213.《初中入学试验的算术题目》,《中华教育界》第 16 卷第 12 期。

214.《小学毕业生的算学程度一年不如一年吗?》,《中华教育界》第 16 卷第 12 期。

215.《小学教育漫谈一:得心应手》,《国立第三中山大学教育周刊》第 4 期。

216.《小学教育漫谈二:误人子弟的读书法》,《国立第三中山大学教育周刊》第 5 期。

1928 年

217. 俞子夷著:《一个乡村小学教员的日记 (下)》,上海:商务印书馆。

218. 中央大学实验小学校编:《一个小学十年努力纪》,上海:中华书局。

219.《一笔教育上的旧账》,《教育杂志》第 20 卷第 2 号。

220.《小学与小学教员:解决普及教育的一个草案》,《教育杂志》第 20 卷第 3 号。

221.《代小学生开开口》,《国立第三中山大学教育周刊》第 15 期。

222.《小学教育漫谈三:默读练习的方法》,《国立第三中山大学教育周刊》第 16 期。

223.《小学教育漫谈四:略读精读》,《国立第三中山大学教育周刊》第 19 期。

224.《小学教育漫谈五:解决问题的教法》,《国立第三中山大学教育周刊》第 20 期。

225.《小学教育漫谈六:朗读该打倒的吗?》,《国立第三中山大学教育周刊》第 21 期。

226.《小学教育漫谈七:缀法的革命》,《国立第三中山大学教育周刊》第 22 期。

227.《小学教育漫谈十:速算》,《浙江大学教育周刊》第 37 期。

228.《小学教育漫谈十一:速算练习的教材》,《浙江大学教育周刊》第 38 期。

229.《各种测验的标准问题》,《中华教育界》第 17 卷第 1 期。

1929 年

230. 俞子夷著:《小学算术科教学法》,上海:商务印书馆。

231.《速算的材料和方法》,《市政月刊》第 2 卷第 4 期。

1930 年

232.《识字运动与注音符号》(演讲),《浙江省识字运动年报(十八年度)》。

233.《造成注音符号的环境》,《浙江省识字运动年报(十八年度)》。

234.《小学教育漫谈》,《湘湖生活》第 11 期。

235.《二十五年来的初等教育》,《寰球中国学生会廿五周年纪念册》。

236.《无线电杂谈十:一种矿石收音机的做法》,《无线电半月刊》第 4 期。

237.《无线电杂谈十一:不用 B 电的一灯收音机》,《无线电半月刊》第 5 期。

238.《无线电杂谈十二:灯丝抵抗器的选择》,《无线电半月刊》第 5 期。

239.《无线电杂谈十三:几个简便有效的三路线圈做法》,《无线电半月刊》第 6 期。

240.《无线电收音机诊断治疗术一斑》,《无线电半月刊》第 6 期,署名子夷。

241.《无线电收音机诊断治疗术一斑(续)》,《无线电半月刊》第 7 期,署名子夷。

242.《简易有效的短波收音机》,《无线电半月刊》第 7 期,署名子夷。

1931 年

243. 俞子夷著:《小学教学漫谈》,上海:中华书局。

244. 俞子夷编:《新中华小学行政》,上海:中华书局。

245. 俞子夷编:《无线电入门第一册:矿石收音机造法》,上海:中华书局。

246. 俞子夷编:《无线电入门第二册:真空管收音机造法》,上海:中华书局。

247. 俞子夷编:《无线电入门第三册:真空管收音机的放大法》,

上海：中华书局。

248. 俞子夷编：《无线电入门第四册：二个以上真空管的收音机》，上海：中华书局。

249.《教育与行政》(演讲)，《浙江教育行政周刊》第 2 卷第 47、48 期。

250.《关于小学教科书的几点小小意见》，《中华教育界》第 19 卷第 4 期。

251.《白里安》，《中华周报》第 8 期。

252.《无线电杂谈十四：用小电珠作真空管的保险器》，《无线电半月刊》第 8 期。

253.《无线电杂谈十五：灯丝用干电池的寿命》，《无线电半月刊》第 8 期。

254.《无线电杂谈十六：B 电池的寿命》，《无线电半月刊》第 9 期。

255.《无线电杂谈十七：天线的长和高》，《无线电半月刊》第 10 期。

256.《无线电杂谈十八：栅路与屏路的接触》，《无线电半月刊》第 11 期。

257.《无线电杂谈十九：人体作用》，《无线电半月刊》第 12 期。

258.《无线电杂谈二十：栅电漏的大小》，《无线电半月刊》第 13 期。

259.《无线电杂谈二十一：减少线圈损失的方法》，《无线电半月刊》第 13 期。

260.《无线电杂谈二十二：再生式收音机上的初级圈》，《无线电半月刊》第 14 期。

261.《无线电杂谈二十三：使再生力调节平静的方法》,《无线电半月刊》第 14 期。

262.《无线电杂谈二十四：室内天线》,《无线电半月刊》第 14 期。

263.《无线电杂谈二十五：修复失效的矿石》,《无线电半月刊》第 15 期。

264.《无线电杂谈二十六：栅路检波与屏路检波》,《无线电半月刊》第 16 期。

265.《无线电杂谈二十七：增加矿石收音机的效力方法》,《无线电半月刊》第 17 期。

266.《无线电杂谈二十八：手提式收音机和临时天线》,《无线电半月刊》第 21 期。

267.《无线电杂谈二十九：不要忽略了小节》,《无线电半月刊》第 22 期。

268.《一个玩意儿的发报机做法》,《无线电半月刊》第 9 期。

269.《又一种一灯收音机的做法》,《无线电半月刊》第 11 期。

270.《蓄电池充电须知》,《无线电半月刊》第 12 期。

271.《一灯反射式（一名来复式）收音机做法》,《无线电半月刊》第 14 期，署名子夷。

272.《真空管的搭配问题》,《无线电半月刊》第 15 期，署名子夷。

273.《我的第一只短波发音机》,《无线电半月刊》第 17 期，署名子夷。

1932 年

274. 俞子夷编：《无线电入门第五册：短波收音机的做法》,上海：中华书局。

275.《新教学法》,收录于杭州师范学校推广教育处编：《师范教育学术讲座讲演集》，杭州：浙江省立杭州师范学校。

276.《环境气候对于无线电收音机影响的一班》，《中国建设》第6卷第1期。

277.《随便谈谈交流"苏潘"式收音机》，《无线电问答汇刊》第20期。

1933 年

278. 俞子夷著：《测验统计术》，上海：中华书局。

279. 俞子夷著：《儿童学算指导法》，上海：大东书局。

280. 俞子夷编：《小学校初级用：算术练习用书（全五册)》，上海：大东书局。

281. 俞子夷编：《无线电入门第六册：发报机及播音机的造法》，上海：中华书局。

282.《劳作教育》(演讲)，《浙江教育行政周刊》第4卷第20期。

283.《生产教育》(演讲)，《浙江教育行政周刊》第4卷第43期。

284.《从教育立场所希望于图书馆者》，《浙江省立图书馆馆刊》第2卷第3期。

285.《小书摊》，《中国出版》第2卷第2、3期，署名子夷。

1934 年

286. 俞子夷著：《园丁野话》，上海：儿童书局。

287. 俞子夷著：《怎样做教师》，上海：中华书局。

288. 朱絜昜、俞子夷合著：《新小学教学法》，上海：儿童书局。

289. 俞子夷编：《无线电初步》，上海：中华书局。

290.《俞序》，收录于刘百川著：《小学教师箴言》，上海：大华书局。

291.《小学算术教材中的应用问题》，《教育短波》第3期。

292.《小学算术教材中的应用问题（续）》，《教育短波》第 4 期。

293.《小学算术教材中的应用问题（续）》，《教育短波》第 5 期。

294.《小学算术应用题材的选择组织（未完）》，《教育短波》第 7 期。

295.《小学算术练习的材料》，《中华教育界》第 22 卷第 6 期。

296.《小学教材与国防教育》，《国防教育特刊》第 3 期。

297.《指导师范生实习：一个反省》，《教育杂志》第 24 卷第 1 号。

298.《教育书的一个读法》，《中国出版》第 3 卷第 3、4 期，署名子夷。

299.《无线电中的四大金刚》，《浙江青年》第 1 卷第 1 期。

300.《简易矿石收音机》，《浙江青年》第 1 卷第 2 期。

1935 年

301. 俞子夷编：《小学算术教学之研究》，上海：中华书局。

302. 俞子夷编著：《小学教材及教学法（上册)》，南京：正中书局。

303. 俞子夷编：《又话一年》，上海：儿童书局。

304. 俞子夷编：《实习》，上海：商务印书馆。

305. 朱晨旸、俞子夷合著：《新小学教材研究》，上海：儿童书局。

306. 俞子夷、朱晨旸合著：《新小学教材和教学法》，上海：儿童书局。

307. 俞子夷编：《无线电入门第七册：交流收音机线路图集》，上海：中华书局。

308.《俞序》，收录于朱浩文编：《小学算术教具》，上海：儿童书局。

309.《说书场》，《教育短波》第 13 期。

310.《小学算术教材中的数量经济常识（未完)》，《教育短波》第 14 期。

311.《小学算术教材中的数量经济常识（未完)》，《教育短波》第

15 期。

312.《"儿童本位"浅释》,《学校生活》第 119、120 期。

313.《龙王庙里的旧事——甜蜜的回忆》,《东方杂志》第 32 卷第 1 期,署名子夷。

314.《新进教师常遇到的难问题》,《教育杂志》第 25 卷第 3 号。

315.《读书运动的致命伤》,《教育杂志》第 25 卷第 6 号。

316.《师范课程各科目间的联络与重复》,《教育杂志》第 25 卷第 7 号。

317.《儿童的教师》,《教育杂志》第 25 卷第 12 号。

318.《儿童本位教育》(演讲),《小学与社会》第 1 卷第 45 期。

319.《编者的一封信》,《教师之友》第 1 卷第 1 期。

320.《算术教材中两件有趣的小事》,《教师之友》第 1 卷第 2 期。

321.《所谓社会背景》,《教师之友》第 1 卷第 2 期,署名子夷。

322.《白老鼠化》,《教师之友》第 1 卷第 2 期,署名子夷。

323.《编后》,《教师之友》第 1 卷第 3 期,署名子夷。

324.《儿童年》,《教师之友》第 1 卷第 4 期,署名子夷。

325.《测验分数改算老式分数法》,《教师之友》第 1 卷第 5 期。

326.《小学算术练习材料的组织》,《教师之友》第 1 卷第 6 期。

327.《废物利用的意义》,《教师之友》第 1 卷第 7 期,署名子夷。

328.《儿童年与小学教师》,《教师之友》第 1 卷第 8 期,署名子夷。

329.《设备问题》,《教师之友》第 1 卷第 8 期,署名子夷。

330.《可行不可行》,《教师之友》第 1 卷第 9 期,署名子夷。

331.《开封的教育实验》,《教师之友》第 1 卷第 10 期,署名子夷。

332.《徒弟的学习法》,《教师之友》第 1 卷第 11 期,署名子夷。

333.《中高游戏教材索引（续)》,《教师之友》第 1 卷第 11 期。

334.《"儿童本位"浅释》,《教师之友》第 1 卷第 12 期。

335.《读经问题》,《中国出版》第 4 卷第 5、6 期。

336.《自然科学的教与学——问》,《教与学》第 1 卷第 1 期。

337.《教学法上所根据的几个重要原则》,《教与学》第 1 卷第 3 期。

338.《打》,《中华教育界》第 23 卷第 7 期。

339.《简易一管收音机》,《浙江青年》第 1 卷第 4 期。

340.《短波线圈的制作》,《亚洲无线电月刊》第 1 卷第 1 期。

341.《短波线圈的制作（续)》,《亚洲无线电月刊》第 1 卷第 2 期。

1936 年

342. 俞子夷编:《怎样统计》,上海:儿童书局。

343. 俞子夷编:《纪念日怎样演讲》,上海:儿童书局。

344. 俞子夷编著:《小学教材及教学法（下册)》,南京:正中书局。

345. 俞子夷著:《电的常识》,上海:中华书局。

346.《序言》,收录于曹风南编:《小学乡土教育的理论与实际》,
上海:中华书局。

347.《非常时期的准备》(演讲),《青年》第 2 卷第 24 期。

348.《读书与记忆》,《图书展望》第 2 卷第 1 期。

349.《是谁负责任》,《教与学》第 1 卷第 8 期。

350.《高调与事实》,《教师之友》第 2 卷第 8 期,署名子夷。

351.《留级》,《教师之友》第 2 卷第 10 期,署名子夷。

352.《不吃闲食》,《教师之友》第 2 卷第 11 期,署名子夷。

353.《教书匠和方法》,《教师之友》第 2 卷第 12 期,署名子夷。

354.《为什么负量与负量相乘结果是个正量》,《教育杂志》第 26
卷第 9 号。

355.《疫痢:一种可怕的孩子病》,《教育杂志》第 26 卷第 12 号。

356.《业余者准备了没有》,《实用无线电杂志》第 1 卷第 5 期,署名子夷。

1937 年

357. 俞子夷著：《笔算珠算混合教学法》，上海：中华书局。

358.《两个严重的教育问题：家长的财力学生的体力精力》，《教育杂志》第 27 卷第 1 号。

359.《常识和读书的联络》，《教育杂志》第 27 卷第 7 号。

360.《关于统制与自由的一段梦话》，《中华教育界》第 24 卷第 7 期。

361.《非常时期教育的又一意义》，《教与学》第 3 卷第 4 期。

362.《我的少年时代》，《少年周刊》创刊号。

363.《儿童学算时期关于练习的研究》，《大东月报》新 4 号。

364.《改造小学算术课程的讨论》，《儿童教育》第 7 卷第 8 期。

365.《再谈一次收音成绩纪录》，《实用无线电杂志》第 2 卷第 8 期。

366.《业余无线电的国籍问题》，《实用无线电杂志》第 2 卷第 11 期。

1938 年

367.《我们的小试》，《青年抗敌特刊》第 24 期。

368.《三恐病与抗战教育》，《教育杂志》第 28 卷第 2 号。

1939 年

369. 俞子夷、吴志尧编：《小学视导》，上海：中华书局。

370.《我们办教育者的忏悔》，《作者通讯》第 3 期。

371.《教算一得（未完)》，《教与学》第 4 卷第 6、7 期。

372.《谈科学一：几句开场白》，《新青年》第 1 卷第 3 期。

373.《谈科学二：五万吨的主力舰》，《新青年》第 1 卷第 4 期。

374.《谈科学三：海龙王的齐伯林》，《新青年》第 1 卷第 5 期。

375.《谈科学四：从帆船说到飞机》，《新青年》第 1 卷第 6 期。

376.《谈科学五：火柴和花爆》，《新青年》第 1 卷第 7 期。

377.《谈科学六：军事用的火》，《新青年》第 1 卷第 8 期。

378.《谈科学七：水》，《新青年》第 1 卷第 9 期。

379.《谈科学八：水和生物》，《新青年》第 1 卷第 10 期。

380.《谈科学九：微妙的工厂》，《新青年》第 1 卷第 11 期。

381.《谈科学十：动物的制造本领》，《新青年》第 1 卷第 12 期。

382.《谈科学十一：动物的动》，《新青年》第 2 卷第 1 期。

383.《谈科学十二：热和衣》，《新青年》第 2 卷第 2 期。

384.《谈科学十三：热和食》，《新青年》第 2 卷第 3 期。

385.《谈科学十四：热和住》，《新青年》第 2 卷第 4 期。

386.《谈科学十五：太阳的热》，《新青年》第 2 卷第 5 期。

387.《谈科学十六：波动》，《新青年》第 2 卷第 6 期。

388.《谈科学十七：科学与数学》，《新青年》第 2 卷第 7 期。

389.《谈科学十八：科学中图形的利用》，《新青年》第 2 卷第 8 期。

390.《谈科学十九：高灯远照》，《新青年》第 2 卷第 9 期。

391.《谈科学二十：三套把戏》，《新青年》第 2 卷第 10 期。

392.《谈科学二十一：凸透镜的公式》，《新青年》第 2 卷第 11 期。

393.《谈科学二十二：扩大镜和显微镜》，《新青年》第 2 卷第 12 期。

394.《谈科学二十三：我们的眼睛》，《新青年》第 3 卷第 1 期。

395.《谈科学二十四：灯光的来历》，《新青年》第 3 卷第 2 期。

396.《我的中学生生活片段》，《新青年》第 1 卷第 11 期。

397.《两个月兼办社教的浅薄经验》，《教育杂志》第 29 卷第 3 号。

398.《考题的取材和代表性》，《教育杂志》第 29 卷第 7 号。

399.《一、二年级复式国语教学》，《教育杂志》第 29 卷第 8 号。

400.《复式学级的常识教材》，《教育杂志》第 29 卷第 9 号。

401.《小学实际问题：低年级的作文与说话》，《教育杂志》第 29

卷第 10 号。

402.《地图的教学》,《教育杂志》第 29 卷第 11 号。

403.《小学实际问题:操行考查(小学实际问题)》,《教育杂志》第 29 卷第 12 号。

1940 年

404. 俞子夷著:《科学杂谈》,浙江省动员委员会战时教育文化事业委员会。

405.《人生于世》,《天行杂志》创刊号。

406.《人生于世(二)》,《天行杂志》第 2 期。

407.《谈谈我的写作》,《作者通讯》第 11 期。

408.《国民教育师资训练问题》,《浙江教育》第 3 卷第 3、4 期。

409.《师范教育罪言》,《浙江战时教育文化》第 2 卷第 6 期。

410.《我写的日记》,《战时中学生》第 2 卷第 1 期。

411.《海上磁电战》,《战时中学生》第 2 卷第 4、5 期。

412.《水的故事》,《战时中学生》第 2 卷第 11 期。

413.《初步学算的自动作业》,《进修》第 2 卷第 7 期。

414.《算学的卡片练习》,《进修》第 2 卷第 9 期。

415.《说话和说话教育》,《教与学》第 4 卷第 10 期。

416.《小学实际问题:分数的初步练习》,《教育杂志》第 30 卷第 1 号。

417.《小学实际问题:通分》,《教育杂志》第 30 卷第 2 号。

418.《小学实际问题:自然教材的应用》,《教育杂志》第 30 卷第 3 号。

419.《小学实际问题:自然科的设备与实验》,《教育杂志》第 30 卷第 4 号。

420.《小学实际问题：自然教学与科学思想的启发》，《教育杂志》第 30 卷第 5 号。

421.《小学实际问题：一种省便的记分法》，《教育杂志》第 30 卷第 6 号。

422.《小学实际问题：纲要的做法》，《教育杂志》第 30 卷第 7 号。

423.《小学实际问题：珠算乘法的改良》，《教育杂志》第 30 卷第 8 号。

424.《小学实际问题：珠算除法的改良》，《教育杂志》第 30 卷第 9 号。

425.《小学实际问题：引起学习的动机》，《教育杂志》第 30 卷第 10 号。

426.《小学实际问题：成人班的笔算教材》，《教育杂志》第 30 卷第 12 号。

427.《谈科学二十五：电灯》，《新青年》第 3 卷第 3 期。

428.《谈科学二十六：电路》，《新青年》第 3 卷第 5、6 期。

429.《谈科学二十七：电筒》，《新青年》第 3 卷第 7、8 期。

430.《谈科学二十八：电的越规行动》，《新青年》第 3 卷第 9、10 期。

431.《谈科学二十九：发电机》，《新青年》第 3 卷第 9、10 期。

432.《谈科学三十：动力》，《新青年》第 3 卷第 11 期。

433.《谈科学三十一：功和力》，《新青年》第 3 卷第 12 期。

434.《谈科学三十二：暂告结束》，《新青年》第 4 卷第 1 期。

435.《无线电讲话之一：伦敦的钟声》，《新青年》第 4 卷第 2 期。

436.《无线电讲话之二：时间》，《新青年》第 4 卷第 3 期。

437.《无线电讲话之三：短波》，《新青年》第 4 卷第 4 期。

438.《无线电讲话之四：我们的收音机》，《新青年》第 4 卷第 5 期。

439.《无线电讲话之五：真空管》，《新青年》第 4 卷第 6 期。

440.《无线电讲话之六：真空管的机动》，《新青年》第4卷第7期。

441.《无线电讲话之七：被数量统治着》，《新青年》第4卷第8期。

442.《无线电讲话之八：另件的作用》，《新青年》第4卷第9期。

443.《无线电讲话之九：业余无线电》，《新青年》第4卷第10期。

444.《无线电讲话之九：字母不作拼音用》(应为之十——编者注)，《新青年》第4卷第11、12期。

1941 年

445.《小学实际问题：问题法》，《教育杂志》第31卷第2号。

446.《小学实际问题：讲书》，《教育杂志》第31卷第3号。

447.《小学实际问题：读书》，《教育杂志》第31卷第4号。

448.《小学实际问题：作文》，《教育杂志》第31卷第5号。

449.《小学实际问题：低级写字》，《教育杂志》第31卷第6号。

450.《小学实际问题：教学注音符号的先决问题》，《教育杂志》第31卷第8号。

451.《小学实际问题：教学注音符号的过渡方法》，《教育杂志》第31卷第10号。

452.《教材的纵的研究》，《教育通讯》第4卷第1期。

453.《师资能不能速成》，《教育通讯》第4卷第13期。

454.《嗑瓜子》，《教育通讯》第4卷第32、33合刊。

455.《初级儿童班国语读书教法》，《国民教育指导月刊》第1卷第5期。

456.《初级成人班公民常识与国语教学法》，《国民教育指导月刊》第1卷第5期。

457.《无线电讲话之十一：业余者的乐趣》，《新青年》第5卷第1期。

458.《无线电讲话之十二：电码》，《新青年》第5卷第2期。

459.《无线电讲话之十三：发报练习》,《新青年》第 5 卷第 3、4
合期。

460.《无线电讲话之十四：蜂鸣器》,《新青年》第 5 卷第 6 期。

461.《免弱增强（物理学讲话）》,《新青年》第 6 卷第 1 期。

462.《强弱的关系（物理学讲座）》,《新青年》第 6 卷第 2 期。

463.《声音的高低（物理学讲话）》,《新青年》第 6 卷第 3 期。

464.《和声（物理学讲话）》,《新青年》第 6 卷第 4、5 期。

465.《音阶的进步（物理学讲话）》,《新青年》第 6 卷第 6、7 期。

1942 年

466. 俞子夷编著：《新中国教科书：高级小学算术》,南京：正中
书局。

467. 俞子夷编著：《国防算术》,南京：正中书局。

468. 俞子夷著：《人生于世》,金华：天行杂志社总社。

469.《小学珠算教材教法》,《国民教育指导月刊》第 1 卷第 7 期。

470.《音色（物理学讲话）》,《新青年》第 6 卷第 8 期。

471.《音波（物理学讲话）》,《新青年》第 6 卷第 10 期。

472.《耳闻和目睹（物理学讲话）》,《新青年》第 6 卷第 11、12 期。

473.《音速（物理学讲话）》,《新青年》第 7 卷第 1 期。

474.《青年生活的回忆》,《新青年》第 6 卷第 9 期。

1943 年

475. 俞子夷著：《客窗梦话》,南平：天行社总社。

476. 俞子夷等著：《数学漫谈》,南平：国民出版社。

477. 俞子夷著：《怎样选辑说话教材并指导儿童练习》,教育部国
民教育司。

1944 年

478. 俞子夷著：《困学琐记》，南平：天行社总社。

479. 俞子夷著：《山村续梦》，南平：天行社总社。

480. 俞子夷著：《教算一得》，南京：正中书局。

481.《简易算术教具》，《国民教育指导月刊》第 2 卷第 6、7 期。

482.《简易记分法》，《国民教育指导月刊》第 3 卷第 2 期。

483.《介绍几种初级小学简易教具》，《国民教育指导月刊》第 3 卷第 5、6 期。

1945 年

484.《几个训育方面的小问题》，《浙江日报月刊》第 4 期。

485.《如此看待教师》，《学生文选》第 2 期。

486.《教育上全体与部分的关系》，《胜流》第 1 卷第 2 期。

487.《教育理论中的学习律》，《胜流》第 1 卷第 5 期。

1946 年

488. 俞子夷著：《教育杂文》，杭州：国民出版社。

489.《教育复员》，《群言》第 1 期。

490.《算术游戏：那一张纸大》，《正中儿童》第 13 期。

491.《算术游戏：剪纸把戏》，《正中儿童》第 14 期。

492.《算术游戏：拼三角旗》，《正中儿童》第 15 期。

493.《算术游戏：平行四边形变梯形》，《正中儿童》第 16 期。

494.《算术游戏：剪纸拼形》，《正中儿童》第 17 期。

495.《算术游戏：三角形改成长方形》，《正中儿童》第 18 期。

496.《算术游戏：三角形改平行四边形和梯形》，《正中儿童》第 19 期。

497.《算术游戏：梯形改平行四边形和长方形》，《正中儿童》第20期。

498.《算术游戏：七巧板》，《正中儿童》第21期。

499.《算术游戏：七巧板的面积》，《正中儿童》第22期。

500.《算术游戏：益智图板》，《正中儿童》第23期。

501.《算术游戏：益智图板的面积》，《正中儿童》第24期。

502.《算术游戏：搬出分数来了》，《正中儿童》第27期。

503.《这是什么数目》，《正中儿童》第28期。

1947年

504.《初级珠算教材》，杭州：浙江国民教育实验区辅导处。

505.《高级小学算术课本》（共4册），上海：国定中小学教科书七家联合供应处发行。

506.《算术教学实际问题》，上海：中华书局。

507.《五年级算术科算术工作书·第一册整数：远足圆明寺》，上海：商务印书馆。

508.《五年级算术科算术工作书·第二册复名数：湖口百货店》，上海：商务印书馆。

509.《五年级算术科算术工作书·第三册面积：白乐小农场》，上海：商务印书馆。

510.《五年级算术科算术工作书·第四册分数：小毛过生日》，上海：商务印书馆。

511.《六年级算术科算术工作书·第一册整数：庆祝双十节》，上海：商务印书馆。

512.《六年级算术科算术工作书·第二册复名数：预备过新年》，上海：商务印书馆。

513.《六年级算术科算术工作书·第三册分数上：喜儿卖老饼》，

上海：商务印书馆。

514.《六年级算术科算术工作书·第四册分数下：娃娃伤了风》，上海：商务印书馆。

515.《方阵》，《新学生》第 2 卷第 3 期。

516.《方阵（二）》，《新学生》第 2 卷第 4 期。

517.《方阵（三）》，《新学生》第 2 卷第 5 期。

518.《读书练习谈（一）：从彩云识字说起》，《基本教育》第 1 期。

519.《读书练习谈（二）：初步学习用的过程》，《基本教育》第 2 期。

520.《读书练习谈（三）：略微进步时用的过程》，《基本教育》第 3 期。

521.《读书练习谈（四）：过渡到正式读书的过程》，《基本教育》第 4 期。

522.《中等学校里的科学》，《中学月刊》创刊号。

1948 年

523. 俞子夷著：《小学实际问题》，上海：商务印书馆。

524. 俞子夷编：《算学概要》，上海：商务印书馆。

525. 俞子夷著：《民教班算术教学研究》，上海：商务印书馆。

526. 俞子夷编著：《珠算指导法》，南京：正中书局。

527. 俞子夷编著：《怎样训练心算》，南京：正中书局。

528. 俞子夷编著：《小学暑期补习课本：算术》(共 5 册)，南京：正中书局。

529. 俞子夷编：《低级算术游戏方法》，上海：北新书局。

530. 俞子夷著：《低级算术游戏用具》，上海：北新书局。

531. 俞子夷著：《怎样教学读书》，上海：北新书局。

532. 俞子夷编：《常识教学实际问题》，上海：北新书局。

533. 俞子夷编：《怎样教学算术应用问题》，上海：北新书局。

534. 俞子夷著：《珠算新方法》，上海：北新书局。

535. 《小学算术教材的重点（一）：第三学年的加法和减法》，《基本教育》第 2 卷第 1 期。

536. 《小学算术教材的重点（二）：第四学年的乘法和除法》，《基本教育》第 2 卷第 2 期。

537. 《小学算术教材的重点（三）：从随机教学到应用问题》，《基本教育》第 2 卷第 3 期。

538. 《小学算术教材的重点（四）：高级的整数》，《基本教育》第 2 卷第 4 期。

539. 《读书练习谈（五）：正式读书时的过程》，《基本教育》第 2 卷第 5 期。

540. 《怎样解释课文中的新字新词》，《基本教育》第 2 卷第 1 期。

541. 《怎样教一上学生准备读书》，《基本教育》第 2 卷第 2 期。

542. 《今年的进修会》，《基本教育》第 2 卷第 3 期。

543. 《读书教学——记牢不如捉牢》，《基本教育》第 2 卷第 4 期。

1949 年

544. 俞子夷主编：《初级小学适用临时课本：算术》（全 8 册），上海：大东书局。

545. 俞子夷主编：《高级小学适用临时课本：算术》（全 4 册），上海：大东书局。

546. 《纪念教师节》，《东北教育》第 1 卷第 3 期。

547. 《写在湘师立校纪念日》，《湘湖通讯》第 12 期。

1950 年

548. 俞子夷著：《复式教学法》，北京：华北联合出版社。

549. 俞子夷主编：《小学各科教学方法》，上海：北新书局。

550. 俞子夷编：《初级珠算教材》，上海：中华书局。

551. 俞子夷编：《初级小学算术课本》（全8册），上海：大东书局。此版与1949年版相比，已有重要修改。

552. 俞子夷编：《高级小学算术课本》（全4册），上海：大东书局。此版与1949年版相比，已有重要修改。

553. 《怎样改造小学算术》，《新教育》第2卷第1期。

554. 《关于珠算歌诀的话》，《新教育》第2卷第1期。

1951 年

555. 俞子夷著：《教算一得》（重校版），北京：新华书店发行。

556. 俞子夷编：《初级小学算术课本》，北京：人民教育出版社。此版改编自大东书局版。

557. 俞子夷编：《高级小学算术课本》，北京：人民教育出版社。此版改编自大东书局版。

558. 《漫谈教学方法：一、先谈目标》，《浙江文教》第1卷第1期。

559. 《漫谈教学方法：二、谈教学的培养性》，《浙江文教》第1卷第2期。

560. 《漫谈教学方法：三、谈系统知识的培养性》，《浙江文教》第1卷第3期。

561. 《漫谈教学方法：四、谈教育的科学性与共产主义思想性》，《浙江文教》第1卷第4期。

562. 《漫谈教学方法：五、续谈教育的科学性与共产主义的思想性》，《浙江文教》第1卷第5期。

563. 《漫谈教学方法：六、谈理论与实际一致的原则》，《浙江文教》第 1 卷第 6 期。

564.《检讨我为什么不谈武训》,《新教育》第 4 卷第 1 期。

565.《浅谈复式教学》,《新教育》第 4 卷第 1 期。

566.《复式教学中儿童的独立作业》,《新教育》第 4 卷第 2 期。

567.《检讨〈教算一得〉并谈小学算术的科学性》,《新教育》第 4 卷第 2 期。

568.《略谈思想教育与小学算术》,《平原教育》第 2 期。

1952 年

569. 俞子夷、霍得元编,孙士仪助编:《小学算术教学参考书(第一册)》,人民教育出版社。

570. 俞子夷编:《初级小学算术课本》,北京:人民教育出版社。(此版参考苏联教材做了大量修改)

571. 俞子夷编:《高级小学算术课本》,北京:人民教育出版社。(此版参考苏联教材做了大量修改)

572.《数的命法和教材段落的划分(新制小学算术课本特点之一)》,《浙江文教》第 12 期。

573.《漫谈教学方法:七、续谈理论与实际一致原则》,《浙江文教》5 月号。

574.《漫谈教学方法:八、谈系统的教学》,《浙江文教》9 月号。

1953 年

575.《五年一贯制小学算术课本第二册内容概述》,《浙江文教》第 2、3 期。

576.《高小算术课本第四册修改情况述要》,《浙江文教》第 2、3 期。

577.《高小算术重要习题解答举例》,《浙江文教》第 4 期。

578.《复式教学上课时间的支配》,《浙江文教》第 5 期,署名子夷。

579.《一上年级 10 以内数的识数教学》，《小学教育通讯》7 月号，署名逎秉。(原《浙江文教》于 1953 年 7 月改名为《小学教育通讯》)

580.《谈六年级算术课本第一、二、三、四课兼谈五年级课本第十二课》，《小学教育通讯》7 月号。

581.《一上年级 10 以加减的教学》，《小学教育通讯》8 月号，署名逎秉。

582.《谈五上年级应用题教学》，《小学教育通讯》9 月号。

583.《小学课本算术第三册开始的复习》，《小学教育通讯》9 月号，署名逎秉。

584.《二上年级包含除的补充练习》，《小学教育通讯》10 月号，署名逎秉。

585.《小学算术课本第三册 27-38 页加减法的补充练习》，《小学教育通讯》11、12 月号。

586.《一上年级算术课本第 46 页〈尺的认识〉的教学要点》，《小学教育通讯》11、12 月号。

1954 年

587. 俞子夷著：《小学算术教学讲话》，杭州：浙江人民出版社。

588.《小学算术第三册第六节（39-40 页）的教法要点》，《小学教育通讯》1 月号，署名逎秉。

589.《小学算术课本第三册 41-54 页教学要点》，《小学教育通讯》2 月号，署名逎秉。

590.《悼念斯大林，首先改造自己》，《小学教育通讯》3 月号。

591.《小学算术课本第三册 55-58 页教学要点》，《小学教育通讯》3 月号。

592.《小学算术课本第三册 59-70 页教学要点》，《小学教育通讯》

4 月号。

593.《二下年级算术课本 71-80 页教法要点》，《小学教育通讯》5月号。

594.《关于算术应用题教学的几个主要问题》，《小学教育通讯》6月号。

595.《初小算术第五册 1-15 页教材研究》，《小学教育通讯》7 月号，署名迺秉。

596.《竭诚拥护中华人民共和国宪法草案》，《小学教育通讯》7月号。

597.《关于高小算术第一册第 11-40 页四则定义及法则的教学》，《小学教育通讯》8 月号，署名迺秉。

598.《高小算术第一册 42-49 页运算顺序及括弧的教学》，《小学教育通讯》9 月号，署名迺秉。

599.《教学儿童开列应用题的条件》，《小学教育通讯》9 月号，署俞子夷译。

600.《高小第一册 49-57 页三种典型应用题》，《小学教育通讯》10月号，署名迺秉。

601.《教学算术第五册 35-58 页这段教材时的两点注意》，《小学教育通讯》10 月号，署名迺秉。

602.《二年级应用题解答》，《小学教育通讯》10 月号，署俞子夷译。

603.《谈初小算术第五册 100 以内四则应用题的教学》，《小学教育通讯》11 月号，署名迺秉。

604.《介绍一个"教学应用题解答法"的实例》，《小学教育通讯》11 月号，署俞子夷译。

605.《谈三上年级算术的总复习》，《小学教育通讯》12 月号，署名洒秉。

606.《谈五上年级算术的总复习》,《小学教育通讯》12 月号,署名洒秉。

1955 年

607. 斯卡特金编,俞子夷译著:《小学算术典型应用题解答法述要》,杭州:浙江人民出版社。

608.《算术课促进儿童积极思维的一个实例》,《小学教学通讯》1 月号,署俞子夷译。

609.《初小算术第六册 33–35 页的直观辅助举例》,《小学教学通讯》3 月号。

610.《四、五、六年级算术教材研究及补充》,《小学教育通讯》10 月号,署名洒秉。

611.《四、六年级算术教材研究(续)》,《小学教育通讯》11 月号,署名洒秉。

612.《从数目的和、差求原数(和差问题)》,《小学教育通讯》11 月号,署俞子夷译。

613.《四、六年级算术教材研究(续完)》,《小学教育通讯》12 月号,署名洒秉。

1956 年

614. 俞子夷编著:《小学教师进修用书:算术(上、下册)》,杭州:浙江人民出版社。

615.《小学算术教学观察纪要》,《小学教育通讯》3 月号。

616.《小学算术教学观察纪要(续)》,《小学教育通讯》4 月号。

617.《小学算术应用题解答》,《小学教育通讯》第 6 期。

618.《小学算术应用题解答（续）》，《小学教育通讯》第 8 期。

619.《小学算术应用题解答（续）》，《小学教育通讯》第 10 期。

620.《小学算术应用题解答（续）》，《小学教育通讯》第 11 期。

621.《对余姚县马渚镇小学改进算术教学的建议》，《小学教育通讯》第 12 期，署名俞子夷等。

622.《小学算术应用题解答（续完）》，《小学教育通讯》第 13 期。

623.《一上年级算术课本述要》，《小学教育通讯》第 14 期，署名洒秉。

624.《一上年级算术课本述要（续）》，《小学教育通讯》第 15 期，署名洒秉。

625.《一上年级算术课本述要（二续）》，《小学教育通讯》第 16 期，署名洒秉。

626.《一上年级算术课本述要（三续）》，《小学教育通讯》第 18 期，署名洒秉。

627.《二上年级的长度单位和货币单位》，《小学教育通讯》第 20 期。

628.《苏联师范学校"算术"课本刘孟德的译本比较好》，《人民教育》第 10 期。

1957 年

629. 俞子夷著译：《初小算术课本第一册教材研究》，杭州：浙江人民出版社。

630. 俞子夷著译：《初小算术课本第三册教材研究》，杭州：浙江人民出版社。

631.《初小算术课本第二册内容提要》，《小学教育通讯》第 1 期，署名洒秉。

632.《初小算术课本第四册内容提要》,《小学教育通讯》第 1 期。

633.《初小算术第二册 20 以内的不超十的加、减法》,《小学教育通讯》第 4 期,署名迺秉。

634.《初小算术第二册 30-47 页内容概述》,《小学教育通讯》第 5 期,署名迺秉。

635.《初小算术第二册 47-64 页内容概述》,《小学教育通讯》第 7 期,署名迺秉。

1981 年

636.《一条迂回曲折的道路(上)——学习研究算术教法五十年》,《小学数学教师》第 1 期。

637.《一条迂回曲折的道路(中)——学习研究算术教法五十年》,《小学数学教师》第 2 期。

638.《一条迂回曲折的道路(下)——学习研究算术教法五十年》,《小学数学教师》第 3 期。

639.《蔡元培与光复会草创时期》,收录于文史资料研究编委会编:《辛亥革命回忆录(七)》,北京:文史资料出版社。

1987 年

640.《现代我国小学教学法演变一斑——一个回忆简录(一)(二)》,《华东师范大学学报(教育科学版)》第 4 期。

1988 年

641.《现代我国小学教学法演变一斑——一个回忆简录(三)(四)》,《华东师范大学学报(教育科学版)》第 1 期。

642.《现代我国小学教学法演变一斑——一个回忆简录(五)(六)》,《华东师范大学学报(教育科学版)》第 3 期。

643.《现代我国小学教学法演变一斑——一个回忆简录(七)(八)》,

《华东师范大学学报（教育科学版)》第 4 期。

1989 年

644.《学生自治与学校管理——回忆简录》，《华东师范大学学报（教育科学版)》第 1 期。

645.《一九二七年前几个教育团体——回忆简录》，《华东师范大学学报（教育科学版)》第 2 期。

1991 年

646. 董远骞、施毓英编：《俞子夷教育论著选》，北京：人民教育出版社。

2006 年

647. 俞子夷著，董远骞、董毅青编：《新小学教材和教学法》，福州：福建教育出版社。

2010 年

648. 俞子夷著，董远骞、董毅青编：《新小学教材和教学法》(上、下册)，福州：福建教育出版社。

2012 年

649. 中央大学实验小学编：《一个小学十年努力纪》，南京：江苏教育出版社。

2015 年

650. 中央大学实验小学编：《一个小学十年努力纪》，李景文、马晓泉主编：《民国教育史料丛刊》第 577 卷，郑州：大象出版社。

图书在版编目（CIP）数据

不安故常：俞子夷教育文选/俞子夷著；丁道勇选编.
--北京：开明出版社，2023.1
　（开明教育书系/蔡达峰主编）
　ISBN 978-7-5131-7729-0

　Ⅰ.①不…　Ⅱ.①俞…②丁…　Ⅲ.①教育学−文集
Ⅳ.①G40-53

中国版本图书馆 CIP 数据核字（2022）第 191315 号

出　版　人：陈滨滨
责任编辑：卓　玥　程　刚

不安故常：俞子夷教育文选
BUANGUCHANG：YUZIYIJIAOYUWENXUAN
———————————————————

出　　版：开明出版社
　　　　　（北京海淀区西三环北路 25 号　邮编 100089）
印　　刷：保定市中画美凯印刷有限公司
开　　本：710×1000　1/16
印　　张：28.25
字　　数：364 千字
版　　次：2023 年 1 月第 1 版
印　　次：2023 年 1 月第 1 次印刷
定　　价：85.00 元

印刷、装订质量问题，出版社负责调换。联系电话：（010）88817647